VIRGINIA

弗吉尼亚·伍尔夫

永　恒　的　英　伦　百　合

杨莉馨　焦红乐 ——————— 著

WOOLF

華中科技大學出版社
http://www.hustp.com
中国·武汉

图书在版编目(CIP)数据

弗吉尼亚·伍尔夫:永恒的英伦百合/杨莉馨,焦红乐著.—武汉:华中科技大学出版社,2020.9(2022.5 重印)

(女性天才.生命、思想与言词系列)

ISBN 978-7-5680-6366-1

Ⅰ.①弗… Ⅱ.①杨… ②焦… Ⅲ.①伍尔夫(Woolf,Virginia 1882—1941)-传记 Ⅳ.①K835.615.6

中国版本图书馆 CIP 数据核字(2020)第 149824 号

弗吉尼亚·伍尔夫:永恒的英伦百合 杨莉馨 焦红乐 著

Virginia Woolf:Yongheng de Yinglun Baihe

策划编辑:薛 蒂

责任编辑:孙 念

封面设计:三形三色

责任校对:阮 敏

责任监印:朱 玢

出版发行:华中科技大学出版社(中国·武汉) 电话:(027)81321913

武汉市东湖新技术开发区华工科技园 邮编:430223

录 排:华中科技大学惠友文印中心

印 刷:武汉精一佳印刷有限公司

开 本:880mm×1230mm 1/32

印 张:15

字 数:311 千字

版 次:2022 年 5 月第 1 版第 2 次印刷

定 价:62.00 元

丛书总序

华中科技大学出版社的薛蒂女士来邮，告知“女性天才：生命、思想与言词”丛书第一批四种即将面世的消息，十分高兴，于是回想起当初她和我商谈此套丛书的情形。2018年冬，薛蒂和我联系，交流了自己关于这套丛书的构想。作为学哲学出身的年轻有为的女编辑，她很期待推出一套由中国学者自行撰著，面向广大人文、哲学与社会科学爱好者的西方著名女性哲学家、思想家与文学家的传记。不久我有事到武汉，于是我们相约在武汉大学图书馆见面详商。

那天恰逢暴雪，从未来过武汉的我先是兴奋地和先生一步一滑地在武大校园内寻觅那条著名的樱花路，然后好不容易才找到了图书馆。一不留神滑倒，在图书馆的台阶上重重地摔了一跤，好在无碍，只是有些狼狈。所以第一次的武汉之行，印象深刻，似乎也应了好事多磨的俗语。和薛蒂见面，我们相谈甚欢，丛书的定位、框架设计与作者队伍也眉目清晰起来。之后我们保持着联络，邀请的各位专家也开始撰稿。2019年夏我在武汉开会，再有机缘探访美丽的东湖和珞珈山，并和学生相约来年樱花盛开的时节三赴武大，前往该校档案馆寻访当年英国“布鲁姆斯伯里团体”的二代成员、剑桥才俊、弗吉尼亚·伍尔夫的外甥、曾任武汉大学英国文学教师的朱利安·贝尔的相关史料。遗憾的是，突然爆发的疫情阻挡了我们前往武汉的脚步。好在丛书的各位作者的书稿已陆续到位，华中科技大学出版社的编辑们亦在前所未有的艰难处境中坚守岗位，终于在云开雾散的日子里推出了这套来之不易的丛书。因此，丛书的出版，可说伴随与见证了英雄的武汉市和坚韧不屈的武汉人民奋勇抗疫的全过程，凝聚了出版人的职业操守、精品意识和人文情怀，有着特殊的纪念意义。

丛书第一批四种，分别是《弗吉尼亚·伍尔夫：永恒的英伦百合》《苏珊·桑塔格：大西洋两侧最智慧的人》《艾丽斯·沃克：妇女主义者的传奇》和《玛格丽特·阿特伍德：加拿大文学女王》，是 20 世纪英国、美国、加拿大最具影响的女性作家、评论家与思想家弗吉尼亚·伍尔夫、苏珊·桑塔格、艾丽斯·沃克与玛格丽特·阿特伍德的思想与文学传记。出版社后续还将推出法国思想家西蒙娜·薇依和西蒙娜·波伏瓦、小说家玛格丽特·杜拉斯、美国思想家汉娜·阿伦特等的传记。作者的阵容也很强大，均为国内在各自领域有精深造诣的中青年专家，尤其是女性学者，体现出她们对女性作家与思想家的天然深情、深入理解与独到阐释，以及强烈的使命担当。这种使命担当，自然源出于她们自觉的性别意识和可贵的人文情怀。我想，这套由女性编辑所策划与推动，由中国女性学者撰写的西方女性思想家、文学家传记，既可以被看作伍尔夫所向往的、在“一间自己的房间”中所书写的“她们自己的文学”的一部分，亦是当代知识女性以东方视角解读西方女性思想与文学成果的结晶，体现出中西文化-文学交流的开阔视野与积极意义。

如果从18世纪欧洲的启蒙时代算起，西方妇女解放运动迄今已有两百余年，中国的妇女平权运动也走过了风风雨雨的百年历程。从鲁迅先生的“娜拉走后怎样”之问，到女性如何在个人幸福与社会担当之间抉择的两难与痛苦，再到女性对自我实现的求索与私密欲望的正视，以及女性在拥有了“自己的房间”之后又如何不一味地浅唱低吟，而是打开视野以拥抱整个世界等方面，中国的女性思想者和文学家们始终在探索如何实践伍尔夫所构想的“双性同体”的两性包容、沟通、理解与合作的理念，如何摒弃西蒙娜·德·波伏瓦所批判的主体与他者二元对立的思维定式，以及反思所谓的男性气质与女性气质的社会建构本质，推进中国社会的两性平等。在此过程中，西方众多女性思想家、哲学家与文学大师不仅以自己坚韧的担当、卓越的才智和出色的文化-文学实践，反思与批判着长期以来男权中心的历史文化传统，推进着社会的进步与文明的发展，亦为20世纪中国的思想文化发展提供了丰厚的精神资源和异域滋养。

这些在人类文明史上熠熠生辉的名字，即包括英国的弗吉尼亚·伍尔夫、多丽丝·莱辛、A. S. 拜厄特、爱丽丝·默多克，法国的西蒙娜·薇依、西蒙娜·德·波伏瓦、玛格丽特·杜拉斯，美国的苏珊·桑塔格、托妮·莫里森、艾丽斯·沃克，加拿大的玛格丽特·阿特伍德、艾丽丝·门罗，等等。她们从西方波澜壮阔的女权运动和女性主义文化思潮中汲取了滋养，又以激越的思想能量与艺术才华，成为这些运动与思潮中的中坚力量与精神旗帜。如伍尔夫在延续自英国维多利亚时代、女性尚未获得接受正规教育权利的20世纪初年的情境中，虚构了莎士比亚的妹妹“朱迪丝”被扼杀了戏剧创作潜能的悲剧故事，强调了一定的经济基础和独立的精神空间之于女性实现创造力的关键意义，提出了“双性同体”作为男女两性和谐互补的人际关系理想，以及理性与情感交融、共通的完美艺术创造标准，对后代的作家创作与性别文化观念的发展，均产生了重大的影响，成为西方女性主义文化与文学运动的先驱；再如艾丽斯·沃克从黑人女作家佐拉·尼尔·赫斯顿、琼·图默等那里获得启发与激励，强调了尊重黑人民间文化，回溯黑人女性的生活历史与精神线索，以“寻找我们母亲的花园”的构想，提出了凝聚黑人女性的姐妹情谊、释放黑人女性的艺术创造力的“妇女主义”观念；玛格丽特·阿特伍德以其在诗歌、小说、戏剧、评论等多文类、多领域的造诣，成为当之无愧的加拿大文学女王，代表了加拿大女性文学与女性主义文学批评最出色的成就……她们不仅在根深蒂固的男权中心思想文化传统中开拓了一片片崭新的天地，亦以丰硕多姿的思想文化与文学成果，给中国的读者带来了美好的艺术享受。其中不少思想家与文学家已在中国拥有了广泛的读者群，并与20世纪的中国女性文化与文学发展有着深厚的精神联系。

因之，相信华中科技大学出版社推出的这套女性传记系列丛书，会受到读者的欢迎。丛书的作者均为长期从事欧美女性作品翻译与研究的专家，这就使得丛书首先建立在作者对于传主人生历程、思想探索、学术造诣和成就的全面而深入的把握基础上，令人信服地呈现出了传主精神成长的内在逻辑与完整过程，揭示了人物的个性风采和心灵世界；同时，传记亦体现出对传主思想、文化与成就的细腻把握与精到阐释，较之一般意义上的传记作品而言，更能展现出文学与学术评传的鲜明特色，能够满足读者通览全书，即可对作家与思想家的生平经历、人生探索、思想风貌、作品与学术成就有较为全面了解的需要，使读者接受思想的洗礼与美的熏陶。

伍尔夫在《一间自己的房间》的最后，曾满怀期待地鼓励了在场听讲的剑桥大学女学生，说莎士比亚的妹妹“朱迪丝”还“活着”：“伟大的诗人不死；他们是不灭的魂灵；一有机会，就会活生生地出现在我们面前。这个机会，我想，目前就在你们的掌握中。”表达了对女性书写的无限期待。从某种意义上说，列入和未列入这套丛书之中的女性思想家、文学家与艺术家们，就是一个个的“朱迪丝”，她们拥有和莎士比亚同样的创作激情与才情，并冲破了历史与现实的重重阻碍，为社会的进步和全人类的发展做出了自己卓越的贡献。而我们通过阅读她们的故事，走近她们的人生，将有可能传承她们的高贵精神和“不灭的魂灵”，将美好的未来努力掌握在自己的手中。

杨莉馨

2020 年 6 月于南京滨江

目 录 *Contents*

Contents

Contents

Contents

第一章

童年忧欢：最初的记忆(1882—1894)

假如生命有一个根基，那么它就是记忆。

If life has a base, it is memory.

一、知识贵族：肯辛顿的书香世家

1882年1月25日，一声清脆而响亮的啼哭声打破了伦敦肯辛顿区①斯蒂芬家的宁静。20世纪英国最著名女作家之一的弗吉尼亚·伍尔夫②(Virginia Woolf)就这样降生在了海德公园门22号这座高耸的、阴暗的、具有维多利亚时代风格的白色建筑之中。她的到来也许是宿命的安排，但似乎也预示着另一个时代的萌生。

---

① 肯辛顿区是伦敦中产阶级的一个体面的住宅区。

② 弗吉尼亚·伍尔夫婚前名叫弗吉尼亚·斯蒂芬，在1912年与伦纳德·伍尔夫结婚后改从夫姓，鉴于此，本书以其结婚为界限，婚前使用弗吉尼亚·斯蒂芬，婚后则使用弗吉尼亚·伍尔夫，简称伍尔夫。

弗吉尼亚·伍尔夫婚前名为艾德琳·弗吉尼亚·斯蒂芬，出身于书香世家，是维多利亚时代两位卓尔不凡的人——莱斯利·斯蒂芬(Leslie Stephen)和茱莉娅·杰克逊(Julia Jackson)的第三个孩子。从家学渊源上来讲，弗吉尼亚是英国知识贵族的后裔，"生于绿荫之下"，她的父族和母族都十分卓越，两个家族都属于英国的中上层阶级，拥有着深厚的文化背景。弗吉尼亚就成长于这样一个具有浓厚文化底蕴的大家族之中。

弗吉尼亚的父族斯蒂芬一族本是阿伯丁郡的农民、商人阶级，后于18世纪中叶起，自卑微中崛起，经几代人努力而逐渐转变成了中产阶级中的知识贵族。詹姆斯·斯蒂芬是弗吉尼亚的父亲莱斯利的曾祖父，据说他是家族中第一个写书的人，也是自他开始，斯蒂芬家族与文学事业结下了不解之缘，家族中的每一代都有为这个知识贵族家庭添砖加瓦、做出文学贡献之人。在詹姆斯·斯蒂芬年轻的时候，他曾因生意失败，陷入债务危机而锒铛入狱。在狱中，他凭借自己曾经受过的律师培训经验，拿起笔为自己辩护。在他看来，因为欠债而受牢狱之灾是一件违背自由精神，违背大宪章、成文法以及公正、自由、民主、人性以及国家体制的事。虽然他的辩护并没有真正在案子中起到什么实质性的作用，但是他的这一举动却开创了一项新的家族传统，即律师事业，也为后代创下了范例，为斯蒂芬家族成为司法世家奠定了基础。遗憾的是，由于他的出身、教养、社会地位、财富以及性情等多方面的原因，他的政法仕途之路并没有像他的子孙后代那般平坦顺利。1779年，他在46岁时，便早早地离开了人世。

詹姆斯·斯蒂芬死后留下的六个孩子中的老二也叫詹姆

斯·斯蒂芬，是弗吉尼亚的曾祖父。他自幼成长于贫寒和讼争的环境之中，这使他在潜移默化之下，很早就开始撰写小册子并成为诉讼辩护人。根据昆汀·贝尔[①]在《伍尔夫传》中的描述，詹姆斯·斯蒂芬是一个具有民主思想、爱国之心和人道主义精神，同时极为敏感之人。他精于辩论，后成了大法官法庭的主事官和社交圈里受人尊敬的人物。此外，他一生积极投身于伟大、崇高的废奴运动，并因此被吸引进了克拉彭派[②]这一福音派群体中，成为中坚力量。当他第一任妻子去世后，他娶了其密友克拉彭派精神领袖威廉·威尔伯福斯的妹妹萨拉，由此进一步加深了他与克拉彭派的关系。克拉彭派的福音会教徒们一直以英国中产阶级的良心而自居，他们首先考虑的永远是道德问题，因此，当他们的后裔们抛弃福音派的信条而成为无神论者时，克拉彭派的习俗和精神气质却被保留了下来，这些曾祖辈对信仰中道德因素的坚持对后代产生了不可磨灭的影响。不管是莱斯利·斯蒂芬，还是弗吉尼亚·斯蒂芬，他们身上都流淌着克拉彭派的精神血脉，正如弗吉尼亚对于自己在六七岁时喜欢照镜子但又对此举深感羞耻的解释那样，“我也没有别的办法，只好把我的祖父詹姆斯爵士拽进来说事了。詹姆斯爵士曾经抽过一支

---

① 昆汀·贝尔（Quenti Bell，1910—1996），弗吉尼亚·伍尔夫的外甥，著有《伍尔夫传》。

② 克拉彭派是一个福音派的组织，因在 18 世纪末 19 世纪初聚居于克拉彭公地而得名，其成员在信仰上属于清教派，被敌对者嘲弄地称之为“圣徒”，其领袖是英国著名思想家、废奴主义者威廉·威尔伯福斯，主要成员有亨利·桑顿、扎查理·麦考莱以及弗吉尼亚·伍尔夫的曾祖父詹姆斯·斯蒂芬。克拉彭教派本身就是一个英格兰知识贵族集团的缩影，同知识界和政府的各个领域之间保持着广泛的联系。

雪茄，他很爱这个味道，可他硬是把烟扔掉，再也不吸了。我禁不住想，是不是我也遗传了清教徒的自律品格，遗传了克拉彭教派的做派。"[①]

弗吉尼亚的祖父詹姆斯·斯蒂芬继承了先辈的全部胆识和优点，勤勉好学、精明能干，但同时又敏感寡欢，甚至曾一度被他的夫人称为"敏感得像没有皮肤一样"[②]。他就读于剑桥大学，学养深厚，毕业后，先在律师界显露出出众的才干，继而又跳槽成为高级行政官员，在家族事业的基础上继续有效地开展反对奴隶制的伟大运动。在从政期间，他坚定地履行自己作为一名公职人员的使命，并因此被称为"太上大臣斯蒂芬先生"，最终获得了爵士的头衔。在工作之余，精力充沛的詹姆斯·斯蒂芬还抽时间为《爱丁堡评论》撰写大量稿件，他甚至能在早餐前就口授三千字，由此可见其文学修养。他交往的朋友并不多，只是常常与J.S.穆勒[③]以及妻子简·凯瑟琳·万的娘家一家来往。他的妻子简·凯瑟琳·万是一个端庄典雅、秀外慧中的女人，乐观、积极，在她的精心营造下，家是一个温馨、舒适同时又严肃、快乐的港湾。在扮演家庭天使之余，斯蒂芬夫人也崇尚艺术，爱好文学，她赞赏柯珀[④]、华兹华斯以及司各特和坎贝尔[⑤]的作品。在

---

① 弗吉尼亚·伍尔夫：《存在的瞬间——从未出版的自传文字》，刘春芳，倪爱霞译，广州：花城出版社，2016年版，第78页。

② 林德尔·戈登：《弗吉尼亚·伍尔夫：一个作家的生命历程》，伍厚恺译，成都：四川人民出版社，2000年版，第98页。

③ J.S.穆勒(John Stuart Mill，1806—1873)，英国哲学家、经济学家和逻辑学家，著有《论自由》《政治经济学原理》等。

④ 柯珀(William Cowper，1731—1800)，英国诗人。

⑤ 坎贝尔(Thomas Campbell，1777—1832)，英国诗人。

夫妇俩的影响下，这个家庭中的成员都崇尚文学艺术，喜欢严肃而有教育意义的作家。同时，简·凯瑟琳·万还有另一个重要的身份，即她是克拉彭派另一位精神领袖约翰·万的女儿，她的祖父所著的《人的完整职责》(*The Complete Duty of Man*)曾提出了克拉彭派的教义。这一代斯蒂芬家族通过与万家族的联姻，彻底地与克拉彭派结成了联盟。从此，如弗吉尼亚·伍尔夫后来所概括的，"斯蒂芬家族一只脚跨在克拉彭教派里，另一只脚则跨在唐宁街(唐宁街是英国首相的官邸，英国政府的代名词)。"①

詹姆斯·斯蒂芬与简·凯瑟琳·万共生有四子一女，其中头两个儿子均未及成年就早夭，另外三个孩子分别是詹姆斯·菲茨吉姆斯、卡罗琳·艾米莉娅和弗吉尼亚的父亲莱斯利。詹姆斯·菲茨吉姆斯是一个强壮、自力更生、讲求实际的人，经常被同伴们戏称为"巨人格里姆"②。他先后求学于伊顿公学和剑桥大学，由于早年在伊顿公学的校园生活中，他和弟弟莱斯利遭受过可怕的欺辱，所以他很早就学会了反抗和以牙还牙。他的人生准则是："弱小就意味着不幸，自然状态就是战争状态，败者活该倒霉是重要的自然法则。"③因此，在之后的人生岁月中，他奉行自己的人生准则，不断地努力，最终取得律师资格，当上了

---

① Woolf, Virginia. *Moments of Being*. Ed. Jeanne Schulkind. New York: Harcourt, 1978: 108.

② 巨人格里姆(Giant Grim)，17 世纪英国作家班扬《天路历程》中的角色，是撒旦手下的巨人，勇猛无比。

③ 昆汀·贝尔：《伍尔夫传》，萧易译，南京：江苏教育出版社，2005 年版，第 10 页。

法官，并获得从男爵。他的子女们也都取得了巨大的成就，分别成为法学家、法官和剑桥大学的导师。其中一个女儿凯瑟琳还担任了剑桥大学纽南姆女子学院的院长，日后弗吉尼亚曾在那里有过一段时间的教书生涯。

卡罗琳·艾米莉娅是一个有才智的女性，她与著名作家萨克雷的女儿们以及弗吉尼亚的母亲茱莉娅都是好友。她曾经爱上了一个年轻英俊的学生，甚至有可能那个学生也是爱她的，但是不知道什么原因，那个年轻人从来没有表明过自己的心意，后来他去了印度，自此杳无音信。他的离去使卡罗琳悲痛欲绝，最终她的心再没有为谁怦然而动过，这也就注定了她无法摆脱维多利亚时代束缚女性的枷锁，终生未婚。她曾经写过一些宣传女权主义思想的著作，对弗吉尼亚的思想产生过巨大影响。

莱斯利·斯蒂芬是19世纪英国崇尚理性主义以及自由主义的伦理学家，又是著名的文学批评家和传记家，编写了世界上最大的学术工具书之一的《英国人名传记词典》(*Dictionary of National Biography*)，这是一座不朽的丰碑，记载了英国伟大公众人物的生平和成就，具有重大意义。正是基于其卓越的学术贡献，他被授予了爵士封号。莱斯利幼年时是一个羞涩腼腆且敏感娇弱的男孩子，与哥哥菲茨吉姆斯的高大强壮形成了鲜明对比。但要强的性格使莱斯利终其一生都与他那十分出色的兄长进行着潜在的较量。哥哥体格健壮，那么他也要锻炼身体使自己强壮起来，甚至要加倍强健。他热爱跑步、划船、登山、徒步旅行等，在他的生命中，登山和徒步旅行是不可或缺的两个重要部分。他曾登上过阿尔卑斯山山峰，成为19世纪著名的登山家之一。最终，这一切使他成长为一个性格坚强、足以让人敬畏且充满男性气概的男人。

莱斯利年轻的时候，曾获得剑桥大学三一学院研究员的席位，并兼任圣职。但是，像当时维多利亚时代那些严肃、认真、有思想的年轻人一样，他并不真心相信那些所谓神圣的信仰。他之所以留在那里任教只是因为不想成为父亲的负担，因此，在他父亲于1859年去世后，他彻底地成了一个没有宗教信仰的人，并离开了剑桥。随后，来到伦敦的莱斯利在哥哥菲茨吉姆斯的帮助下，谋得了记者一职，并很快为自己在文坛谋得了德高望重的名声。在1871年到1882年间，他长期担任《康希尔杂志》（*The Cornhill Magazine*）的主编，凭借着记者的身份优势以及自身所具有的艺术家气质，他广泛结交当时文化界的名流，著名小说家托马斯·哈代、乔治·梅瑞狄斯等都是他的座上客，同时他还结交了一批文学圈内杰出的美国人，如奥利弗·温德尔·霍姆斯、亨利·詹姆斯，以及后来成为弗吉尼亚教父的诗人詹姆斯·罗素·洛威尔（James Russell Lowell，1819—1891）等。弗吉尼亚在其晚年最长、最著名的回忆录《往事札记》中曾回忆父母带年幼的她去拜访梅瑞狄斯、亨利·詹姆斯、洛威尔等人的隆重场面，那时她就知道他们每个人的怪癖和独特个性，“无疑，我在年幼的时候就有机会与这些伟人近距离接触，而伟大对于我来说，不过就是说话低沉、性情古怪，或者不与常人亲近而已。”①

---

① 弗吉尼亚·伍尔夫：《存在的瞬间——从未出版的自传文字》，刘春芳，倪爱霞译，广州：花城出版社，2016年版，第211页。

莱斯利的第一任太太哈丽特·玛丽安(Harriet Marian)是萨克雷的小女儿,她文静、和蔼、纯真,具有孩子般的单纯,但同时又具有幽默感和求知欲,是一个十分合适莱斯利的妻子,但在与莱斯利生育了第一个女儿劳拉(Laura)之后,不幸于 1875 年去世。明妮[①]的离世使莱斯利体会到了丧妻的悲痛和凄凉,“我心爱的人再也没有恢复知觉。她死于 11 月 28 日的中午时分,那是我的 43 岁生日。”[②]在妻子的丧期里,进一步打击莱斯利的是他发现女儿劳拉是一个心智发育不健全的孩子,她可能遗传了其外祖母萨克雷太太的癫狂症,这一切使莱斯利更加痛苦不堪,从此劳拉成了他的心头病。

在明妮去世之后,她的姐姐安妮曾帮助莱斯利管家。安妮是萨克雷的长女,亦是一位女作家,同时也是一位女权主义者,她充满朝气、精力充沛且乐观开朗。年轻时的她更是活力四射,热情明媚,敢爱敢恨。她的丈夫理查蒙得·里奇比她小 17 岁,是她的远亲,亦是她的教子,但是他们相爱了,最终这场被认为胡闹、荒唐的恋情结出了美满的婚姻果实。斯蒂芬家的孩子们都很喜欢安妮,70 岁时她仍以乐观、开朗、充满朝气的特质给孩子们留下深刻的印象。弗吉尼亚的作品《夜与日》中的希尔伯里夫人即是以她为原型创作的,在莱斯利所有孩子的心目中,她是永远的安妮姨妈。

显然,在安妮结婚之后,莱斯利失去了自己的女管家,于是,

---

① 明妮即哈丽特·玛丽安的昵称。

② 昆汀·贝尔:《伍尔夫传》,萧易译,南京:江苏教育出版社,2005 年版,第 14 页。

女管家的位置很自然地被莱斯利的妹妹卡罗琳·艾米莉娅接手了。虽然，艾米莉娅很爱自己的哥哥莱斯利，但是他们在性格上并不是特别合得来，莱斯利认为妹妹心思过于沉重且性格过于沉闷无趣，“艾米莉娅终生热爱着我……她太喜欢我了，没法帮得上忙。如果我故意想和她吵上一番，她把事情看得过重，以致我觉得自己的话想必真有点道理；倘若我心存怀疑，她则完全傻了眼；如果我感到悲伤，她就开始哭泣……所以，尽管她是一个最诚挚的伙伴，她也是最令人沮丧的伙伴。”①于莱斯利而言，安妮过于开朗，妹妹艾米莉娅又过于沉闷，只有在茱莉娅出现之后，一切似乎才变得明朗起来。

弗吉尼亚的母亲茱莉娅·斯蒂芬是莱斯利的第二任太太。她是一位善良、可爱、温柔、仁慈且带有忧郁气质的美人，她天资聪颖，精通音律，钢琴弹得极好，而且法语说得也特别地道，是维多利亚时代最引人注意的人物之一。她出身于帕特尔家族，父亲杰克逊是一位医生，在加尔各答有一家生意兴隆的诊所，母亲玛丽亚·杰克逊是一位拥有一半法国血统的美人。相较于斯蒂芬家族，帕特尔家族似乎要更优越一些。家族中的几代子女大多与其他门当户对的家族相互通婚，有一些高贵的亲戚，其中不乏著名教育家、医生、大学教授、校长、社会活动家、艺术家等。

朱莉娅的祖父詹姆斯·帕特尔是孟加拉殖民地的官员，祖母阿德琳出生在印度，祖上有法国骑士勋位，其父曾是路易十六宫廷卫队的军官，后在法国大革命期间，逃往印度。弗吉尼亚常

① 昆汀·贝尔：《伍尔夫传》，萧易译，南京：江苏教育出版社，2005 年版，第 15 页。

因从母亲家族那里承袭了法国贵族血统而引以为傲。茱莉娅的母亲姐妹七人都以美丽迷人而著称,受过良好的教育,在父亲去世后,跟随母亲回到伦敦,在维多利亚时代中期的伦敦社会留下了痕迹,尤其是在艺术方面。

茱莉娅的母亲玛丽亚与丈夫约翰·杰克逊共育有三个女儿,茱莉娅是最小的。大女儿阿德琳·玛丽亚有一子三女,儿子威廉·沃恩娶了英国诗人约翰·阿丁顿·西蒙斯的女儿玛奇·西蒙斯为妻,她是弗吉尼亚的密友。二女儿玛丽·路易莎即弗吉尼亚经常提及的玛丽姨妈,嫁给了威尔士亲王的导师兼私人秘书赫伯特·费希尔,他们育有 11 个孩子,其中一个赫伯特·费希尔是著名的历史学家、教育家和政治家,与弗吉尼亚家来往密切。

茱莉娅·斯蒂芬的姨母茱莉娅·玛格丽特·卡梅伦是当时著名的女摄影家,其丈夫查尔斯·卡梅伦具有很高的古典文化修养,是印度最高法院的律师。茱莉娅·卡梅伦的镜头记录了很多以茱莉娅·斯蒂芬为模特的瞬间,其中一张照片明显具有前拉斐尔派风格,照片中的茱莉娅面容忧郁而迷人,令人过目难忘。茱莉娅·斯蒂芬的另一位姨母萨拉·帕特,在嫁给略有名望的英印混血儿行政官员索比·普林塞普之后,定居于伦敦城外一个有名的“小荷兰屋”中。在这个凌乱、舒适的旧农庄里,她经常款待那些知识贵族们,包括桂冠诗人丁尼生、诗人勃朗宁、作家萨克雷和他的女儿们,以及画家 G. F. 瓦茨、霍尔曼·亨特(Holman Hunt)、伯恩-琼斯(Burne-Jones)和伍尔纳(Woolner)等。萨拉在这所房子里营造出了一种自由而轻松的氛围,它可以使人们暂时摆脱维多利亚时代的沉闷、乏味和墨守成规，吸引大批艺术家频繁到访，而艺术家们的到访同时又为“小荷兰屋”增添了一种奇异的迷人气息。

茱莉娅·斯蒂芬和小荷兰屋圈子关系十分密切，她自小就经常出入“小荷兰屋”，那时“小荷兰屋”可以说是她童年的整个世界。她是前拉斐尔派画家们的缪斯女神，是伯恩-琼斯的画作《天使报喜》中的圣母玛利亚原型。正是这种维多利亚时代艺术氛围的浸染和熏陶，使茱莉娅获得了当时大多数妇女难以具备的高文化水准以及艺术鉴赏力，同时也使她成为最不可捉摸、最令人着迷且拥有巨大影响和复杂性的女性。在她少女时期，她就经常被一些卓越的艺术家所迷恋和爱慕，据弗吉尼亚在《往事札记》中的描述，曾有两位男性向她母亲求过婚，一个是画家霍尔曼·亨特，一个是雕塑家伍尔纳，他们都是前拉斐尔派的创始人，不过很显然，求婚都没有成功。因为茱莉娅在1867年选择嫁给了一位英俊而平凡的男人赫伯特·达克沃斯（Herbert Duckworth），他是一位普通的有地产的贵族，在弗吉尼亚看来，这桩婚姻显然并不般配，赫伯特明显逊色于她的母亲。不过，也许正是这种家庭营造出的梦幻氛围，使茱莉娅可以在年轻时拒绝诸多艺术家的追求，而选择嫁给赫伯特，并用自己的丰裕来遮盖丈夫的匮乏，为新婚丈夫的形象编织出光辉绚烂的金色光环。

茱莉娅和丈夫仅仅度过了四年幸福的婚姻生活后，赫伯特·达克沃斯便不幸去世了。之后很多年，茱莉娅都在绝望中与三个孩子相依为命（即乔治·达克沃斯、斯特拉·达克沃斯和遗腹子杰拉尔德·达克沃斯）。丈夫的去世一方面使年轻的她始终被一种慢性忧伤所萦绕，弃绝了这个世界上的欢乐，永远地抛却了信仰；另一方面，又使她“对所有孤寂痛苦的人都怀有一种深刻而敏锐的同情”。在丧夫后的岁月中，茱莉娅将痛彻心扉的苦楚封存进心底，致力于拯救、安慰痛苦的人，照料生病的人，不论贫穷富贵，远近亲疏。所以，在莱斯利丧妻期间，茱莉娅作为明妮生前的闺中密友，理所当然地给予了莱斯利宝贵的体谅和安慰。由于这两个年轻人都经历了失去挚爱的打击，又都丧失了宗教信仰，拥有无宗教立场的新的价值取向，并且又共同拥有着强烈的情感需求，这样的情境使他们之间逐渐发展出了一种亲密的、相濡以沫的感情，这种感情支撑着他们勇敢而坚定地一起并肩携手穿过了人生的黑暗低谷。虽然他们明白这种感情应该仅止于友情，但是当他们恍然大悟之时，已离不开彼此。终于，在莱斯利鳏居 3 年，茱莉娅寡居 8 年后，莱斯利·斯蒂芬于 1877 年 2 月 2 日向茱莉娅真挚、诚恳地求婚。

最亲爱的茱莉娅：

我被迫要向你说明某件事，它对我至关重要——对你则无关紧要。就在片刻之前，我突然明白了我爱你——正如一个男人爱一个他要娶的女人那样爱你……现在，一种确切无疑的本能告诉我，你对我并无这种感情。我对此没有抱哪怕是最轻微的幻想。我也确实感到，你对我将永远没有这种感情。不，我深信，即使你爱我，我也很难使你因做我的妻子而幸福……不过无论发生什么事情，我只要活着就会爱你（在唯一的意义上）……我写信的时候觉得自己半是疯狂半是邪恶，不过对于自己未来遥远的回忆而言，我绝不会感到内心不忠实。

这是一封真诚、坦率、丝毫不掩饰自己缺点的求婚信件，但是当茱莉娅看到这封信时，她却拒绝了莱斯利。当然，她的犹豫和迟疑其实并非来自莱斯利所说的种种缺点，她所拒绝的也并非莱斯利本人，她真正拒绝的应该是爱情、婚姻和幸福本身，因为自第一任丈夫去世之后，她可以说是“心如死灰”，她不知道自己是否可以以一种“适宜的感情”重新接纳一个男人，是否可以重新享受人间的欢乐。但在莱斯利不顾一切的恳求、鼓励和坚持下，最终茱莉娅使自己以一种高贵的姿态去直面现实，努力使自己从所有的幻想和感伤中解脱出来，勇敢而坚定地迎接她那如星光般闪耀的、纯净的第二次爱情。1878 年 3 月 26 日，他们俩正式结为夫妇。婚后，除了莱斯利与前妻的女儿劳拉，茱莉娅和前夫的三个子女之外，他们先后又生育了文尼莎·斯蒂芬（Vanessa Stephen，1879）、托比·斯蒂芬[①]（Thobi Stephen，1880）、弗吉尼亚·斯蒂芬（Virginia Stephen，1882）和艾德里安·斯蒂芬（Adrian stephen，1883）四个孩子。这八个孩子，除了患有精神疾病的劳拉，和很早就去世的斯特拉与托比之外，其他几个都取得了巨大的成就。乔治·达克沃斯在著名的伊顿公学接受过良好的教育，毕业后做过奥斯汀·钱伯伦[②]的私人秘书，后受封爵士，娶了出身贵族的玛格丽特·赫伯特为妻；杰拉尔德·达克沃斯毕业于剑桥大学，后成为著名的出版商；文尼莎

---

① 托比（Thobi），国内多译为“索比”，但英国伍尔夫专家曾特意为我纠正过发音，所以本书依据正确发音，统一使用译名“托比”。

② 奥斯汀·钱伯伦（Austen Chamberlain，1863—1937）：英国保守党议员，1903—1906 年任财政大臣。

是一位著名画家，其丈夫克莱夫·贝尔是著名的艺术批评家，他们都是“布鲁姆斯伯里团体”的重要成员；艾德里安曾担任著名的《国际精神分析学杂志》的编辑，与妻子均是著名的精神分析学家；弗吉尼亚·伍尔夫则是英国文学史上最伟大的女作家之一、“布鲁姆斯伯里团体”的核心成员。

可以说，不论是弗吉尼亚的父族，还是母族，其生活都是与艺术交融在一起的。家族不仅遗传给了她令人艳羡的天生丽质，还给予了她先天的聪敏和智慧，知识贵族的书香世家惠泽了她的整个生命，使她自小就成长于文学、艺术氛围之中。在维多利亚时代，家中的男孩是可以进入名牌大学接受教育，进而谋求职位、获得社会地位的，而女性则只能被禁锢在家中。因此，这个集社会精英与知识贵族于一体的书香世家对于弗吉尼亚来说就不仅仅只具有一般家庭的功能，同时还具有学校的功能。在弗吉尼亚7岁以前，茱莉娅一直试图教她拉丁文、历史和法语，莱斯利则负责教孩子们数学，同时他们还分别请了家庭教师，一个教文尼莎画画，一个教弗吉尼亚希腊语。弗吉尼亚早年还受益于莱斯利那个藏书丰富的图书室。她被允许自由地使用父亲的图书室，并在父亲的引导下阅览群书，读遍柏拉图、索福克勒斯、普鲁塔克和斯宾诺莎等所撰文、史、哲经典名著，奠定了她扎实的文化基础。这对于维多利亚时代的女孩来说，确实是一种破例的自由。此外，她自幼就能经常接触前来家里拜访的文学前辈，并得到他们的赞美和祝福，尤其是她的教父美国诗人詹姆斯·罗素·洛威尔。知识贵族的书香世家给予了弗吉尼亚优于常人的文学修养，并为其提供了在文学界走向成功的首要资源。

二、才华初露：海德公园门的“新闻”

海德公园门22号是弗吉尼亚出生并生活了22年的地方，是她早年的主要活动场所。在那栋高大阴暗的建筑物的顶楼保育室中，曾住着文尼莎、托比、弗吉尼亚以及艾德里安姐弟四人。由于他们之间年龄差距不是很大，而他们同母异父的哥哥乔治、杰拉尔德和姐姐斯特拉已经过了保育室阶段，同父异母的姐姐劳拉因患有精神疾病且病情逐渐加重被送进了精神病院，所以他们自幼便组成了一个四人集团。在那间小小的保育室里，既有友爱亦有冲突，上演着属于这个亲密小集团的童年忧欢。

文尼莎是莱斯利和茱莉娅的长女，她遗传了母亲精致柔和的面庞和父亲绘画的天分。自小就因天赐的美貌而备受宠爱，在美丽面庞背后显露的是她诚实、可爱、充满责任感的性格。小时候，这种诚实的性格不仅是她特有的标志，而且也是她引人发笑的特点。有一次，文尼莎和弗吉尼亚在肯辛顿花园散步时，门口的一位老妇人送给她们一只气球作为礼物，这使她们极其开心，但在回家的路上，她们却争论起是否应该将礼物的事情告诉母亲。最终文尼莎在弗吉尼亚伶牙俐齿、巧妙的说服下，同意将气球藏了起来，但是气球还是被母亲发现了，这时文尼莎以其诚实的秉性认为自己有责任向母亲承认错误。当母亲质问弗吉尼亚时，弗吉尼亚却机智地对母亲说：“母亲，您面前站着的，一个是魔鬼，一个是圣人哪！”这句话不仅逗笑了母亲，同时也引得一旁的父亲为她的聪慧拍案叫绝。从此“圣人”这一绰号便成了文尼莎的专属名称，乔治、杰拉尔德甚至是托比都一起加入这个讥笑文尼莎的游戏之中。之后，文尼莎还总会因此被兄弟姐妹们戏称“老妮莎的诚实”，或者说她“这老家伙真是顽固不化”，甚至说她“总是好心办坏事”等。同样，弗吉尼亚也因自己在保育室期间做过的那些“蠢事”获得了“那头山羊”[①]或“山羊”的名号，这个绰号之后跟了她很多年。那时孩童之间无忌的话语和欢笑总是使日子显得那般美好与快活。

文尼莎只比托比大了一岁，但是凭借其责任感和严谨认真的天性，自小就完美地表现出了长姐如母的风范。她经常教托比认字，甚至还把自己的奶瓶让给他，总是像小大人一般尽己所能地照顾和保护托比，甚至愿意为了他的利益牺牲自我。而托比是一个兴高采烈、精力充沛、健壮、坚定、专横、性格外向的小男孩，俨然就是又一个斯蒂芬，集万千宠爱于一身，所以从小就学会了肆无忌惮地接受偏袒。在他们两人之间，文尼莎乐于付出，而托比则乐于接受，他们成了保育室里绝妙和谐的一对。在弗吉尼亚出生之前，文尼莎和托比两人亲密无间，他们总是在晴朗的午后，并排躺在花园里的草地上，暖融融的身体紧紧地贴在一起，仔细端详和研究天空中不时飘过的浮云一会儿像巨人，一会儿像城堡，一会儿又变为独角兽。时而，他们还会起身嬉戏打闹，身体推来搡去地纠缠在一起，那时的时光于他们来说好不快乐。但是，随着弗吉尼亚的降生，这种两小无猜的亲密关系则一

① 山羊在英语中有“放肆的人”的意思。

去不复返了。因为弗吉尼亚倾向于和比她年龄大的孩子一起玩耍，而且和姐姐文尼莎一样，她也深深地爱着哥哥托比，总是用儿时那些胆大妄为、异想天开的想法和念头把托比吸引到她的身边。即使后来艾德里安的出生也没有改变这种模式，因为相较于托比，艾德里安娇弱、阴郁、幼小，并不能赢得两个女孩子的特别关注。

弗吉尼亚和艾德里安的加入打破了之前文尼莎和托比之间的平衡关系，使他们之间总有小小的故事发生。有时候是文尼莎和托比与弗吉尼亚和艾德里安对打，有时候他们又结成亲密的四人同盟，一致对外。在莱斯利写给 C. N. 诺顿的一封信件中可以看到："两岁半的弗吉尼亚小姐用指甲抓了她四岁的哥哥。我坚持要她道歉或来个亲吻，最后她这么做了。她看来沉思了一会儿，然后说，爸爸，为什么我们有指甲？'这是在你身上的一点婴儿目的论[①]'，我回答，'为了去抓弗劳德们[②]'。"但无论彼此之间如何争吵打闹，他们，尤其是两个女孩，从一开始就热烈地爱着对方，而且终生都是如此。按照文尼莎的次子昆汀・贝尔的说法，在姐姐文尼莎眼中，外貌始终是世界上最迷人的东西，或至少当她爱的时候，爱向她呈现的是一种视觉形式。而弗吉尼亚从相貌上来看，自小就和姐姐一样，长得很美，拥有着希腊雕塑般的脸部轮廓、粉色的脸颊和绿色的眼睛，眼神专注而柔和，骨骼瘦削而纤弱，俨然是一位美艳明敏的女子。而妹妹对姐

① 目的论认为世界上的任何事物都由某种目的所安排和决定。

② 弗劳德(James Anthony Frounde，1818—1894)，英国历史学家，是莱斯利喜欢的作家。但是在原信件中并不确切是这几个词。

姐的爱，则更倾向于彼此间的亲密交流和对对方性格特征的喜爱。在弗吉尼亚眼中，文尼莎不仅诚实、稳重，具有过人的良好判断力，而且对年幼者承担着充满爱意的责任，与兄妹之间形成了饱含深情的亲密关系。所以，似乎从一开始，姐姐文尼莎就注定会成为一位画家，而妹妹弗吉尼亚则会成为一位作家。

作为莱斯利和茱莉娅的女儿，英格兰知识贵族阶层的后裔，文尼莎和弗吉尼亚本有希望打破维多利亚时代传统教育观念对女性的束缚，但由于母亲茱莉娅一直以来对女性角色持有保守而顽固的传统观念，她坚信女儿们没有必要接受正规的教育，认为“服务，就是妇女最高天性的完全实现”，未来等待她们的不外乎好好操持家务，成为一个贤妻良母。因而，文尼莎和弗吉尼亚并没有被允许像托比和艾德里安那样进入学校，并在中学毕业后进入剑桥深造，她们只能在家中接受维多利亚传统习俗影响下的自我教育。不过，幸运的是，虽然在教育子女这件事上，她们的父亲莱斯利接受了自己妻子的决定，但是他对教育意味着什么却是持有最进步的看法的。莱斯利曾在追求茱莉娅时，与其讨论过妇女受教育的问题，他甚至还批评了维多利亚时代所要求女性具备的那种浅薄的才艺。他谈到“看见人们怎样受到扭曲，这常使我愤怒。我讨厌看到女人的生命被浪费掉，只因为她们没有得到足够的在任何研究中取得独立的兴趣的训练……”①正是由于这种先进的教育观念，他才会将文尼莎和弗吉尼亚按照最佳的职业标准来培养，让她们一个学习绘画，一个学

① 林德尔·戈登:《弗吉尼亚·伍尔夫:一个作家的生命历程》，伍厚恺译，成都:四川人民出版社，2000年版，第100页。

习希腊语。当然，她们也仍旧不可避免地要接受成为淑女所必须的才艺训练。绘画、跳舞、音乐和文雅的举止，这些都是必须要学的。毫无疑问在文尼莎身上有绘画的天赋，她最早师从埃比尼泽·库克先生，但是两姐妹在音乐、舞蹈、马术等方面的学习就有点不尽如人意了。唱歌虽然相对要好一些，但是文尼莎和弗吉尼亚还是会经常出丑。一次，姐妹俩像往常一样不情愿地走进了音乐教师米尔斯小姐的教室，当米尔斯小姐虔诚地问学生们圣诞节的含义是什么时，弗吉尼亚却回答说："它是为了庆祝耶稣被钉在十字架上。"她话音刚落，教室里就立刻响起了一片响亮的笑声，她也因此而不得不被请出了教室。同样，舞蹈课和钢琴课也是让斯蒂芬小姐们头痛不已的事情，她们甚至通过长时间躲在厕所里来逃避这些课程。

对于姐妹俩来说，最好的课程也许是来自它本身所引发的兴趣，当她们的兴趣被吸引起来之后，她们便乐意在自己感兴趣的艺术领域中遨游徜徉了。在弗吉尼亚五岁的时候，她便已显露出了与众不同之处。相较于家里的其他孩子，她看起来似乎更有创见，也更沉醉于玄想。她在年纪很小的时候就已经显示出了文学上的天分，并立志要成为一名作家。她曾说："从我还是一个小家伙时起，当大人在吃饭的时候，我就坐在圣埃夫斯客厅里那绿色绒毛沙发上，模仿霍桑的风格胡乱编造着一篇故事。"[①]而她的聪慧和机智也一早就被父亲发现，在她 1891 年九岁生日的时候，莱斯利就曾说过："她当然非常像我。"而在 1893

---

① 林德尔·戈登：《弗吉尼亚·伍尔夫：一个作家的生命历程》，伍厚恺译，成都：四川人民出版社，2000 年版，第 21 页。

年7月，莱斯利在写给妻子的信中又说："昨天我同吉尼亚（即弗吉尼亚）讨论了乔治二世，她吸收了许多东西，到时候真的会成为一个作家……"①

早在孩童时代，弗吉尼亚便开始自己编故事讲给大家听，那些在楼顶保育室和圣埃夫斯的岁月里，每当黑夜降临，灯火熄灭之后，伴随着炉火的余光，弗吉尼亚便开始讲故事了。或是关于对此浑然不知的隔壁狄克尔一家的传奇故事；或是关于伯卡奇和霍利温克斯发生在花园中的故事；或是比卡兹和眨眼睛等邪恶的精灵生活在垃圾堆里，穿过鼠刺树篱上的一个洞就消失得无影无踪的故事……一个个连续不同的故事在摇曳不定的炉火照耀下被讲述下去，并随着昼夜晨昏的交替不断延续下去。弗吉尼亚那些膨胀的幻想也变得越来越大，越来越引人入胜。在这个安逸亲密的四人小集团里，弗吉尼亚就这样每晚给大家分享着她编织的一个个奇妙、神秘的故事，而文尼莎和艾德里安总是会被弗吉尼亚杜撰出来的活灵活现的世界所吸引。

写作是弗吉尼亚人生中最大的乐趣。五岁时，她便能以一种"最可爱的字体"开始写信了，为此她备受称赞。在她六七岁的时候，她曾给母亲写过一封这样的信：

普林塞普太太说她只会坐慢车，因为所有的快车都会发生事故，而且她给我们讲了个故事：一位七十岁的老人把他的腿下（卡）②在火车轮子里了，然后火车开动了，这位老先生就这么被

① 林德尔·戈登：《弗吉尼亚·伍尔夫：一个作家的生命历程》，伍厚恺译，成都：四川人民出版社，2000年版，第21页。

② 因为写这封信时，弗吉尼亚年纪尚小，她将"caught"误拼为"caute"。

火车拖着走，直到火车者（着）了火。他大声呼喊想找个人把他的腿砍掉，可是一直没有人过来救他，最后老先生整个被烧焦了。再见，爱你的弗吉尼亚。

在1891年，弗吉尼亚9岁的时候，她和哥哥托比一起创办了一份报纸《海德公园门新闻》①（*Hyde Park Gate News*），起初这并不是弗吉尼亚一个人的“事业”，托比是这项冒险活动的合伙人，但是由于托比当时在读寄宿学校，很少回家，所以渐渐地这事就几乎全由弗吉尼亚负责了。《海德公园门新闻》从1891年创刊到1895年4月停刊，其间虽略有缺期，但基本都是坚持按周出刊的，它生动地记录了斯蒂芬家孩子们其乐融融、趣味盎然的家庭生活。在这里，各种冲突和分歧被家庭成员之间的深厚情感所缓和，年长的家庭成员支持年幼的，年幼的也给年长的带来欢乐。报刊中的内容大都是生活趣事，上至家族亲戚，包括费希尔家族、达克沃斯家族、沃恩家族、斯蒂芬家族、杰克逊太太、桑姆斯伯爵夫人和贝德福德公爵夫人等，下至孩子、仆人，甚至是家里的狗、老鼠、虫子等都成为孩子们创作的素材、描写的对象，出现在报刊上。其文体大都是弗吉尼亚模仿维多利亚时代那种堂皇的新闻体写出来的，就如同小孩穿着大人的衣服鞋帽，学大人说话一样，十分有趣，但同时又不失童真和顽皮。比如，斯蒂芬家的孩子们曾收养过一只流浪狗，但是由于这只流浪狗总是将屋里的地毯弄得异常凌乱，肮脏不堪，于是在忍无可忍

① 《海德公园门新闻》，由吉尔·洛维编辑，伦敦赫斯珀洛斯出版社2005年出版。

的情况下，它被送到了失狗招领处，但不知什么原因，那里却拒绝接受它。

于是，男孩把它放了，任由它随心所欲地漫游，“就像一滴水在浩瀚的海洋里追寻它的旅伴。”迄今为止，再也没有任何有关它的消息传来。

弗吉尼亚还曾写过一篇关于其表姐沃恩小姐的新闻报道，其中充满了讽刺、调侃的意味，读来引人发笑，显示出了弗吉尼亚的聪慧、机智和幽默，可见她自幼便培养出了一种胆大妄为的独特风格。

米莉森特·沃恩小姐(弗吉尼亚的表姐)已经荣幸地光临了斯蒂芬府。和友爱的姐妹一样，沃恩小姐去加拿大看望了她阔别已久的定居于斯地的姐妹。我们希望嫉妒的猝痛不曾袭上她的心头，当她看到她的姐妹那么安逸地和丈夫生活在一起，而自己却为了结婚而寻遍大地。不过，跟老人似的，我们跑题了。她于星期一来到这儿，目前仍住在海德公园门22号。

同时，《海德公园门新闻》还包括一些言辞雄辩的颂词和弗吉尼亚早期的小说习作。当莱斯利在格拉斯通和卡莱尔之后当选为伦敦图书馆馆长时，弗吉尼亚曾在其报刊上写下了这样的颂词：

萨克雷的女儿里奇夫人①第二天来家里吃饭，为了表示她很高兴，竟然从她坐的椅子上跳了起来并像孩子一样拍手，但这

① 里奇夫人是莱斯利·斯蒂芬的第一任妻子哈丽特·玛丽安的姐姐安妮。

绝不减弱她的真诚。斯蒂芬夫人更大的快乐在于格拉斯通先生事实上只是副馆长……我们认为伦敦图书馆将斯蒂芬先生置于超出格拉斯通先生的地位是一种很好的选择,因为尽管格拉斯通先生可能是个第一流的政治家,但他在写作方面却无法打败斯蒂芬先生。

这篇颂词词汇丰富,语言巧妙机智,已显示出了相当的叙述水平,很难让人相信这是出自一个十岁左右的小姑娘之手。昆汀·贝尔认为弗吉尼亚现存的发表于《海德公园门新闻》的最早故事习作是《午夜骑行》。它主要描写的是一个男孩为了去看望他病倒在学校的弟弟,不得不在半夜骑马穿越充满危险的北美沼泽地的故事。但是弗吉尼亚在开始了对主人公的启程的叙述之后,却对这次冒险的具体情节失去了兴趣,于是故事不得不以一种沉闷、松散的方式告终。但值得一提的是,故事中人物之间的书信往来相对成功,尤其是那些情书中的对话,相当机智、灵巧,读来不由得令人大笑。“……你很可耻地抛弃了我。”约翰·哈利先生写信对克拉拉·笛姆斯戴尔小姐说。而她则回信道:“由于我从不保留你的情书,你没法收回它们。因而,我把你寄来的那些邮票还给你。”①

《海德公园门新闻》自创办以来就备受大人们关注。他们常常阅读,体味弗吉尼亚笔下生活中的闲趣,特别是莱斯利夫妇,十分喜爱读她发表在上面的有趣的笑话和故事。通常,总是在

---

① 昆汀·贝尔:《伍尔夫传》,萧易译,南京:江苏教育出版社,2005 年版,第 33 页。

每周一早晨，文尼莎会把最新的《海德公园门新闻》放在妈妈的沙发上，接下来，就是一段使弗吉尼亚觉得漫长且充满期待、悬念和焦虑的等待时间了。因为弗吉尼亚继承了家族性格特质中的敏感和神经质，在父母走进客厅拿起那份报纸之前，她就已经激动紧张得不能自已了。"她翻开报纸了吗?""她在读它了吗?""你能看见她在读什么吗？是我写的那篇关于池塘的吗?""她读了之后笑起来了吗?""她脸上是什么样的表情?"……她总是会紧张地问文尼莎诸如此类的问题。父母会说出什么样的批评意见，这对于弗吉尼亚来说是一个相当可怕的问题。但是当茱莉娅对莱斯利平静地说出"我觉得相当灵巧"的时候，弗吉尼亚就仿佛去到了天堂，赢得了整个世界。这种对于批评的敏感和神经质，在今后的岁月中，将如影随形般出现在她每一次作品发表的时候。

《海德公园门新闻》的写作为弗吉尼亚在海德公园门日复一日的单调生活平添了无限趣味。那时，家庭生活中所有的事情，不管是喜事还是灾难，都能在《海德公园门新闻》中寻到踪迹：水管爆裂、孩子生病、兄弟们离家上学或是放假回家、参观马戏团和动物园等，这一切都使弗吉尼亚陶醉在家庭的欢乐气氛之中，沉浸于写作练习所带来的全部乐趣之中。在那些报纸中可以看到，家里的每一个孩子都有一堆绰号和一堆可以扮演的角色，他们会对家里发生的大事进行激烈的争论，甚至连家里来访的每一位客人，他们都会在私下里品头论足一番。除了写作带来的乐趣之外，在伦敦能给弗吉尼亚带来欢乐的就是每日两次在肯辛顿公园消磨的美好时光了，那时的肯辛顿公园还充满着某种野趣。在早些时候，托比还没有离家求学时，他们经常推着手推车在街上打闹嬉戏，有时又会在圆池塘和花道之间的茂盛草丛中漫游取乐，在那里他们会发现一些散落的珍珠一样的小贝壳，把贝壳一个个捏碎所带给他们的欢乐在那时是无可替代的。除了贝壳，鳄鱼树也是他们的乐趣所在，由于鳄鱼树粗壮的树根暴露在外边，所以他们经常在上面攀爬玩耍，以至于树根都被磨得光滑锃亮。有时他们还会带着弗吉尼亚的爱犬赛格来到公园里，将赛格拴在栏杆上，而这样的行为常常会被有些孩子误认为虐待动物，从而到公园管理员那里举报他们。

再大些的时候，男孩子们都去学校了，肯辛顿公园中的美好时光就只属于姐妹俩了。弗吉尼亚和文尼莎总是在那里闲逛，有时她们会并排躺在花道后的草坪上，弗吉尼亚会把随身携带的书拿出来朗读。多年后，弗吉尼亚曾回忆有一次她在那里朗读《英诗金库》①中的一首诗时，一下子豁然开朗，好像突然理解了诗中的真谛，在她看来，这就是她生命中一个重要的存在的瞬间。有时她们也会花一便士去宫殿旁边的白房子里买糖果吃，偶尔还会买上一本《点滴》杂志，坐在草坪上，把买来的巧克力或者糖果掰碎，边吃边读杂志里的笑话，以此来取乐。《点滴》杂志是 1881 年在英国发行的周刊，于 1989 年停刊。弗吉尼亚最喜欢读里边的"通感"专栏，她还曾把自己早期的一篇小说习作投稿给它，不过，最终如石沉大海般，杳无音讯。肯辛顿公园的户外活动，在日复一日的时光冲刷下，逐渐变得沉闷乏味，但是对

---

① 全书收入了 144 位英美著名诗人写于 16 世纪末叶至 19 世纪末的抒情诗 433 首。

于弗吉尼亚来说，它仍是具有吸引力的。她总是满怀激情地注意着周围的一切，以便遇到具有新闻价值的趣事，可以在她的报纸中报道一下，有时女王门那里卖坚果和鞋带的老妇人、花卉大道两旁有着棱纹外壳的特别的小坚果都会出现在她的描述之中。充满雄心抱负的小编辑弗吉尼亚对于自己的《海德公园门新闻》始终乐此不疲，孜孜不倦。

时光流逝，“人们一定会有这种感觉，那就是一切似乎都会到来，接着一切又会消失远离；一切在慢慢长大，一切又要慢慢变小。一切以不同的速度，或急或缓地经过这个小小的生命。”① 随着年龄的增长，弗吉尼亚已不再是个孩子了。她逐渐到了一种自觉的年龄，行事也相对沉稳成熟，她在《海德公园门新闻》中的文笔也随之愈发成熟，早期报纸中那种属于儿童特有的魅力、乐趣和顽皮逐渐消失了，更多的是她照着那些被认可的范本所做的严肃的练习，这是一种自觉的、有意识的练习，相对以往更加谨慎，同时也在一定程度上预示了她成年之后的写作风格。相较于早先的《海德公园门新闻》，之后的内容更趋向于成年的类型。她尝试过风俗小说，写过一篇描述梦境的文章，谈过一场吕克昂剧院的表演，报道过在市长府邸举行的一场集会等。这些内容无不显示出弗吉尼亚这位极其认真地钻研英国文学的小姑娘正在从早期的习作中一步步努力向前发展。

生于书香世家，同时又有莱斯利和茱莉娅这样的热情读者，不难理解弗吉尼亚在 9 岁时就能创办报刊并进行文学习作了。

---

① 弗吉尼亚·伍尔夫：《存在的瞬间——从未出版的自传文字》，刘春芳，倪爱霞译，广州：花城出版社，2016 年版，第 99 页。

《海德公园门新闻》的创办训练了弗吉尼亚对生活加以观察和提炼的能力，它是弗吉尼亚成为作家的又一重要资源。

三、儿时天堂：康沃尔的海浪

弗吉尼亚·伍尔夫曾说过："如果人生需要根基，如果人生是一个器皿，需要以后的经历来丰富、来填充的话，那么我的人生器皿、我的人生根基就是这段回忆。"[①]在她看来，她的整个生命都是建立在儿时在西海岸康沃尔郡的度假胜地的夏季记忆之上，康沃尔的海浪、沙滩、漫游、垂钓以及海滨花园无不唤起她"崇高的感觉"，在她记忆深处留下了难以磨灭的印迹。于她来说，康沃尔是儿时的天堂、少年时代的伊甸园、人生中最可爱的一段路程。

1881年，恰巧是弗吉尼亚出生的前一年，莱斯利进行着他惯常的徒步旅行。一个偶然机缘，使他发现了圣埃夫斯。圣埃夫斯是位于英格兰西南部康沃尔郡的海边小镇，当时那里尚未受到破坏，仍保留着原始的风貌，保持着亘古有之的初始模样。在那儿，莱斯利看到了渐渐倾斜的长满荆豆的原野，原野中一团团樱草花和铃兰花在微风中摇曳生姿，远处则是美丽、干净的圣埃夫斯海湾和它的沙丘。由于那里受墨西哥暖流的影响，较英格兰其他地方相对更加温暖，所以温度适宜、空气清新，连微风都带着馨香。莱斯利向家里人描述说那里空气柔和得像一张黏稠

---

① 弗吉尼亚·伍尔夫：《存在的瞬间——从未出版的自传文字》，刘春芳，倪爱霞译，广州：花城出版社，2016年版，第73页。

的面纱，带着“一种像新挤出来的牛奶似的鲜甜气味”。①

于是，第二年，他在海湾上方的高地上租下了一栋于19世纪四十或五十年代由大西部铁路公司修建的名为“托兰德屋”(Talland House)的房子。从此，每年的七月中旬到九月中旬，斯蒂芬一家都会来此度假，短暂地远离伦敦那所阴郁而令人窒息的房屋。对于孩子们来说，任何其他的旅行都代替不了圣埃夫斯，在这儿，他们获得了彻底的自由，可以随意地在花园里游荡，在海滩上玩耍，想怎样就怎样，“在年轻人的心目中，这是天堂般的前景，他们热爱圣埃夫斯，陶醉于它那众多的乐趣……”②

圣埃夫斯的托兰德小屋离火车站不远，坐落在一个小山岗上，房屋比较简陋、脏乱，屋内没有什么家具，也没有自来水装置，但是房子明亮而又空气流通，屋子阳台的墙上还布满了繁星点点的西番莲花，这些银白色的西番莲花瓣上点缀着紫色的条纹，紫色中又夹杂着绿色的花骨朵，简直美不胜收。更重要的是，托兰德屋在地理位置上拥有着绝佳的视野，躺在床上，透过淡黄色的百叶窗，一眼就可以望到那一望无际的蔚蓝色海洋，听到海浪富有韵律的拍击声。极目远眺，灰白色的灯塔就矗立在远处朦胧的烟雾之中，夹带着泥沙的海水，永不停歇地奔流向那杳无人烟的仙乡梦国。

那是在圣埃夫斯的儿童室里，我半睡半醒地躺在床上。我

① 林德尔·戈登：《弗吉尼亚·伍尔夫：一个作家的生命历程》，伍厚恺译，成都：四川人民出版社，2000年版，第17页。

② 昆汀·贝尔：《伍尔夫传》，萧易译，南京：江苏教育出版社，2005年版，第34页。

听见海浪冲击的声音。一、二,一、二,将飞溅的浪头送上海滩;接着是再一次冲击声。一、二,一、二,在黄色窗帘后面响着。当风吹开窗帘的时候,我听见窗帘在地板上拖动着它上面的小橡果的声音。我躺在床上,听着海浪的泼溅声,看着这片光影,感受着,几乎不相信自己身在此地;我体验着我所能想象到的最纯粹的迷醉。①

在屋子的门口有着成片的草坪,草坪顺着山体的斜坡铺下,孩子们总是喜欢顺着斜坡滑下;草坪边上生长着繁茂的鼠刺树篱,这些树篱使草坪被一块块地分隔开来;屋子后边是一个花园,花园顺着斜坡通向海滨,与海滨遥相呼应,煞是好看;花园的下面被孩子们称为“爱情角”,雷奥·麦克斯和基蒂·拉辛顿就是在这里订的婚;再往远处则是一个种着各种瓜果蔬菜的菜圃,各种各样的夏季水果应有尽有;在小屋外的角落里还有让孩子们欣喜不已的池塘;而最让他们感兴趣的还是草坪上的那片板球场,小型板球赛从下午一直到晚上都在那里举行;过了板球场就是大海了。在弗吉尼亚的童年生活中,最令其痴迷的运动就是打板球了。在一张摄于康沃尔的孩子们打板球的照片中,6岁的弗吉尼亚就像一个假小子似的,全神贯注地守门,而艾德里安则在全力以赴地击球。

在圣埃夫斯的每一天都是美好、欢乐、充满激情的,在这里,他们有自己的房子、自己的花园、自己的苗圃、自己的板球场,甚

① Woolf, Virginia. *Moments of Being*. Ed. Jeanne Schulkind. New York: Harcourt, 1978: 64-65. 若无特别说明,本书英文引用均为作者自译。

至还有澎湃的海湾、蔚蓝的大海和绵延的青山。这些无不令人陶醉！而且，在这里斯蒂芬一家可以不再像在伦敦时那样保持刻板的生活规律。客人们也不用像在伦敦时那样严格遵守用餐和拜访时间，他们可以根据火车到达的班次随意来往。那时，斯蒂芬一家在接待前来的客人时，总是会有一套特别而有趣的仪式。

瞭望台是围墙伸出来的一个小土丘，上面没种植物，只有些野草冒出来。站在眺望台上能看到火车到站的信号。如果信号降下来了，我们就要做好到圣厄斯火车站接站的准备了——洛威尔先生、吉布斯先生、斯蒂尔曼一家、西蒙德斯一家和拉辛顿一家都会坐火车到圣厄斯站下车。①

在这里，莱斯利似乎也放下了他那沉重而无休止的工作负担，短暂地从压在他身上的繁重的劳动、尘世的忧伤以及个人成败得失的精神重荷之下逃离出来，展现出他最温柔的一面。他总是会在午后或黄昏时分带着孩子们，按照习惯的路线漫步走过花园，穿过板球场，越过蒲苇丛，来到海边，沿着海湾前行。途中，莱斯利会给孩子们讲述自己曾经如何充满活力地去阿尔卑斯山考察的故事。有时，他也会带孩子们去海滩上玩耍，孩子们总是光溜溜地在沙滩上跑，而莱斯利则会突然捉住其中的一个，夹在双腿间，拖到大海里去，孩子们漂亮的母亲往往就在旁边注视着这温馨而美好的画面。

---

① 弗吉尼亚·伍尔夫：《存在的瞬间——从未出版的自传文字》，刘春芳，倪爱霞译，广州：花城出版社，2016年版，第167页。

圣埃夫斯给予了他们全部纯粹的快乐，孩子们可以无忧无虑地侧耳倾听海浪的声音，可以尽情地在海边挖沙嬉闹，捡贝壳、芦苇、石块等，可以毫无畏惧地爬到一块于大海中凸出的岩石上捉鱼捉螃蟹，可以整日在池塘边的大石头上观察水里的银莲花，可以欢快地跑到镇上小店里买东西，可以随心所欲地吃着撒了黄糖的康沃尔乳脂……有时他们还会去林子里打鸟，伴随着枪声的余波，一群群受了惊吓、叽叽喳喳、惊魂未定的椋鸟瞬间疾飞开去。有时在礼拜天，他们还会和父亲一起进行徒步探险，并在探险过程中研究和采集植物。不过，对于斯蒂芬家的孩子们来说，相较于研究植物，他们更热衷于“昆虫狩猎”。他们成立了自己的昆虫协会，弗吉尼亚在其中负责昆虫命名的工作，不过遗憾的是，她并没有做出什么引以为豪的成果，并因此遭到了托比的训斥。他们经常把捕捉来的死昆虫装在旧牙粉罐子里，藏于井底。对于他们的这一行为，莱斯利和茱莉娅并没有像一般的父母往往会做的那样训斥或责骂他们，而是肯定了他们的这一爱好，激发他们的兴趣，并给他们配备了包括捕虫网、收集箱、标本板、杀虫瓶、培育箱和参考书在内的所有专业装备，有时莱斯利甚至还会在园子里帮他们捉蝴蝶、捕飞蛾。在圣埃夫斯，他们还有一棵专属他们的“蛾子树”，莱斯利经常帮他们在这棵树上涂上大量的糖浆来粘住蛾子，孩子们尤其是弗吉尼亚对这棵“蛾子树”有着十分复杂的感情。直到他们完全长大成人，他们都一直热衷于捕捉、收集蝴蝶和飞蛾，弗吉尼亚尤其热衷于捕捉飞蛾，某种微醺的、长着大灯笼眼的、过分花哨的飞蛾永久地停留在了她的记忆之中，不仅成为她作品中的重要意象，也成为日后触发其诗意化小说《海浪》的灵感源泉。

同时，在海边度假，航行、钓鱼和游泳当然也是必不可少的娱乐项目，海洋成就了他们假日的全部快乐。在弗吉尼亚晚年的回忆录中，她提到在圣埃夫斯的海湾，她见得最多的就是不断从港口驶出的渔船，其中有小帆船，也有笨重的在深海捕鱼的大船，还有轻便的捕鲭鱼的小船，以及一年到头都搁置在沙滩上的沙丁鱼捕鱼船。其中最令弗吉尼亚激动万分和难以忘怀的就是捕沙丁鱼，因为这是一个让人们年年夏天翘首以盼，却又年年夏天没有实现过的梦。那时在卡比斯湾的岗哨里住着一个所谓的"鱼眼人"，他负责观察放哨，一旦看到沙丁鱼就会吹响喇叭，而渔民们听到喇叭之后就会放网。没有喇叭声的时候，所有的渔船就会停靠在海滩默默地等待。弗吉尼亚在圣埃夫斯期间那么多年，从来没有见过沙丁鱼群，捕鱼的渔船也只能停靠在港口打瞌睡。其中只有一次喇叭被吹响了，响亮、悲怆的喇叭声划过水面，渔民们纷纷下网，但是沙丁鱼却绕过卡比斯湾游走了、消失了，渔民们只能两手空空而归。所以，在弗吉尼亚的记忆中，捕沙丁鱼成了一个神话，从未真正实现过。

此外，划船比赛也是始终令弗吉尼亚念念不忘的童年趣事，它带给弗吉尼亚一种法国乡村的美感，充满梦幻色彩。比赛当天，无数的小旗子迎风飘扬，无数的船只在海湾中自由穿行，人们欢天喜地地聚集在沙滩上、海面上，耳畔回荡着发令枪的声音、观众们欢呼喝彩的声音以及孩子们兴奋的尖叫声，热闹非凡。除了划船比赛，游泳比赛和舞蹈比赛也是那里的风俗习惯。在游泳比赛时，每个参赛选手都表现出兴致勃勃、胜利在望的样子，在听到枪声的瞬间，他们就应着枪声争先恐后地跳入水中，不久小小的脑袋就在水面时隐时现，远远望去，只能看到在他们双臂拍打下漾起的朵朵浪花了。同样，舞蹈比赛也是精彩纷呈，人们不分男女都围着卡尼尔斯教堂尖塔欢快地载歌载舞，跳的时间最长的人就是获胜者。对于获胜者，镇上都会给予一定的奖励。此外，钓鱼也是弗吉尼亚在圣埃夫斯最喜欢的一项活动，她喜欢静待鱼儿上钩的过程，喜欢鱼儿咬钩并拉起鱼竿时的那种无以言表的激动与振奋。但是莱斯利却不喜欢钓鱼，因为他认为鱼被勾上来的场面甚是残忍，不过他并没有禁止孩子们钓鱼，只是表明了自己的态度。在父亲的影响下，弗吉尼亚最终自愿放弃了钓鱼这一嗜好，从内心深处摒弃了钓鱼的欲望。

以上种种都深刻地铭记在弗吉尼亚的脑海之中，其中有一次关于出海航行到灯塔的事件还被记载在了 1892 年 9 月 12 日的《海德公园门新闻》中。

星期六早上，希拉里・亨特少爷和巴兹尔・史密斯少爷来到托兰德屋，邀请托比少爷和弗吉尼亚・斯蒂芬小姐陪伴他们上灯塔那儿去，因为船夫弗里曼说恰好有往那儿去的潮汐和风向。艾德里安・斯蒂芬少爷没有获许和他们同行，很失望。

后来，这一事件又被弗吉尼亚作为素材写进了她的名作《到灯塔去》中。在作品中，俯瞰卡比斯海湾的塔兰德屋构成小说的主要场景，弗吉尼亚和托比受邀前往的那座黑白相间的戈德里维灯塔，被作为小说中的核心意象，贯穿始终。

可以说，圣埃夫斯是一座让弗吉尼亚终生一再汲取回忆的宝库。我们不但在《到灯塔去》中感受到了它的气息，而且在《雅各的房间》和《海浪》中也能察觉到它的存在。在《雅各的房间》开篇中，母亲带领雅各兄弟在海滩散步，雅各在那里捡到一个羊骨头的描写，正是与弗吉尼亚在圣埃夫斯的生活经历相关。在圣埃夫斯的生活经历同大自然一起印刻在了童年弗吉尼亚的内心深处，正如她在《往事札记》中所说："回顾起来，没有任何童年经历的事像在康沃尔度过的夏季那样对我们独特不凡，那样关系重大了。……我可以回忆起一件又一件事情，写满许多页。"[①] 所有一切使得圣埃夫斯成了她生命的最好开端。

圣埃夫斯于弗吉尼亚来说，永远是美好的、欢乐的，那里的每一缕阳光都是温暖的，每一抹颜色都是多姿的，每一种声音都是悦耳的。在那里，她寻找到了美，并记住了美。每当回忆起童年的圣埃夫斯，都能使弗吉尼亚的内心在苍白、痛苦的人生中充满色彩。她在《往事札记》中曾写道：

> 如果我懂绘画的话，我将给我最初的记忆涂上淡黄色、银白色和浅绿色。回忆里有淡黄色的百叶窗、浅绿色的海和银白色的西番莲。我会把这幅画画成圆圆的球形，还是半透明的样子；要么就画成圆弧形的花瓣；要么画成贝壳的样子——反正都是半透明的感觉……

由上面那些颜色、那些声音绘成的记忆图景定格在了圣埃夫斯。而在下面的回忆中，在感情上则更加浓烈，视觉冲击也更加鲜明。那是更晚些时候的回忆，不过我现在想起来仍倍感温

① 伍厚恺：《弗吉尼亚·伍尔夫：存在的瞬间》，成都：四川人民出版社，1999年版，第38页。

暖。过去的一切是那么醇美可口，大家忙碌而欢乐，和煦的阳光洒在身上，暖暖的呼喊声传来，各种味道夹杂而至，真是一场嗅觉的盛宴——那时候我总是会不由自主地停下手头的工作，不由自主地朝海边走去。而现在每次回想起来，我也会不顾一切地停下手边的工作，一路走到山顶，俯瞰美丽的花园。花园隐没在条条林荫小道之中。果树上诱人的苹果就在人的头顶摇摆，花园里回荡着蜜蜂的嗡嗡声。苹果有的艳红，有的金黄；还有的树枝顶着柔软的粉色小花，灰色和银白色的树叶则晕开了一片背景。它没有揭开面纱，不在人前炫耀，却浅浅地吟唱成纯净的狂喜，引我驻足，让我吮吸，使我沉醉。可我真的无法用语言描绘这种狂喜。这是狂喜，绝不仅仅是一般的欣喜而已。①

弗吉尼亚用大量的文字展示了圣埃夫斯生活的美妙，圣埃夫斯的生活经历不仅在素材方面构成了她的写作根基，还在精神层面构成了她的生命根基。不过，愉快、美好的时光中有时也夹杂着些许不尽如人意之处。虽然托兰德屋周遭的自然风光绚烂、秀丽，但事实上托兰德屋本身是凌乱不堪的，尤其是人口密度过大。在那里，除了斯蒂芬一家以及女仆和家庭教师之外，还有很多客人，包括许多堂表亲、叔伯、外甥和外甥女，以及在伦敦时就经常拜访斯蒂芬家的文艺界名流洛威尔、亨利·詹姆斯等，还有一些名气稍逊的人物，比如沃尔斯坦霍姆先生。纷至沓来的人物、混乱的生活体验也都在弗吉尼亚的记忆中留下了浓墨重彩的一笔。当时许多的访客后来都作为原型人物出现在了弗

① 弗吉尼亚·伍尔夫：《存在的瞬间——从未出版的自传文字》，刘春芳，倪爱霞译，广州：花城出版社，2016 年版，第 75—76 页。

吉尼亚的作品中，如沃尔斯坦霍姆先生，他是一个卓越的数学家，但是他的观点和生活却使他在剑桥待不下去，后来成了弗吉尼亚小说《到灯塔去》中诗人卡迈克尔先生的原型；在“爱情角”订婚的基蒂·拉辛顿和雷奥·麦克斯则化身为《到灯塔去》中的敏泰·多伊尔和保罗·雷莱；甚至连当时在圣埃夫斯负责洗衣的爱丽斯·柯诺和打扫房子的吉尼·伯里曼也在小说中拥有自己的位置。

同时，弗吉尼亚在圣埃夫斯的生活也有充满阴暗的一面——正是在圣埃夫斯期间，她遭受了同母异父的哥哥的侵犯。

我那时还非常小，我同母异父的哥哥杰拉尔德·达克沃斯把我抱到厚板上。我坐下来的时候，他就开始抚摸我的身体。我还清楚地记得他的手游走在我衣服下面，手坚定地一直往下摸。我还记得当时我多么希望他能够停下来。他碰到我私处的时候，我身体变得无比僵硬，我痛苦地扭动，但他却没有停手。他又抚摸了好一会儿。当时我心中充满愤恨和厌恶——有什么语言可以描绘当时那种不可言说、纷繁复杂的情绪呢？①

杰拉尔德这样的举动让弗吉尼亚深深厌恶，她永远都无法忘记这一幕，这使得在今后的岁月中，她异常羞于提及自己的身体，甚至对任何跟性有关的事情都感到害羞，也正是从这个时候起，她因受到惊吓而采取了一种冷淡、自卫的惊恐姿态，终身无法过正常的性生活。之后，在母亲去世后的岁月中，弗吉尼亚又多次遭到了乔治的侵犯，这一切都使弗吉尼亚觉得，自己的生活

① 弗吉尼亚·伍尔夫：《存在的瞬间——从未出版的自传文字》，刘春芳，倪爱霞译，广州：花城出版社，2016 年版，第 79—80 页。

还没有真正开始就已经被杰拉尔德和乔治毁掉了。不过值得注意的是，虽然在圣埃夫斯期间存在着这些影响她一生的伤害，但是她始终固执地认为关于圣埃夫斯的回忆是神圣的、美好的、欢乐的、不容亵渎的。

康沃尔的田园牧歌持续了十年之后，随着1895年母亲的去世，圣埃夫斯被放弃了，弗吉尼亚的童年梦幻也随之消逝，儿时的天堂之门也随之关闭。圣埃夫斯只能成为"斯蒂芬家的幸福乐园"永远停留在弗吉尼亚的记忆深处。十多年以后，此时父母俱已去世，弗吉尼亚兄弟姐妹四人故地重游，重返圣埃夫斯。他们乘坐火车从伯灵顿出发，夜半时分到达车站，一路漫步走向托兰德屋，就好像依旧如多年前那般，只是一群从白天的出游中深夜归家的孩子。他们穿过马车道，大胆地打开院门，登上熟悉的台阶，徘徊于鼠刺树篱的阴影里，透过树篱间的缝隙向内望去。那里的一切似乎一直在等待着他们，熟悉的房屋、长满花丛的土垒、亮着灯的窗户……眼前熟悉的景物勾起了记忆中的点点滴滴。对于弗吉尼亚来说，这是一次刻意的怀旧之旅，亦是一次朝圣：在英格兰这个小小的角落里，"我们将找到我们保存下来的往昔，仿佛经历了这么长的时间，它依然被守护和珍藏着，等待着我们有朝一日会回去……啊，望着那些熟悉的陆地和海洋的模样再一次展示出来，……再一次看到十多年来我们只在梦境中见到的，或者醒来时只在幻想中见到的那些默然无声但可触可感的形象，感觉是多么的奇异。"①

① 林德尔·戈登：《弗吉尼亚·伍尔夫：一个作家的生命历程》，伍厚恺译，成都：四川人民出版社，2000年版，第19—20页。

然而，遗憾的是，此时的圣埃夫斯已经饱受商业化的侵扰，再不是她记忆中那个原始、质朴的海滨小镇。许多坚固的白色大厦拔地而起；曾经长满野花的乡间小路被一条宽阔的公路取而代之；曾经视野极佳的托兰德屋也被一座“地狱般的饭店”遮住了视线。再次探访圣埃夫斯，已然时空变迁，人物皆非，正如弗吉尼亚在其日记中所记：“房子就在那儿……那个石头水缸，靠在高高的花垄边；一切，就我们所能看见的而言，都仿佛我们早晨离开时那样。然而，正如我们十分清楚的，我们不能再往前走了；假如我们再前进一步的话，迷人的魔咒就被打破了。那些灯光不是我们的灯光；那些声音是陌生人的声音。”①

1936 年 5 月，弗吉尼亚因创作《岁月》而几乎濒临精神崩溃之时，又一次回到了托兰德屋。在暮色中，一个 54 岁女人的目光凝视着前方的托兰德屋，她是在重温曾经维多利亚时代的夏季，还是在追忆童年中最初的记忆，抑或是在追寻生命诗意的真谛？

不管怎样，圣埃夫斯是弗吉尼亚童年最初、最美好、最珍贵的记忆之一。多年之后，她仍在感激父母当年选定这个地方，在她心中这是父母给予她的无价之宝。圣埃夫斯之于弗吉尼亚，正如威塞克斯之于哈代，昆布兰湖之于华兹华斯，瓦尔登湖之于梭罗，都是作家们心中无可替代的圣地。在以后的岁月中，没有任何地方能超越它，它永存于作家心间。

---

① Woolf, Virginia. *A Writer's Diary*. New York: Mariner Books. 2003: 288-299.

第二章

百合之殇:死亡幽灵的萦绕(1895—1904)

那就像在某个灿烂的春日,奔驰的云朵突然停止不动了,变黑暗了,密集在一起了;风衰歇了,地上所有的动物都在呻吟或游荡,漫无目的地寻觅着。

It was as though on some brilliant day of spring the racing clouds of a sudden stood still, grew dark, and massed themselves; the wind flagged, and all creatures on the earth moaned or wandered seeking aimlessly.

一、冰冷的心:丧母的阴霾与疯魔初现

"在这个世界里,母亲是中心,或者说母亲就是家庭生活本身。1895 年 5 月 5 日充分地证实了这一点。因为那天过后,什

么都没有了。”[①]那天早晨，天空蔚蓝，寂静无声，鸽子在海德公园门 22 号的高耸建筑物上方飞过又静静地落下来，平静、悲伤、终结的感觉笼罩了斯蒂芬一家，世界末日的情绪袭向了家中的每一个人，在那个看似美好、明亮的春天的早晨里，茱莉娅·斯蒂芬去世了。

在弗吉尼亚的记忆中，母亲更像是一个“概念上的存在”，而非一个“具体的人物”，她对母亲最初的记忆是“黑色的背景上绽放着红色紫色的小花——这是母亲的连衣裙；当时母亲正坐在火车或是公共汽车上，我坐在她大腿上，所以我能近距离地观赏她身上的这些小碎花。现在这些红色紫色的小花依然在我眼前闪耀，我猜这些是叫银莲花吧”。[②] 儿时，弗吉尼亚偶尔会坐在母亲的大腿上玩耍，但这样的美好时光是短暂的、弥足珍贵的，因为“母亲是生活的全部：托兰德小屋的生活全部围绕着她展开，海德公园门的生活也完全围绕着她展开……母亲跟孩子没有独处的时间，因而没有给孩子留下特别的印象。我觉得母亲一直穿着‘生活的盛装’——我爱用这个词——在云端生活，而孩子们则都穿着便装过普通的日子。现在我才明白，母亲要照顾纷繁复杂的人事，忙着你来我往地待人接物，才使得她没有时间、没有精力关注我们。除非孩子生病，或是有孩子遇到困难的时候她才会关心一下……多年之后，我站在她的角度思考问题，才

---

① 弗吉尼亚·伍尔夫：《存在的瞬间——从未出版的自传文字》，刘春芳，倪爱霞译，广州：花城出版社，2016 年版，第 110 页。

② 同上，第 72 页。

渐渐明白她的处境”。[①]

正如前文所述，茱莉娅在寡居的那些年里，就已经开始承担起了各种看护工作，并亲自去访问那些穷苦的寡妇或者为生存而挣扎的妇女。在访问时，她还总是随身携带着笔记本和铅笔，仔细地、分门别类地、一项一项地记录每家每户的收入和支出、就业或失业的情况等。因此，当莱斯利向她求婚的时候，她的迟疑和拒绝一方面就来自于此。她告诉莱斯利她不能放弃自己的工作，“我可能会被叫去接连几个礼拜护理病人，或者几个礼拜在自己家里护理残疾人，受到这样的约束，我将不能如我所希望的那样经常地、时时地看到你。”[②]但是莱斯利是那么爱她，因此给予了她充分的理解和肯定，并认为只要她觉得合适就完全可以自由地去工作：“假如你必须这样，就走几个礼拜好了，去看护病人或者做别的任何事情。我一点也不会抱怨……”[③]在婚后的日子里，他信守了自己的诺言，并没有干涉茱莉娅的工作。因此，直到茱莉娅去世之前，不管她走到哪里，都有可能被召唤到病人的床边去，即使是在圣埃夫斯度假期间也不例外。日复一日，年复一年，茱莉娅逐渐积累了丰富的护理经验，因此，1883 年她出版了一本专业论述护理的书《病室笔记》（*Notes from the Sick Room*）。由此可见，茱莉娅对待她的护理使命是严肃而认真的，并不是一时兴起。

---

① 弗吉尼亚·伍尔夫：《存在的瞬间——从未出版的自传文字》，刘春芳，倪爱霞译，广州：花城出版社，2016 年版，第 107 页。

② 林德尔·戈登：《弗吉尼亚·伍尔夫：一个作家的生命历程》，伍厚恺译，成都：四川人民出版社，2000 年版，第 28 页。

③ 同上，第 29 页。

除了护理病人，在日常生活中还总是会有很多人向茱莉娅求助，而她天生拥有着圣徒般的无私、仁爱和善良，所以每一个向她求助的人，她都不会拒绝，这就使她总是有安慰不完的上门求助者和回复不完的求助信件。据弗吉尼亚在《海德公园门22号》一文中称，那时家里总会有各式各样的人纷纷前来向茱莉娅求助，哭诉心结——或者是作为佣人被辞退，或者是对情人表白被拒绝，或者是存单不知被谁偷看过了，或者是可怜的延德尔夫人因为失手毒死了丈夫而跑来寻求慰藉，或者是贝德福德公爵夫人因丈夫不久前在沃本郡不幸过世而跪地哭泣，又或者是多尔梅奇夫人在絮絮地讲述她是怎么把丈夫和前厅女侍捉奸在床的，等等。对于这些琐碎而繁杂的事情，茱莉娅都会自告奋勇地走上前去，不厌其烦地对当事人进行劝慰。

在她去世之后，弗吉尼亚还曾在抽屉里发现了她在托兰德屋某个上午收到的大量信件，为了回信，她甚至把信件全部带回伦敦一一回复。信件中除了少量来自亲人，大部分都是求助信，来自女儿被爱人抛弃的母亲、失业的看护、和父母吵架的少女，甚至还有写信来借钱的……每个人都希望从茱莉娅那里获得某种帮助和同情，每个人都知道茱莉娅总会找出时间来提供某种安慰和帮助，她总是那么尽职尽责，随时准备付出。在《前尘往事》中，弗吉尼亚描述了一次母亲在破旧的火车或是公共汽车上与检票员搭话的情景。一路上，母亲都在担心检票员的脚是否冻坏了，还询问公司为什么不给他们铺些稻草踩着等问题，同时她还聆听检票员向她诉苦，并给出自己的见解。对于茱莉娅来说，即使是初次见面的陌生人，她也会毫不吝啬地给予他们关怀和帮助。

虽然看护工作和给予别人帮助花费了她大量的时间和精力，但是她始终没有忘记自己作为维多利亚时代女性所要承担起的“妻子和母亲的角色”，以及“充当相当繁重的家庭事务的管理者角色”，她在献身于慈善事业的同时，也默默地为丈夫和子女奉献自我。这位维多利亚时代“家庭的天使”养育了七个孩子，对于那三个年龄稍大的孩子，她需要关注他们的成长问题，对于那四个待在保育室里的小家伙，她需要给予无微不至的照顾，而第八个孩子劳拉则是个精神病人，“她根本就不识字，她会把剪刀往火里扔，她说话囫囵不清，结结巴巴，可是她还一定要和我们坐在一张桌子上吃饭。”①在弗吉尼亚的记忆中，劳拉总是做出一些让人十分担忧的事情来，所以她更需要茱莉娅给予特殊的看护，她是压在可怜的茱莉娅身上的一个沉重负担。

除了要无时无刻对孩子们奉献自我以外，茱莉娅主要是为丈夫而活。她时时刻刻都要准备着抚慰、取悦、鼓舞、照料，甚至是哄劝莱斯利。莱斯利虽然具有极高的文化修养和高尚的品德，但是在对待女性问题上，他始终没有摆脱维多利亚时代父权家长制的影响。尽管他很爱茱莉娅并对她满怀崇拜之意，但是“他对待她却有几分像对待一个仆人，一个应该随时可以得到、随时能够支撑他、随时在为安排他的生活而操劳的人。他对照顾他的女性很苛刻，把一种对女性的理论上的崇敬同实际上的屈尊恩赐和折磨骚扰结合起来，要求对他本人的需求做出完全

① 弗吉尼亚·伍尔夫：《存在的瞬间——从未出版的自传文字》，刘春芳，倪爱霞译，第249页。

奉献”。[①] 故而，在家庭生活中，莱斯利对茱莉娅的需求更像是一个自私任性的孩子对母亲无限的依赖和无尽的索求。

在茱莉娅和莱斯利结婚之前，莱斯利就曾向她透露过他的缺陷，即他对金钱怀有烦躁不安的情绪，他总是把自己的责任推给别人去承担，他粗鲁、神经质等。在婚后的十七年生活中，情况也确实是如此。在金钱方面，莱斯利总是做无谓的担忧，总是想象自己将要面临破产，杞人忧天，但是这样的事情却从未发生。对于此，茱莉娅却不得不安慰他，费尽心思地打消他的顾虑，甚至还得帮他管理财产。在身体状况方面，编写《英国人名传记词典》所需要的巨大精力使莱斯利的身体一直不太好，巨大的压力和沉重的编写负担碾压和抑制着他的精神与肉体。在1888年到1891年间，他多次患病，并始终被失眠症和他所谓的“震颤性昏厥”所困扰，对于此，茱莉娅则不得不照顾他、安慰他，这在一定程度上使茱莉娅的健康和他的健康联系在了一起。在工作方面，由于莱斯利自幼就遗传了家族的敏感和神经质，所以对自己的工作和事业，他总是怀有一种无力的失败感和深深的自我贬低的意识，他总是专横地要求别人尤其是女性同情他、恭维他、安慰他。在1893年，他曾这样向茱莉娅进行哀伤的倾诉：

我真的希望自己能更自信一些……我放弃了一件又一件事情，尝试过各种不同的行当，结果成了一个杂而不精的人，做成的事只不过足以显示我本来可能做得更好……你，可怜的人，几

---

① Phyllis Rose, *Woman of Letters, A Life of Virginia Woolf*, Oxford University Press, 1978: 158-159.

乎承受了我所有的抱怨：因为我认为我自己不能向别人抱怨，而且我当然也不经常向自己抱怨。[①]

在编写《英国人名传记词典》期间，莱斯利的情绪总是不稳定，且喜怒无常，即使是最微小的挫折也会使他大发脾气，他就像《到灯塔去》中那个失败的哲学家要求他的妻子必须给他浇灌生命力一样向自己的妻子茱莉娅不断地索取。“他需要同情，首先要肯定他的天才，然后要让他进入他们的生活圈子，给他以温暖和安慰，使他的理智恢复，把他的心灵的空虚贫乏化为充实富饶，而且使整幢房子的每一个房间都充满生命——那间客厅、客厅后面的厨房、厨房上面的卧室、卧室上面的育儿室，它们都必须用家具来布置，用生命来充实。”[②]因此，在某种程度上，莱斯利自身就是茱莉娅最沉重的负担。

在照顾家庭之余，作为维多利亚时代中产阶级家庭的女主人，接待访客也是日常生活中必须承担的职责。她们必须要随时准备好跟客人们聊天，绝不能冷场，对她们来说，不论访客是谁，她们都要热情。茱莉娅无疑是一位端庄美丽、温文尔雅、幽默风趣、迷人且极具吸引力的维多利亚时代女主人的典型代表，她有着清晰的洞察力和明确的判断力，能够从他人最隐秘的表情、最微小的举动中发现真相并迅速而精准地看透他人的真实处境。所以，在她的客厅里，往往是高朋满座，人来人往，络绎不

---

① 林德尔·戈登：《弗吉尼亚·伍尔夫：一个作家的生命历程》，伍厚恺译，成都：四川人民出版社，2000年版，第35页。

② 弗吉尼亚·伍尔夫：《到灯塔去》，瞿世镜译，上海：上海译文出版社，2008年版，第44页。

绝。弗吉尼亚在《往事札记》中曾回忆：

> 母亲房间里还有好多访客，有年轻才俊杰克·希尔斯，他爱上了斯特拉；还有很多年轻人，乔治和杰拉尔德剑桥里的朋友；也有老年人，坐在茶桌旁边聊天，他们是父亲的朋友，亨利·詹姆斯、西蒙德斯；房间里还有斯特拉的朋友——拉辛顿家，斯蒂尔曼家。母亲坐在桌子的另一头，桌子上方的墙壁上挂着贝亚特丽斯的雕刻画——这幅画以蓝色为基调，是以前一个年迈的家庭教师送给她的。人们在房间里讲笑话，放声大笑，或者嘁嘁喳喳地聊天。……我从百叶窗后偷偷地往窗户外面看，心情焦急烦闷，不安地等待母亲走到大街上来。母亲出来的时候已经很晚了，路灯都已经亮起来了，而我敢肯定的是，又有人来拜访她了。①

所有这一切，使茱莉娅每天都忙得像旋转的陀螺一般。虽然她依旧美丽迷人，但却日渐显露出了憔悴的模样，她变得越发受困于时间和生活，为了尽可能地节省时间，她总是不停地琢磨如何把事情全盘考虑，合理安排，但是往往事与愿违。日复一日的匆忙，使她那本应充分绽放、从容结果的人生全都被压缩了。最终，她的生命在第 48 个年头时就被消耗殆尽。1895 年 3 月 4 日，茱莉娅因为流感卧床不起两个礼拜，之后虽有好转，但是留下了后遗症。有医生认为茱莉娅是死于风湿病，具体说法不详，但是据称，她的风湿病其实可以追溯到 1879 年，那时难产后的

---

① 弗吉尼亚·伍尔夫：《存在的瞬间——从未出版的自传文字》，刘春芳，倪爱霞译，广州：花城出版社，2016 年版，第 108—109 页。

她不顾休息，就赶去护理一个发烧病人长达多月，从而留下了病根。但不管具体原因是什么，茱莉娅还是在1895年5月5日，与世长辞。茱莉娅以其伟大的博爱和无私的奉献精神赢得了众人的赞誉，成了维多利亚时代堪称楷模的妻子、母亲和慈善家。

在茱莉娅去世那天，弗吉尼亚对于正在发生的一切都还是似懂非懂的，她被吓坏了。当乔治领着她去和母亲做最后告别的时候，她在楼下遇到了正踉踉跄跄地从母亲卧室走出来的父亲，他面容憔悴、神情恍惚，弗吉尼亚下意识地伸出双臂想要拥抱父亲，但是父亲却一把推开了她，嘴里狂乱地喊着令她听不懂的话语。这幕情景在弗吉尼亚的记忆中留下了永不磨灭的印记，在今后的岁月中不断浮现，它象征着从母亲去世的1895年直到父亲莱斯利去世的1904年期间，弗吉尼亚和父亲之间感情的僵滞。之后，来到母亲床边的弗吉尼亚弯下了腰，亲吻了母亲的脸颊，并喃喃自语、自我安慰道："没有什么大不了的。"因为那时母亲刚刚咽气，脸部还有余温，在孩子眼中，母亲似乎只是在沉睡而已。弗吉尼亚最后一次亲吻母亲是在第二天晚上，那时母亲已浑身冰冷，她亲吻母亲的脸颊，就像亲吻一块冰冷的生铁，那晚的印象使她在今后的人生中，只要一摸到生铁，就会想起当时的感觉。这是年仅13岁的弗吉尼亚第一次真正近距离地接触死亡，死亡于她来说是那么的不真实，那么的虚幻缥缈，以至于当时的她甚至都不知道该以怎样的感情来面对一切。就像多年之后，她回忆母亲去世时的情景："全家人都沉浸在极度的悲怆中，那种装腔作势的样子显得不太真实。”①

对于弗吉尼亚来说，母亲的死是可能发生的灾难中最深重的。如果茱莉娅的去世带给她的仅仅是一次摧毁性的丧亲之痛的话，那么情况似乎还不会那么糟糕，但是真正可怕的是整个家庭都被笼罩在了茱莉娅去世所带来的阴霾之中。莱斯利时年已63岁，再次丧妻对他的打击是可想而知的，虽然他想像个男子汉一样努力承担起一切伤痛，但是在好长一段时间里，他还是放任自己沉浸在锥心蚀骨的悲恸之中无法自拔，他无视孩子们自身的情感需求，从而也切断了孩子们对他的同情。于他而言，这个世界似乎只剩下了丧妻之痛，到处都是他神情困惑、伤心欲绝的身影以及他幽幽的叹息声、呜呜的痛哭声，他甚至扬言要追随亡妻而去。那时，家中最常回荡的一句话就是“我希望我死了，我希望我死了——我希望我的胡须会长起来”。而对于孩子们来说，除了母亲去世所带来的自然悲伤之外，他们不得不承受父亲强加在他们身上的这种夸张的、难以愈合的绝望、压抑、自觉有罪的阴郁之感。

面对茱莉娅的离世，莱斯利和孩子们的反应截然不同，这一不同反应恰恰代表着两代人之间的隔膜和代沟。莱斯利·斯蒂芬的反应是较早一代人典型的感情放纵，他们将死亡放置于自己人生戏剧的中心，不断地在公开场合予以展示；而孩子们却是以一种现代节制的态度来看待死亡，他们以沉默来回应伤痛。在他们眼中，父亲的过度悲痛是病态的，是装腔作势的，但是在

① 弗吉尼亚·伍尔夫：《存在的瞬间——从未出版的自传文字》，刘春芳，倪爱霞译，第128页。

世人眼中，父亲的过度表达却比他们的缄默更加自然、更加常态化。也许，弗吉尼亚正是因为这种外在的期待与她个人内在经历之间的错位，才使她一度对自己在母亲去世期间的感情冰冷耿耿于怀，甚至一直不能原谅自己。她在晚年时曾写道：

那些日子似乎没有任何真实的东西，感觉也似乎变得麻木，可是我们却浸泡在那样的日子里，令我们无法呼吸，令我们看不清世界。要是我们的感觉正常的话，那么我们应该做的是痛苦地流泪，悲伤地呻吟；应该深深地责备自己，表白决心；应该信誓旦旦地宣称要负起责任，承担任务，为他人好好活下去。可是我们对忧伤的感觉已经麻木了，提及死者，已经无法真诚地表达哀伤了。更不幸的是，麻木的感觉不但无法使生者的感觉苏醒，反而使生者和死者的感情都变得模糊起来，真是糟糕透顶了。时间久了，这种麻木埋下了不可原谅的祸根，那就是母亲那真实而鲜活的形象在我们心中渐渐消隐，被一个一点儿也不可爱的幽灵似的幻象所代替。①

在这一时期的斯蒂芬家中，精神之光已被彻底拒之门外，剩下的只有无尽的黑暗和麻木的伤感。“母亲去世后，她费心尽力营造的丰富多彩的家庭生活瞬间坍塌。取而代之的是乌云满天，层层黑云向我们步步逼近。我们好像被囚困在孤岛上，神情悲伤、神色凝重，身外的一切变得虚幻缥缈，我们似乎无力冲破这种禁锢。我们不仅仅阴郁悲伤，精神虚无，而且感觉什么也抓

① 弗吉尼亚·伍尔夫：《存在的瞬间——从未出版的自传文字》，刘春芳，倪爱霞译，广州：花城出版社，2016 年版，第 39 页。

不到，什么也说不出，好像有根手指放在我们的嘴唇上，不让我们说话似的。”[①]死亡的阴霾笼罩在海德公园门22号上空，挥之不去。

与此同时，茱莉娅的去世，也使家里两个未成年的姑娘文尼莎和弗吉尼亚自此失去了母爱的庇护，“某种限制似乎破裂了”，虽然在这段时期，斯特拉给予了她们成长中所需的女性关爱，但是某种感情上的暴行还是发生在了她们身上。作为家中最年长孩子的乔治·达克沃斯，时年27岁，英俊潇洒、温文尔雅且慷慨大度，在众人面前是当之无愧的“天使”。平时，在偌大的家庭里边，乔治总是会不辞辛苦地东奔西走，体贴入微地关怀着身边的每一个人，所有亲朋好友的生日他都能准确地记住，并按时送上生日祝福。他还总是给同母异父的妹妹们买礼物，为她们安排各种活动，甚至还会陪她们一起去捉蝴蝶，带她们去看哑剧演出……在亲戚朋友眼中，他是一位模范兄长，拥有着天神般圣洁的一面。但是，随着母亲的去世，这位亲爱的兄长却突然变成了妹妹们心中的“怪兽”，先前兄妹之间友爱安慰式的拥抱突然超出了正派的界限，某种出于兄妹之间的纯洁感情最后成了一种淫秽的色欲冲动。乔治会在弗吉尼亚上课的时候公然对其进行抚摸，后来乔治的这些行为越发变本加厉，甚至发展到了无所顾忌的地步，从日间的教室延续到了晚间的保育室。

面对乔治的虚伪行为，两姐妹只能保持缄默，因为她们所受的维多利亚时代的教育使她们必须时刻保持高尚和体面，不能

---

① 弗吉尼亚·伍尔夫：《存在的瞬间——从未出版的自传文字》，刘春芳，倪爱霞译，广州：花城出版社，2016年版，第130页。

出现任何尴尬的丑闻，就像弗吉尼亚在15岁时的某个夜晚听见一个老头在胡乱说着猥亵的话语，但是第二天却被告知那只是一只猫一样。而且，即使她们冒着风险，将乔治的行为公之于众，斯特拉、莱斯利、姨妈、姑妈等所有人也只会感到大惑不解，心存怀疑，他们甚至会认为是这两姐妹忘恩负义，编排故事诬陷她们的哥哥乔治。因此，弗吉尼亚和文尼莎所能做的只能是沉默、回避，甚至还要对她们的迫害者表示感谢和赞扬。这也使得在以后的很多年中，两姐妹提到同母异父的兄长时就会毫不掩饰地表现出厌恶和嘲笑，如同弗吉尼亚在《海德公园门22号》中所描述的那样：

> 说实话，乔治天性的愚钝也是异于常人。最简单不过的考试他也要费九牛二虎之力……乔治没有一份工作是靠自己的本事找到的，他所有的工作都是托朋友拉关系才得来的。他那双棕色的小眼睛努力挣扎着想看透眼前的事物，但这对他来讲太难了，他无论如何也难以参透其中的奥妙。之前把乔治的眼睛比喻成猪眼，不只指他愚蠢如猪、贪婪似猪——当然，有人说过，在伦敦所有的跳舞场里，乔治是最贪婪的年轻人——更是指他固执如猪。猪在食槽里找松露的时候，闷着头闭着眼挺着猪鼻子往前拱，不把松露翻出来誓不罢休的样子像极了乔治。①

母亲的离世、父亲的冷漠乖戾、同母异父兄长的情感暴行、家庭氛围的阴郁黑暗以及弗吉尼亚自身情感的麻木缄默，所有

---

① 弗吉尼亚·伍尔夫：《存在的瞬间——从未出版的自传文字》，刘春芳，倪爱霞译，第227页。

这一切使年仅13岁的弗吉尼亚终于不堪精神重负，遭受了疯魔的第一次袭击，自此这一精神疾病便潜伏于她体内，不知什么时候就有可能再次出现，向她纵身扑来，残忍而可怕。第一次的精神失常在生理方面的表现是，脉搏跳动加快，快到几乎令她无法承受，同时兴奋和焦虑也到了让她难以忍受的地步，继之而来的则是无法想象的沮丧感。她变得怕人，无法面对陌生人，有时还会出现幻觉，甚至听到一些她所谓的"可怕的声音"。斯蒂芬家的家庭医生赛腾先生为弗吉尼亚进行了医治，要求她停止上课，过一种简单的生活，并规定其按时进行室外活动。正是在这期间，弗吉尼亚停止了写任何东西，并且首次失去了写作的欲望，"创作的欲望离我而去；除了那两年的空白期，创作一直是我毕生不息不止的欲望。"①直到1897年初，她才开始逐渐好转。

对于弗吉尼亚的疯狂问题，学者们和传记家们往往认为是与遗传有关。因为，在斯蒂芬家族中明显存在着一种敏感、神经质的不稳定因素，这一因素显然具有精神疾病的潜质。莱斯利和明妮的女儿劳拉就是一个精神分裂症病人，举止异常怪异、恐怖，她在21岁时被送入精神病院，并于1945年死去。也许，劳拉的精神疾病在一定程度上受到了其外祖母伊莎贝拉·萨克雷的遗传，但是并不能排除斯蒂芬家族对她的遗传。因为莱斯利本人的心理也很不稳定，总是情绪波动极大，敏感且神经质，特别是在第二次丧妻之后，他几次经历了"精神崩溃"的危机。对于他的精神特质，有学者进行了这样的评价：

---

① Woolf, Virginia. *Moments of Being*. Ed. Jeanne Schulkind. New York: Harcourt, 1978: 96.

如果事情似乎脱离了他的控制，他会勃然大怒，爆发一阵可怕的、疯狂的怒火，要不然就堕入虚弱无力的自我厌弃……他表现出维多利亚时代典型的虚张声势和恐慌不安、自责专断和衰弱萎靡。他摇来摆去，一会儿自以为是智能上的万物之主，一会儿又自认为无能得糟糕透顶。①

莱斯利的精神气质使他特别害怕面对别人的批评意见，因为这会使他痛苦不堪，弗吉尼亚实际上就遗传了父亲对外界舆论的敏感。此外，弗吉尼亚的堂哥 J. K. 斯蒂芬本是一个英俊潇洒、颇具才华的剑桥优秀学生，为人亲切、随和，曾写过一些灵巧、轻盈的诗歌，颇受欢迎。但是在 1886 年，他走访费利克斯托市的时候，遭遇意外，致使头部受伤，诱发精神失常。精神失常后的他常常冲进海德公园门 22 号的弗吉尼亚家中，强行追求斯特拉，并且还常常在一种极度的疯狂与兴奋中驾驶着双轮马车奔跑一整天。他的疯狂给幼年的弗吉尼亚带来了极大的惊吓和震颤。后来，他被送进了精神病院，在 33 岁的时候去世。两年后，他的父亲菲茨吉姆斯因承受不了爱子发疯并去世的打击，在伤心欲绝中溘然长逝。同时，据说，弗吉尼亚的哥哥托比有一次也因流感而精神失常，在神志不清的状态下竟从窗户跳出。由此可见，家族的遗传因素确实是存在的，它就像一颗种子深埋在弗吉尼亚体内，而使种子生根发芽的主要诱因则是母亲的离世和之后亲人们的相继去世以及这些丧亡岁月所带来的痛苦

---

① Mepham, John. *Virginia Woolf: A Literary Life*. London: Macmillan Press Ltd. 1996:8.

重负。

在茱莉娅去世之后，莱斯利由于无法忍受在没有茱莉娅的情况下去圣埃夫斯度假，所以转让了托兰德屋。托兰德屋的转让和母亲的去世一起构成了弗吉尼亚人生中最沉重的苦难，它们标志着弗吉尼亚童年美好生活的终结。所有的这一切，彻底改变了弗吉尼亚生活的精神基调，带给她深重的精神痛苦，使她只能带着一颗受伤的、冰冷的、支离破碎的心久久难以走出丧母的阴霾。她在母亲去世 10 年之后仍写道："我数不清有多少次，夜晚躺在床上，或者走在街上，或者走进房间里，她就在那儿；美丽，有力，带着她那熟悉的用语和她的大笑声；她比任何生者都离我更近。"①

二、转身隔世：斯特拉的香消玉殒

"为什么我们的生活要遭受折磨，平添烦恼呢？生活的皮鞭任性而又毫无征兆，因疏忽而犯了两个残忍的错误——先是带走了母亲，接着又带走了斯特拉。"②在茱莉娅去世仅仅两年之后，死神于 1897 年 7 月 19 日再一次来到了斯蒂芬家，带走了弗吉尼亚同母异父的姐姐斯特拉。

在弗吉尼亚眼中，斯特拉非常漂亮，犹如一件精美的希腊艺

---

① Woolf, Virginia. *Moments of Being*. Ed. Jeanne Schulkind. New York: Harcourt, 1978: 40.

② 弗吉尼亚·伍尔夫：《存在的瞬间——从未出版的自传文字》，刘春芳，倪爱霞译，广州：花城出版社，2016 年版，第 179 页。

术品。她拥有着苍白但娇柔灵动的容颜、顾盼生姿的明亮双眸和如涟漪般绽放的感染力，这一切使她在举手投足间尽展梦幻般的魔力。在性情方面，斯特拉敏感、谦逊，天性温柔、善良，诚实坦率，从不抱怨，充满着温柔的女性气息和令人心安神定的力量。但是，她并不聪慧，也几乎从不阅读，弗吉尼亚认为这一点极大地影响了她的人生。

斯特拉自幼就对母亲茱莉娅极其崇拜，她所有自我满足的成就感都来自她对母亲无微不至的关心和奉献，她对母亲有一种几乎称得上是病态的依恋。正如弗吉尼亚所言："对母亲无以复加的依恋和崇拜，消极忍受痛苦的耐性以及毋庸置疑的依赖感。……母亲和斯特拉犹如日月星辰相互辉映。母亲行事积极果断如发光的太阳；斯特拉则是反射阳光的卫星。"①因此，母亲的死无疑对斯特拉产生了不可估量的沉重打击，她悲伤得几近绝望，但是对母亲的依恋和她美好的天性，又使她义无反顾地接手了母亲遗留下来的责任。

她一边收起眼泪藏起伤痛，设法打破家中死气沉沉的状态，尽可能地安抚和慰藉家人；一边开始操持家政，照料弟妹，陪伴女孩子们，并安排所有社交事宜。在弗吉尼亚 1897 年的日记中可以看到，斯特拉接管了母亲的壁炉架，给弗吉尼亚和艾德里安洗澡，在厄尔伍德照管她们患有精神疾病的姐姐劳拉，甚至还继承了茱莉娅的社会工作，去探访救济所等。更重要的是，正值丧妻之痛的莱斯利也看到了斯特拉，并把她当作自己的救命稻草，

① 弗吉尼亚·伍尔夫：《存在的瞬间——从未出版的自传文字》，刘春芳，倪爱霞译，广州：花城出版社，2016 年版，第 136—137 页。

紧紧攥在手中，使斯特拉成了他理所当然的靠山。在随后的岁月中，“我们依赖她，就像没有思想的轻率男人总是想依赖自然的力量一样。”①斯特拉不得不承担起“母亲”的角色，照顾家中一切事物，还必须要经常聆听继父的忏悔，宽恕他的过错，并不断地给予他同情和安慰。后者对斯特拉来说是尤其困难的，毕竟莱斯利不是她的生父，他们并没有非常亲近过，而且实际上，她有可能会对莱斯利怀有一种仇视的心理，因为她对母亲的爱是那么强烈，而母亲又是那么心甘情愿地为莱斯利奉献自我。尽管如此，她还是始终保持着沉静的姿态，从早到晚地为莱斯利操心，尽心竭力、绞尽脑汁地想办法去安慰他，并不顾一切地找人去看望他，甚至为了让他获得心灵的安宁和平静而设法帮助他实现所有的心愿。这一切对于一个年仅26岁的姑娘来说，是多么的沉重而艰难。弗吉尼亚在晚年时回忆道：“是斯特拉，是她帮我们撑起了这片天，让微弱的光照射进来。”②但是，“她黯然地拱手让出了她整个生命中最美的岁月，以及享受上天赋予她的各种人生的权利。”③

在弗吉尼亚的心中，斯特拉占据着不可取代的重要地位。她曾在人生中的不同阶段里，四次重述过斯特拉的故事，分别是1897年的日记里、1907—1908年的《回忆录》里、1936年6月—7月的《往事札记》里，以及《到灯塔去》这部小说里。在所有关于

---

① 弗吉尼亚·伍尔夫：《存在的瞬间——从未出版的自传文字》，刘春芳，倪爱霞译，广州：花城出版社，2016年版，第45页。

② 同上，第133页。

③ 同上，第36页。

斯特拉的描述中，伍尔夫呈现出的都是温顺、柔和的形象，这一形象所唤起的都是纯洁、纯净、圣洁等意象。“看到斯特拉我就会想起那些硕大的白花，那些花瓣庞大的峨参，峨参六月份的时候在田间地头开放。也许是因为母亲有个绰号叫‘老牛’吧，我才想起了峨参花。也许是蓝色夜空里的皎洁的圆月让我想起了斯特拉，也许是那些花瓣透明、层层叠叠展开的白色大玫瑰花。”①一直以来，斯特拉都是驯顺、柔和的，对母亲更是言听计从，以母亲的意志为意志，但仅仅有一次，在 1894 年的夏季，她违反了母亲的意愿，拒绝了她最初的求婚者约翰·沃尔特·希尔斯。在茱莉娅在世时，斯特拉其实有很多的追求者，而她之所以抗拒婚姻，主要原因还是对母亲的依恋。

杰克·希尔斯来自一个极有名望的家族，这个家族在坎伯兰扎根很稳，在当地有一定的影响力。杰克曾上过伊顿公学，是一个坚忍、诚实的人，但是却患有严重的口吃。弗吉尼亚曾把他描述为意志顽强的“硬毛猎狗”形象，“所有的命运都与他的愿望背道而驰，可那倔强有力的下巴却依然蕴藏着荣耀与高贵。”②他第一次向斯特拉求婚被拒绝了，但是他拒不接受这样的结果，仍然凭借坚定的决心和真诚的信念，永不放弃自己的目标。对此，茱莉娅给予了他强有力的支持和帮助，她和《到灯塔去》中的拉姆齐夫人一样，一向善于当媒人，而且还总是年轻恋人们的朋友和心灵导师，因此，在她去世的时候，这个年轻人又成了海德

---

① 弗吉尼亚·伍尔夫:《存在的瞬间——从未出版的自传文字》，刘春芳，倪爱霞译，广州:花城出版社，2016 年版，第 138 页。

② 同上，第 41 页。

公园门的常客。茱莉娅的去世使斯特拉心灰意冷，任何事情在她眼中都不甚重要了，即使是她的婚姻也是如此。但这时的杰克·希尔斯仍是像从前一样锲而不舍，给予斯特拉细心的呵护、照顾和理解，并全心全意地为斯特拉的一切着想。就这样在不知不觉中，斯特拉对杰克产生了强烈的依赖，并对新的生活产生了向往。

在茱莉娅去世快一年之后，杰克又一次求婚了，可是面对求婚，斯特拉又退缩了，她再一次拒绝了杰克，而原因很可能是她对继父的责任心，他和他的孩子们都深深地依赖着她。如今，他们尤其是莱斯利已从斯特拉身上获得了些许的安慰，在斯特拉看来，这时抛弃他们是不人道的，是可耻的，是自私的。但是从另一个角度来看，这又恰恰再一次凸显了斯特拉的仁慈和善良，她的所有这些品性简直就是为维多利亚时代的婚姻和母亲的身份所创造的，故而，这也更加坚定了杰克娶她的决心。终于在杰克的耐心等待之下，斯特拉敞开了心扉，坦承他对她有着重要的意义。

1896 年 8 月底的一天，杰克第三次向斯特拉求婚，这件事给弗吉尼亚留下了深刻的印象。她在《前尘旧事》中进行了描述。那天下午，杰克骑着自行车像往常一样来到了斯蒂芬一家在亨德海德租借的房子中，并一直待到了吃晚饭，在晚饭之后，斯特拉带他到了外面花园中，并在出去的时候坚决地把身后的大门紧紧地关住。可是孩子们还是以捉飞蛾为由提着灯笼跟了出去，但或许是那晚月亮太亮的缘故，他们没有捉到一只飞蛾，只是在有意无意间看到了斯特拉和杰克的身影，最终他们不得不悻悻地返回了客厅。在客厅中，只有他们父亲孤单的身影，似乎在坐立难安地等待着什么。后来，莱斯利早早地把孩子们一个个地安顿到了床上，他自己则在屋外阳台上焦躁地走来走去。孩子们则都聚在艾德里安的房间内，睡意全无地静静等待着。那晚，弗吉尼亚感觉“清冷和忧伤弥漫在屋子里，不知怎么让我们感觉特别不舒服……我们觉得挺害怕的，那不是一个普通的夜晚，一些不祥的事情即将发生”。① 当看到斯特拉和杰克手挽着手走进客厅时，他们立刻就明白了，她答应了杰克的求婚。

1897 年 4 月 10 日，在杰克坚持不懈的努力下，斯特拉嫁给了他，并于婚后搬进了与海德公园门 22 号仅 3 家之隔的一栋房子之中。对于他们的婚姻，莱斯利知道应该祝福他们，应该感到高兴，因为斯特拉是快乐的，而且他的茱莉娅也一直盼着这件事。

> 我的茱莉娅(他写道)……本来会比我们中的任何一个都更开心；如果需要依从的话，想到她是赞成这事的，我也就会依从了……在任何想得到的情形下，我无法想象自己还能以更绝对的把握和满意来预期斯特拉的婚姻了。如果有什么事能使我更快乐，这事应该算得上；不过(他不吉利地添了一句)，我的快乐迅速变得越来越不重要了。

但是，事实上，在他内心深处，他是痛恨和嫉妒杰克的，他认为自己遭到了斯特拉的背叛，他总是哼唧着、叹息着，“斯特拉怎

① 弗吉尼亚·伍尔夫:《存在的瞬间——从未出版的自传文字》，刘春芳，倪爱霞译，第 45-46 页。

么会和这样一个男人结婚呢”，在他看来，“杰克”这个名字“就像是一记鞭响”。而那时的弗吉尼亚对斯特拉婚姻的反应也是十分强烈的，对于刚刚经历丧母的她来说，失去斯特拉就像又一次失去一位母亲一样，所以她把所有的愤恨都发泄到了杰克身上。1897 年 1 月 1 日，斯蒂芬家的孩子们决心开始写日记，而弗吉尼亚的日记在头六个月里写得是很规律的，从她的日记中，便可以看到她当时对斯特拉与杰克婚姻的恼怒和讨厌。

1897 年 4 月 9 日，星期五

我们一整天除了整理礼物和写卡片等事之外啥都没做——整个上午就这样耗掉了。下午斯特拉和父亲去高门(给母亲扫墓)——最后，到了晚上大概 11 点，事情多少才有了完结，琼斯夫人带着些内衣裤来了。我们去睡了——不过斯特拉、乔治和杰拉尔德在她屋子里包装东西一直到凌晨 2 点。杰克整天都在外面——有太多的事要做，没时间沮丧，但是最后一个夜晚差点儿不欢而散。不过我们(瓦奈萨①和我)想起自己曾决心做到平静和沉着。②

在 4 月 10 日婚礼仪式结束之后，斯特拉和杰克去了佛罗伦萨度蜜月，斯蒂芬一家去了布赖顿③度假。布赖顿相较于圣埃夫斯远不是一个让人满意的度假胜地，而且斯特拉的婚事又使弗吉尼亚始终处于一种焦虑和恼怒之中，所以当时她一直处于

---

① 瓦奈萨即文尼莎，此处保留原译名。为方便读者理解，后统一改为文尼莎。

② 昆汀·贝尔：《伍尔夫传》，萧易译，南京：江苏教育出版社，2005 年版，第 57 页。

③ 布赖顿(Brighton)，英国南部沿海避暑胜地。

坏脾气之中。据日记显示,4 月 13 日,她“怒不可遏、耍着脾气上了床”,15 日她为自己不能坐在海德公园门自己“心爱的扶手椅”上而倍感惆怅,4 月 21 日,她在日记中记道:

父亲带着文尼莎和我出去散步,沿着帕瑞德走到史丹恩或类似的地方——在布赖顿的另一头,靠近帕哥达——我懊恼地说所有的事都跟我作对,我把雨伞折成了两段……①

不过,对于他们的婚姻,弗吉尼亚在愤慨的同时也真诚地为斯特拉感到开心,也正是斯特拉和杰克的爱情使她第一次对男女之爱有了美好的想象。在她眼中他们的爱情是如此浓烈深刻、激情振奋,如闪亮、绯红、透彻、浓烈的红宝石般,而且更重要的是她看到某种快乐的源泉再一次点燃了斯特拉。

她的眼睛灼灼闪耀,苍白的脸颊永远泛着浅浅的玫瑰色红晕。她开怀地笑,有时还会温柔地讲些笑话……她曾经过得那样辛苦,多亏了杰克的出现,耐心地劝慰她,把她带出了惊恐的深渊。他吻她,告诉她许多有趣的事情,让她感受真实而可靠的人生,尽管站在坚实而真切的生活土地上,她的脚还是有些痛……的确,跟她相比,他对生活的愿望更热切,可是她也接纳了生活,并且愿意睁大了眼睛去了解生活,投入生活。生活真美!她再一次张开翅膀,朝更高的天空飞去。②

---

① 昆汀·贝尔:《伍尔夫传》,萧易译,南京:江苏教育出版社,2005 年版,第 58 页。

② 弗吉尼亚·伍尔夫:《存在的瞬间——从未出版的自传文字》,刘春芳,倪爱霞译,广州:花城出版社,2016 年版,第 47 页。

在今后的岁月中，弗吉尼亚常常将记忆中斯特拉的爱情作为衡量一对年轻人是否真心相爱的标准。每当她听到有人订婚的消息，她就会猜想他们的爱情是否可以和斯特拉的爱情相提并论，因为斯特拉的爱情是她见证过的且真实发生过的事情。有天晚上，弗吉尼亚在睡不着的时候，偷偷地对斯特拉说："你们是世界上最幸福的人。"斯特拉温柔地告诉她："哦，很多人都跟我们一样。以后你和妮莎也会这么幸福的。"那时，文尼莎也即将要进入社交圈了，她同样也会品尝到甜蜜的爱。弗吉尼亚也一样，看起来似乎一切都在逐渐步入正轨。

在斯特拉甜蜜幸福婚姻的影响下，由母亲去世所带来的那份挥之不去的忧郁和阴霾似乎也逐渐消散了，海德公园门 22 号在那个时期看起来又充满了希望，所有人似乎都相信，噩梦已经远离斯蒂芬家而去。然而，天不遂人愿，就在 4 月 28 日莱斯利他们一行准备从布赖顿打道回府的那个早晨，他们收到了乔治的信，信中说斯特拉因寒症卧床不起。等他们回到海德公园门之后，才发现其实情况更加糟糕。29 日，赛腾医生诊断后确认斯特拉所患并非寒症，而是腹膜炎。突然之间，护士的身影、医生的会诊、亲友的探望、窃窃的私语等又一次笼罩了他们的生活，唤醒了他们可怕的记忆，一切都好像母亲去世时情景的重现，他们不得不再次面对这残酷的一切。事实上，从茱莉娅去世后开始，斯特拉就已经逐渐变得越来越苍白、憔悴了。在 1896 年，她曾经被诊断患有内脏风寒。1897 年 2 月下旬，弗吉尼亚曾陪她去找英格兰第一位女医生伊丽莎白·加勒特·安德森看病，当时斯特拉似乎有意要隐瞒什么，她告诉弗吉尼亚她的病症仅仅是由于精神紧张而引起的“烦躁”,但是弗吉尼亚在日记中却说安德森医生把斯特拉单独留下了很长时间。3月5日,她在日记里再一次记录了斯特拉对安德森医生的拜访,但是斯特拉对其病情仍是避而不谈。或许,那时弗吉尼亚已经隐隐约约地感觉到了什么,或许在斯特拉结婚时,她表现出的焦虑和烦躁就已在某种程度上与她的健康有关。

在斯特拉患病的同时,弗吉尼亚的精神状况也一直在恶化之中,这很明显与斯特拉的病情存在着一定的关联。同时,在那段时间里,她目睹了多起事故:2月25日,她碰巧遇见了一次马车事故;3月26日,她看到一位骑脚踏车的女士被一辆马车碾了过去;5月8日,她在皮卡迪利目睹了两起车祸;5月13日,一匹脱缰的马与一辆四轮马车撞在了一起。所有这些事故都刺激着她的神经,使她感到恐惧而紧张,她当时的日记表明,那时她害怕出门,哪怕是逛一下街,见一下陌生人都使她感到害怕。5月9日,赛腾医生为弗吉尼亚做了检查,并嘱咐她要做适量的户外运动,按时吃药,并且要暂时停掉功课,安心静养,于是她便经常和斯特拉待在一起,相互关照,相互陪伴。斯特拉甚至不让莱斯利带走弗吉尼亚,就让她住在正对着她卧室的那间化妆室里。当斯特拉身体好些的时候,她们便会结伴乘着马车在海德公园门的螺旋路散心。

到了5月下旬,斯特拉逐渐有了好转的迹象,同时她还怀孕了,于是大家都相信她几乎已经痊愈了,但是斯特拉并没有真正恢复健康,随着她病情的又一次恶化,弗吉尼亚的心理疾病也随之逐步恶化。7月13日,在斯特拉家里,弗吉尼亚病得十分厉害，甚至引发了她后来所谓的“躁狂”。斯特拉就坐在她的床边，一直轻抚、安慰她，直到半夜。三天后，弗吉尼亚被乔治裹在斯特拉的毛皮披风里带回了海德公园门 22 号，临走时，斯特拉亲口对她说了声“再见”。令弗吉尼亚没有想到的是，这声“再见”之后竟是再也不见。7 月 19 日，斯特拉在手术之后，离开了人世。转身隔世，弗吉尼亚临走时经过斯特拉门口的最后一瞥，竟成了她和斯特拉的最后一面。

斯特拉之死对 15 岁的弗吉尼亚产生的打击不亚于 13 岁时母亲离世所产生的重创。在《往事札记》中，弗吉尼亚写道：“我现在回想斯特拉去世后那一个月的日子，眼前便会浮现出一片光秃秃的灌木丛，浮现出一棵枯瘦的老树孤零零地站立在漆黑的夏夜里。”[①]在斯特拉去世后的那段时间里，弗吉尼亚一直处于一种悲伤、失落甚至是绝望的情绪之中，她日记的笔迹凌乱而潦草，正好与她那时的心境相符，而且她写下的大都是一些断断续续的句子：“事情全是一团纷乱……绝望而古怪……非常怪异和不幸……一切都悲惨而孤独……一天和另一天是那么相似，我根本不想写它们……”1897 年 9 月，她在日记中甚至透露出了死亡的意愿，“这本日记的确是越写越长，不过死亡会是短暂而不那么痛苦的。”到了 10 月和 11 月，她已经基本放弃了记日记，没有写下一个字，只留下一片空白和尘埃。直到 1898 年 1 月 1 日，她在日记中回顾了过去的一年，但却流露出了对生命前景的畏惧与绝望：“这一卷极为剧烈的生命记录（我一生首次真正生

① 弗吉尼亚·伍尔夫：《存在的瞬间——从未出版的自传文字》，刘春芳，倪爱霞译，广州：花城出版社，2016 年版，第 185 页。

活过的一年)，就此结束封存，放在一旁。而另一个另一个另一个年头还将接踵而至。啊，天哪，它们是非常漫长的，而我在瞻望它们时总是变得十分畏怯。”①

然而，弗吉尼亚因斯特拉之死所导致的精神疾病并没有彻底击倒她，就像我们会看到的那样，她战胜和超越灾难的坚强意志要超过所有人的预期想象，因此，她逐渐好转并恢复了健康。不过，值得注意的是，弗吉尼亚在晚年时记录道:“我像缩头乌龟一样逃避 1897 年到 1904 年这七年不幸的日子。这七年里，有多少人摆脱了尘世的负担离我们而去……先是带走了母亲，接着又带走了斯特拉。如果她们在世的话，我们那些年不一定会有多么幸福，但至少会享受正常自然的安宁生活。我现在不是在怀念她们，我是在思考她们两人的去世给我们家庭这些年带来的残忍又愚蠢的伤害。”②由此来看，在很大程度上，茱莉娅和斯特拉的死确实对弗吉尼亚的人生道路产生了至关重要的影响，它引起了她对男性日益增长的不信任感，和对女性爱的不断渴求，并导致了她精神崩溃的恶性循环模式。

在斯特拉去世之后，家里三个男人便开始以不同的方式折磨两个年轻的姑娘。首先是莱斯利，他又一次“像一头狮子寻找着他能够吞噬的对象”一样，开始着手盘剥他的下一个牺牲品——文尼莎。对于斯特拉的死，莱斯利虽然悲痛，但是却表现

---

① 伍厚恺:《弗吉尼亚・伍尔夫:存在的瞬间》，成都:四川人民出版社，1999 年版，第 52—53 页。

② 弗吉尼亚・伍尔夫:《存在的瞬间——从未出版的自传文字》，刘春芳，倪爱霞译，广州:花城出版社，2016 年版，第 179 页。

得异常平静，因为他能够承受这件事，他有了新的依靠，他的大女儿。家务事的重担从此落在了文尼莎身上，她不得不每天早晨站在台阶上挥手送艾德里安上学，不得不走进漆黑的地下室和索菲安排一天的膳食，不得不每天夜里端着热牛奶给父亲送去……莱斯利曾对女儿文尼莎要求，当他悲伤时，她也应该悲伤；当她向他要支票时他生气，她就应该哭泣。晚年时的莱斯利，在接二连三的丧亲打击下，变得越发孤独、乖戾、暴躁、野蛮，而他的女儿们在不得不忍受他的同时也努力地进行着抗争。

同时，作为此次事件的最大受害者杰克，也同样折磨、玩弄着两姐妹的感情。弗吉尼亚曾在《往事札记》中回忆了斯特拉去世一个月后，她与杰克坐在一起聊天的情景。

他把我的手紧抓在他的手里。他呻吟起来。他呻吟着说“它把人撕裂了”。他精神痛苦。他抓住我的手，这样才能使他的痛苦可以忍受；仿佛他处于生理性痛苦的折磨之下。“不过你是不能理解的。”他突然这样说。“能，我能理解。”我喃喃地说。在潜意识里，我知道他的意思是指他的性要求把他撕裂了，还有他因她的去世而经受的痛苦。两种痛苦都在折磨着他。而那棵黑暗的花园外面的无叶的树，在我看来便是她的死亡使他承受的刺骨痛苦的标志与象征；还有我们；所有的一切。①

目睹着这样的悲哀，弗吉尼亚和姐姐自愿做出了牺牲。为了安慰杰克，使他高兴，她们去他父母在卡莱尔的考贝城堡待了

---

① Woolf, Virginia. *Moments of Being*. Ed. Jeanne Schulkind. New York: Harcourt, 1978: 121.

一星期。杰克父母家的那栋房子非常壮观漂亮，设施也异常豪华，房子附近的伊甸河环境也是浪漫迷人，但是弗吉尼亚并不喜欢待在那里，尤其是杰克的父母令她十分厌恶。更糟的是，她们的这种牺牲似乎并没有对杰克产生任何安慰和帮助，他对她们的努力一无所知，视而不见。弗吉尼亚在她的日记中记录道："极冗长的晚餐。每件事情都豪华且陌生。杰克闷闷不乐。老希尔斯傻乎乎的。希尔斯夫人讲个没完，相当让人讨厌，苏珊·卢辛顿也喜欢唠叨，但很讨人喜欢。VS 和 AVS 是安静的，流露了痛苦……一切都是让人痛苦的、孤独的。究竟为啥我们要来这儿？"[①]对于杰克的痛苦需要，弗吉尼亚时而还会表现出拒绝和反抗，但是文尼莎却被杰克短暂地吸引进了一种毫无结果的亲密关系之中。

也许是文尼莎那时正处于与斯特拉曾经相同的处境，所以她成了杰克的盟友，他们经常一起哀悼斯特拉的去世，并在谴责莱斯利方面，拥有着共同的话题。那时，杰克总是会关心文尼莎，就像他曾经关心斯特拉那样，"你看上去很疲倦啊，妮莎。我敢肯定你操劳得太多了。""你不应该担起所有这些事。你父亲把太多的责任交付到你头上了。过去对斯特拉也是这样。"他们的相互理解、相互安慰和相互同情似乎在逐渐转变成一种更加热烈的情感，文尼莎爱上了杰克，而杰克似乎也并不是不愿意接受这份爱。

此事逐渐引起了乔治的恐惧和不安，因为按照当时的法律，

---

① 昆汀·贝尔：《伍尔夫传》，萧易译，南京：江苏教育出版社，2005 年版，第 66—67 页。

男人是不能娶他过世妻子的姐妹的。于是，乔治以防止丑闻出现为由，私下鼓动家族中的女性亲属来责难文尼莎，其中以玛丽姨妈为主，她偷偷写信向文尼莎当时就读的学校告密，这使文尼莎恨透了这位姨妈，即使在街上碰到也视而不见，装作不认识。这种行为遭到了托比的责备。我们不能确定托比对正发生在姐姐身上的事情了解多少，因为那时他在读大学，与家庭生活有些脱轨，凡事都置身事外，但是他始终坚称姨妈就应该获得作为姨妈该有的尊重。此外，乔治还曾说服弗吉尼亚去规劝文尼莎不要和杰克单独见面，甚至还把他的顾虑告诉了莱斯利。不过令人欣慰的是，在这件事情上，莱斯利表示他不会干涉文尼莎，而弗吉尼亚很明显在任何情况下都是与文尼莎站在一起的。最终，这件事情并没有发展成像乔治所担心的那样，文尼莎和杰克的这次恋爱逐渐枯萎了。1897 年到 1898 年的冬天，杰克在和斯蒂芬家一起住了好几个月之后，搬离了海德公园门 22 号，住进了格罗夫的维多利亚路 14 号。

第三个对姐妹两人进行情感折磨的男人就是乔治。在茱莉娅去世后，乔治就已经对她们做出了很多超出正派界限的事情，而现在，在没有任何女性长者庇护的情况下，一切约束似乎都已不复存在，不管在何时何地，她们都不得不一次次抵抗乔治那热情的拥抱和诸多无理的要求。在随后很多年里，她们都不得不屈服于乔治的淫威之下，就像弗吉尼亚回想起多年前乔治因晚宴着装而挑剔、羞辱她的情景时所说，“那年乔治 36 岁，我 20 岁；他年收入一千英镑，我五十英镑。所以那天晚上我很难与乔治对抗。”[①]那时的她们所能做的依然只有隐忍与接受现状。

早在斯特拉去世之前，文尼莎就已经亮相社交圈，但斯特拉的离世，使乔治成功地介入了文尼莎还有随后弗吉尼亚的社交之路。乔治很自然地承担起了如果她们的母亲还在世才会做的工作，带她们去社会上见世面，但不同的是，乔治只是出于自己的利益考虑，把她们作为满足自己社交野心的牺牲品，到处向外人炫耀她们，推销她们，并且只带她们去他认为有价值的和他希望她们去的地方，迫使她们接受他的观点、他的信仰。在乔治眼中，带妹妹们出来社交，并不是为了让她们开心，而是为了从事她们的职业，即找到一个地位卓越并对自己家族有助力的丈夫。起初，乔治送给文尼莎很多礼物，比如女孩子们都喜欢的扇子、项链、礼服、鲜花、阿拉伯牝马等，文尼莎乐于接受并且也喜欢被带出去参加舞会。但是不久，她的情绪就变了，她讨厌乔治的那些朋友们，他们沉闷、乏味、无聊，她跟他们无话可说，社交舞会对她来说开始成了一种折磨。更糟糕的是，她发现乔治本身就是那个最令人厌烦的家伙，他总是以审查员和监护人的身份自居，以他的标准来评判她身边出现的每一个朋友。很快，文尼莎就开始反抗，而乔治一开始会假装可怜地再三恳求她，甚至会以大哭来威胁她，但文尼莎始终无动于衷，最后，乔治在盛怒之下动员所有的亲朋好友来谴责文尼莎。因此，在所有的亲友眼中，文尼莎就成了傻气、顽固、无情且忘恩负义的怪丫头。

大约到了1900年，当乔治被文尼莎的反抗弄得无可奈何的

① 弗吉尼亚·伍尔夫：《存在的瞬间——从未出版的自传文字》，刘春芳，倪爱霞译，广州：花城出版社，2016年版，第203页。

时候，他便把目光转移到了弗吉尼亚身上。他送礼物给弗吉尼亚，为她置办服装和珠宝首饰，并央求她大胆涉足上流社会。那时的弗吉尼亚已经在剑桥大学参加过一次“五月舞会”①，并发觉它十分有趣，所以她想也许文尼莎的抱怨只是夸大其词，她想尝试一下，所以很快答应了乔治的请求。但是，当她真正踏入伦敦上流社会圈子的时候，她很快就发现自己错了。如果文尼莎只是觉得厌烦的话，那么对她来说，这变成了一种恐惧。在舞会上，她总是会说出一些糟糕的、骇人听闻的话语，有一次在张伯伦夫人家里参加舞会的时候，她和身边一位胖乎乎的年轻军官谈论演讲技巧方面的问题，当那位军官谈道“大家都说这个宴会的主人演讲得非常好”时，她却胡言乱语地强调了一番狂欢的罪行比偷盗更甚。还有一次，当杰弗里·杨格②彬彬有礼地问候她“你能来我真是太高兴了”时，弗吉尼亚却劈头盖脸地对他说“我不喜欢跳舞”，她的这番回答，使杰弗里直接扭头走掉了。

有时，弗吉尼亚也许只是为了向乔治证明，自己是擅长交谈的，所以才会说得太多，以至于忘乎所以地将她的听众抛在了脑后。据她回忆，一次乔治带她参加卡纳文伯爵的遗孀卡纳文夫人的晚会，当一切都在顺利进行时，她却向卡纳文夫人和波帕姆夫人大谈起了人类为何需要表达情绪的话题，并询问对方是否读过柏拉图的对话录。在她满心以为两位夫人会对她的大胆举

---

① 五月舞会是剑桥大会每一学年结束时各个学院举行的舞会，其中三一学院的舞会最负盛名。这场每年一度的豪华舞会可以说是剑桥学生社交活动的年度最大事件，从晚上9时正式开始一直到次日清晨，学生们以彻夜狂欢的方式来庆祝考试结束。

② 杰弗里·杨格(1876—1958)，英国诗人，教育家。

动钦佩至极、羡慕不已时，她才从乔治满脸通红的窘迫中意识到自己犯了多么不堪的错误。因为，在20世纪初的那些年里，女性尤其是年轻女性是不应该有自己的见解的，柏拉图或者是人类情绪表达等话题是完全不适合年轻女性的。更夸张的是，她有时还会在舞会上拉着年轻小伙询问吊袜带的事，而踩伤舞伴的脚这种事对她来说更是屡见不鲜了，她总是跳得糟糕透顶，之后便再也找不到舞伴，一个人在舞会上一站就是两个小时，“我记得在舞会的时候我孤零零地背靠墙站在那儿，无人问津，无人理睬，耻辱感油然而生。我不会跳舞，这让我感到耻辱；我不会跟年轻男士聊天，更让我尴尬不已。”①在舞会上，“我们是失败者，我们没法在社交圈里一鸣惊人。我不知道该怎样做到这一点。我们是不受欢迎的——我们坐在角落里，就像渴望葬礼的职业送葬人。不过，生活中还有更重要的事——就我所听到的而言，下次不会有人邀请我跳舞了……”②

不过，对于伦敦上流社会的社交舞会，弗吉尼亚在抗拒的同时，又总是会被其中的某些诱惑所吸引。成为聚光灯的焦点，在众人瞩目之下大放异彩，认识那些执掌大权的重要人物，融入那个纸醉金迷的盛装世界……对于这些东西，她从来就不可能无动于衷。她是一位浪漫的势利之徒，她总是带着迷恋之情记下宴会的点点滴滴，并一直试图了解其中的浅薄之处。她发现在

① 弗吉尼亚·伍尔夫：《存在的瞬间——从未出版的自传文字》，刘春芳，倪爱霞译，广州：花城出版社，2016年版，第207页。

② 昆汀·贝尔：《伍尔夫传》，萧易译，南京：江苏教育出版社，2005年版，第83页。

那些宴会的虚伪表象背后，也掩藏着它真实的一面和内在的深度，就像她笔下的达洛卫夫人所想："她每次设宴请客，都有这种超脱的感觉，并且感到，每个人一方面是不真实的，另一方面要真实得多……在宴会上，可以谈些在别的场合不能谈的话，这种谈话得费点劲儿，但比平时可能深入得多。"①

在承受上流社会的社交所带来的痛苦之余，弗吉尼亚还不得不一次次抵抗乔治那"猛烈狂风般的激情"拥抱。1897 年到 1904 年间，乔治的所作所为似乎比早期杰拉尔德在圣埃夫斯对弗吉尼亚的侵犯所造成的阴影和伤害更加巨大。在 1921 年，弗吉尼亚在为"记忆俱乐部"所写的《海德公园门 22 号》中，描写了乔治在夜晚偷偷溜进她的房间，将其揽入怀中，告诉她不要开灯的情景，并以一段大胆、夸张同时又极具争议的文字谈道："是啊，那些住在肯辛顿和贝尔格维亚的老夫人们永远不会知道，乔治·达克沃斯不仅是可怜的斯蒂芬家姑娘们的衣食父母、兄长，他还是她们的情人。"需要指出的是，大部分资料显示，乔治确实对弗吉尼亚和文尼莎做出过令人恶心的猥亵之举，但是昆汀·贝尔在其后期著作《我的长辈们》(*Elders and Betters*)中更改了其对达克沃斯兄弟的谴责之词，并认为不管乔治的欲望膨胀到了何种地步，他从来没有真正地去强奸弗吉尼亚和文尼莎。与此同时，奈杰尔·尼克尔森通过与乔治的儿子亨利的沟通求证后，在其《伍尔夫》一书中指出，"乔治的本能是想发生乱伦关系，但他并没有这么做。一个如此保守传统的人不可能冒生下私生

① 弗吉尼亚·伍尔夫：《达洛卫夫人》，孙梁，苏美译，上海：上海译文出版社，2011 年，第 164 页。

子的危险。弗吉尼亚在回忆中将这件事戏剧化地夸大了。”①

但无论如何，乔治对弗吉尼亚姐妹造成的伤害是不争的事实。“斯特拉和母亲虽然已经过世了，（乔治）却依然指挥着我们的生活。”②面对乔治的暴君式统治，弗吉尼亚和文尼莎一方面必须服从，因为他比她们年长，比她们富有，更有整个传统和整个男性权威在背后为他撑腰；但另一方面，她们也质疑他的权威，在内心深处拒不屈服。据昆汀·贝尔在《伍尔夫传》中记载，弗吉尼亚曾写过一篇《达克沃斯家史》：

> 当威廉·鲁弗斯在新森特狩猎时，他猎到了一只鸭子。它掉进了池塘的中央，没法拿到手；但是一个敏捷的小听差蹚水追回了那只鸭子。国王拔出他的剑，轻触那个小伙子的肩头授予他封号：“听封，达克沃斯③爵士，汝确实值很多鸭子。”④

这一小段俏皮话很明显是弗吉尼亚以斯蒂芬家族惯有的犀利作风在嘲讽达克沃斯家族，表达了其对达克沃斯们的憎恨和不满。

总之，不管是莱斯利、杰克还是乔治，他们所施加在弗吉尼亚和文尼莎身上的情感暴行是真实、可怕且令人痛苦的，是茱莉

---

① 奈杰尔·尼克尔森：《伍尔夫》，王璐译，北京：生活·读书·新知三联书店，2014年，第17页。

② 弗吉尼亚·伍尔夫：《存在的瞬间——从未出版的自传文字》，刘春芳，倪爱霞译，第209页。

③ 达克沃斯（Duckworth）这个名字在英文里是“鸭子”（duck）和“值……的”（worth）两个词的组合，这个故事是弗吉尼亚编来嘲笑达克沃斯家族的。

④ 昆汀·贝尔：《伍尔夫传》，萧易译，南京：江苏教育出版社，2005年版，第85页。

娅和斯特拉生前绝不会使之加诸这姐妹俩身上的。于是，在这样的局面下，“妮莎和我（弗吉尼亚）一道形成了一种非常亲密的同谋关系。在那个有许多男人来来去去的世界上，我们形成了自己私密的核心。”①正是在此之后，弗吉尼亚逐渐表现出了对女性爱的渴求，她开始和一些女性建立起密切亲厚的感情。

在这段时光中，除了姐姐文尼莎之外，最早给予弗吉尼亚热切安慰和情感庇护的女性就是埃玛·沃恩和玛奇·西蒙兹。埃玛是弗吉尼亚的姨妈阿德琳和亨利·海弗德·沃恩最小的孩子，她很早就失去了双亲，或许是同病相怜的原因，她和弗吉尼亚的关系相当亲密。早年，她们之间经常通信，很多信件都被保存了下来，信件的内容大都是充满私人笑话和飞短流长的家庭琐事，不过读起来却十分生动有趣。

沃堡艾教区长宅第
沃堡艾
亨廷顿郡
1899 年 8 月 12 日

我深爱的蟾蜍：

今天上午我们收到了苏珊·卢辛顿的来信，她星期一大概十二点半到亨廷顿。我估计，我们中的某些人必须到那儿去接她，这就意味着我们直到一点半才会回来——我不知道你什么时候到（如果真来的话），但是我们期望能和你一起共进午餐；因

① Woolf, Virginia. *Moments of Being*. Ed. Jeanne Schulkind. New York: Harcourt, 1978: 123.

此让我说得扼要明确些：万一你到的时间远远早于一点半，如果你到达的时候我们没有都来迎接你，恳请你千万别觉得受到了怠慢，而要随心所欲——到撑船上玩玩——喂喂海鸥——拜访一下赛马训练场——看看照片——还可以占领我们的卧室和它们的附属物。我担心苏珊·卢辛顿会以某种方式耽搁我们的下午，不过她肯定是心情释然的、处于休息和写信状态的；另外她还是个可爱的人儿，能完美地弹竖琴。某些别的人——我该说就是蟾蜍们——肮脏的黏糊糊的爬行动物——认为她们也能弹奏——啊咳！

……昨天我们骑脚踏车去了亨廷顿——拜访我们的亲戚(斯蒂芬夫人和她全家)。回来时我们忘掉了自己所有的牵挂——(牵挂是很多的——文尼莎和我各带着个网兜，里面装满了不停地磕碰我们膝盖的甜瓜)，当我们凝视着——领会着——并渐渐融入——那种天空。你只有住在这儿才会看到那样的天空。我们不再是大地上的居民。我们真的是由云彩构成的。我们是神秘的，梦一样的，在簧风琴上演奏着赋格曲……

这些话都是不由自主地从我嘴里说出来的。我本来只想说得简练、有条理。可怜的蟾蜍——当你来时我会问你——你读了我的信吗？你会承认你在路上已经读了一小段了，而且你确实打算在回去的路上再读上一点，你只不过在等待一个雨天去读完它。奥古斯塔[①]认为这对你的视力有害，玛妮已经发了电报说“禁止你读弗吉尼亚的信件”。今天下午我有点疯狂。这是

① 埃玛的姐姐，克罗夫特太太。

我生平遇过的最热的一天，我读完了一整部长篇小说，从今天上午的早餐时开始，下午四点读完。

现在是喝茶的时间了。（[有两个词无法辨认]公蟾蜍说）

我很抱歉写了这么长的一封信，不过我会用很深的墨水写个摘要，弥补一下。

请代我向亲爱的玛妮以及我所有的外甥和外甥女致意。

你永远的公山羊

另一个对弗吉尼亚来说非常重要的女性就是玛奇·西蒙兹，她是约翰·阿丁顿·西蒙兹的女儿，在弗吉尼亚 7 岁的时候，玛奇曾在海德公园门待过一个冬天，还被孩子们戏称为“酋长”。玛奇在弗吉尼亚眼中是一个具有梦幻和想象色彩的传奇人物，因为她成长于瑞士群山的自由氛围之中，是一名作家，十分热爱艺术，喜爱冒险，且具有审美趣味，相对于维多利亚时代的传统女性，她身上弥漫着新女性的摩登和与众不同。不过在 1893 年，她父亲的去世对她造成了沉重的打击，后来她嫁给了埃玛的哥哥，弗吉尼亚的表哥威廉·沃恩。在昆汀·贝尔的《伍尔夫传》中，他认为玛奇是第一个捕获弗吉尼亚芳心的女性，亦是弗吉尼亚第一个爱上的女性，而弗吉尼亚也曾宣称“她在那一刻对玛奇的情感是她所感受过的最强烈的情感”。[①] 不过，这种情感是纯洁的，是不夹杂任何欲望的真挚情感，是一个失去家中年长女性庇护的年幼女孩对一个朝气蓬勃的较年长于自己的女性

---

① 昆汀·贝尔：《伍尔夫传》，萧易译，南京：江苏教育出版社，2005 年版，第 66 页。

所怀有的激情。事实上，玛奇就是弗吉尼亚的名作《达洛卫夫人》中的萨利·塞顿的原型。

同时，基蒂·麦克斯和维奥莱特·迪金森也以不同的方式进入了文尼莎和弗吉尼亚的生活之中，并在某种意义上扮演着一种不可替代的角色。基蒂·麦克斯在出嫁之前是拉辛顿小姐，她聪明、机灵、漂亮且迷人，是那种娇巧精致的女子。她的母亲弗农·拉辛顿是茱莉娅最好的朋友之一，两家人之间拥有着亲密的关系，基蒂和雷奥·麦克斯的婚姻正是茱莉娅在圣埃夫斯撮合的。基蒂对茱莉娅满怀感激，所以当茱莉娅和斯特拉不幸先后去世后，基蒂出于同情和感激，接手了斯蒂芬家的女孩们，她以一种准母亲的姿态对待两个年轻姑娘，对她们提供了真诚的帮助，尤其是在使文尼莎以自己的方式（而不是乔治所强加的方式）进入社交圈这一事件上提供了真正的帮助，因此，在那段时间里，她成了文尼莎最亲密的朋友之一。不过，弗吉尼亚与基蒂的关系就远没有文尼莎与基蒂那样亲密了。虽然她一直告诉自己基蒂是一个非常好的女人，是一个比乔治好千百倍的社交圈领路人，但不知是出于嫉妒基蒂与文尼莎的亲密关系，还是其他什么原因，她在遇到基蒂时永远会表现出一种往后退缩的姿态，她不喜欢基蒂·麦克斯。

与基蒂·麦克斯不同，比弗吉尼亚年长17岁的维奥莱特·迪金森真正满足了弗吉尼亚的情感需求，为年轻且处于丧亲之痛中的她提供了真正的同情、理解和爱。维奥莱特·迪金森小姐生于1865年，出身名门，是萨默赛特郡一位乡绅的女儿，也是奥克兰勋爵的孙女。她们家与达克沃斯家是朋友，她曾是斯特拉的闺中密友，当她的母亲在1893年去世的时候，茱莉娅作为保护人一直照顾她，给予她关爱。维奥莱特个子十分高大(身高约6英尺)，性格直率，极富同情心，在众人的眼中，她是那种给人以温暖和舒适的女人，正如莱斯利所说："她非常喜欢女孩们，她们整天和她在一起，没完没了地谈论文学和其他事儿——D小姐对我说了关于她们俩的许多令人愉快的事情，大大称赞了弗吉尼亚的才智。"①因此，当斯特拉死后，她很自然地融入了斯蒂芬家女孩们的生活中，并给予了她们无私、慷慨、深切的关爱。

如果说玛奇的出现使弗吉尼亚首次感受到了芳心初动的滋味的话，那么在昆汀·贝尔看来，维奥莱特·迪金森的出现，则似乎使她感受到了恋爱的滋味，当然这种恋爱更大程度上是一种精神上的、天真的迷恋与依恋，是一种"浪漫的友谊"。正是维奥莱特的出现，使弗吉尼亚在1902—1907年间的生活平添了几分色彩。弗吉尼亚和维奥莱特之间经常通信，她总是在信中称维奥莱特为"我的维奥莱特"，她们的信件内容迷人、有趣、充满热情但同时又让人尴尬，信件中总是充满着私人笑话和表示爱慕的语言，"难以置信，你竟能深深触动这个完全冬眠着的小麻雀(弗吉尼亚在信中对自己的称呼)，那感觉如此强烈，如火山熔岩般炙热。"②正是从这些信件中，昆汀·贝尔认为弗吉尼亚在恋爱，而且是得到了回应的恋爱。但不管这种恋爱关系是否真

---

① 昆汀·贝尔：《伍尔夫传》，萧易译，南京：江苏教育出版社，2005年，第89页。

② 奈杰尔·尼科尔森：《伍尔夫》，王璐译，北京：生活·读书·新知三联书店，2014年，第19页。

正存在，可以肯定的是维奥莱特·迪金森和玛奇·沃恩一样，满足了弗吉尼亚对女性爱的渴求，正如林德尔·戈登在其《弗吉尼亚·伍尔夫：一个作家的生命历程》中所写的那样："在弗吉尼亚寻求抚慰与钟爱的强有力的女人当中，她是最初的也是最和蔼的一个。"①

斯特拉之死和她死后的那段日子，对弗吉尼亚所造成的伤害和影响是深重且漫长的。多年之后，当她试图回眸凝望曾经的丧亡岁月时，她写下了：

> 我母亲的死是个没能完全感受到的潜藏的痛苦——在13岁时我还不能把握它，正视它，对付它。可是两年之后斯特拉的死则打击在一个不同的本体上；一个特别没有保护的、未成形的、无防护的然而又是敏锐的、易感的、充满期待的精神组织和生命组织之上……我记得她死后我曾对自己说："这是不可能的，事情不是、不能像这样。"——这个打击，第二次死亡的打击，沉重击打在我身上；我浑身颤抖，视线蒙眬，翅膀仍然粘在一起，坐在我自己破碎的蝶蛹边缘上。②

岁月如梭，韶光易逝。蓦然回首，总会有些人成为心头之殇。在兜兜转转的岁月长河中，弗吉尼亚总是忍不住回望过去，以各种形式寄托她对斯特拉的怀念。30年后，她在《到灯塔去》中重现了斯特拉的形象，再现了她短暂的一生。在作品中，拉姆

---

① 林德尔·戈登：《弗吉尼亚·伍尔夫：一个作家的生命历程》，伍厚恺译，成都：四川人民出版社，2000年，第69页。

② Woolf, Virginia. *Moments of Being*. Ed. Jeanne Schulkind. New York: Harcourt, 1978: 124.

齐夫人的大女儿普鲁·拉姆齐就是以斯特拉为原型创作的，普鲁在婚后第一个夏天就因难产而亡，被弗吉尼亚比喻为“转瞬即逝的春天”。

三、永远的伤逝：父亲的离去

弗吉尼亚终其一生都对“我父亲那个老可怜人”保持着强烈的迷恋。她对父亲的感情既矛盾又复杂，既满怀爱意又充满愤恨，既能“像一个孩子似的谴责着”，又能“像一个 58 岁的女人似的理解着”。在她整个一生中，她对父亲的感情大致经历了三个阶段：爱，痛恨，爱恨交织后的和解。

弗吉尼亚对父亲所有满怀温情的记忆大都发生在母亲离世前的童年阶段。在她童年记忆中，父亲是一位颇具绅士风度的学者，他总是坐在海德公园门 22 号最高层的图书室中，一边抽着黏土烟斗，一边专心致志、全神贯注地阅读着、思考着、书写着；父亲是一位丝毫没有暴君迹象的慈父，总是在夜晚让孩子们任性地坐在他的大腿上听他朗诵；父亲是一位充满纯真与童趣的可爱男人，总是会用他那灵巧的手指剪出或者画出一只只惟妙惟肖的动物来使孩子们欣喜不已。弗吉尼亚在 1906 年为 F. W. 梅特兰的《莱斯利·斯蒂芬的生平和书信》一书写的专文《莱斯利·斯蒂芬爵士印象》中曾这样写道：

在我孩提时的印象中，父亲并不比我们大多少。……我们知道他的兴趣并没有“成年人”的做作，而与我们自己的兴趣一样纯真；因此，我们之间有着某种完全平等的同伴关系。每天傍晚，我们都在客厅里待上一个半小时，我还记得，他总有某种办法把我们逗乐。他先是画几幅动物画，这些动物胖得我们都想要，或者用剪子把它们剪下来。我们到了一定年龄，他又花时间来为我们朗诵。①

1883年，在弗吉尼亚差不多2岁的时候，莱斯利曾在信中说"她坐在我的膝上看《比尤克》(一本关于鸟类的专著)"，还时不时地把脸贴在他的脸上，要求"吻一吻"。几个月后，莱斯利又在信中说，当他告诉她说他必须要去自己的图书室时，她"把她那小小的身子紧贴着我，然后抬起明亮的眼睛、透过蓬乱的头发凝视着我，说：'别走，爸爸！'她一直露出十足调皮捣蛋的神气。我从来没有见过这样的小淘气"②。从弗吉尼亚与父亲的亲密互动中可以看到，童年时代的她完全沉浸在极具保护性的父爱之中。在莱斯利编写《英国人名传记词典》的早些年间，他常常因苦心孤诣，耗费大量精力而焦虑得夜不能寐，但即使这样，他也仍会在工作的间隙关爱自己的孩子，他甚至还常常从弗吉尼亚的面孔中寻求安慰："我看见她的眼睛在闪光，她可爱的小牙齿在发亮。"③

在莱斯利的所有子女中，幼年的弗吉尼亚显然比家中其他孩子同父亲更加亲近，其最重要原因就是他们之间那条始终存

---

① 伍厚恺：《弗吉尼亚·伍尔夫：存在的瞬间》，成都：四川人民出版社，1999年版，第11页。

② 林德尔·戈登：《弗吉尼亚·伍尔夫：一个作家的生命历程》，伍厚恺译，成都：四川人民出版社，2000年，第23页。

③ 林德尔·戈登：《弗吉尼亚·伍尔夫：一个作家的生命历程》，伍厚恺译，成都：四川人民出版社，2000年，第23页。

在的关系纽带——他们作为文人的职业和深厚的文学修养。弗吉尼亚自小就决心成为一名作家，“写作，远在成为一种职业以前，就已经成为她的自我特性、自我意识的一个本质成分”①，而这似乎也得到了莱斯利的默许和支持，他甚至始终认为“她当然非常像我”。在弗吉尼亚早期的教育和文学培养方面，莱斯利毋庸置疑地发挥了重要的引导和影响作用，他将弗吉尼亚作为其文学写作事业的继承人而进行着细心的指导与鼓励。在弗吉尼亚7岁以前，莱斯利承担了孩子们数学课程的教学任务，但可惜的是，他并没有足够的耐心来扮演这一角色，他根本无法理解小孩在面对简单计算时所遭遇的困难，这使得课程往往以他大发脾气而告终，所以在这方面他并没有成为想象中合格的老师。

对孩子们，尤其是对弗吉尼亚来说，他最大的影响其实是在教学时间之外产生的。他总是会给孩子们背颂诗歌，英国诗人弥尔顿、华兹华斯、济慈、丁尼生等人的许多杰作他都烂熟于心。“当他靠在椅子上，双眼微闭，娓娓朗诵出那些美丽的诗句时，我们感到他所说出的不仅仅是丁尼生或华兹华斯的词句，而且是他自己所感所知的东西。在我看来，英国伟大诗人的众多诗作都因此与父亲难分难解；我从中听到的不仅是他的声音，而且是他的某种教诲和信念。”（摘自《莱斯利·斯蒂芬爵士印象》）②而有时他还会在夜晚为孩子们大声朗诵文学名作，内容往往是选

① Mepham, John. *Virginia Woolf: A Literary Life*. London: Macmillan Press Ltd. 1996:1.

② 林德尔·戈登：《弗吉尼亚·伍尔夫：一个作家的生命历程》，伍厚恺译，成都：四川人民出版社，2000年，第13页。

自沃尔特·司各特爵士的小说。在朗诵之后，他还会要求孩子们讨论他们所听到的内容，并要求他们说出自己最喜欢的人物，以及为什么喜欢。在父亲日积月累的文学熏陶下，弗吉尼亚早早地就获得了丰富的文学知识，她最早记得的是 32 卷的"威佛利小说"①，以及简·奥斯汀和霍桑的作品。

在倾听的同时，弗吉尼亚也从父亲那里体会到了阅读的重要并懂得了阅读也可以成为一种行动。"她想，他阅读的时候，好像在为什么东西指引方向，或者在赶着一群羊，或者在一条羊肠小道上不断地往上攀登；有时候，他披荆斩棘，迅速地笔直前进，有时候，好像有一条树枝打着了他，一片荆棘挡住了他，但他决不让自己被这些困难所打败；他继续奋勇前进，翻过了一页又一页。"②

那时，弗吉尼亚和莱斯利父女之间的关系是异常融洽而亲密的，正如文尼莎在《弗吉尼亚童年杂记》中所回忆的那样：当时在保育室里，她们在洗浴之前正光着身子跳来跳去地玩，弗吉尼亚突然问文尼莎"你最爱的人是谁？父亲还是母亲"，文尼莎毫不迟疑地回答说"母亲"，可是弗吉尼亚却说："我总的说来更喜欢父亲。"显然，那时年幼的弗吉尼亚不仅深爱着自己的父亲，而且在父亲的影响下，已经能够以一种理性的眼光来看待父亲和母亲的性格了。

---

① 威佛利小说（*The Waverley Novels*），19 世纪苏格兰作家沃尔特·司各特的系列小说。

② 弗吉尼亚·伍尔夫：《到灯塔去》，瞿世镜译，上海：上海译文出版社，2008 年版，第 234 页。

然而不幸的是，在母亲去世后，曾经围绕在斯蒂芬家上空的所有幸福、美好、色彩和生命等都已萎缩、消散了，家人之间的关系也开始变得虚假而紧张。如前所述，茱莉娅的死使莱斯利沉浸在丧妻之痛中无法自拔，他不仅不再关心孩子们的需要，而且还肆无忌惮地渴望从孩子们身上索取同情和安慰。面对父亲的各种歇斯底里和无理要求，托比恰好以离家求学的方式逃离了这一切，而文尼莎和艾德里安则在强烈思念和眷恋母亲的同时成了态度强硬的反叛者，唯独弗吉尼亚不得不经受着内心痛苦的撕扯，因为她不能像其他几个孩子那样去谴责父亲。这一时期，弗吉尼亚和父亲的感情进入了僵滞阶段，往昔父女间的美好时光遭到了破坏，剩下的只有无尽的缄默。也正是从这时起，弗吉尼亚开始了在爱与恨这两种力量之间的长期搏斗。

在茱莉娅去世后的 1985 年到 1987 年间，莱斯利接手了两个女孩的教育任务，每天用半个上午的时间来给她们授课。在 13 岁到 15 岁之间，弗吉尼亚每天早晨准时来到父亲在顶楼的图书室上课。这个充满书香气息的房间给她留下了刻骨铭心的记忆，她曾在一个自传性片段中描绘道：

带黄斑的木头做成的高高的天花板；英国和法国古典作品全集——20、30 或者 40 卷——都用红色小牛皮装帧；用美洲棉布包起来的摇椅，父亲常常双脚离地躺在里面，在椅子的两个扶手上横放着一块木板，上面放着一个瓷墨水台。瓦茨画的米妮·萨克雷的肖像悬挂在壁炉上方，靠着书柜的一个角落里立着一堆生锈的铁头登山杖。三面长长的窗户俯瞰着从肯辛顿延伸到圣玛丽修道院的屋顶。①

在随后上午10点到1点的这段时间里，她往往坐在自己的房间里，阅读父亲从自己的图书室里拿来借给她的书。那些书大都是弗劳德②、麦考莱③和卡莱尔④等人的著作，看起来似乎那时莱斯利在有意识地以历史学家和传记作家的要求引导她阅读。弗吉尼亚废寝忘食、手不释卷地阅读着，沉浸在知识的海洋中，每当读完一本书，她就会迅速回到楼上向父亲换取另外一本书。

我在那会儿看到他，正坐在他的摇椅上摇晃着，嘴里叼着烟斗。他会慢慢地看清我来了。他会站起来，走到书架前去，把书放回去并和蔼地问我从书中获得了什么教益。我或许正在读约翰生。我们便会谈论一会儿，然后我感到安慰，激励，对这位超脱世俗的、非常杰出的、孤独的男人满怀着爱，重新回到楼下客厅里……⑤

据弗吉尼亚的日记显示，1897年1月1日到6月30日她阅读了以下作品：《英国妇女之三代》(第二卷和第三卷)，弗劳德的

---

① 林德尔·戈登：《弗吉尼亚·伍尔夫：一个作家的生命历程》，伍厚恺译，成都：四川人民出版社，2000年，第102页。

② 詹姆斯·安东尼·弗劳德(1818—1894)，英国历史学家和传记作家，以其对16世纪英国的研究和对托马斯·卡莱尔的研究而著名。

③ 托马斯·巴宾顿·麦考莱(1800—1859)，英国历史学家、作家和政治家。

④ 马斯托·卡莱尔(1795—1881)，英国历史学家和散文作家，其著作如《法国大革命》，以对社会和政治的犀利批评和复杂的文风为特色。

⑤ Woolf, Virginia. *The Letters*. *Vol*. 1: *The Flight of the Mind* 1888—1912. Nigel Nicolson and Joanne Trautmann eds. London: Chatto and Windus, 1975:76.

《卡莱尔传》，克莱顿的《伊丽莎白女王》，洛克哈特的《沃尔特·司各特爵士生平》，《纽克莫一家》，卡莱尔的《回忆录》，詹姆斯·斯蒂芬爵士的《教会史论文集》，《绅士约翰·哈利法克斯》，J. R. 洛威尔的《在我的书籍之中》和《我书房的窗户》，查尔斯·狄更斯的《老古玩店》和《双城记》，乔治·艾略特的《费利克斯·霍尔特》和《织工马南传》，詹姆斯·戴克斯·坎贝尔的《柯尔律治生平》，安东尼·霍普的《奥萨王子的心》，塞缪尔·佩皮斯三卷册的《佩皮斯日记》，麦考莱的《英国史》，《巴契斯特塔楼》，亨利·詹姆斯的一部小说，卡莱尔的《法国大革命》《克伦威尔》和《斯特林生平》，巴娄夫人的一部作品，夏洛蒂·勃朗特的《雪莉》，托马斯·阿诺德的《罗马史》，W. E. 诺里斯的《一桩可悲的风流事儿》。到了7月，由于斯特拉的去世，她的日记记载内容越来越少，她的具体读书情况也就不得而知了。

阅读对弗吉尼亚来说是一种切切实实的生存方式，它总能使她在负面情绪袭来时努力保持平静和镇定。1903年，她曾写道："书籍，总的说来，是使我能获得最大快乐的东西。"①她喜欢书所带来的感觉，一旦书本被翻开，那么一场精神冒险便开始了。在茱莉娅死后的那两年里，弗吉尼亚贪婪地阅读书籍，她日益增长的阅读量使莱斯利惊讶地发现"弗吉尼亚是在吞书，几乎比我读得还快"。他总是会在起身为弗吉尼亚换取书籍的时候对她说："天啊，孩子，你是多么贪吃，不过，亲爱的，如果它值得

① 林德尔·戈登：《弗吉尼亚·伍尔夫：一个作家的生命历程》，伍厚恺译，成都：四川人民出版社，2000年，第115页。

一读的话，它就值得重读。”[①]大约就是从这个时候开始，莱斯利不再为弗吉尼亚选书了，她获得了自由使用莱斯利图书室的权利，她可以随意地浏览父亲的藏书。虽然，一方面，莱斯利也曾对书架上某些在他看来或许是不适合年轻女士的书籍产生了顾虑，比如《区尔柏》[②]；但是另一方面，他又认为他的女儿必须具有自己对书籍进行选择和判断的能力。多年后，弗吉尼亚在回想父亲在读书和写作方面对她的教诲时总结道：“读你想读的书只是因为你喜欢它，切莫假装欣赏你并不喜欢的书——这是他在读书这门学问上给我的唯一教导。写作时要尽可能少用些字，表意要尽可能清楚，尽可能确切——这是他在写作这门学问上对我的唯一教导。”[③]莱斯利作为孩子们的数学老师可能是彻底失败的，但是在对弗吉尼亚的文学素养培养方面，他却是成功的。

这一时期，弗吉尼亚总是在海德公园门 22 号楼后面的那间玻璃屋或者日间保育室的扶手椅里阅读和写作，艾德里安在威斯敏斯特上了学，而文尼莎也在考柏先生艺术学校为上皇家艺术学院而学习和做准备。那段时期看起来是充满希望的，文尼莎到了足以取代斯特拉在家中地位的年龄，弗吉尼亚也更加显露出要继承莱斯利事业的倾向，而莱斯利也逐渐在走出丧妻的

---

① 昆汀·贝尔：《伍尔夫传》，萧易译，南京：江苏教育出版社，2005 年版，第 54 页。

② 《区尔柏》(*Triiby*)，乔治·迪·莫里耶(George du Maurier)的讲述魔法的小说。

③ 弗吉尼亚·伍尔芙：《伍尔芙随笔全集》Ⅱ，王义国等译，北京：中国社会科学出版社，2001 年，第 882 页。因译本差异，伍尔夫又译为伍尔芙或吴尔夫。

阴霾，和孩子们的关系似乎也有所缓和。这时，他决定更好地了解弗吉尼亚。在1897年年初，当弗吉尼亚正在专注地阅读卡莱尔的时候，莱斯利专门带她去切尔西参观了卡莱尔的故居。

1897年1月29日

……同一个聪明的老太太走遍了那所房子，她知道她父亲以及有关他的一切——我们看了卡莱尔的那个能隔音的房间，有双层墙壁——他的书桌，他的笔，手稿的纸片——到处都是他和她的画像。还坐了双轮双座马车。①

4月，在斯特拉度蜜月而斯蒂芬一家去布赖顿度假期间，莱斯利又向弗吉尼亚讲述了麦考莱的故事。当她从父亲口中听到自己一直以来的崇拜对象麦考莱的轶事时，其激动和兴奋程度不言而喻。同时，莱斯利还向她讲述了很多他所熟识的往昔文学名流的奇闻轶事，如他回忆了乔治·艾略特曾经那些令人惊讶的聚会，在聚会上，人们都必须在到场前事先准备好讨论形而上学或者审美哲学原理。

然而，斯特拉的突然去世使刚有所好转的生活迹象全部被湮灭。弗吉尼亚和父亲莱斯利的关系也在斯特拉死后，开始急剧恶化。一方面，在这些令人悲痛的丧亡岁月里，莱斯利变得越发孤独和暴戾。他的耳朵聋了，行动也越来越不便利，身边的朋友也在一个接一个地去世，他和外部社交界的联系逐渐被切断了，这使他整日垂头丧气，怨天尤人。另一方面，他直接将文尼

① 林德尔·戈登:《弗吉尼亚·伍尔夫:一个作家的生命历程》，伍厚恺译，成都:四川人民出版社，2000年，第105页。

莎作为下一个牺牲品，代替了斯特拉在家中的地位，并要求文尼莎要像斯特拉和茱莉娅一样做到完全地、绝对地向家庭奉献自我，对此，弗吉尼亚心中充满了对父亲的愤慨和谴责。

从弗吉尼亚晚年所写的回忆录中可以看到，她对斯特拉去世后每周三下午的“家庭风暴”记忆最为深刻，那时每个周三下午到来的时刻都使姐妹俩胆战心惊。周三下午是核查每周账目的时间，文尼莎必须向父亲详尽、细致地解释家中每笔账目的开销，但仅就这一点，对于并不太精通算术且缺乏经验的文尼莎来说就已够难办到了，可是如果每周的账目有超支的话，那么真正的“折磨”就来了。由于文尼莎本身比斯特拉更富有才智、更坚毅、更自我，同时也更自私，她对艺术有着执着的追求，因此，她并不甘于仅仅成为精于家务、精打细算、默默付出的“家中天使”，这也就导致了家中每周的账单基本都是超支的。

每次，当文尼莎推开莱斯利的房门，映入眼帘的往往是无穷无尽的纸的海洋，地板上散落的全是写满莱斯利字迹的废弃纸片，而屋内则光线不足，十分昏暗，窗帘总是被半拉着用以遮挡光线。莱斯利就坐在昏暗的书桌后面，其面前是摊开的书本，身后是堆满各种各样书籍的书架，而地上和他的脚边则也是摞着高高的一摞堆得像塔一样的书籍，他完全被淹没在书的世界中。当从纸堆中抬起头，看到文尼莎将账单递给他时，他总是一言不发地接过来，沉着脸，双眉紧皱地开始用手指划过那一串串数字。然而当他看到超支的用度明细之后，就会一拳头砸在账本上，脸部因恼怒涨得通红，青筋暴露。随之而来的就是他愤怒的吼叫和咆哮，他觉得自己受到了严重的伤害，他就要被子女们搞得破产了，最终这种大吼大叫会转变为一种绝望的自怨自艾和捶胸顿足，他会不断哀怨地声称自己这样一个可怜的、垮掉的、丧失了亲人的老人被无情地、冷酷地、残忍地逼到了绝路。这一过程，每周三下午不断地在斯蒂芬家中循环上演，被弗吉尼亚称为是父亲独有的"有些过头的自怨自艾、愤怒绝望的表演方式"①。

面对父亲的指责和控诉，文尼莎无能为力，她想要开口解释，可是父亲根本没有给她说话的机会，她只能木呆呆地站着，一声不吭，但这种沉默和冷漠的态度似乎只会更加激怒莱斯利，使他越发劈头盖脸地数落文尼莎："你站在那儿像根木头一样。你不同情我吗？你不想跟我说句话吗？"②最终，在双方的僵持下，莱斯利不得不嘟囔着拿起笔，用颤颤巍巍的手指在支票上签上字，不耐烦地扔给文尼莎。文尼莎在晚年时回忆道："我想必是个多么恼人的年轻姑娘，我只是等着，直到支票被签好。"③对于父亲每周三这种气急败坏的模样，弗吉尼亚认为"我也只能用残忍二字来形容。他的话就像皮鞭抽打在我们身上一样残忍，对我们造成了深刻的伤害。"④

如前所述，莱斯利是一个性格极其复杂矛盾的人，他能因想

---

① 弗吉尼亚·伍尔夫：《存在的瞬间——从未出版的自传文字》，刘春芳，倪爱霞译，广州：花城出版社，2016 年版，第 191 页。

② 同上。

③ 昆汀·贝尔：《伍尔夫传》，萧易译，南京：江苏教育出版社，2005 年版，第 68 页。

④ 弗吉尼亚·伍尔夫：《存在的瞬间——从未出版的自传文字》，刘春芳，倪爱霞译，广州：花城出版社，2016 年版，第 192 页。

到渔民的穷困处境而彻夜难眠，同时也能因牛奶里有一只小蜈蚣而愤怒地把盘子嗖地扔出窗外。整体而言，正直、严格、认真、富于理性和强烈的道德感是他主要的性格特征，这一特征无疑来源于其家族传统和克拉彭教派的宗教信念，同时还归功于他在剑桥大学所接受的理性主义精神的浸润。因此，在家庭之外，他给人的印象总是特别好，就像弗吉尼亚·伍尔夫的丈夫伦纳德·伍尔夫曾于1901年在剑桥大学见到这位令人崇敬的学者时所描述的那样："他是那些长着胡子的美丽的维多利亚时代老绅士中的一位，他们具有细腻的高雅风度和生理及智力的突出品质，在他们的脸上，整个世界的痛苦留下了受苦难的高贵心灵那种不可磨灭的印记。"①

同样，莱斯利的传记作者梅特兰也表示"莱斯利是男人中最谦虚、最通情达理的人"。但在家庭内部，他却如学者约翰·梅彭(John Mepham)所描述的那样：

在楼上的书斋里，莱斯利是个冷静的、激进的怀疑论者，在功利主义理论的错综缠结中推演出他的思路，并悄悄支持弗吉尼亚用他的书籍努力进行自我教育。可是在楼下，当茱莉娅去世了，他会演出他那情节剧式夸张的痛苦。他会通过对每周账目显示出愤怒来粗暴伤害他的女儿。然而在别的时间，在同客人喝茶时，他又可以魅力十足，还喜欢同女性调情。弗吉尼亚被

① 伍厚恺：《弗吉尼亚·伍尔夫：存在的瞬间》，成都：四川人民出版社，1999年版，第54页。

迫扮演多种角色——女主人、社交界新手、看护、学生。[①]

在以男性为中心的维多利亚社会，莱斯利即使作为知识分子的典型代表，也仍摆脱不了时代所赋予的普遍社会规范，“他喜欢行使权力。他是一个父权制家长。他同妇女相处，要么像对待淘气孩子一样认为她们幼稚无知而严加训诫管束，要么就把她们当作他的家庭天使来崇拜。”[②]他身上明显体现出了一种父权制家长的矛盾人格——对女性既温柔又严厉，既尊重又轻视。面对父亲的野蛮和残忍，那时的弗吉尼亚和文尼莎已经逐渐意识到父亲所代表的男权社会对女性的压制和盘剥，并注意到茱莉娅和斯特拉先后为满足莱斯利而牺牲自我的那种方式，因此那时的她们将莱斯利作为替罪羊，认为他是直接导致母亲和斯特拉死亡的罪魁祸首，在他身上打上了“吞噬女人的妖魔”的标签。但是当弗吉尼亚在其晚年的《往事札记》中以新的眼光来看待那时发生的冲突时，她开始试着去理解父亲，“两个不同时代的人在海德公园门客厅里互相对立：一个属于维多利亚时代，其他人则是爱德华七世时代……我们的痛苦之处在于虽然我们能够看透未来，但是我们却生活在过去的魔爪之中。”[③]尽管弗吉尼亚承认父亲的野蛮、霸道和残忍，但她依然很爱他，她被夹在对父亲的爱与恨之间，饱受情感折磨。

虽然和父亲的关系再没有像早年那样和谐，但作家的特质

---

① Mepham, John. *Virginia Woolf: A Literary Life*. London: Macmillan Press Ltd. 1996:4.

② 同上，8。

③ 弗吉尼亚·伍尔夫：《存在的瞬间——从未出版的自传文字》，刘春芳，倪爱霞译，广州：花城出版社，2016年版，第195页。

还是使弗吉尼亚和父亲之间有一种真正的默契。“是的，当然感觉到他的存在；当他小小的、很蓝的眼睛注视着我的时候，我曾感觉到剧烈欢乐的震颤，而且不知怎么地使我觉得我们两个人是联合一致的。我们存在着某种共同的东西。”①莱斯利仍指导她读书、培养她的鉴赏品位、激发她对文学的兴趣。在那些年中，在莱斯利的鼓励与影响下，弗吉尼亚十分钟情于希腊文和拉丁文，“希腊文……是我每日的面包，对我来说是一种强烈的快乐。”②其实，她对希腊文的热情最早源自托比，当时托比从他第一所学校伊夫林斯(Evelyns)回到家中后，曾以一种古怪而害羞的方式向弗吉尼亚讲述了关于希腊人、特洛伊和赫克托耳的故事，“我觉得他不好意思讲这个故事；所以必须不停地上楼下楼……他给我讲那些希腊人的事情时一直断断续续、很激动。”③也许就是从那时起，托比的讲述激起了她对希腊文学的强烈渴求，使她下定决心有朝一日要和托比一样去学习希腊文。

1897 年 10 月，弗吉尼亚开始在伦敦国王学院间断地学习希腊文和历史课程，但由于身体和精神的原因，她并没有完成学业。1890 年莱斯利为她请了希腊文家教老师、英国作家与批评家沃尔特·佩特的妹妹克莱拉·佩特，她是一个“非常苍白”“皱巴巴”的小女人。在她的教育下，弗吉尼亚养成了一种对语言非常马虎的态度，她总是急于寻求段落的意思，而忽视语法和重

---

① Woolf, Virginia. *Moments of Being*. Ed. Jeanne Schulkind. New York: Harcourt, 1978: 111.

② 林德尔·戈登:《弗吉尼亚·伍尔夫:一个作家的生命历程》,伍厚恺译,成都:四川人民出版社,2000 年,第 117 页。

③ 同上。

音。在佩特小姐之后，珍妮特·卡斯接手了弗吉尼亚的希腊文教育。珍妮特·卡斯是第一批从剑桥大学戈顿学院毕业的女学生之一，她给予了弗吉尼亚系统的教育，并将她引向了妇女事业。在卡斯的严格要求下，弗吉尼亚不得不抛弃曾经的希腊文学习方法，一切从头开始。于是在卡斯的指导与影响下，弗吉尼亚开始了一种新的生活习惯，每天上午在卧室（曾经的保育室）里单独学习，“房间一半是属于文学；一半是梳洗和穿衣的地方……整个上午，从 10 点到 1 点，我完全独自一人……我坐在那儿，读希腊文……”①从日记和笔记记载来看，到 1901 年 7 月，弗吉尼亚读过了希腊悲剧《安提戈涅》和《俄狄浦斯在科罗诺斯》，并读到了《特剌喀斯少女》的中间部分。从她和托比的谈话中可知，那时她不仅赞赏索福克勒斯，而且已经能够欣赏他的作品了。对弗吉尼亚来说，希腊文的学习和阅读为她之后的文学创作奠定了坚实的基础，她在后来写的《论不懂希腊文》的随笔中写道：“尽管希腊文是这样简洁和朴素，却没有任何别的语言能比它行动更灵活，能这样舞蹈着，摇动着，生气盎然，又进退有度。……这种语言这样清晰、坚硬、紧凑、平实而贴切，而又丝毫也没有遮住轮廓或深刻性。希腊文是唯一的表达方式。”②

随着时间的流逝，弗吉尼亚·斯蒂芬逐渐成长为一位年轻的小姐了，她已经能够坚定地使自己从楼下那充满“纯粹老一

---

① 林德尔·戈登：《弗吉尼亚·伍尔夫：一个作家的生命历程》，伍厚恺译，成都：四川人民出版社，2000 年，第 118 页。

② 弗吉尼亚·伍尔芙：《伍尔芙随笔全集》I，石云龙等译，北京：中国社会科学出版社，2001 年，第 37 页。

套”闲言碎语的世俗世界中抽身，逃往楼上那属于“纯粹智力”的精神世界中了。她 20 岁的时候，笔记本里密密麻麻地记满了她曾经阅读过或计划阅读的书籍的书目，同时还记载着大量拥有一定成就的作家的名字。当她第一次阅读完莱斯利为她从伦敦图书馆借来的哈克卢特①的《航海记》之后，便开始贪婪地阅读起伊丽莎白时代作家的作品了，尤其是斯宾塞和韦布斯特。接着她开始阅读勃朗宁、雪莱、康格里夫、皮柯克、简·奥斯汀等的作品，有些她甚至读了两遍或者三遍；同时她读完了梅瑞狄斯的全部作品和易卜生的全部戏剧，还读了一些萧伯纳的作品。那时的她完全和经典作家作品待在一起，并“完全用确实第一流的思想来陪伴自己”②。

1902 年，爱德华七世加冕为新王，分赠了大量封位，莱斯利·斯蒂芬因其卓越贡献而获得了高级巴思勋爵士。但随之而来的，则是死神的又一次光临，死亡再一次徘徊在了海德公园门 22 号上空。莱斯利生了一场病，经弗雷德里克·特雷夫爵士诊断，他患了癌症，医生建议他手术治疗。虽然当时医生并没有直接告诉他病情，但莱斯利似乎已猜到他患了癌症，“我认为这就等同于一个警告，说我的路程快要到头了”③。在 1902 年年底，他给儿子托比的信中写道：“我猜，他们已经向你解释了我的病情。我想他们并没有完全接受事实——这是一个事实——就是

---

① 哈克卢特（Richard Hakluyt，1552—1616），英国地理学家、游记作家。

② 林德尔·戈登：《弗吉尼亚·伍尔夫：一个作家的生命历程》，伍厚恺译，成都：四川人民出版社，2000 年，第 107 页。

③ 昆汀·贝尔：《伍尔夫传》，萧易译，南京：江苏教育出版社，2005 年版，第 89 页。

病情如今正在不断地恶化之中。”[①]12 月份，莱斯利进行了手术，手术后一切恢复得还不错，于是 1 月份他回到了家中。但到了 1903 年 4 月，癌细胞开始扩散，赛腾医生和看护都认为病人肯定快要死了，特雷夫医生也认为莱斯利最多只能活六个月。

这一时期对于斯蒂芬一家尤其是弗吉尼亚来说，是一段烦闷、压抑、令人不快的时期。面对莱斯利的病情，除了尽量让他觉得轻松一些以外，他们无能为力，只能无助地等待着死神脚步的临近。不过，对于父亲即将死亡这一事实，文尼莎似乎更为自己成为孤儿而感到解脱甚至是高兴，因为她再也不用面对父亲的专制和粗暴了；托比无疑是伤心和不安的，但是由于他天性乐观、开朗，所以父亲的死并不会给他造成沉重的打击；而艾德里安本身就不喜欢父亲；只有弗吉尼亚在某种爱和内疚的撕扯下痛苦不安，承受着剧烈和尖锐的情感冲突。在父亲最后的时日中，她常常陷入深深的悔恨之中，责备自己过去没有给予他更多的关爱。她对一个又一个朋友说道：“没有任何人比他更可爱了。”[②]同时，重病的莱斯利对弗吉尼亚似乎也有着一种特别的温情，他写道：“弗吉尼亚一直对我很好，是我最大的安慰。她会是非常迷人的。”[③]这时的莱斯利和弗吉尼亚之间似乎已经建立起了一种特殊的情感联结。面对垂死的父亲，弗吉尼亚感受到

---

① 昆汀·贝尔：《伍尔夫传》，萧易译，南京：江苏教育出版社，2005 年版，第 89 页。

② 林德尔·戈登：《弗吉尼亚·伍尔夫：一个作家的生命历程》，伍厚恺译，成都：四川人民出版社，2000 年，第 107 页。

③ 昆汀·贝尔：《伍尔夫传》，萧易译，南京：江苏教育出版社，2005 年版，第 91 页。

了他对人世的留恋和他对子女的爱，他曾经的暴行已被彻底遗忘。

在莱斯利的最后岁月中，弗吉尼亚一直陪伴着他。那个夏天，他们去了位于索尔斯伯利(Salisbury)的莱塞汉普顿屋，在那儿，弗吉尼亚带他去看了巨石柱群。秋天，和以往斯蒂芬家所经历的丧亡岁月一样，女性朋友和亲戚们所组成的合唱团开始一批又一批地涌向海德公园门。她们总是先到楼上向那位垂死的老人道别，之后便会下楼向他的女儿们倾诉一番，哭泣是她们的惯例，同时她们还坚持认为斯蒂芬家的女儿们应该和她们一起哭泣，整个场面和茱莉娅以及斯特拉去世时几乎别无二致，唯一不同的只是这次死神是以一种不慌不忙的姿态到来的。这一切，使弗吉尼亚备受折磨，"我已经花掉了三个上午，让她们握着我的手——很不成功地——把感情从我体内抽走。我知道她们是好人，可如果她们能把她们的美德、爱以及其他等等都留给自己，这会是仁慈的"①。总之，这是一段满是压抑、折磨、焦虑、无助的痛苦时期，大家包括莱斯利似乎都在等待着死亡，可是死神却迟迟不来。终于在1904年1月莱斯利熬过第一个危险期后，死神降临了，2月22日，莱斯利病逝。

莱斯利·斯蒂芬的去世所带来的悲痛与负罪感再一次淹没了弗吉尼亚，似乎她终生都不得不与那被死亡气息所萦绕的残酷命运相抗争。就像她在笔记空隙处潦草写下的那样："生命是

① 昆汀·贝尔：《伍尔夫传》，萧易译，南京：江苏教育出版社，2005年版，第92页。

一桩艰难的事物，人需要有犀牛的皮才行——然而人却没有！”[①]在莱斯利的丧仪结束之后，斯蒂芬家的孩子们为了能尽快逃离那栋黑暗的、充满伤痛记忆的丧屋而决定搬离海德公园门22号，事实上，这一彻底的、永久性的搬迁计划早在莱斯利病重期间就已在酝酿之中了。在搬离海德公园门22号之前，他们先和乔治一起去了潘布鲁克海岸的曼劳比亚（Manorbier）进行了一次短暂的度假。曼劳比亚是一片荒芜之地，充满着大自然的荒野之美，是悲痛之后的疗养胜地，他们都很喜欢那里。不过，这似乎并没有对弗吉尼亚起到任何作用，当别人沉浸在捕鸟或观赏风景的乐趣之中时，萦绕在她心中的则是对父亲的愧疚与悔恨。她是那么爱他，那么珍视他，但当他在世时，她却什么都没做，满满的负罪感成了她的心灵重压。同时，她心中还充满着深深的恼怒，她被她的兄弟姐妹们所激怒，“我纳闷我们怎么会这样下去，整天高兴得跟个蚂蚱似的。”[②]面对这种复杂交织的情绪，她似乎只能通过与维奥莱特·迪金森以及珍妮特·卡斯通信来进行缓解和宣泄。

也许是为了舒缓弗吉尼亚紧张的情绪，转移她的注意力，在离开曼劳比亚之后，斯蒂芬一家决定在耶稣受难日那天动身前往意大利旅行。由于弗吉尼亚之前最远只到达过布洛涅[③]，所

---

① 林德尔·戈登：《弗吉尼亚·伍尔夫：一个作家的生命历程》，伍厚恺译，成都：四川人民出版社，2000年，第71页。

② 昆汀·贝尔：《伍尔夫传》，萧易译，南京：江苏教育出版社，2005年版，第95页。

③ 布洛涅（Boulogne），法国北部港口城市。

以在旅行之初她内心充满着孩子般的惊奇与喜悦。在圣哥达[①]他们偶遇了一场暴风雪，在科莫[②]他们看到了绚烂的阳光，在威尼斯他们乘坐了著名的小划船贡多拉船。不过任何令人愉悦的旅行都避免不了疲劳和烦恼，由于他们缺乏旅行经验，忘记在威尼斯预订房间，因此他们不得不大半夜在威尼斯街头到处寻找可以入住的地方。当他们好不容易找到落脚之地后，却发现那里实在太拥挤不堪了，无奈之下不得不搬到了一家昂贵到他们几乎付不起房费的酒店，这种体验对他们来说糟糕透了。离开威尼斯之后，他们前往佛罗伦萨与维奥莱特·迪金森碰头，在那里度过了一段日子，4 月底，他们决定启程回家，不过在回家之前又在巴黎停留了一星期。在那里，他们领略了真正的巴黎艺术生活，在托比朋友的陪同下去了沙龙[③]、白猫咖啡店和罗丹工作室，同时，文尼莎和弗吉尼亚还第一次在咖啡店大胆地抽着纸烟，并和托比的朋友克莱夫·贝尔和杰拉尔德·凯利两名年轻男性交谈。

对于这次旅行，最开心的莫过于文尼莎了。在摆脱了父亲的专制和坏脾气之后，她首次徜徉在艺术的殿堂之中，领略着真正的艺术魅力，感受着自由的气息，而弗吉尼亚则似乎无法分享她的这一喜悦，莱斯利的死带给她的是紧张、恼怒、自责和悲痛，她沉浸在内疚和伤痛之中，筋疲力尽。终于在 5 月份，她发作了一次彻底的精神崩溃，她情绪紧张，头痛欲裂，心脏出现突然性

---

① 圣哥达(St Gotthard)，瑞士著名的隘口，是古代的商业要道。

② 科莫(Como)，意大利北部城市，有“丝绸城”之称。

③ 沙龙(Salon)，指一年一度的巴黎美术展览会或全法美术展览会。

的神经痉挛，几乎达到了狂乱的程度。面对这种紧急的情况，维奥莱特给予了文尼莎很大的帮助，她接手了弗吉尼亚的护理工作，把她带到了自己在伯汉森林的房子。在那里，弗吉尼亚进入了一段梦魇时期，正是在这一时期，她躺在床上，第一次听到了小鸟们用希腊语唱歌，并想象爱德华七世躲在杜鹃花丛中说着最卑鄙、下流、猥亵的脏话，也正是在这一时期，她初次尝试了自杀，从窗户跳了下去，好在窗户离地面不高，并没有对她造成伤害。最终，3 个月后，在维奥莱特的精心护理下，弗吉尼亚逐渐恢复了健康，之后的事实证明，这一时期维奥莱特的护理比后来任何的看护都更为成功。在维奥莱特的公寓逐渐康复之后，弗吉尼亚又先后到姑妈卡罗琳·艾米莉娅在剑桥的家中和她的密友玛奇·沃恩在约克郡的家中休养。实际上，这次患病一直延续到 1904 年底，斯蒂芬家的孩子们搬迁到布鲁姆斯伯里为止。

很显然，弗吉尼亚这次严重的精神崩溃与莱斯利的死亡直接相关，她与父亲的感情是最为复杂微妙的，既有由父亲的才智、敏锐、渊博学识以及对她的谆谆教诲所引发的深深的崇敬与爱，又有因父亲在男权思想、家长制作风和自我中心主义的病态情感下对女性的专制与粗暴所带来的恨，同时又夹杂着由父亲生命最后时期所触发的深深的内疚、自责以及内心分裂的痛苦，所有这些尖锐、矛盾、复杂的情感混杂在一起，几乎令弗吉尼亚窒息。迈克尔·霍尔罗伊德(Michael Holroyd)在他写的《利顿·斯特雷奇：评论性传记》(*Lytton Strachey: A Critical Biography*)中曾把弗吉尼亚和父亲的关系描述为一种占有关系。

无论在客观上她会多么尊崇他的各种才华和成就,但从生物体的意义上说,她仍然感到他高高在上的存在已经把她的血管中维系生命的血液榨干了。不知怎么的,他已经夺走了她的能力,使她无力滋养自己对生命贪得无厌、永不满足的渴求。在帮着照料他度过漫长的、临终前很可怕的病程时,她一定已经知道,自己所盼望的解脱、精神上的释放,都集中在他的死亡上。意识到这一点使她的内心充满了可怕的罪恶感,到了 1903 年,就在她父亲去世前的几个月,她精神崩溃了……她从父亲那里继承了很强的自我主义,以及神经质的苛刻的良心;从母亲那里继承了细腻的、艺术的敏锐和感性。这些不同的成分无法融合到一起,而是在她心中展开了一场纠结的、耗尽心力的斗争。她越来越纠缠在死亡的念头中,这说明,父亲的一部分仍存活在她身上的意识在增长。只要她在呼吸,他那异类空间的幽灵就持续地包裹住她,根本无法甩掉。于是死亡成了她最终的解脱,以通过自杀而杀父的方式到达复活。①

迈克尔认为弗吉尼亚在父亲生命最后阶段,一方面渴望通过父亲的死亡来挣脱以父亲为代表的父权社会的禁锢与压制,另一方面又备受精神上的弑父念头所产生的罪恶感的折磨。这确实不失为一种有效的解读,因为弗吉尼亚在多年之后曾表示,父亲的死对她来说是一种幸运,“今天是父亲的生日。他要是在世的话,就 96 岁了,是的,今天 96 岁……不过幸运的是没有。

---

① Michael Holroyd, *Lytton Strachey*: A Critical Biography (Vol. 1), New York: Holt, Rinehart and Winston. 1967:401.

要是那样他的生命就会扼杀我的生命。会发生什么事呢？没有写作，没有作品——不可想象。”[①]同时，在《岁月》中，弗吉尼亚·伍尔夫也曾描绘过迪莉娅一方面盼望母亲死亡的到来，另一方面内心又充满着负罪感的画面，整章的描写都萦绕着死亡气息，可以让人联想到茱莉娅、斯特拉甚至是莱斯利死亡的画面。

此外，乔治对弗吉尼亚的性骚扰也是导致她对父亲产生沉重负罪感进而精神崩溃的直接诱因。如前所述，在母亲茱莉娅和姐姐斯特拉去世之后，弗吉尼亚姐妹就已不堪乔治的侵犯，但随着莱斯利病重，弗吉尼亚彻底失去了家中最后一道保护线，乔治成了事实上的家长，他总是趁弗吉尼亚痛苦无助之际对其实施邪恶的行为。在弗吉尼亚这次精神崩溃期间，或许是文尼莎向萨维奇医生透漏了乔治的越矩行为，但是面对医生的质问，乔治却狡辩说他只是因为父亲病重，所以才会夜晚进入弗吉尼亚的房间安慰她。而事实却是，“门会有一下敲击声，灯会被关掉，乔治会扑上我的床，贴紧我和亲吻我，或者拥抱我……而我父亲正在三、四层的楼下因癌症而濒临死亡。”[②]强烈的性屈辱体验使弗吉尼亚在面对缠绵于病榻的父亲时，内心无时无刻不被羞愧感、负疚感、罪恶感和无地自容感所折磨。这些长久的心灵负疚无处宣泄，最终刺激着她的神经，演变为一场彻底的精神崩溃。

---

① 伍厚恺:《弗吉尼亚·伍尔夫:存在的瞬间》,成都:四川人民出版社,1999年版,第33页。

② Woolf, Virginia. *Moments of Being*. Ed. Jeanne Schulkind. New York: Harcourt, 1978: 182.

总之，不管在莱斯利生命的最后阶段，弗吉尼亚的真正情感到底是怎样，她的负罪感到底来自哪里，但至少可以肯定的是那时她对父亲的情感是极端纠结与复杂的，她饱受着内心情感冲突的蹂躏与折磨。同母亲一样，父亲也在弗吉尼亚的童年记忆中留下了深刻的烙印，终生难以抹去，因此，在她的小说中总是能时时窥见父母投射下的身影。在其代表作《到灯塔去》中，她借助主人公拉姆齐夫妇阐释和抒发了自己对父母久远的记忆和深刻的感情。在 1925 年 5 月 14 日的日记中她写道："这部作品不会太长，将把父亲的性格全写进去，还有母亲的性格，还有圣埃夫斯，还有童年，以及我通常写进书里的一切——生与死等等。"①在 1928 年 12 月，当弗吉尼亚·伍尔夫创作完成《到灯塔去》之时，她才终于通过书中人物凯姆和莉丽·布里斯科与父亲莱斯利达成了最终的和解。

---

① Woolf, Virginia. *The Diary of Virginia Woolf*, *Vol*. 3: 1925—1930, *Anne Oliver Bell* ed., New York: Harcourt Brace Jovanovich. 1980: 18-19.

第三章

雨雾英伦:待放的年华(1905—1912)

一切都将是新面貌,一切都将不同。一切都在尝试之中。

Everything was going to be new; everything was going to be different. Everything was on trial.

一、人生转折:走进布鲁姆斯伯里

1904 年年底,当弗吉尼亚从疾病中彻底恢复过来时,海德公园门 22 号已永远成了过往,而位于布鲁姆斯伯里的戈登广场 46 号则出现在了她的生命里,成为其人生的重要转折。相较于海德公园门 22 号所处的伦敦高档街区,斯蒂芬家孩子们对戈登广场新家位置的选择似乎显得有失身份了,正如文尼莎·贝尔在写给老布鲁姆斯伯里幸存者的一篇传记中说的:"那是我在上流社会生活的终止,我很快陷入下流社会,再也没有改变——如果我这么说，并没有对现在的伙伴有所不敬的话。”①

布鲁姆斯伯里位于伦敦东部，是典型的中产阶级街区，大英博物馆和伦敦大学以及斯莱德艺术学院都坐落在其中，它们的存在以及廉价的房租，吸引了大批大学生、作家和艺术家们聚居，使得该区域充满着浓郁的文化气息，成了自由艺术的中心，而正是这种自由的精神氛围吸引着斯蒂芬家孩子们定居于此。布鲁姆斯伯里是由一连串的广场和公园构成的，弗吉尼亚姐弟四人选择的戈登广场便是其中之一。如果从地理位置和环境的优越性来看，戈登广场并不是布鲁姆斯伯里所有广场中最富有浪漫情调的一个，它既没有菲茨罗伊广场的绰然风姿，也没有麦克林伯格广场的恢宏气势，但是在当时的弗吉尼亚眼中，戈登广场却“是全世界最美丽、最刺激、最浪漫的所在”②。因为这次的搬迁对他们，尤其是弗吉尼亚而言意义重大，它标志着他们逃离了海德公园门那种极端压抑、令人窒息的维多利亚式生活氛围，摆脱了往昔种种令人伤痛的、阴郁的记忆以及乔治残暴的压制，进入了一个不受任何限制、没有年长女性监护的、充满自由的环境里，开始了新的生活。弗吉尼亚在搬到戈登广场 46 号时，曾兴高采烈地写信给维奥莱特：“现在我们是自由的女人了！”③而文尼莎也写道：“这就好像一个人从黑暗中突然走进了阳光里。”

---

① 昆汀·贝尔：《隐秘的火焰：布鲁姆斯伯里文化圈》，季进译，南京：江苏教育出版社，2006 年版，第 45 页。

② 弗吉尼亚·伍尔夫：《存在的瞬间——从未出版的自传文字》，刘春芳，倪爱霞译，广州：花城出版社，2016 年版，第 252 页。

③ 伍厚恺：《存在的瞬间——弗吉尼亚·伍尔夫》，成都：四川人民出版社，1999 年版，第 68 页。

入住戈登广场46号之后，在文尼莎的带领下，他们对新家进行了全新的布置和装饰，对过去的生活进行了全然的颠覆。弗吉尼亚在为"回忆俱乐部"写的随笔《老布鲁姆斯伯里》中回忆道：

不用说，我母亲那种用红天鹅绒覆盖家具，用黑漆刷器具的传统已然被彻底颠覆了，我们进入了新的时代：白色绿色的印花随处可见；我们不再采用莫里斯墙纸那种复杂的图案风格，而是用朴素的胶画颜料处理墙面。我们进行了彻头彻尾的实验和改革。我们不准备再使用餐巾，我们打算用湿巾代替（要多少有多少）；我们打算画画，打算写作；晚饭后我们要喝咖啡，而不像以前一样在九点钟喝茶。①

在海德公园门22号住所那种泛着红色天鹅绒色调的阴暗场景的映照下，戈登广场这里的光和空气似乎都被赋予了一种启示录般的意味，明亮的客厅、热闹的街道、形形色色的人群……所有的一切都使弗吉尼亚感到新鲜和振奋。然而，更令她激动无比、心花怒放的则是这里充足的空间，相较于海德公园门那里集卧室、书房和会客厅于一体的拥挤，戈登广场46号则为弗吉尼亚和文尼莎各提供了一间起居室，并且还在一楼配有一间书房，客厅也是原来的两倍之大。在这里，弗吉尼亚拥有了自己单独的工作室，她在房间中放置了一张高高的书桌，以便于每天上午可以以站姿写作两个半小时，而文尼莎则在自己的画

① 弗吉尼亚·伍尔夫：《存在的瞬间——从未出版的自传文字》，刘春芳，倪爱霞译，广州：花城出版社，2016年版，第253页。

室中作画。就像弗吉尼亚·伍尔夫后来在《一间自己的房间》中所写下的："女人要想写小说，必须有钱，再加一间自己的房间。"[①]伍尔夫认为，妇女如果想要获得写作自由和思想自由的话，一笔属于自己的存款和一间属于自己的房间是首要条件。由此可见，布鲁姆斯伯里的新生活为弗吉尼亚的创作道路所提供的基本物质条件的重要性。

除了基本物质条件的满足，布鲁姆斯伯里的戈登广场46号以及后来布鲁姆斯伯里的其他地方为弗吉尼亚的成长与写作营造了一种精神和思想上的自由氛围。在这里，以托比、文尼莎和弗吉尼亚为中心，聚集起了一批卓尔不凡、才华横溢、极具自由思想的青年知识分子，形成了著名的"布鲁姆斯伯里文化圈"(The Bloomsbury Circle)。对于这一团体的发展过程，众说纷纭，据昆汀·贝尔称，"布鲁姆斯伯里文化圈最早开始于20世纪初的剑桥，更确切地说，是1899年秋天在三一学院开始形成的"[②]，其雏形是1899年的"使徒社"[③](Apostles)和"午夜社"[④](Midnight Society)。由于1905年2月托比开始在戈登广场招待他剑桥的朋友们，并宣布每周四晚上都会在家中待客，故而这

---

① 弗吉尼亚·伍尔夫：《一间自己的房间》，贾辉丰译，北京：人民文学出版社，2003年版，第2页。

② 昆汀·贝尔：《隐秘的火焰：布鲁姆斯伯里文化圈》，季进译，南京：江苏教育出版社，2006年版，第19页。

③ "使徒社"，1820年由乔治·汤布林森和他的朋友创立于剑桥大学，以寻求有德性的生活为目的，主要从王家学院和三一学院选拔有才智、有品德者为会员，每年至多三人入选，每周六定期聚会，相互交流。

④ "午夜社"，剑桥大学以关注社会为主的大学生社团，主要活动于1900年前后。

些剑桥知识分子们便于每周四晚10点到12点间在戈登广场46号聚会，从而逐渐形成了著名的“布鲁姆斯伯里文化圈”，它在某种程度上就是这些知识分子在剑桥举办的研讨班的延伸。随着该文化团体的不断发展，它开始以其自身独特的色彩感染世界，并对20世纪西方思想界产生了重大的影响。

在弗吉尼亚眼中，“布鲁姆斯伯里文化圈”则主要萌生于那些每周四晚上的聚会，参与聚会的人员成了该团体的基本构成单元。林德尔·戈登曾在《弗吉尼亚·伍尔夫：一个作家的创作历程》中指出“它凭借情感而存在。这也是布鲁姆斯伯里团体和其他现代主义者团体，如海明威的或萨特的团体之间的区别”[①]，而“布鲁姆斯伯里团体”成员间的情感纽带正是托比·斯蒂芬。早在弗吉尼亚·伍尔夫第一次见到托比的朋友们之前，她就已经多次从托比的口中认识了这些被他浪漫化、传奇化的天赋异禀的奇人，并且与他们神交已久。

在那些最早被托比邀请到戈登广场46号的朋友们中，克莱夫·贝尔无疑是最古怪，也是最活跃的一位，他似乎时刻准备着为调节和活跃气氛，建立和加强彼此间的沟通而倾尽所有。托比曾称他为“那个不可思议的家伙”“他就是雪莱和热爱运动的乡绅的复合体”。与“布鲁姆斯伯里文化圈”中那些来自知识阶层的成员不同的是，克莱夫·贝尔来自一个乡绅家庭，他的家族发迹于煤矿产业，在威尔特郡挣得了一栋哥特式乡村住宅，并因此而获得了体面的地位。克莱夫作为家中幼子，备受宠爱，在日

---

① 林德尔·戈登：《弗吉尼亚·伍尔夫：一个作家的生命历程》，伍厚恺译，成都：四川人民出版社，2000年版，第179页。

常生活中，他穿着讲究，爱好骑马和射猎，对生活品位和物质享受都有着较高的追求。1899 年，他进入剑桥大学，结识了萨克逊·锡德尼-特纳，并成了托比·斯蒂芬的密友。据托比所说，克莱夫在进入剑桥之前从来不知书的模样，但是却在突然之间发现了雪莱和济慈，并一下子近乎疯狂地迷恋上了他们。同时，在美学和艺术方面，克莱夫也拥有着敏捷的才智，这种才智甚至高于他的其他剑桥朋友们。在剑桥求学时，他的屋子中就已经挂着德加①画作的复制品了，而剑桥知识分子中的其他人怕是还从未听说过这位印象派画家，因为世纪之交的剑桥在美学方面可以说是一无所知的。在离开剑桥之后，克莱夫曾于 1902 年去了巴黎，在那里，他结识了罗德里克·奥康诺②、杰拉尔德·凯利以及詹姆斯·莫瑞斯③，培养出了一种独特的艺术眼光，也正是这种艺术上的造诣，后来成了他和文尼莎之间的情感纽带。

相对于克莱夫在聚会中的活跃，萨克逊·锡德尼-特纳则显得沉默寡言了。他与伦纳德·伍尔夫在剑桥时同住一室，关系十分密切。他被托比称为“学业上绝对不可超越的天才”。托比曾告诉弗吉尼亚，希腊的全部文学作品都被萨克逊铭记于心，甚至能脱口而出。萨克逊性情略为古怪，白天从不出门，不过到了

---

① 埃德加·德加(Edgar Degas，1834—1917)，法国印象派画家，以画芭蕾舞女而著称。

② 罗德里克·奥康诺(Roderick O’ Conor，1860—1940)，出生于爱尔兰的画家，侨居法国。

③ 詹姆斯·莫瑞斯(James Morrice，1865—1924)，出生于加拿大的画家，侨居法国。

晚上，一旦他发现谁的屋子还亮着灯，他就会像飞蛾一样飞去敲人家的窗户。到了凌晨三点，他会突然打开话匣子，打破以往的沉默，滔滔不绝地讲个没完。萨克逊可以说是托比朋友中极其博学的一位，他能写诗，会作画，数学天赋也极高，同时还酷爱音乐，会作奏鸣曲。一次他曾向克莱夫·贝尔透露："在我的作品中，我最新的奏鸣曲是独特的，就欣赏而言，它捕捉并包含了一些可以跟有史以来最美妙的乐章相提并论的段落；我希望对它的某些部分做了润色之后能把它付印出来，可我并不知道该怎样着手做这种事。"①然而遗憾的是，他的"有史以来最美妙的乐章"却永远不会被演奏出来，正如弗吉尼亚所写：

(他的朋友)一直信任他。他将成为他那个时代的伟人之一。也许他正在写一首诗，下班后，当他回到位于某条小街上的阴郁的伦敦寄宿房时。"什么时候拿出来？"他们对他施加压力。"无论如何，让我们看看你写的东西。"是关于历史的，还是关于哲学的？……他在学习音乐对位法，也在自学绘画。他在学中文……实际上，没有任何东西被发表。可是"等一等"，他对朋友们说。他们等着……②

和萨克逊一样一直没有写出那种"伟大著作"的还有德斯蒙德·麦卡锡。相较于其他成员，他是那种看起来似乎最能获得成功的人物，他英俊潇洒、才华横溢、天资过人，极具独特的谈话

---

① 昆汀·贝尔：《伍尔夫传》，萧易译，南京：江苏教育出版社，2005年版，第109页。

② 同上，第110页。

天赋，同时还拥有每一位想成为作家和小说家的人都梦寐以求的天资。然而遗憾的是，各种原因使他最终未能实现自己年少时的雄心壮志，他后来成为《新政治家》(*New Statesman*)的主编和主要撰稿人，并出版了若干卷文学批评著作。伦纳德·伍尔夫曾在《德斯蒙德·麦卡锡》一文中指出："希腊人说，'最好'永远是'很好'之敌。捆住德斯蒙德手脚的东西，有对于'最好'的追求，有《伦理学原理》的鬼魂般的回音，还有他心中的那本指导手册，它的开头总是写着如此恐怖的文字，'你这样做到底是什么意思？'刚刚'一本正经'地动起笔来，他就开始感到吃力，而且越是笨手笨脚地修改业已写好的内容，改出来的文字读起来就越加艰涩费解。"①虽然德斯蒙德没有取得他应有的成就，但是他仍然是"最让人着迷的人，是最有趣的同伴，而且他对友情忠贞不渝，犹如一头年老的牧羊犬"②。他为人十分宽容豁达、善解人意，且时时对他人充满感激之情，虽然在守约和执行任务方面不尽如人意，但在其他任何时候，没有人会不喜欢他。"我猜想，在营造布鲁姆斯伯里的友好社交氛围上，在使那些难相处、态度生硬的家伙们言归于好上，在总体的宽容和妥协精神上(它战胜了也属于那种环境之组成部分的争执和尖酸)，他做出了很大的贡献。"③布鲁姆斯伯里文化圈成员的后代昆汀·贝尔在其《伍尔夫传》中如是说。

---

① S. P. 罗森鲍姆编著：《岁月与海浪：布鲁姆斯伯里文化圈人物群像》，徐冰译，南京：江苏教育出版社，2006年版，第55页。

② 同上，第56页。

③ 昆汀·贝尔：《伍尔夫传》，萧易译，南京：江苏教育出版社，2005年版，第111页。

如果说，这帮年轻人中有一个头领的话，那么毫无疑问这个人就是利顿·斯特雷奇。利顿·斯特雷奇和斯蒂芬家的孩子们一样，出身上层中产阶级家庭，自幼就显露出过人的才华，睿智无比，被称为“智慧的神童”。他和萨克逊·锡德尼-特纳一样沉默寡言，在每周四晚的聚会中，他往往蜷起细长的双腿，像蛇一样卷曲在椅子里默默地倾听和观察，因此，弗吉尼亚总是称他为“我亲爱的老蛇”。但是，他的沉默和寡言是令人不安和惊恐的那种，因为他往往会突然冒出极为犀利的惊人之语，甚至随时可能会向对手发起尖锐的攻击，且一语中的。弗吉尼亚那时对斯特雷奇颇有好感，她曾赞美他“当他的性格中所有的小提琴都奏响的时候，便是一首优美的交响曲……那么深沉，那么奇异”[①]。利顿·斯特雷奇后来成了名声斐然的传记作家，著有《维多利亚名人传》(*Eminent Victorians*)、《维多利亚女王传》(*Queen Victoria*)等经典传记作品。

相较于其他成员，伦纳德·伍尔夫则是最为愤世嫉俗，憎恶人类，不愿对生活妥协的一位。在早期的“星期四之夜”中其实并没有他的身影，因为他只是在1904年11月17日去锡兰的前夕来戈登广场道别，当时弗吉尼亚也在场，他们一起吃了饭。之后，伦纳德就离开了英国，前往锡兰寻求发展，没有人知道，他是否还会回来。不过，关于他的故事，弗吉尼亚却没少从托比和利顿·斯特雷奇的口中得知。据托比说，伦纳德曾在梦中掐死一个人，醒来却发现他竟然把自己的大拇指拽脱臼了。利顿则认

---

① 伍厚恺:《弗吉尼亚·伍尔夫:存在的瞬间》，成都:四川人民出版社，1999年版，第72页。

为他像斯威夫特，会谋杀自己的妻子。总之，虽未深交，弗吉尼亚已经“对这个因暴力而颤抖的犹太人简直太感兴趣了”①。

从这些早期核心成员来看，“布鲁姆斯伯里文化圈”可以说是一个由对真理的探求者所构成的缄默的圈子，虽也有托比、克莱夫·贝尔和德斯蒙斯·麦卡锡这些比较积极活跃的成员，但整体氛围依然是严肃、沉默居多。因此，最初的聚会似乎并没有引起弗吉尼亚的好感，第一次聚会的全部成员除了主人就只有萨克逊和一只名叫“格斯”的狗了，而那次聚会中的缄默似乎只给弗吉尼亚留下了窘迫和尴尬。在前几次聚会后，弗吉尼亚曾写道：

> 真叫人受不了；他们一直沉默地坐着，保持着绝对的沉默。偶尔他们蹑手蹑脚地走到角落里，为一个拉丁文笑话而轻轻笑着。也许他们爱上了文尼莎，谁知道？这可能是一个安静的、很有学问的过程。不过，我觉得他们没有壮实到能体会到很多感情。噢，我了解的是女人而不是这些毫无生气的怪物。最糟糕的就是他们没有活力去……②

但不久之后，弗吉尼亚开始发现这些所谓“古怪的年轻人”的缄默和矜持并不同于以往乔治带她出席的派对上那些年轻人的矜持，他们的寡言和沉默往往是出于对说出真相而持有的谨慎态度，一旦他们真的讲起来，她发现自己正在倾听一种过去从

---

① 弗吉尼亚·伍尔夫：《存在的瞬间——从未出版的自传文字》，刘春芳，倪爱霞译，广州：花城出版社，2016 年版，第 260 页。

② 昆汀·贝尔：《伍尔夫传》，萧易译，南京：江苏教育出版社，2005 年版，第 105 页。

未听过的交谈，这些谈话内容往往使她因为激动而颤抖不已。她逐渐认识到："谈话进行得七零八落、毫无生机，这在海德公园门的客厅里是不可能发生的事儿。可是这种沉默并不乏味，反而让人感到压力，似乎值得谈论的话题的标准变得高不可攀，假若不是什么有价值的谈话便没有资格打破这种沉默。"①一个偶然的评论、一段值得探讨的话、一个抽象的概念都会成为聚会中的焦点，比如关于"美"的谈论，关于"文学中是否有类似氛围的概念"的争辩，关于哲学、艺术、宗教的话题，等等。问题的讨论往往在针锋相对中一步步升级，直到所有成员的战斗力全部被激发出来为止。

我从未这样聚精会神地听过一场辩论，连一个字，不对，连半个音都不敢错过。我从未如此搜肠刮肚、绞尽脑汁地想着如何把我的小小的飞镖磨得更尖点，发射得更快点。如果有谁的观点被大家接受了，那将是怎样的快乐啊！当萨克逊夸奖我说我在辩论时表现非常聪明机智，我的心里真是比吃了蜜还甜啊！真是从未这样甜蜜过——不过难道萨克逊的话就绝对正确吗？这种情形是多么奇特啊！……一会儿是霍特里发表些高见，一会儿是文尼莎，一会儿是萨克逊，一会儿是克莱夫，一会儿又是托比。看着这些沉浸在辩论中的人，我的心里不禁涌起无尽的好奇。他们小心翼翼、精准无误地给这场辩论添砖加瓦，使它的高度迅速上升。很快这场辩论已经远远超过了我的视野，但他

---

① 弗吉尼亚·伍尔夫：《存在的瞬间——从未出版的自传文字》，刘春芳，倪爱霞译，广州：花城出版社，2016年版，第261页。

(们)依然谈兴正浓。如果谁一句话不想说,那他尽管坐在一旁聆听。他可以见证这场辩论已经达到了神奇的高度,已经升入云端。直到凌晨两点或三点,我们依然围坐在一起高谈阔论,那是再经常不过的事情。萨克逊还经常把烟斗从嘴里拿出来,好像要开口说什么的样子,最后却又什么也不说,就默默地把烟头送回嘴中。终于,他把头发向后捋了捋,这是要最后发表简短有力的总结了。宏伟壮丽的建筑终于竣工!当我们跌跌撞撞地爬到床上时都感觉有件异常重要的事情已经发生了。它刚刚证明了美是什么——或者说美不是什么——因为我们永远都无法确定到底证明的是什么——不过这也只是冰山一角。①

在布鲁姆斯伯里的"星期四之夜"(Thursday Evenings)中,参会成员常常终夜聚谈,彼此欣赏,珍视理性碰撞的火焰,信奉真理和怀疑精神,蔑视维多利亚时代英国的传统审美情趣和道德习俗,他们之间的交往松散而富有个性,拥有着迷人的魅力。它为弗吉尼亚和文尼莎打开了一个全新的世界,使她们得以见识到生活的另一面。尤其对弗吉尼亚而言,以往,在父亲的指导下,她虽已涉猎广泛、博览群书,奠定了崇尚经典的审美基调,但却从未开始真正走向对内心的深入探索。然而,在与布鲁姆斯伯里的剑桥伙伴们逐步深入交往中,她的知识视野被迅速打开,她的精神审美意识也逐渐走向了成熟。"布鲁姆斯伯里文化圈"

① 弗吉尼亚·伍尔夫:《存在的瞬间——从未出版的自传文字》,刘春芳,倪爱霞译,广州:花城出版社,2016年版,第262—263页。

成员们奉行G. E. 穆尔[①]的伦理学，追求真理、内在美和真实的精英意识以及不惜打破常规，不断寻求美的精神都影响着弗吉尼亚，为之后她在创作中突破传统艺术，创造新的艺术形式提供了源源不断的知识保障。而后期罗杰·弗莱的加入，更是对弗吉尼亚的文学观念以及文尼莎的艺术观念产生了直接的影响。

在布鲁姆斯伯里的“星期四之夜”中，坦诚、毫无禁忌、无话不谈是其首要原则。在这里，斯蒂芬小姐们可以随心所欲地加入任何争论和批判，无所顾忌地坦陈自己的观点。在这里，世俗的枷锁似乎已失去效力，她们可以毫不在意自己的穿着打扮，以往乔治加诸她们身上的关于外貌和举止的巨大负累终于也在这里消失得无影无踪了。在这里，她们感受着一个全新的、纯粹的智性世界，自由地拥抱精神生活，结识新的朋友，并与之畅谈艺术、哲学与人生直至深夜。“可以想象，当门铃响起，这几个奇人异士走进屋来的时候，我和文尼莎当然会因为激动而颤抖不已。那时已经是深夜，屋子里烟雾缭绕，小面包、咖啡、威士忌摆得满屋都是。我们既没穿白色的丝绸长裙，也没戴珍珠项链，我们根本就是衣冠不整的状态。托比跑去开门，西德尼·特纳走了进来，接着是贝尔，后面跟着斯特雷奇。”[②]

在布鲁姆斯伯里的剑桥知识分子们给予斯蒂芬小姐们全新认知的同时，她们也以自己独特的个性、不凡的谈吐和超尘脱俗

---

① G. E. 穆尔(G. E. Moore，1873—1958)，英国哲学家，新实在论及分析哲学的创始人之一，著有《伦理学原理》。

② 弗吉尼亚·伍尔夫：《存在的瞬间——从未出版的自传文字》，刘春芳，倪爱霞译，广州：花城出版社，2016年版，第261页。

的美貌深深地吸引着这些年轻、优秀的才子们，给他们留下了深刻的印象。文尼莎一度被称为“布鲁姆斯伯里文化圈”中的女王，而后来成为弗吉尼亚丈夫的伦纳德·伍尔夫也曾就两姐妹的美写道：“文尼莎，我认为，通常比弗吉尼亚更显漂亮，她的特征的形式更完美，她的眼睛更大也更好看，她的皮肤更有光泽。她的美令人敬畏，因为它混合着三位女神的美。弗吉尼亚是一种不同的美，在两姐妹中，她不太具有家族的相似特征。当她状态很好的时候，无忧无虑、快乐明朗。兴奋愉悦的时候，她的脸会光彩照人，带着浓郁的近乎天界的美丽。当她平静地、恬然无虑地读书或思考的时候，她也是极其美丽的。当她为心理焦虑、心理紧张所萦绕，她的表情，甚至她的脸的形状，都会以超常的速度急剧地改变，她仍然是美丽的，只是她的焦虑与痛苦使得其美丽本身带有痛苦的特征。”就这样，戈登广场“星期四之夜”聚会、畅谈的惯例在彼此相互吸引、相互赞赏中逐渐形成。

然而，随着事情的发展，“布鲁姆斯伯里文化圈”却越来越成为亲友们指责的对象。文尼莎在回忆当时的情景时写道：“一旦我们这个非常单纯的圈子运行正常，开始有点生机，似乎马上就引来了敌意。或许这样的事情无可避免。任何一个圈子都理所当然地会被圈外人冷嘲热讽。毫无疑问，从如今的习俗来看，我们在自己世界里的行为是非常古怪的，肯定会引起人们的批评。”①首先令斯蒂芬家亲友们震惊的是托比这些朋友们的外表，他们是那么的不修边幅，光鲜亮丽似乎永远都与他们沾不了

① 昆汀·贝尔：《隐秘的火焰：布鲁姆斯伯里文化圈》，季进译，南京：江苏教育出版社，2006 年版，第 42 页。

边。所以，当基蒂·麦克斯来拜访过一两次之后，就向弗吉尼亚抱怨道："我也真觉得这些人不错，不过，唉，亲爱的，他们看上去也太糟糕了！"当亨利·詹姆斯在见到利顿和萨克逊后也忍不住悲叹道："太糟糕了！太糟糕了！文尼莎和弗吉尼亚怎么就结交了些这样的朋友呢？莱斯利爵士的女儿们怎么会跟这样的年轻人交往呢？"当乔治带着他的贵族新娘满怀骄傲地出现在布鲁姆斯伯里时，他所受的待遇使他尴尬到了极点，因此他断言弗吉尼亚所结交的朋友们的行为举止和他们的服装打扮一样的糟糕透顶。然而，更使斯蒂芬家这些囿于习俗的亲友们不能接受的是，托比的这些朋友们竟然会和他的姐妹们在没有任何年长者陪伴的情况下交谈到凌晨三点，这是有违传统道德礼仪的。

如此，斯蒂芬姐妹们似乎不得不在新老朋友们之间做出选择了，就像昆汀·贝尔所言："布鲁姆斯伯里不但是在结交朋友中，而且也是在与朋友断交中发展起来的。"①其实，那时的斯蒂芬小姐们想要的自由仅仅只是摆脱亲戚们喋喋不休的干涉，她们还没有与社会习俗彻底决裂的勇气，但随着时间的流逝，思想的变化，选择似乎已在不知不自觉中被作出了，因为那些"可悲的年轻人"和"有害的聚会"恰恰代表了文尼莎和弗吉尼亚最敬重的价值标准。弗吉尼亚在《老布鲁姆斯伯里》一文中如是说：

> 恰恰就是他们这种缺乏亮丽外表的模样，这种寒酸褴褛的模样，在我眼里就是他们卓然不群的明证。不只如此，他们这种

① 昆汀·贝尔：《伍尔夫传》，萧易译，南京：江苏教育出版社，2005年版，第108页。

样子也隐隐约约给人一种安定踏实的感觉，因为在抽象的辩论中，人们就不应该把注意力集中在外表上。大家都不需要为了晚餐而装扮一番，大家永远不会回归海德公园门的生活方式，而那种方式在现在的我看来，真是没有品位。[①]

到了1905年10月份，文尼莎又在戈登广场46号创设了一个“星期五俱乐部”(Friday Club)，该俱乐部是一个关于美术的社团，成员有克莱夫·贝尔、文尼莎·斯蒂芬、亨利·兰姆、奈维尔·利顿、萨克逊·锡德尼-特纳等。他们举办画展，并在每周五碰头进行艺术讨论，同时又不仅仅限于艺术主题，该俱乐部一直延续到大约1912年或1913年。弗吉尼亚对此的兴趣并不大，但她也参加这个俱乐部的一些活动，尤其对该俱乐部的派系争论甚感兴趣。她曾写道：“委员会里有一半人，尖叫着支持惠斯勒[②]和法国的印象派画家，其余的人则是坚定的英国派。”[③]该阶段可以说是“布鲁姆斯伯里文化圈”对视觉艺术关注的发轫期，它为之后“布鲁姆斯伯里文化圈”在艺术和美学领域发起的抨击旧有传统文化的两次活动奠定了基础。

之后的“布鲁姆斯伯里文化圈”还将在弗吉尼亚的见证下不断发展变化，正如其在《老布鲁姆斯伯里》中所写：“变化是不可

---

① 弗吉尼亚·伍尔夫：《存在的瞬间——从未出版的自传文字》，刘春芳，倪爱霞译，广州：花城出版社，2016年版，第265页。

② 惠斯勒(James Abbott McNeill Whistler，1834—1903)，侨居英国的美国画家，主张“为艺术而艺术”。

③ 昆汀·贝尔：《伍尔夫传》，萧易译，南京：江苏教育出版社，2005年版，第113页。

避免的。我们不可能永远抽象地谈论美的本质。”①但无论“布鲁姆斯伯里文化圈”将如何发展，对弗吉尼亚而言，从海德公园门走向布鲁姆斯伯里是其人生的重大转折，也是其破茧而出、化茧成蝶的开始。而以剑桥知识分子为核心的“布鲁姆斯伯里文化圈”更是她生命中不可或缺的重要存在，对她的思想、创作和生活都产生了重大影响。用弗吉尼亚·伍尔夫的话来描述：“它没有产生我们嘴皮子上迸来迸去的被称为才智的昏暗的电光，而是产生了更加深层的、微妙的、隐秘的光芒，也就是理性交流的炽热的黄色火焰。”②

二、希腊之旅：痛失托比

作为“布鲁姆斯伯里文化圈”灵魂人物的托比，不仅是其剑桥同学与文尼莎和弗吉尼亚之间的联系纽带，更是弗吉尼亚生命中最重要的人物之一。在斯蒂芬家四姐弟中，托比一直占据着主导地位，他极其强势，善于掌控局势，但是却从不臆断，做事坚决而刚毅；在情感上，他细腻而敏感，含蓄而矜持，从不轻易外露感情；在智力上，他颇具才华，拥有自己独特的个性；在人际关系上，他为人亲切和善，乐于交友。在他眼中，他的朋友个个都才华卓著，独具天赋，他常常以友为乐，以友为荣。以上所有这

① 弗吉尼亚·伍尔夫：《存在的瞬间——从未出版的自传文字》，刘春芳，倪爱霞译，广州：花城出版社，2016年版，第266页。

② 昆汀·贝尔：《隐秘的火焰：布鲁姆斯伯里文化圈》，季进译，南京：江苏教育出版社，2006年版，第47页。

些品性使他以自己的方式影响着身边的朋友，促使他成为朋友中的核心人物。传记作家艾琳曾写道："英俊、天才、常胜，是剑桥一群才华横溢的年轻人的偶像。他以一种不自觉的优雅获得了所有人的崇敬。一个干事业的人，一个当在这个世界上留下印记的人，他值得被记住。"①

在弗吉尼亚心目中，托比自幼就是特立独行、与众不同的，她自小就崇拜他，仰慕他，爱他，与他感情最为深厚。在家中，除了父亲，另一个常常和弗吉尼亚谈论文学的人就是托比了，尤其在每次学校放假时，他们总是会有谈论不完的话题，学校的生活趣事、希腊人的故事、剑桥朋友的逸事等等，每个故事都妙趣横生、引人入胜。有时，他们还会谈论弗吉尼亚最感兴趣的文学作品，在弗吉尼亚眼中，托比是她在家中最理想的智性辩论对手，她常常从与托比的争辩中收获良多。在《往事札记》中，弗吉尼亚描绘了她与托比之间的一次激烈争论时的场景。

我们之间发生的第一次争论，就是关于书籍的争论，那次的争论很激烈。他当时用横扫一切的肯定口吻说，莎士比亚的作品包罗万象。托比说这话的时候一副一切尽在掌握的神态，我极为反感他这种神情，但是他在这场争论中大获全胜。我怎么可能反驳得了他呢？我的反驳软弱无力，但我说的都是自己内心深处真实的想法。我说莎士比亚写的剧本令人厌恶，剧本的开头都写了些什么？不过是一些冗长乏味的长篇大论，我对这

---

① Aileen Pippett, *The Moth and the Star*, *A Biograph of Virginia Woolf*, Published Simultanously in Canada by Little, Brown&Company Limited, 1955, p53.

些东西丝毫不感兴趣。我打开莎士比亚的《第十二夜》来证明我的观点，书里面写道："如果音乐是爱的营养，那么继续演奏吧……"这次我确实战败了。我不得不承认，这个开头写得真不错。我记得那时读到莎士比亚描写把福斯塔夫一把推开的场面的时候，托比骄傲极了，就像平时骄傲地说到他的朋友一样。在这场莎士比亚的争论中他获得的全盘胜利带给他极大的愉悦，我所说的全盘胜利就像是树叶一片片地掉光一样。[①]

即使是在托比因求学而离家在外期间，他们也常常会通过书信来进行争论和交谈。1901 年 11 月 5 日弗吉尼亚写给托比的信件可以使我们一窥他们之间的交流。

我写作的真正目的是忏悔——就是收回那满满一整车的放肆观念，当我在弗雷萨姆(Fritham)以及别的地方谈论起某个伟大的英国作家——最伟大的——时，我说过那些话，我一直在读马洛，他给我留下的印象比我料想的要深刻得多，我读《辛白林》只是想看看伟大的威廉会不会没有我以为的那么了不起。但我彻底傻了眼！真真实实地，我如今被归进了崇拜者的行列——尽管我还是觉得有点受压迫——被他的伟大所压迫，我猜。我们见面时我想听听你的讲解，以便澄清一些戏剧的要点。我指的是角色。为什么他们不更人性化？伊摩琴和波塞摩斯——还有辛白林——我发现他们非我所能及。这是上层领域内我的女性的弱点吗？可是真的用把剪刀就能把他们剪裁出来——仅就

① 弗吉尼亚·伍尔夫：《存在的瞬间——从未出版的自传文字》，刘春芳，倪爱霞译，广州：花城出版社，2016 年版，第 181—182 页。

其人性方面而言。当然他们说起话来真棒。我已经认出了这幕剧中(我想几乎是一切戏剧中)最好的台词。

伊摩琴说——想象你在一块石头上,这下又让我呆住了!——波塞摩斯回答说——像果实那样悬挂在那儿,我的天,直到树枯死为止!这时如果还没有寒战沿着你的脊背而下(哪怕你的冷松鸡和咖啡正吃到一半)——你就不是一个真正的莎士比亚迷!喔,亲爱的,喔,亲爱的——正当我感到自己有意谈论这些事情时,你去了剑桥,在那儿培养自己。

明天我要读本本·琼森了,但是不像喜欢马洛那么喜欢他。我读了浮士德博士,还有爱德华二世——我觉得他们和伟大的人很接近——更有人性,我得说——不都是那种恢宏的悲剧。当然,莎士比亚戏剧中的那些小角色是有人性的;我的意思是超人就是超人,只是解释给自己听——还有为什么他的情节总是那些疯狂的事儿——马洛的要弱些,整体都要弱些,但也有一些非常"昌盛"(斯特雷奇的词语)的句子、台词和整场的戏——比如当爱德华死时……①

不可否认,在剑桥求学时的托比就是弗吉尼亚的另一位老师,他激励着她不断钻研书籍,扩大阅读领域,获取知识,增长见识,并进一步加强了她与剑桥学术传统的联系。但另一方面,托比所接受的剑桥教育想必也在一定程度上激起了弗吉尼亚的严肃思考。当时的剑桥还是一个完全属于男性的天地,那里对崇

① 昆汀·贝尔:《伍尔夫传》,萧易译,南京:江苏教育出版社,2005年版,第74—75页。

高智性的冒险和对自由的追求都只是男性的特权，女性没有任何权利和资格进入那里，更不可能接受所谓的正规教育。弗吉尼亚经常称自己没有受过任何教育，她对于女性被剥夺受教育的机会怀有怨愤情绪，她曾对她的兄弟及他们那些剑桥朋友们在智力和教育方面的自负感和优越感进行过机智的嘲讽："对于那种让儿子在外面受别人教育而让女儿在家里自我教育的可敬习俗，确实有许多可说一说的。"①

不过，弗吉尼亚虽对将她拒之门外的大学教育多有抱怨，但这并没有影响她与托比之间的关系。"我们（我和托比）的关系变得更加紧密。托比来海德公园门的里屋找我玩儿的时候，我们俩之间有一些默契……他懂，我也懂。我们争辩的时候这些默契的想法也不言自明，而且我们两个相互吸引。我觉得他对我除了有兄妹之谊外，还会觉得我很有趣，令人称奇，值得挖掘。"②

如前所述，托比是第一个向弗吉尼亚讲起希腊文学的人，弗吉尼亚对希腊的憧憬，对希腊人的崇敬以及对希腊文学的喜爱，最初都是在他的影响下形成的，对他们而言，希腊是他们心目中的理想圣地，具有语言所无法表达的重要意义。因此，在1906年，斯蒂芬家兄弟姐妹四人由海德公园门搬到布鲁姆斯伯里的第3个年头，全家在托比的带领下实施了一个盛大且重要的远

---

① 林德尔·戈登：《弗吉尼亚·伍尔夫：一个作家的生命历程》，伍厚恺译，成都：四川人民出版社，2000年版，第96页。

② 弗吉尼亚·伍尔夫：《存在的瞬间——从未出版的自传文字》，刘春芳，倪爱霞译，广州：花城出版社，2016年版，第181页。

行计划——希腊之旅。在这个计划实施之前，他们做足了准备工作，箱子、药品、补给品、面纱、眼镜、靴子、帽子、绿里子的伞、画架、绘具箱、《库克旅行者手册》，等等，一应俱全。同时，托比和艾德里安还立下了遗嘱，由此可见，这次旅行的意义对他们来说是多么重大且非同一般，他们的种种行为都为此次旅行打上了一种远征的烙印。

此次旅行除了斯蒂芬们之外，随行的还有维奥莱特·迪金森，他们分两路动身：托比和艾德里安从的里雅斯特①骑马出发，途经黑山②和阿尔巴尼亚；而女士们则坐火车到布林迪西③，再从那里乘船到佩特雷④。历经一个月的长途跋涉，终于在9月13日，两队人马于奥林匹亚会合。在那里，他们已经看到马拉松和萨拉米⑤，但是由于云朵的遮蔽，一切似乎没有那么清晰，不过周围的环境还是使他们感到惊讶，置身于此，似乎受到了感召，他们整个人都感到振奋不已。

随后，他们一行人游览了彭特里克斯山脉⑥，一路上，弗吉尼亚都沉浸在对所见之景的细致描绘中：

可彭特里克斯的下降趋势被一片平坦的绿色岩架遏止住

---

① 的里雅斯特(Trieste)，意大利东北部港市。

② 黑山(Montenegro)，南斯拉夫地名。

③ 布林迪西(Brindisi)，意大利东南部港市。

④ 佩特雷(Patras)，希腊西部港市。

⑤ 马拉松(Marathon)，希波战争战场；萨拉米(Salamis)，希波战争海战场，以雅典为首的希腊海军曾在此进行海战，战胜波斯。

⑥ 彭特里克斯山脉(Mount Pentelicus 或 Pentelikon)，希腊山脉，以产白色大理石而著称。

了，在让山脉又一次陡然下降之前，仿佛大自然曾经在此处笔直地站立了片刻。高大悬铃木伸展着它们仁慈的手掌，宜人的小灌木丛密集、驯顺地分布着，还有一条溪流，也许可以想象它在歌唱它们对美酒和歌谣的赞美和喜悦。你可能已经听到了它从石头上流过时发出的忒奥克里斯托①的哀诉声，某些英国人确实是这样听到了这种声音，虽然那本诗集正在他们家中的书架上蒙尘。在这儿，总之，大自然和古典精神的赞美歌怂恿着六个朋友下马休憩。②

离开奥林匹亚之后，他们准备动身前往雅典，但是从奥林匹亚到科林斯的火车旅程使文尼莎身体不适，疲惫不堪。好在两天之后，她便能继续出发前往雅典了。他们一行人乘船抵达伯罗奔尼撒，参观了埃皮达鲁斯、梯林斯和迈锡尼。③ 但不幸的是，返程的火车旅行又一次把文尼莎弄病了，于是，他们不得不在科林斯做短暂的休整，好让文尼莎的身体得到恢复。在这期间，文尼莎由维奥莱特留下作陪，而弗吉尼亚、托比和艾德里安则按原计划去了埃维厄岛，拜访了诺埃尔④一家。几天后，当他们返回时发现文尼莎已经卧床不起，情况似乎更加糟糕，于是他们不得

---

① 忒奥克里斯托(Theocritus，约前 325—约前 267 年)，希腊诗人，田园诗创始人；这里把小溪从石头上流过时发出的声音比作忒奥克里斯托的诗句。

② 昆汀·贝尔：《伍尔夫传》，萧易译，南京：江苏教育出版社，2005 年，第 117 页。

③ 伯罗奔尼撒(Peloponnese)，希腊南部半岛；埃皮达鲁斯(Epidaurus)，该地有希腊古剧场；梯林斯(Tiryns)和迈锡尼(Mycenae)都是希腊古城，同属迈锡尼文明。

④ 诺埃尔(Edward Noel，生卒年不详)，艺术家，拜伦的亲戚，热爱希腊文化，在希腊的 Achmetaga 有产地。

不待在雅典的旅馆中，等待文尼莎的病情好转。

此次希腊之行，即使他们满怀期待和惊喜，又使他们充满焦虑和不快。希腊在他们心中，远非阳光、蜂蜜、遗迹等这些概念所承载的含义，他们此行想要追忆的是希腊的诗人、哲学家、雕刻家、律法制定者以及英雄们，是一个比已知的希腊更富荣光的希腊，他们本为追寻一个理念而来，但是却发现现实和理想之间存在着巨大的差距，现代文明浸润下的希腊无论在创造力还是热情方面都不能和古希腊的辉煌相媲美。托比和弗吉尼亚的感受大抵就是如此，他们对古希腊满怀热情，但现代希腊却使他们存在着巨大的困惑，似乎想象中的希腊只能在想象中完成朝圣。相较于托比和弗吉尼亚的困惑，文尼莎则对希腊人的建筑艺术着迷，但遗憾的是，她的病情使她没有太多的机会去深入观察和认识希腊艺术。

大约两星期之后，文尼莎的病情有所好转，于是他们再次按原计划前进。托比返回伦敦，其他人则乘船继续前往君士坦丁堡。不过，在此期间，文尼莎又一次病重，她甚至是被抬上船的，其中好几次她都几乎晕了过去。到了 10 月 29 日，医生认为文尼莎的情况好转时，他们才乘火车离开了那里。11 月 1 日，他们抵达了多佛[①]。在那儿，乔治前来接应，并为文尼莎带来了两个护士，同时他也带来了一个恶劣的消息——托比因高烧而在戈登广场 46 号卧床不起了。家中的两个病人使弗吉尼亚和艾德里安一时之间不知所措，而本应成为他们依靠的维奥莱特这时

① 多佛(Dover)，英国东南部港市。

也因此次旅行而在自己曼彻斯特街的公寓中卧床不起。据弗吉尼亚形容，当时她就生活在护士、医生、便盆和苯酚之间，阴郁的氛围又一次笼罩了斯蒂芬家。

文尼莎似乎在逐渐好转中，但是托比却毫无起色。医生诊断他只是得了疟疾，并不严重，但是十天之后，在一位谨慎而负责的护士的强烈干涉下，才发现托比得的是伤寒。接下来，或许是由于前期治疗的延误，托比一天比一天疲乏、虚弱，他只能强撑着打起精神来与病魔抗争，从一个危险期过渡到另一个危险期，到了最后，似乎只剩下直面死亡的勇气了。11 月 20 日，英俊、高贵、被人喜爱和崇拜的托比因伤寒英年早逝，年仅 26 岁。

托比突如其来的死亡，令弗吉尼亚出乎意料，“谁也不会想到我们的关系就定格在我 24 岁、他 26 岁的时候。这就是生命中的畸变，我们无力反抗，只能默默地、眼睁睁地看着它发生。”这对弗吉尼亚来说是人生中的又一场毁灭性的灾难，对于托比的离去，她似乎不能也不愿接受。此时，恰巧维奥莱特·迪金森也被确诊为伤寒，医生告诉弗吉尼亚，维奥莱特极有可能会因为得知托比的死亡消息而加重病情，于是弗吉尼亚不得不每天给维奥莱特写信，营造托比活着并在逐渐康复的假象。昆汀·贝尔认为这种对托比仍活着的假象的营造对弗吉尼亚来说是件雪上加霜的恐怖灾难，令其痛苦不堪。但是从另一方面来讲，或许弗吉尼亚本身就沉浸在自己所营造的幻象之中不能自拔，就像“希腊人知道并感觉到生存的恐怖和可怕，为了能够真正活下去，他们必须在它面前安排奥林匹斯众神的光辉梦境之诞生"①。这或许正是弗吉尼亚逃避托比死亡事实的一种手段，通过这种逃避，她可以在某种程度上减轻内心的伤痛，使自己在人们原以为她会失去自制、承受不起的时候保持着理智和冷静，避免因亲人的死亡而再次陷入精神危机。在 11 月 20 日，托比去世的那天，弗吉尼亚以一种故作轻松、冷静务实的笔调在给维奥莱特的信中写道："我们一步步进展顺利。"在托比葬礼后的第三天，她又写道："托比恢复得非常好。他很生护士的气，因为他们不肯给他羊排和啤酒，他还问为什么他不能和贝尔一起出去骑马和打野鹅。"这种看起来十分残忍的虚构信件一直持续写了一个月，直到维奥莱特偶然知道了事情真相为止。

实际上，弗吉尼亚并没有轻易地从托比死亡的事实中恢复过来，她终生都承受着托比死亡所带来的遗憾、损失和伤痛。"生活在一个没有他的世界上是古怪的，甚至在二十年后，她还觉得自己延续下来的生命仅仅是一次没有他参加的远足，而死亡将只不过是回到他的身边。"②在今后的岁月中，弗吉尼亚经常想象如果托比没有英年早逝，那么他的人生会是怎样。

托比表面很安静，好像语言会搅乱他的镇定自若，他的温柔体贴，他的深邃思想和严肃敏感的神态。但是他安静的外表下隐藏着他的细腻脆弱，他对家人的自豪感和对家人的关怀备至，这些都会使他在日常生活中成为一个好情人、好伴侣、好父亲。

① 尼采：《悲剧的诞生》，周国平译，南京：译林出版社，2011 年版，第 14 页。

② 昆汀·贝尔：《伍尔夫传》，萧易译，南京：江苏教育出版社，2005 年版，第 121 页。

在事业方面他拥有大法官的职业，如果今天他还在世，我们就要称呼他斯蒂芬大法官了。我猜他应该会写不少书，名声大噪。他的书里有一些是法律书籍，一两本写养鸟的，作为副业可能还写几本关于图片的书，也许霍加斯出版社会出版几本他写的配插图的养鸟的书，几篇关于文学创作、历史和公共事务的随笔，几篇攻击社会陋习的杂文。这样托比就是大家都喜欢的公众人物了，是典型的英国绅士了吧？不是，不应该是这样的。因为托比性格独特内向，他不会看重普通人的理想抱负。我觉得他也许算不上成功人士，但肯定是个响当当的人物。①

弗吉尼亚不断地追寻着那些往昔的、消逝的事物，寻找着死者永远从我们生活中带走的那些东西，在想象中为死者赋予形象。就像她把父亲、母亲和斯特拉以艺术创造的方式在其记忆中永生一样，她也多次在苦乐交织中使托比在其笔下重生，从《雅各的房间》中的雅各到《海浪》中的珀西瓦尔，均是以托比为原型进行想象、推演和创造的。《海浪》更是追忆托比的一首挽歌，当小说完成后，弗吉尼亚曾对姐姐文尼莎说："我的心灵中还保留着那么多对他的记忆，他再也不能总同我们在一起了，我对此怀着无言的怨愤。"②托比虽然不在了，但通过记忆，弗吉尼亚保存和定格了他的形象，他将"永远年轻，永远美丽"。

---

① 弗吉尼亚·伍尔夫：《存在的瞬间——从未出版的自传文字》，刘春芳，倪爱霞译，广州：花城出版社，2016年版，第183—184页。

② Woolf, Virginia. *The Letters. Vol*. 4: *A Reflection of the other Person 1929—1931*. Nigel Nicolson and Joanne Trautmann eds. London: Chatto and Windus, 1978: 391.

如果说，托比的死使弗吉尼亚备受痛苦与残忍的折磨，那么它同样也将文尼莎推向了悲痛绝望的深渊，因为她对托比的感情之深完全不亚于弗吉尼亚。或许是为了寻求精神上的安慰，文尼莎在托比去世后的第二天就答应了克莱夫·贝尔的求婚。对此，弗吉尼亚的内心如蚂蚁啃噬般，被痛苦、矛盾与纠结所缠绕，她虽能理解和尊重文尼莎的决定，就像她在给维奥莱特的信中所写“那将是文尼莎能指望的全部生活了”①，但她又觉得文尼莎的行为不管是对她，还是对托比，都是一种背叛。她已经失去了最亲爱的哥哥，而此时她还要失去最亲爱的姐姐。与此同时，她内心似乎也对姐姐即将拥有的幸福产生了微妙的嫉妒，毕竟克莱夫还是具有优秀的才能和品质的，他了解文尼莎，知道如何使她快乐。就这样，弗吉尼亚不断地和自己作战，各种情绪在相互抵触和碰撞中折磨着她。对于克莱夫·贝尔，那时的弗吉尼亚无疑是恨多于爱的，她认为一切都被克莱夫·贝尔毁掉了，他抢走了自己的姐姐，文尼莎将再也不属于她，而她和艾德里安也将不得不离开他们刚刚感受到幸福的戈登广场。她不断地挑剔他，吹毛求疵地指出他的各种缺点和不足，甚至还质疑他是否配和斯蒂芬爵士的女儿结婚……所有这一切都困扰着她，对她来说，美好的岁月永远是短暂的，她的一生似乎注定了要遭受坎坷与磨难。

1907年2月7日，文尼莎·斯蒂芬和克莱夫·贝尔举行了婚礼。在婚礼前夕，弗吉尼亚曾写道：“我恨她的离去，可我的确

① 昆汀·贝尔：《伍尔夫传》，萧易译，南京：江苏教育出版社，2005年版，第120页。

保持了相当好的脾气。”和弗吉尼亚一样，亨利·詹姆斯也对文尼莎和贝尔的婚姻做出了糟糕的评价，他曾在婚礼前去看望文尼莎，离开后在信件中写道：

> 不过，我想她知道自己在干什么，而且看起来很快乐、热切甚至几乎是狂烈地恋爱着（在那栋充满死亡的房子里，哦，我的天！），我给她带了一个古老的银盒子（“放发夹的”），她提到你给了她“一套漂亮的佛罗伦萨茶具”。她显然喜欢后者，但是当我听到这话时，我抽搐了一下，磨着自己的牙。她和克莱夫将住在布鲁姆斯伯里的房子里，弗吉尼亚和艾德里安要在某个地方找套公寓住——顺便说一句，弗吉尼亚已经长成了优雅迷人的美貌，几乎到了“火辣辣的”份儿上。我喜欢和他们在一起，可这一切太陌生和可怕了（指的是年轻人的那种饥渴的未来）；我主要能看到的是鬼魂，甚至包括托比和斯特拉，更不用说亲爱的老莱斯利和美丽、苍白、不幸的茱莉娅了——这些年轻人（很自然地）这么兴高采烈地抛弃了所有的死者。①

在文尼莎和克莱夫·贝尔结婚之后，弗吉尼亚和艾德里安在菲茨罗伊广场29号找到了一栋非常满意的房子，该房子位于布鲁姆斯伯里区之内，离戈登广场的距离十分适中，既不会使人感觉斯蒂芬姐弟成了贝尔夫妻的附属，也不会因距离太远而使弗吉尼亚和文尼莎不能经常见面。唯一的问题是房子周边的环境并不理想，有一些名声不好的下层居民散布在周围，为此朋友

---

① 昆汀·贝尔：《伍尔夫传》，萧易译，南京：江苏教育出版社，2005年版，第124页。

们都劝弗吉尼亚慎重考虑，维奥莱特更是持保留意见。不过，在3月下旬，当咨询过警察并得到警察的再三保证后，弗吉尼亚、艾德里安和厨娘索菲娅·法雷尔一起搬进了菲茨罗伊广场29号，开始了独立生活。

托比的死在给弗吉尼亚和文尼莎留下了无尽的哀痛，使她们的生活发生了重大变化的同时，也对"布鲁姆斯伯里文化圈"产生了无法估量的影响。如果托比在世的话，"布鲁姆斯伯里文化圈"会怎样，我们已无从知晓，但毫无疑问的是，他的死确实使"布鲁姆斯伯里文化圈"成员之间的关系在对其死亡的共同痛苦中得到了加强，他们全都因对他的记忆而被紧密地联系在一起。在托比去世时，弗吉尼亚发现，他的这些剑桥朋友们的同情与以往那些亲戚们令人不胜其烦的吊唁是不一样的，他们有头脑，也有良心，他们因托比的死亡而真正感到痛心和遗憾。利顿·斯特雷奇曾在给远在锡兰的伦纳德·伍尔夫的信中写道：

1907年5月24日

他的崇高辉煌！——这难道不足以使人在余生中一直穿上丧服——将生命看作一条荒凉的峡谷……

正是从这时起，托比的剑桥朋友与他的姐妹之间的障碍被彻底打破了，萨克逊·锡德尼-特纳先生变成了萨克逊，斯特雷奇先生变成了利顿，他们继续拜访戈登广场，甚至还养成了轮流聚会于戈登广场和菲茨罗伊广场的习惯。自此，"布鲁姆斯伯里文化圈"进入了第二阶段，他们往往还是在周四晚上聚会于戈登广场46号，但在周五晚上则转战菲茨罗伊广场29号，开始"星期五之夜"。"布鲁姆斯伯里文化圈"在成立之初就具有松散性、流动性等特征，因而，在该阶段，又有一些新的成员逐渐加入进来，如邓肯·格兰特、梅纳德·凯恩斯、E. M. 福斯特、罗杰·弗莱等。同时，弗吉尼亚在康沃尔的儿时玩伴、诗人鲁珀特·布鲁克、贵妇人奥托琳·莫瑞尔、哲学家伯特兰·罗素、诗人 T. S. 艾略特等人都与“布鲁姆斯伯里文化圈”成员之间时常往来。

从艾德里安 1909 年 6 月 6 日到 7 月 16 日之间的日记中，我们可以窥见这一时期“布鲁姆斯伯里文化圈”的派对情形。

7 月 1 日，星期四

我回家时顺道去了戈登广场，在那儿我遇到山羊，和她一起走回家。只有我们俩一起吃了饭，饭后我们等了好久才有人登门。萨克逊照例头一个到，不过很快就跟着来了诺顿，诺顿后面是詹姆斯和利顿·斯特雷奇。起初我们非常安静，都是弗吉尼亚和利顿还有我在说话，萨克逊保持着他的蛰伏状态，诺顿和詹姆斯偶尔相互耳语一句。后来文尼莎和克莱夫来了，还带来了邓肯·格兰特。这之后，交谈变得较活跃了。文尼莎和利顿坐在沙发上，就我听到的只言片语来说，他们在谈他跟詹姆斯的那种淫秽爱情。不管他们在谈论些什么，他们突然沉默下来，话题被陡然打断了，这让他们感到非常高兴，特别是文尼莎，我友好地为他们的快乐做了点锦上添花，问他们为啥停下来。不久，亨利·兰姆来了，他是从牛津回来的，他在那儿画一些肖像画。交谈进行得很顺利，尽管内容并不很有趣，直到大约 11 点半，科尔小姐来了。

她走过来坐在一张长柳条椅上，身边的地板上坐着弗吉尼亚和克莱夫。弗吉尼亚照例喜欢直截了当地恭维人，她开始就她的外表称赞起她来。"当然,科尔小姐您总是打扮得这么雅致。您看起来多么新颖,多像一瓣海贝。穿着这身雅致的服饰,您来到我们的泥泞靴子和烟雾之间,身上有一种这么优雅的东西。"克莱夫插话进来,说了一些更添油加醋的恭维话,然后开始问她为啥这么讨厌他,说任何别的年轻女士都会为他说的那些美妙话感到非常高兴,可她却对他这么严厉。弗吉尼亚在这里打断了他的话,"我想科尔小姐具有一种非常强有力的性格特征,"等等。总而言之,科尔小姐变得非常不开心和不自在;弗吉尼亚和克莱夫的过分夸张使人禁不住笑出声来,所有的交谈都被他们俩喧闹的双簧打断了,于是这个可怜的女人成了我们所有人瞩目的中心,变得手足无措。最后,话题被仁慈地转移了,弗吉尼亚和我交换了座位,可以说我施用了一些手段,设法收服了克莱夫。

詹姆斯和利顿·斯特雷奇走了,我们玩起一种文尼莎和克莱夫在弗莱士费尔兹(Freshfields)学会的荒谬游戏。游戏的原则如下:在半分钟内,能够用任何被给予的字母说出最多词汇的人将获胜。克莱夫拿着手表,让我们轮流来。给诺顿的字母是G,他从耶路撒冷(Jerusalem)和基督(Jesus)①开始,恐怕这想必是给已饱受折磨的可怜的科尔小姐又增添了一种痛苦。我们都轮到了,文尼莎试图尽可能地冒险,她总是想说猥亵的话,当她做到这一点的时候,就会高兴得像个被宠坏的孩子。1点钟,科尔小姐走了,邓肯·格兰特大概在同样的时间离开了,当时刚展

① G的音标发音类似je,所以诺顿开了个玩笑,没说G开头的词,而是说了两个je开头的词,而且都和宗教有关,多少有亵渎宗教的意味。

开一场关于邪恶的重要讨论，我不知道是谁引起的。很快，口才精湛的弗吉尼亚使自己成了辩论的中心，她用最强烈的感情表达最含糊的话，并准备好了要打断任何发笑的人。她的手段是机敏的，起初是颇让人不安的，因为当某个人小心地检验了她的论点并确凿地驳倒了它，她立刻就会热情地赞同他，说他确切地表达了她的观点。

这样的辩论蜕化成了单纯的造词游戏，于是被认为是很有趣的；这争论又让步给了逗弄萨克逊的游戏。他为自己的所有小怪癖而遭到戏弄和嘲笑，他始终一声不吭，只是偶尔露出一丝笑容。哪怕弗吉尼亚最大胆的俏皮话也没法刺激他说点什么，只要克莱夫在场，这些俏皮话不会不引起哄堂大笑的。最后，除了萨克逊以外，所有人都走了。萨克逊继续讨论去德国的不同途径，他已经从《库克旅行者手册》那儿获得了进一步的信息。然而，弗吉尼亚和我都那么困倦，我们设法以全然的冷漠撵走他。大概在凌晨5点黎明到来之际，我们睡觉去了。

从某些方面来看，早期的“布鲁姆斯伯里文化圈”是一个相对比较单纯的团体，那时的他们，无论在语言上，还是行为上，都还是有一定约束的。但是，无疑，进入第二阶段的“布鲁姆斯伯里文化圈”在言论和行为上都有了一个快速的发展，“布鲁姆斯伯里文化圈”以飞快的速度抛掉了原本的修道院风格。利顿在1908年写给伦纳德·伍尔夫的信中谈道：“你将看到我们全体现在是多么令人震惊的进步。没有任何事情是你不敢讲的，也没有任何事情是你不敢做的。”昆汀·贝尔曾在《隐秘的火焰：布鲁姆斯伯里文化圈》一书中谈到一封1913年一位已婚的年轻女士的信函，她在信中感谢了一位年轻男子让她在乡村拥有了一个美好的周末，同时又询问了那位男士，在她离开后，他是否与和他一起的那两个青年做爱了，在信的末尾，她想起她的雨衣忘在了大厅，问那些同性恋者是否愿意给她带回伦敦。据弗吉尼亚称，在一次聚会中，当利顿看见文尼莎身上有一个白色的污点时，便直接问道："精液？"文尼莎则在罗杰·弗莱加入的时候，对他说道："你可以谈论我心灵最深处的或者身体最深处的品质而不会使我脸红，而且弗吉尼亚也同样能当着任何人的面说任何事物。"……以上种种皆表明，那时期的"布鲁姆斯伯里文化圈"已将维多利亚时代迅速地、远远地抛在了后面，他们蔑视一切陈规习俗，甚至对维多利亚时代讳莫如深的性问题直接发起挑战。

此外，作为20世纪英国进步思想重要策源地的"布鲁姆斯伯里文化圈"，在对维多利亚时代的保守思想进行抨击的同时，还对当时的社会政治体制无情地进行了嘲讽和批判。其中最著名且最具代表性的事件就是对当时英国最现代、最先进、最强大的"大无畏者"号战舰的恶作剧。1910年2月10日上午，弗吉尼亚、邓肯·格兰特、安东尼·巴克斯顿、盖伊·里德利、艾德里安等人在霍勒斯·科尔的带领下，决定装扮成阿比西尼亚亲王及其随从，去蒙蔽和骚扰英国海军一番，进而享受一次高规格的舰队之旅。据说，在此之前，他们本是想假扮成德国军官，前往德法交界的阿尔萨斯-洛林地区，制造出一起轰动的国际事件，但后来在艾德里安和其朋友霍勒斯·科尔的建议下，他们改变了计划。科尔事实上是这次行动的主谋，他是一位富家纨绔子弟，曾策划实施过多起恶作剧，其中最具轰动效应的一次是他成功地假扮成阿拉伯国家的苏丹，对剑桥进行了隆重访问，并在市政厅获得了市长的正式接见。事后，科尔还把事实真相曝光给了《每日邮报》，引起了市长大怒，不过，这件事并没有引起严重的后果。而这次的“大无畏者恶作剧”可以说是科尔上次闹剧的翻版。

当天一大早，他们一行人便在菲茨罗伊广场的公寓中穿好衣服化好妆了。弗吉尼亚扮演的是阿比西尼亚的门达克斯王子，她戴着一个包头巾，穿着一件绣花的束腰长袍，腰间还悬着一条纯金的链子，而最引人注目的则是她嘴唇周围贴着的八字须和胡髯；艾德里安则充当弗吉尼亚的翻译，他也戴着一副搞笑的胡髯和一顶非常不合适的圆顶硬礼帽；科尔则冒充英国外交官员赫伯特·乔姆利；邓肯·格兰特等人则装扮成随从，他们都贴着小胡子，穿着宽大的长袍，戴着穆斯林式的头巾。待一切准备妥当后，他们便驾车前往伯灵顿车站，在那里登上了开往威茅斯(Weymouth)的火车。他们就这样，准备靠临时练习的寥寥几句非洲班图族的斯瓦希里语(用以代替阿比西尼亚语)、克拉克森先生的化妆用油和一身相当没有说服力的行头去击败英国海军的警惕性。而且，更令人担忧的是，弗吉尼亚的表兄威廉·费希尔是舰队的中校，他认出艾德里安和弗吉尼亚的概率之高可想而知。但是，艾德里安则毫无顾忌，他认为揶揄海军是十分刺激的，尤其是看着费希尔家族出丑，更是一种无法抗拒的诱惑。

当他们抵达威茅斯的时候，海军为他们举行了隆重的接待仪式，仪仗队、管乐队、红地毯等应有尽有，一位舰队上尉还专门在他们的车厢门前恭候着。当他们被迎接到英国皇家海军舰船

“大无畏者”号上时，舰队司令威廉·梅伊和舰队指挥官海军中校威廉·费希尔接待了他们，而当弗吉尼亚和表兄威廉·费希尔握手时，费希尔竟然没有认出她来。随后，在威廉·梅伊和威廉·费希尔的带领下，大家参观了整个战舰，船长还就枪支、炮塔、测距仪、船上的医务室、无线电报室等对他们一一进行了详尽的介绍，而充当翻译的艾德里安则依照维吉尔或者荷马的诗句重复了这些介绍。直到参观完毕，他们的访问才宣告结束，最终，在海军的护送下，他们回到了威茅斯。

事情本该至此结束，对于此次访问他们本应缄口不提，但是和以往一样，科尔太渴望成名了，于是他私自找到报社，将这件事情透露了出去。很快，这件事情就成了《快报》和《镜报》等报刊的头条，轰动一时。虽然在时间的冲刷下，该事件逐渐淡出了公众的视野，但是斯蒂芬家族却并没有打算就此结束。艾德里安从他的堂亲哈里那里收到了一封严肃的谴责信，信中指出，虽然假扮苏丹访问剑桥是一个绝妙的玩笑，但是将一位海军人士——“一个有荣誉的人”当成笑话来恶搞是不能令人容忍的。同时，弗吉尼亚也从多萝西娅·斯蒂芬那里收到了一封来信，信中称这是一次愚蠢的、粗俗的行为，她认为，弗吉尼亚的生活是完全无法令人满意的，她需要宗教。而威廉·费希尔和他的军中同僚则认为必须挽救海军的荣誉，于是他们对玩笑的实施者进行了肉体上的惩罚。

从表面来看，这件事情虽然只是一场闹剧，但是它却表明了“布鲁姆斯伯里文化圈”对英国官僚体制腐败无能的嘲讽与抨击，同时它也体现了新的一代人对父辈、对维多利亚时代的挑战，正如一位评论家所指出的："这是斯蒂芬家族的年轻一代对着姑父姨母们的传统圣典做出了轻蔑的手势。"[①]而对弗吉尼亚来说，它似乎又具有了更多的意义。在《一个社交圈》这一短篇小说里，弗吉尼亚曾对"大无畏者恶作剧"进行了描述，虽然整个作品篇幅短小，但其主题却涉及男性荣誉、男性暴力和愚蠢等，这无疑加深了她日后的女性主义思想，也为其今后在《三个基尼》中批判男权社会的官僚制度奠定了基础。同时，弗吉尼亚之后的小说《奥兰多》中主人公的性别改变或许也可以追溯至她这次异装成男性的体验。

概而论之，"布鲁姆斯伯里文化圈"正如约翰·梅彭所言：

> 这一团体实际上是上层中产阶级的一个特殊部分，它所攻击的是自己父辈的那些不堪忍受的陈旧观念。……他们因拒斥父辈的文化而统一起来，那是一种压抑人的礼教文化，服务于自负自满的帝国秩序。这个团体没有共同纲领。他们也没有宣言。不过他们共享着一种意识，觉得必须在整个家庭、知识、文化和政治生活中进行革新。他们中许多人至少在早期认为，社会进步的动因和英雄不再是隶属维多利亚意识形态的高贵、尽职守责和道德狂热的父权制家长，而是富有敏锐审美力的"文明的个人"，具有训练有素的纯正品位，享有建立在不拘礼节基础上的一种现世的、在性方面不落俗套的优雅友谊。他们压倒一切的冲动是要突破陈规惯例，开辟出通往一个更宽松的、较少市

---

① 伍厚恺：《存在的瞬间——弗吉尼亚·伍尔夫》，成都：四川人民出版社，1999年版，第82页。

侩化和残酷性的社会秩序的道路。……他们试图粉碎维多利亚式家庭和维多利亚时代强有力的、傲慢自信和充满迷信的文化。……他们尤其要抵制艺术和文学中的道德化。①

总之，在托比去世之后，改变就这样发生了，不管是弗吉尼亚、文尼莎，还是整个“布鲁姆斯伯里文化圈”，都因托比的死而发生了前所未有的变化，同时又都因对托比的共同记忆而紧密、坚固地联系在一起，定格在过去。

三、爱与成全：你我终将携手同行

此时，托比的去世和文尼莎的出嫁使艾德里安这位在故事中一直没有扮演过重要角色的人成了弗吉尼亚的主要伴侣。从整体上来看，艾德里安遗传了父亲莱斯利在精神和体质上的基因，敏感而神经质，体格瘦弱且发育迟缓，因此，自小他便被戏称为“小矮人”。直到16岁时，他才开始发育，到了18岁，他竟然长到了6英尺2英寸，后来又一直长到6英尺5英寸。② 但身体上的急速成长似乎耗尽了他所有的体力，使得他在才华和智力方面都略显逊色。在剑桥，他被列入了三等生，并总是被当作哥哥托比的影子。艾德里安是家中最年幼的孩子，自小就得到了母亲无尽的宠爱和袒护，而这也就不可避免地使其在一定程度上遭到家里其他兄弟姐妹的排挤和嫉妒。或许正是出于此缘

① Mepham, John. *Virginia Woolf: A Literary Life*. London: Macmillan Press Ltd. 1996:38-9.

② 6英尺2英寸，约1.88米；6英尺5英寸，约1.95米。

故，他自小就成了一位不愿与大众为伍的人，喜欢做出一种高傲而离群的姿态，因此，当剑桥知识分子们选择信仰 G. E. 穆尔的时候，他便拒绝追随这一流行的智性风尚，如同小时候，托比和弗吉尼亚创办《海德公园门新闻》时，他便选择创办另一份与之对立的期刊。

虽然弗吉尼亚和艾德里安之间的手足之情使他们确实真诚地爱着对方，但不可否认的是，在弗吉尼亚的认知中，艾德里安不是一个好的同伴，他"比我们所有其他人都小上 15 岁"，虽然事实上，艾德里安只比弗吉尼亚小 18 个月。弗吉尼亚在《记忆俱乐部》的文献中还曾写道："我们是最水火不容的两个人。我们永远都在对抗，不是让对方火冒三丈，就是让对方沮丧到要死。"[①]他们之间总是针锋相对，弗吉尼亚的异想天开往往会招致艾德里安那种斯蒂芬家族男性所特有的讲求实际的讥讽；她的热情也总是会被他无情地泼冷水；而她的争论也总是会招致他残酷的奚落……总之，在取笑和耍弄别人方面，他和弗吉尼亚都有着过人的天赋，而他的耍弄对象则往往锁定在弗吉尼亚身上。据说，索菲娅常常把家中的黄油做成小圆块，而当弗吉尼亚和艾德里安在辩论中论据不足时，双方便会如幼稚鬼般将这种黄油小圆块作为武器掷向对方，所以在菲茨罗伊广场的公寓中，这种黄油小块呈辐射状地到处散落在墙上。

显然，在搬往菲茨罗伊广场时，作为男性的艾德里安已到了足够照顾好自己的年龄，但是弗吉尼亚却成了令人担忧的对象。

---

① 弗吉尼亚·伍尔夫：《存在的瞬间——从未出版的自传文字》，刘春芳，倪爱霞译，广州：花城出版社，2016 年版，第 268 页。

婚后文尼莎虽坚持经常探望她，并保持每天通信，但她确实已不能时刻在身边照顾她了，而艾德里安很明显还承担不了这个责任。因此，结婚似乎成了弗吉尼亚最好的选择，于是他们宣称“弗吉尼亚必须结婚”。

面对催婚，弗吉尼亚是抗拒的、愤怒的，她写信给维奥莱特：“要是没人叫我去结婚就好了。这就是粗鄙人性的爆发吗？我说这是令人作呕的。”①如前文所述，弗吉尼亚长期以来所遭受的性侵犯和男性的压迫，使她终生都对婚姻及性存在着困惑和畏惧，尤其是乔治、杰拉尔德、莱斯利·斯蒂芬、杰克等男性对她的伤害，使她将自己的全部感情都投向了女性，不管是在她的信笺中，还是日记中，似乎没有任何男性曾激起过她哪怕是最轻微的性欲望。她曾在《远航》中借雷切尔之口问道：“人为什么要结婚？”②

然而，当日复一日地目睹着文尼莎的幸福婚姻时，弗吉尼亚对婚姻的敌对和抗拒情绪似乎开始松动了。或许就像年幼时她为了将自己的作家职业与文尼莎的画家职业联系在一起而坚持在一张高大的桌子前站着写作一样，这次她似乎又因文尼莎的幸福婚姻而勾起了结婚的冲动，她终其一生都生活在对文尼莎的依赖、羡慕、崇拜和微妙的嫉妒之中。到了1907年，她对异性的态度已发生了明显的转变，虽仍谈不上有爱情的发生，但至少

---

① 昆汀·贝尔：《伍尔夫传》，萧易译，南京：江苏教育出版社，2005年版，第127页。

② 弗吉尼亚·伍尔夫：《远航》，黄宜思译，北京：人民文学出版社，2003年版，第62页。

与异性的调情已确有存在。

沃尔特·海德兰是第一个与弗吉尼亚调情的男人，他生于1866年，其年龄已老到足够做弗吉尼亚的父亲了。他曾是茱莉娅的座上客，年轻时被茱莉娅带到过托兰德屋，而此时，他已是国王学院的研究员，是希腊文学研究者中德高望重的一位，同时还是一位严谨、细致的翻译家，当之无愧的诗人。仅从这些头衔我们就可以知道为什么弗吉尼亚会被他吸引并与之调情了。弗吉尼亚自小就对希腊文学满怀崇敬，对文学艺术更是充满兴趣和热爱，因此，投身于文学艺术的沃尔特·海德兰很轻易地就能与她产生共鸣。而且，海德兰一直以来都对弗吉尼亚的天才极具信心，弗吉尼亚对其也充满信任。在托比死后不久，弗吉尼亚在给维奥莱特的信中提到，她要把自己所有未发表的作品都寄给沃尔特·海德兰，为的是能得到他“清醒的批评”；而沃尔特·海德兰则想把自己翻译的《阿伽门农》题献给弗吉尼亚，以感谢她“四年前写了寄给他的三页据他所知的最好的评论”。之后，他们两人更是经常通信、见面，当弗吉尼亚定期去看望姑妈的时候，便会去剑桥看望他，而他则会带她去柯文特花园看歌剧。对于他们之间的暧昧关系，文尼莎和维奥莱特都是心存疑虑的，她们认为，沃尔特·海德兰在生活中或许有恋童癖。不过好在，1908年6月，沃尔特·海德兰突然死亡，于是这段含糊不清的恋情也随之消散，弗吉尼亚对他的突然离世似乎并没有表示出任何的伤心和悲痛。

如果说那时的弗吉尼亚在寻找合适的结婚对象的话，那么她身边的布鲁姆斯伯里朋友必定是其首选，不过，令人遗憾的是，那些最令她感兴趣的年轻人大多是同性恋者。萨克逊是伦纳德·伍尔夫认为最有可能和弗吉尼亚结婚的人，但事实上，弗吉尼亚几乎是完全不会考虑选择萨克逊做丈夫的。萨克逊在许多方面都存在着怪癖，感情上亦然。他曾和弗吉尼亚就其感情问题进行过深入探讨。事后，文尼莎·贝尔在给弗吉尼亚的信中写道："看来你和萨克逊进行了一场多么稀罕的交谈。我没法相信那个温和的小亲亲是个真正的施虐狂或随便怎么个叫法。"因此，或许弗吉尼亚曾唤起过萨克逊的爱情，但无疑，弗吉尼亚对他并未产生过任何爱意。

邓肯·格兰特或许也会被认为是弗吉尼亚择偶的最佳人选之一。他当时就居住在菲茨罗伊广场 22 号，距离 29 号仅几步之隔，而且经常溜进 29 号串门。他可以说是一位非常受人喜爱的年轻艺术家，纯真而迷人，才华横溢且颇具魅力。克莱夫和文尼莎都为之着迷，而他本身也非常喜欢贝尔夫妻，还认为弗吉尼亚富有才华，且"令人吃惊的漂亮"，每当弗吉尼亚听到邓肯对她的赞美和夸奖之后，也总是非常受用。不过，很明显，弗吉尼亚似乎从没有把邓肯对她的夸奖当真过，即使邓肯曾跟利顿·斯特雷奇说他也许愿意和弗吉尼亚结婚，弗吉尼亚也无动于衷。之后的事实也证明，弗吉尼亚的判断是正确的，邓肯·格兰特虽迷人，但却是双性恋者，后来文尼莎与他同居，并生下私生女安吉利卡，对此后面再进一步细述。

不过，当时弗吉尼亚最中意、最想嫁的人却是利顿·斯特雷奇，而利顿似乎也有娶她之意。弗吉尼亚和利顿的关系是十分微妙且复杂的。利顿是个同性恋者，对此，文尼莎曾说过："相比于我所认识的其他人，我更愿意让利顿做我的妹夫，但是我能想到的实现这事的唯一办法就是如果他爱上艾德里安——即便那时艾德里安可能会拒绝他。”[①]然而，弗吉尼亚似乎是愿意接受这一点的，或许这与她一贯对性行为的胆怯和恐惧有关，同性恋的身份可以在某种程度上令她安心。而且，他们两人的作家职业又使他们之间有着一种天然的吸引力，利顿既是与她惺惺相惜、趣味相投的朋友，又是她的对手，她既爱他，又对他心生嫉妒。克莱夫·贝尔曾将利顿的一些诗作寄给弗吉尼亚品读，她在读后写道：

的确，它们是精致的，我这儿有一本较不出名的维多利亚时代诗人的小诗集，也不过如此。但是（你大概巴望着那个“但是”，还可能会喜欢它），出于一种坦率，我没法像我应该的那样尽量热烈地称赞它；当我谈到他措辞恰当时（不知何故，我想，当一个真正的诗人本会表达自我的时候，它们却躲开了），你知道我是什么意思吗？“穷凶极恶的月份”“难以想象的静谧”“神秘的安逸”“无与伦比的幽暗”，当我读到这些词时，我犹豫了；我朗读了它们，不觉得面对的是清新的溪流。不过话说回来，我是一个与他同时代的人，一个心怀嫉妒的同时代人，我看到的也许是工具留下的印迹，朱利安（即下一代人）将会在那儿看到完整的形状。有时我想，利顿的心思太柔顺，太喜欢讨好人了，永远没法写出持久的东西；他的资源是无限的。心怀嫉妒——那是无

---

① 昆汀·贝尔：《伍尔夫传》，萧易译，南京：江苏教育出版社，2005 年版，第 138 页。

疑的！[①]

幸而，在弗吉尼亚心中，任何时候，她都重视才智更甚于一切，她相信利顿于她来说会是一位在才智上令她钦佩的丈夫，他们的婚姻会因对文学的共同爱好而产生一种竞争动力，从而逐渐演变成真正的、一致的、感情深厚的婚姻关系。因此，当1909年2月17日，利顿在菲茨罗伊广场29号向她求婚的时候，她欣然接受了。但是，遗憾的是，求婚后，利顿立刻就退却了，他马上意识到这似乎并不是一个很好的主意，他开始对弗吉尼亚的性别感到恐惧，仅仅只是在头脑中想象与弗吉尼亚这样一位拥有童贞的处女接吻都是令他惊恐的。他意识到自己想借弗吉尼亚来逃避自己复杂的私生活的办法是可耻的，是行不通的。对此，敏感的弗吉尼亚似乎也意识到了，所以，第二次见面的时候，她便以一种通情达理的温婉方式帮他摆脱了窘境，他们二人和气地解除了婚约，成全了彼此。无疑，此次求婚继而退婚的经历是令弗吉尼亚伤心和失望的，但同时它也进一步加深了她对爱情、两性、婚姻等问题的思考，这一切都将在其被认为是考察她独特婚姻心理的最佳文本《远航》中有所呈现。

细数弗吉尼亚身边的异性朋友，最完美、最符合世俗婚姻标准的人选其实是爱德华·希尔顿·杨。他生于1879年，比弗吉尼亚大3岁，长相英俊，脾气极好，且颇具天赋，具有一切美好的

① 昆汀·贝尔：《伍尔夫传》，萧易译，南京：江苏教育出版社，2005年版，第139页。

品质。而且，他的家世可以说是和弗吉尼亚门当户对，希尔顿自小就与斯蒂芬家相识，并经常与斯蒂芬家兄妹们一起在肯辛顿花园玩耍，来往密切。其父亲乔治·杨爵士是莱斯利爵士的好朋友，他和莱斯利爵士一样，是老一代纯正维多利亚人中的佼佼者，任职于皇家委员会，曾著有一本关于荷马和希腊语重音的研究书籍。希尔顿可以说是他父亲的翻版，年少时，曾和父亲一样在剑桥当选学生俱乐部的主席，大学毕业后，攻读了法律课程，后来在社会中，凭借战争和政治为自己赢得了声望，最终获得了贵族头衔和一系列勋章，曾发表过几本值得称道的散文和诗歌。但是，这种成功在布鲁姆斯伯里文化圈成员的眼中则似乎有点过于世俗化了，不过他们还是很尊重他的。希尔顿·杨一直以来都对弗吉尼亚很有好感，但这种好感显然还算不上是强烈的爱，他曾作为弗吉尼亚的爱慕者，频频向其大献殷勤，但是弗吉尼亚总是觉得他不够灵动，或许是他太过完美，以至于弗吉尼亚总觉得他无趣了些。在利顿求婚又退婚后的5月份，希尔顿在剑河的一叶扁舟上向弗吉尼亚求婚了，但是弗吉尼亚却以自己非利顿不嫁为由拒绝了他。

此外，在弗吉尼亚的所有爱慕者和求婚者中，还有两位值得一提。沃尔特·兰姆是克莱夫的一位好友，曾就读于三一学院，是戈登广场和菲茨罗伊广场聚会中的常客，他倾慕弗吉尼亚已久，一直渴望能与其进一步结交。终于在1911年7月的时候，他邀请了弗吉尼亚一起去游览了里士满公园，事后，弗吉尼亚曾写信给文尼莎描述了此事的经过。

菲茨罗伊广场南29号

星期五

心爱的：

写信是一种伟大的奉献，因为天气非常热。

我们昨天完成了了不起的远征。它太古怪了。首先，它颇不自然；我们躺在树下，讨论了贝德福德广场的计划。然后我们一起散步，他开始悲叹高尚的心灵实在太少了，我们抽象地讨论了爱和女性。最后他坐下来，说："你愿意告诉我你是否谈过恋爱吗？"我问他知不知道利顿的事。他说："克莱夫跟我讲了很多（这惹火了我，但没辙）。"于是我说，如果他确实想知道，不是出于好奇的话，我愿意告诉他这事。他说他想知道我的感受，乐于倾听一切。我对他说了大概。于是他说："你愿意照普通人的方式生孩子、谈恋爱吗？"我说："愿意。"他说："我真的非常喜欢你。"我说："但你不是很开心吗？"他说："有如此令人不快的复杂因素。"我问："哪些？"他说："你住在一个黄蜂窝里。另外，婚姻是那么的麻烦——你愿意让我延缓一下吗？别催促我。"我说："我看不出有什么理由我们不会是朋友——或，为啥我们要做出改变，搞得激动不安。"他说："能保持现状当然最好。"

然后，我们继续东游西逛；我猜想因为他拿不准我的感受，他觉得不能让自己就这么坠入爱河；他也对我的部分性格特征感到迷惑。他说，我把事情织成网，可能会突然因为他犯了错而对他大发雷霆。我承认自己非常以自我为中心、只关心自己的事，还有虚荣以及一切我的恶习。他说为了举例说明我的缺点，克莱夫已经跟他讲了些可怕的故事。（天啊，别把这话告诉别人)我说我喜欢他,认为我们会是朋友。我试图把这一点说清楚。然后他谈了许多有关你的事——你既高贵又非凡——你使他惊惧——他想跟你说话,他对你怀有一种美学意义上的爱,等等。在那之后我们谈的都是些普通话题——就他的痛风症谈了很多——然后喝了茶,回家,去歌剧院。那儿有一大群受过教育的家伙——桑格夫妻、福斯特、鲁珀特、凯、詹姆斯、伍尔夫,等等。沃尔特步行到我家,进来喝了点什么,因为艾德里安不在。他又开始谈我们的关系,说到了秋天,他想住得离我近些,但是没说太多。这让人挺不自在,因为他总想弄明白我的感受,而我只能谈论友谊的美好。当然,我比过去对他喜欢得更多了,因为他相当坦率,确实能感受到许多东西(除非我太虚荣了,没法做出判断)。可事情就这样处于一种不舒服的状态之中。9月份他想来菲勒。我的确喜欢他,但是要进行许多冗长的对话的前景让我感到颇为丧胆。他身上有一种让人哀怜的东西。他非常害怕自己出丑,然而知道自己的小心有点荒谬。我想我已经把自己所能记得的都讲了——至少讲了要点。无疑,我大概是不会再写别的信给你了。喔,罗杰把我骂死了!精致!我们生活在一个后印象派时代。就你寄给我的那封,你不配收到任何问候信!顺便说一声,在我们被打断之前,沃尔特最后说的一件事是,他不能任由我犯哪怕一个错。“作为妻子也不行吗?”我问。“不,作为妻子也不行。”在我看来,他爱上了我,但你别声张。

我在履行约定上遇到了很大的麻烦。艾丽没回音,我想她一定已经写信去菲勒了。如果她阻止我,我也许会下周四或周五来过夜(指吉尔福德,文尼莎养病的地方)(如果你邀请我的话）。卡斯周一过来，没说待多久。然后萨维奇周四要见我，我同意周三见。琼·托马斯大怒不已——猛地挂掉了她的电话听筒——因为她以为我正设法推掉跟她的饭局——萨克逊已经为拜罗伊特而心绪不宁了。总而言之，就像沃尔特说的那样，这是一个黄蜂窝。他指的是，我们生活在一个让他苦恼的迷宫的中心，他问及哈里、罗杰和德斯蒙德。他问如果我结婚了，是否还会跟别人调情。我说："不会，如果我爱我丈夫的话。"可那是冒失的。

你好些了吗？这炎热伤着你了吗？吃午餐时，我拿你跟南美的森林，跟睡在树下的黑豹相比。我还描绘了一番有关我们的爱的激情景象——你对我的爱，我指的是。

你的 B.

在这封冗长但却充满趣味的信中可以看出，沃尔特的追求是徒劳无果的，弗吉尼亚虽已感受到他对她的爱慕，但是很明显，他没有激起她心中任何情感的涟漪，如果有的话，那也只是由此引起的对克莱夫的愤慨罢了。沃尔特的追求最后以闹剧收场，克莱夫、沃尔特和锡德尼·沃特路就谁搬弄了弗吉尼亚的是非这一问题而卷入了一场三角争论。

到了 1911 年 11 月，锡德尼·沃特路向弗吉尼亚表白了。沃特路也是布鲁姆斯伯里的常客，他与贝尔夫妻的关系尤为密切，他曾在其日记中写道："和克莱夫·贝尔夫妻一起吃饭；多么大的解脱和变化（从竞选中）。除了弗吉尼亚·斯之外没有别人。我们的交谈开始变得真的亲密起来。文尼莎觉得他们圈子里的鸡奸很逗乐。我从一开始就看出了她和弗吉尼亚之间的不同。文尼莎为人冷淡，玩世不恭，有艺术家天赋。弗吉尼亚更情绪化，更感兴趣的是生活，而不是美。一个美好的夜晚。”和沃尔特一样，他也很快遭到了弗吉尼亚友好而决绝的拒绝，不过他对弗吉尼亚的情感似乎来得快，去得也快，在遭到拒绝之后，他的热情便也瞬间消散了。

事实上，除了利顿、希尔顿·杨、沃尔特等诸多求婚者和爱慕者之外，弗吉尼亚还有一位危险且令人不安的爱慕者与调情者——克莱夫·贝尔。在谈到弗吉尼亚与姐夫这段持久而热情的“不伦之恋”前，我们有必要再进一步谈及她与姐姐文尼莎的关系。在前文的叙述中可知，文尼莎一直以来都是弗吉尼亚最“亲密的同谋”，两姐妹曾一起为获得些许自由而联手对抗父兄的压制；曾一起为争取绘画和阅读的权利而奋起抗争；曾一起为从阴郁、压抑、悲痛的生活中解脱出来而对抗外部压力，果断迁往布鲁姆斯伯里，正如简·丹在《亲密的同谋：文尼莎·贝尔与弗吉尼亚·伍尔夫》一书的扉页中形容斯蒂芬两姐妹的血脉深情时所写：“当你打算深入了解弗吉尼亚·伍尔夫，无论你到哪里——翻开她的日记、她的书信或是小说——总有文尼莎。而文尼莎每当面临深刻的绝望并进而对自身的存在产生怀疑时，也总会转向弗吉尼亚。”[①]在弗吉尼亚的小说中，她不仅塑造了大量画家、艺术家的形象，还直接以姐姐为原型塑造了大量女性角色：长篇小说处女作《远航》中那位特立独行、果断自信、美丽浪漫，充当了与作家同龄的女主人公雷切尔教母角色的海伦·

---

① Jane Dunn. *A Very Close Conspiracy*: *Vanessa Bell and Virginia Woolf*. London: Jonathan Cape,1990:PVII.

安布罗斯的原型就是文尼莎·贝尔;《夜与日》中,出身于知识贵族之家、端庄优雅、美丽聪慧,但却要被迫扮演维多利亚时代茶桌边的淑女以隐匿自己对数学研究的渴望与爱好的女主人公凯瑟琳·希尔伯里的处境,就是当年文尼莎的处境;《到灯塔去》中的拉姆齐夫人虽是以弗吉尼亚的母亲茱莉娅为原型勾勒的肖像,但由于茱莉娅去世时,弗吉尼亚年仅 13 岁,因此小说中对拉姆齐夫人的母性气质以及其在大家庭中作为精神核心的地位描写,很大程度上也是以姐姐文尼莎为原型,而小说中的另一位重要女性,即作为后维多利亚时代女性艺术家代表的莉丽·布里斯科身上,则既融会了作家自身作为新一代知识女性对家庭天使角色的反思,又表达出她对姐姐的深切同情,因为莉丽对职业身份的焦虑以及在社会偏见与性别压力下苦苦奋斗的处境,正与文尼莎相同;同样,《海浪》《岁月》甚至《弗拉西》等作品中都存在着文尼莎的身影。弗吉尼亚终其一生都爱她的姐姐胜过任何人,她们的关系就如同"蜻蜓围绕着睡莲在飞"。

因此,当文尼莎和克莱夫结婚时,弗吉尼亚虽痛恨克莱夫抢走了自己的姐姐,但其与姐姐的关系在实质上并没有受到很大影响。她们经常探望彼此,几乎每天都见面,不见面时则会每天通信,她们还一起去了巴黎,畅想将来要找一栋可以共度夏日假期的乡村别墅……然而,1908 年 2 月,随着贝尔夫妇的长子朱利安·贝尔的出生,以往的平衡局面被打破了。孩子的出生激发了文尼莎身上潜藏的所有母性,她骄傲地沉醉在年轻妈妈的角色之中,将所有的精力都放在了孩子身上,孩子的一切活动都能时刻引起她的过分关注,于是,孩子逐渐成了她全部生活的中心，任何其他的人或话题都排在了孩子后面，姐妹之间日常的交流和慰藉就此被破坏掉了。这在弗吉尼亚看来是不可理解、难以接受的，她虽然也深爱朱利安，但是她不明白一个婴儿怎么能使文尼莎觉得他和一个成年人一样重要，突然之间，她觉得自己成了姐姐那充满母爱的"无比幸福的家庭生活"中的一个外人。同样，此时的克莱夫也被这个新生儿的到来扰乱了生活。虽然，在很多方面克莱夫确实是一位出色的父亲，但是在不会开口说话，无法直接交流的婴儿面前，他却总是手足无措，一种深深的挫败感油然而生。而且，对生活有着精致追求的他讨厌脏乱，新生儿的撒尿、呕吐、流口水和哭闹吵嚷都使他不胜其烦，所有这一切都无时无刻不在折磨着他。故而，此时的弗吉尼亚和克莱夫在此事上达成了共识——他们遭到了文尼莎遗弃，他们都嫉妒那孩子。

怀着共同的被背弃和遭到背叛的感受，弗吉尼亚和克莱夫结成了同盟，他们总是在相互陪伴下，尽可能地一起逃离出家门，以躲避那令他们恐怖的吵闹和啼哭。他们总是长时间漫步在乡间，谈论书籍和朋友。通过日渐深入的交流，弗吉尼亚慢慢对姐夫敏锐的艺术感受力、丰富的艺术史知识和深厚的文学修养深感钦佩。而克莱夫，很显然从来没有否定过弗吉尼亚那出众的才情和靓丽的外表，此时或许在文尼莎的映衬下，更显得生机勃勃、美艳动人了。因此，在与文尼莎结婚十四个月之后，克莱夫与弗吉尼亚陷入了一种充满诱惑的调情之中。

据昆汀·贝尔分析，弗吉尼亚并不是真正爱上了克莱夫，她之所以陷入与克莱夫的调情仅仅是因为她太爱文尼莎了，以至于她出于微妙的嫉妒和报复心理，渴望插足文尼莎和克莱夫那种将其排斥在外的夫妻关系之中，破坏他们那令人陶醉和幸福的小圈子，这样，她便得以刺激姐姐，以宣泄自认为被冷落到一边的心理，进而再次夺回文尼莎。正如其在《伍尔夫传》中所写："她体味着姐姐的幸福生活，就像一个站在冷冰冰的人行道上的人，羡慕地透过窗户看着室内那种愉快的、炉火熊熊的亲密生活。"因此，如今的情形对她来说似乎是结束这种痛苦的最好时机，1907 年 10 月，她曾写道："我还需要一些时间来把他和她分开。"①

然而，另一方面，克莱夫却是真真切切地陷入了对弗吉尼亚的深深迷恋之中，一时不能自拔。他们总是以语言和书信的形式你来我往地调情，一次当弗吉尼亚从圣埃夫斯回伦敦时，忘记带自己本想在火车上读的《约翰·德莱恩传记》了，而克莱夫为了向其献殷勤，便跑回去为她取这本书，然后追赶开动的火车，试图把书塞进她所在的车厢，结果由于跑得过快而滑倒摔伤了自己。之后，他便在信中写道："我不会提到那些为你效劳时所赢得的光荣的伤口……"而弗吉尼亚则半带嘲笑地表示了怜悯："你提到裹着绷带的双手和伤残的膝盖，使我的眼中溢出泪水，我的脸颊添了绯红。"克莱夫还曾写道："还记得我们谈到过亲密关系和生命中真正激动人心的时刻吗？我们曾达到那样的巅峰吗？""在罗斯沃尔之巅，我在这个世界上唯一想做的事就是亲吻你。"弗吉尼亚则回应道："你用半吞半吐的暧昧句子来折磨我？

---

① 昆汀·贝尔：《伍尔夫传》，萧易译，南京：江苏教育出版社，2005 年版，第 143 页。

……尽管我们没有接吻（我是愿意的，还给过你一次机会……）——我想，我们‘达到了那样的巅峰’，照你的说法。”①就这样，弗吉尼亚和克莱夫在双方的花招和反花招之间继续着他们的调情“游戏”。当然，其中也夹杂着不可避免的争吵与烦恼，弗吉尼亚既不表示接受克莱夫，也不离开他，而克莱夫则被她挑逗得时而恼火、时而高兴，同时还常常伴随着挫败和恼怒。如在一张1935年6月17日寄给克莱夫的明信片上，弗吉尼亚写道："就是在如今用十字标记出的地点，1908年9月，克莱夫·贝尔和他的小姨子吵了起来。就在那儿的橘子花下，我流下了难忘的眼泪。”

弗吉尼亚和克莱夫这种长期混乱的关系无疑对文尼莎造成了不可挽回的伤害。虽然姐妹两人并没有因此事而出现任何激烈的争吵，但是无疑文尼莎一直处在极度的痛苦之中。直到1910年，随着罗杰·弗莱的出现，文尼莎、克莱夫和弗吉尼亚这段三角关系的“恋情”才逐渐告一段落。

“布鲁姆斯伯里文化圈”中的艺术批评家，首推罗杰·弗莱。1910年，刚刚辞去纽约大都会博物馆油画厅主任一职返回英国、出任艺术刊物《伯灵顿杂志》编辑的弗莱以深厚的艺术史造诣、独到的艺术鉴赏眼光和高雅的审美趣味迅速成了布鲁姆斯伯里文化圈中的精神导师和美学核心。克莱夫对于与弗莱的结识充满着兴奋和感动，他认为弗莱是他离开剑桥之后遇到的最出色、最优秀的人。1910年11月和1912年10月，弗莱先后在伦敦格

① 昆汀·贝尔：《伍尔夫传》，萧易译，南京：江苏教育出版社，2005年版，第145页。

拉夫顿美术馆举办了两次后印象派画展,激起了英国社会的巨大波澜,弗莱由此遭到了习惯于传统绘画的英国公众的唾骂,但同时也获得了一大批急于突破陈规、呼应欧陆艺术新风的追随者的支持,其中克莱夫和文尼莎就是其最热烈的支持者和拥护者。

1911年4月初,在罗杰·弗莱的影响下,文尼莎、克莱夫在布鲁塞尔与罗杰·弗莱和一位剑桥数学家H.T.J.诺顿碰头,前往拜占庭艺术之乡——君士坦丁堡。和上次希腊之旅一样,文尼莎刚到布鲁沙就病倒了,并屡次昏厥。布鲁沙地处偏远,距离君士坦丁堡要一天的行程,当地除了一个药剂师之外别无其他医师。虽然克莱夫在给弗吉尼亚的信中尽量让其安心,但是弗吉尼亚还是从信件的言外之意中读出了担忧,她害怕这会成为1906年希腊之旅噩梦的延续,因此她不顾一切,只身穿越欧洲前往那里与姐姐相聚。到了那里,她发现情况确实很糟糕,诺顿濒临绝望的边缘,克莱夫则处于一种担忧和无能为力的激动情绪中,只有罗杰还保持着镇定,指挥着大局。正是在弗莱周全的安排和合理的统率下,他们才能在文尼莎逐渐恢复的同时,还可以带着相当可观的绘画、陶器和织物收集品成功地返回英国。也正是在这段时间的相处中,弗吉尼亚得以真正了解弗莱,被他充满才华和魅力的理念所吸引和震动。

返回英国后,弗吉尼亚被弗莱深深地吸引了,而弗莱无疑也从一开始便认定弗吉尼亚是个天才。不过遗憾的是,他们的热情受到了弗莱婚姻的限制,因为他有一位因疯病而住进了精神病院的妻子。这时,文尼莎与克莱夫的婚姻也由爱情逐渐演变为友情，她似乎已不再会因为克莱夫与妹妹的调情而痛苦了，她的注意力已经转移到了罗杰·弗莱那里。而这时，克莱夫对弗吉尼亚的热情也逐渐走向了冷淡。总之，贝尔夫妻关系的破裂很大程度上缓和了姐妹俩之间的紧张关系，同时也使弗吉尼亚不必再时刻羡慕姐姐幸福的爱情和完美的家庭了，此时，她终于可以将目光从姐姐的婚姻中转移开来，认真考虑自己的婚姻了。

1911 年 6 月，从锡兰回来休假的伦纳德·伍尔夫再次回到了布鲁姆斯伯里。伦纳德·伍尔夫出生于一个中产阶级家庭，父亲辛德尼·伍尔夫是一位法庭律师，母亲玛丽叶·德·琼恩是一位极富想象力且敏感的女性。伦纳德是家中十个孩子中的老四，极受父亲的宠爱，然而 12 岁时，由于父亲死于肺结核而家道中落。父亲的早逝和童年的创伤使伦纳德身上独具一种忧郁气质。随后经过不懈的努力，伦纳德在剑桥三一学院毕业后，前往锡兰寻求发展。如今，距离伦纳德·伍尔夫离开已 7 年之久，此时的他已经是一位非常成功的殖民地公务员了，他的工作已取得了显著的成效，前途一片光明。然而在这期间，与过去黄金般的剑桥岁月相比，蛮荒之地的残酷行政生涯也使他发生了很多改变，长期与那些被他称之为“由堕落分子和智力低下的人组成的愚蠢的堕落圈子”打交道，使他逐渐消磨掉了以往那种剑桥年轻知识分子身上所特有的傲慢，对于一切，他似乎都能宽容待之了。不过，当他再次回到布鲁姆斯伯里的时候，再次近距离地接触以往那些才华横溢的朋友，参加那些具有高度严肃性的智性交流时，他感到自己又可以无拘无束起来了，殖民地行政官员的那套矜持和保留暂时被抛到了一边，他轻而易举地重新融入了布鲁姆斯伯里文化圈的氛围之中，开始了令人振奋的假日消遣。

7月3日，伦纳德在戈登广场和克莱夫、文尼莎共餐，饭后，他见到了弗吉尼亚。几天后，弗吉尼亚写信给伦纳德，邀请他到她“位于南唐斯的小村舍”来共度周末，但由于伦纳德已有约在身，因此，他没有接受弗吉尼亚的此次邀请。不过之后，他斗胆以此次邀请为理由，提醒弗吉尼亚再次向其发出邀请。9月16日，伦纳德、玛乔里·斯特雷奇、德斯蒙德·麦卡锡一起在那儿度过了愉快的周末。也正是在那时，伦纳德和弗吉尼亚之间有了进一步的了解，他们发现彼此在一起交流的时光是那么令人愉快。

在这之后，伦纳德成了戈登广场和菲茨罗伊广场的常客，他总是想方设法地出现在弗吉尼亚身边。11月，当弗吉尼亚从菲茨罗伊广场搬往布朗斯威克广场38号时，伦纳德也被邀请来同住，他被安排在顶楼的两间房子里，承担每周35先令的房租。弗吉尼亚住在三楼的房间里，艾德里安在二楼，一楼则租给梅纳德·凯恩斯作为临时住所，邓肯·格兰特也可以把它用作画室。这样的安排在今天看来似乎是合理而完美的，但在当时却是招惹非议的。乔治自然是最先反对的，他认为弗吉尼亚是绝对不能与三个年轻的单身男性同住的。不过，文尼莎却反击道：“喔，绝对没事的，乔治，你瞧，它离弃婴堂多近。”[①]乔治的意见，其实弗吉尼亚并不在意，她真正在意的则是她曾经最好的朋友维奥

---

① 昆汀·贝尔：《伍尔夫传》，萧易译，南京：江苏教育出版社，2005年版，第185页。

莱特的意见。维奥莱特认为弗吉尼亚的这一行为太过火了,“茱莉娅不会喜欢这种事”。尽管弗吉尼亚一向珍视和尊重维奥莱特的意见,但是这次她选择了按照自己的想法来生活。维奥莱特曾是弗吉尼亚最喜欢的女性朋友,而这一事件则在某种程度上标志着她与维奥莱特之间过往激情的最终消散。

在1911年的最后三个月中,伦纳德与弗吉尼亚之间有了经常见面的机会,他逐渐发现自己深深地爱上了弗吉尼亚,而弗吉尼亚显然也是喜欢他的。1912年,新年伊始,伦纳德前往萨默赛特与牧师同住,在乡下牧师住宅的宁静中,他认真思考了他与弗吉尼亚的关系,并最终决定,他必须要向弗吉尼亚表明爱意了。1月10日,他向布朗斯威克广场发了一封电报:“明天,星期四,我得来看你,占用一小时的时间。我将于12点50分抵达伦敦,5点离开,如果我能来布朗斯威克广场的话,可以在那时见到你吗?伦纳德。”[①]幸运的是,他顺利见到了弗吉尼亚并向她求婚,弗吉尼亚并没有当场拒绝他,但是却表示她需要时间去考虑。事实上,早在1909年利顿·斯特雷奇与弗吉尼亚退婚之际,利顿就曾写信给远在锡兰的伦纳德·伍尔夫,建议他取代自己,向弗吉尼亚求婚。当时伦纳德对此完全没有自信,他回信问道:“你认为弗吉尼亚会接受我吗?如果她接受了就给我发电报。我将乘下一班船回来。”遗憾的是,当时弗吉尼亚没有做出任何回应。

在伦纳德求婚后的当天晚上,他躺在床上夜不能寐,于是便

---

① 昆汀·贝尔:《伍尔夫传》,萧易译,南京:江苏教育出版社,2005年版,第191页。

给弗吉尼亚写了一封真挚而诚恳的信。

大榆树教区长住宅
弗罗姆
萨默塞特
1912 年 1 月 11 日

我亲爱的弗吉尼亚，我得在睡觉前给你写信，我想，我也许能更冷静地做出思考。

我今天下午到底跟你说了些什么，我还没有完全回忆起来，不过我确信，你知道为什么——我指的不仅是我爱上了你，还包括那种跟不确定性一起驱使一个人做这些事的东西。也许我错了，因为在这星期之前，我一直不想告诉你，除非我确信你爱上了我并会嫁给我。我当时想你喜欢我，但仅仅是喜欢而已。我从不知道自己是多么的爱你，直到我们谈起我回锡兰的事。那之后，除了你之外我没法再想别的事。我陷进了一种无望的不确定之中，你爱我吗？你会永远爱我乃至喜欢我吗？天啊，我希望自己再不会经历发电报前在这儿度过的那段时间。我一度写信给你，说下周一我想跟你谈谈，但是我觉得，如果一直等到那时才见你，我会疯掉的。于是我发了电报。我知道你会告诉我你的确切感受。你正是我所了解的你，如果过去没爱过，现在我爱了。我爱你不是（的确不是）仅仅因为你那么漂亮——尽管那当然是个重要原因，也理该如此；而是因为你的头脑和你的性格特点——在那一点上我从没有见过像你这样的人——你不信这话吗？

现在，我会无条件地做你想让我做的任何事。我认为你不希望我离开，可如果你想的话，我会立刻走。如果你不想，我不明白为什么我们不能像以前那样继续相处——我想我能做到——然后，如果你的确觉得你会爱我，你就告诉我好了。

我几乎不知道是不是在说我想说的，或我感受到的；我累坏了。一场浓雾笼罩着整个萨默塞特，火车晚点了，从车站到住宅我不得不慢慢走上三英里。

你难道不觉得，沃尔特的到来几乎证明了神的存在吗？

你的伦纳德

第二天，他怀着忐忑和焦躁不安的心情又写了一封信：

……我会尝试着写下那些话，当你在那儿时，要想冷静、不动感情地讨论它们是那么难。我想，我也不至于自私到没法从你的角度看待这事。从我的角度，我现在确信，且不说爱情……为了娶你将是值得冒一切风险的。当然，那就是——从你的角度——昨天你在继续说的问题，也许你该这么做。在火圈之外，比起我这个火圈之内的人，你做起决定来应该能好得多。天啊，我知道和任何人结婚的危险性，无疑也包括我。我自私、嫉妒、冷酷、贪婪，是个撒谎者，可能还要更坏。我已经一遍遍地对自己说，因为这些，我将永远不会和任何人结婚，主要是因为，我想，跟一位低于我、会渐渐以自己的低劣和谦卑惹火我的妇女在一起，我感到自己永远不可能控制住这些……因为你不是那样的人，这种危险就变得小多了。你可能是个虚荣的自我中心主义者，不诚实，就像你说的那样，可比起你别的品质（高贵、才智、机灵、美丽和直率），它们就什么都算不上了。归根结底，我们也喜欢彼此，我们喜欢同样的事和人，我们都是有才智的，尤其是，我们所理解和重视的是现实……

对此，当时正在赶火车的弗吉尼亚匆匆回信道：

我真觉得没话可说，除了我愿意照以前一样生活；还有就是你该给我自由以及我该做到诚实。至于缺陷，我预料我的也一样糟——也许更不高尚。但是当然，它们其实不是问题。我已经决定对此完全保守秘密，除了文尼莎之外；我已经要她保证不告诉克莱夫了。我告诉艾德里安，你来是为了一份答应给你的工作的事儿。

这件事就这样被暂且搁置了下来，弗吉尼亚一直拿不定主意，她既没有明确地表示拒绝，同时也没有要答应的迹象，但这却将伦纳德推向了尴尬而艰难的境地。一方面，他对锡兰的感情与他对弗吉尼亚的感情两者纠缠在了一起，使他面临情感上的取舍，因为那时，他已经通过一部小说即《丛林里的村庄》(*A Village in the Jungle*)开始关注那个岛国和它的人民了，有时他甚至幻想自己可能会把余生都奉献给锡兰这个偏僻的小岛，成就自己的职业梦想；但另一方面，他对帝国官僚机器的反感和厌恶使他对于自己是否还应该作为大英帝国的代表返回殖民地感到困惑，更令其困扰的是，他无法想象在没有弗吉尼亚的情况下返回锡兰。同时，他还面临着休假即将结束这一不争的事实，因此，一切迫在眉睫，不论如何，他必须要做出决定了。

而此时，弗吉尼亚的情况似乎也没有好到哪里，相较于以往其他人的求婚，此次伦纳德的求婚似乎对她造成的冲击和影响很大。1月底，她病倒了，又一次神经性疾病的发作使她被迫回到了特威肯哈姆①看护所，而伦纳德则被告知，近期他将不准去看望弗吉尼亚，而且也不能写信给她。直到2月底，他们之间才有了通信，那时他收到了一封充满古怪、疯狂语气的信件，在信中，弗吉尼亚称：

将跟你讲讲那些疯子的精彩故事。顺便提一句，她们选我做了国王。这是毫无疑问的。我召集了一次秘密会议，发表了一篇关于基督教的宣言。我还从事了别的冒险，也遇到了一些灾难，是太过热情和寻根究底的性格带来的结果。我既回避爱也回避恨。现在我感到非常清醒、冷静，行动缓慢，就像动物园的巨兽之一。编织活计拯救了生命；艾德里安也对它产生了好感。令人惊奇的是它把斯蒂芬人变成了撒克逊人，那个可怜的老怪物觉得自己被模仿了，到了这种程度以致他怀疑我们抱有恶意。

今天，利顿来喝了茶，他很迷人，接受了我对剑桥生活和使徒们的全部指责。他实际上赞同我，认为炉前的地毯腐烂了，那些鲸鱼散发着怪味。我说你也同意，他在灯光里哼唧着。

……我得出去寄这封信了。我拿到了5先令，我打算用这些钱买巧克力和安眠药水，如果店开门，我避开了骚扰的话。我不想要安眠药水——无论如何。

无论从任何角度来看，这封信都不是一封令人满意的信件，信中透露出的疯癫语气似乎会使任何一位稍有私心的求婚者止步不前，但是伦纳德不同，他确实是真心实意爱弗吉尼亚的，他

① 特威肯哈姆(Twickenham)，伦敦西南部地名。

能接受她的一切。2 月 14 日，他写信给殖民地大臣，询问是否可以将休假延长四个月，但得到的答复却是，除非表明原因，否则不予批准。于是，4 月 25 日，伦纳德破釜沉舟般地递交了辞呈，就像他在其自传中承认的那样，“对于正确和得当的事情，我是一个坚持的人”。但是此时，他与弗吉尼亚的感情不仅没有明朗化的倾向，反而还出现了急剧恶化的态势，因为伦纳德觉得弗吉尼亚的心里好像对他有敌对的看法，而且她告诉文尼莎，她也许永远不会嫁人。随后在 4 月 29 日，伦纳德在万般焦躁不安中又给弗吉尼亚写了一封冗长的信件，信中可以看出伦纳德徘徊在希望和绝望之间，备受煎熬。

这就是现在让我烦恼的事儿，有时把我朝两个方向撕扯——因为我不会让你嫁给我（虽然我爱你），如果我认为它会给你带来任何不快的话。确实如此，尽管你仅仅一句话就比最大的肉体疼痛给我带来了更大的伤害，你告诉文尼莎说你也许永远不会嫁人……

就在这封信件寄出的同时，伦纳德收到了一封殖民地官员的信件，信中提出了一种方案，意味着他的休假延期是有被批准的可能的。收到信件的伦纳德立刻又写信给弗吉尼亚，希望在给殖民地官员回信前可以和她谈谈。这时的弗吉尼亚则就此回复了一封真诚、恳切但同时又充满疑虑的信件：

……你在毁掉一种怎样的前程！（她回答，然后继续说）

在我看来，好像我给你带来了很多痛苦——有些是以最不经意的方式——所以我应该尽可能地对你直截了当，因为我常常怀疑,你身处在一片我根本看不见的雾中。当然,我没法解释我的感受——它们就是折磨我的事情的一部分。婚姻那些显而易见的好处挡住了我的路。我对自己说,无论如何,你和他在一起会很开心;他会陪伴你,给你孩子和一种忙碌的生活。然后,我说,老天作证,我不会把婚姻看作是一种职业。仅有的知道这事的人都认为你我很相配;那使我越发细究起自己的动机来。于是我当然有时会对你那种渴望的强度感到恼火。可能你的犹太人民族性在这一点上也起到了影响。你看起来那么陌生。于是我变得极其不稳定。我在刹那间从热到冷,没有任何原因;除了我猜想是纯粹的肉体上的挣扎和疲竭左右了我。

我所能说的就是,尽管我有这些感受(当我和你在一起时,它们整天互相追逐),你我之间有一种感情是持久的,并在增长之中。你当然想知道它究竟会不会使得我嫁给你。我怎么说得准?我想它会,因为好像没理由不会——可我不知道未来会发生什么。我有点担心自己。有时我觉得从来没有人曾分享或能分享一种东西——这就是使你把我叫作"小山"或"石头"的那种东西。还有,我想要一切——爱情、孩子、探险、亲昵和工作。(你能读懂我的这种漫谈吗?我正在一件一件地写下来)所以,从有点爱你,希望你和我永远在一起,了解我的一切,我又转而陷进了狂乱和冷漠的极端。我有时想如果我和你结婚,我会拥有一切——那么——我们之间会有性爱吗?就像我前几天残忍地告诉你的那样,我不觉得你对我有肉体的吸引力。有时我只有石头的感受,前几天你吻我时就是那种时刻之一。然而,你对我的喜欢(就像你表现的那样)几乎让我受不了。它是那么真实，那么陌生。为什么你会这样？除了是个讨人喜欢、有吸引力的人之外我到底是什么？可正因为你想得那么多，所以我感到在嫁给你之前我也得想想。我觉得我必须给你一切；如果我不能这么做，喔，婚姻就只能是二流的了，对你对我都是这样。如果你还能继续像以前那样让我去摸索自己的路，那将是最让我开心的事了；那么我们都得冒风险。不过你也已经使我非常快乐了。我们两人都想要这样一种婚姻，它是一种绝妙的、生机勃勃的东西，永远鲜活、永远炽热，不像大多数婚姻那样，在某些方面是呆滞懒散的。我们需要丰富多彩的生活，不是吗？也许我们将会得到它；如果那样的话，会是多么好！我没有在一封信里解释很多，不是吗？

从这封信中，可以清晰地看到弗吉尼亚对婚姻的犹豫和迟疑，她承认婚姻对她具有很大的吸引力，但同时她又惧怕婚姻会损害她独立完整的自我人格，正如她在接受伦纳德求婚前写给维奥莱特的信中所说："不过这不会是件可怕的事吗，假如……我的大有前途的个性最后腐败在婚姻里？"[①]事实上，正是弗吉尼亚一直以来对性的恐惧，对世俗婚姻的反感，对女性传统家庭角色的不满等使她对伦纳德的求婚迟迟不能做出回应。

5 月 7 日，伦纳德孤注一掷地打定主意不再回锡兰，而他的辞呈也最终被官方接受了。在随后的日子中，伦纳德凭借自己的才智和魅力进一步打动了弗吉尼亚，而他的作家身份更是使

① 伍厚恺：《弗吉尼亚·伍尔夫：存在的瞬间》，成都：四川人民出版社，1999 年版，第 93 页。

弗吉尼亚明白了他俩的性格是多么般配。在布朗斯威克广场居住的时光里,他们约定每天上午各写五百字,完成任务后,两人便一起轻松地吃午餐、散步或者安静地享受午后时光,在长久的彼此陪伴中,弗吉尼亚发现了新的乐趣,虽对婚姻的担忧与疑虑仍未完全消散,但她相信他们未来的婚姻"将会充满了生机,总是活泼有乐趣,总是充满热情"①,一切似乎都变得明朗起来了。最终,在5月29日,她告诉伦纳德,她爱他,并愿意嫁给他。之后,他们于8月10日在圣·潘克拉斯市政厅举行了婚礼,正式结为夫妻。

在弗吉尼亚诸多的爱慕者与求婚者中,伦纳德·伍尔夫最终脱颖而出,赢得了弗吉尼亚的芳心。今后,或许当他们在憧憬着工作、交谈和自由的一生时,还会面对很多新的坎坷与分歧,但在爱与成全中,他们注定终将携手同行,不负韶华。正如昆汀·贝尔在《伍尔夫传》中所说:"这是她一生所做的最明智的决定。"②

四、艺术准备:号角已吹响

林德尔·戈登在《弗吉尼亚·伍尔夫:一个作家的生命历程》中曾指出:"莱斯利·斯蒂芬是弗吉尼亚的最初的和最持久

---

① Woolf, Leonard. *Beginning Again: An Autobiography of the Years 1911 to 1918*. Harcourt Brace Jovanovich,1964:57.

② 昆汀·贝尔:《伍尔夫传》,萧易译,南京:江苏教育出版社,2005年版,第199页。

的智能上的典范。”[①]在莱斯利生前，他一直以自己的方式对弗吉尼亚的文学创作进行着引导、教育和训练。因此，在其去世之后，在他的苦心栽培与影响下，弗吉尼亚已能独立地开始自己的艺术准备了，她要证明自己会像父亲期望的那样，成为一位卓越的作家和思想家。“（在16岁时）……我就知道了所有该知道的东西，我要写一本书——一本书——可什么书呢？21岁，在曼劳比亚，当我走在海边的沙丘上时，那种景象更清楚地出现在我脑海里。”正是在父亲去世后的曼劳比亚之行中，弗吉尼亚头一次对自己想写的那种东西有了模糊的概念。几天后，回到伦敦的她便开始着手将梦想变为现实。

回首那段往事，父亲莱斯利的去世对弗吉尼亚的打击是沉重的，甚至一度使其陷入了疯狂。在这期间，她曾接到了一份自己喜欢且能胜任，同时又对其身体有一定镇定疗效的工作。历史学家弗兰德里克·梅特兰曾是经常和斯蒂芬一家在圣埃夫斯度假的年轻人之一，后来他娶了弗吉尼亚的表姐弗洛伦斯·菲希尔，莱斯利十分喜欢他，曾要求他为其作传记。因此，在莱斯利去世后，梅特兰便开始着手做这件事，考虑到莱斯利的有些信件尤其是与妻子之间情书的私密性，他认为应该先让弗吉尼亚过目，进行备份和筛选，于是他向弗吉尼亚发出了邀请，并希望她能就莱斯利与孩子们的关系写些东西。这件事使弗吉尼亚异常激动和兴奋，因为这将是她第一次将自己所写的东西发表，为此，她那年的整个秋季都忙于翻阅和誊写家信，同时为了尽善尽

---

① 林德尔·戈登:《弗吉尼亚·伍尔夫：一个作家的生命历程》，伍厚恺译，成都：四川人民出版社，2000年版，第108页。

美，她还耗费数周时间为传记编了一条“注释”。最终，在她的不懈努力下，她成功地刻画了一个有血有肉的莱斯利的形象，既呈现了其在文学影响中的正面形象，又描绘出了其“家庭暴君”的负面形象。对弗吉尼亚而言，书写过去是一种积极有力地告别与平息过去的方式，只有通过书写，她才能逐渐抚平父亲去世所带给她的伤痛。这次书写与发表是弗吉尼亚的一次早期尝试，在这之后她将进一步开启自己漫长而艰辛的艺术准备之路。

1904年11月，为了遵守医嘱，静养身体，弗吉尼亚去了在约克郡由其表兄威尔·沃恩担任校长的吉哥斯威克学校。在那里，她不仅对自己曾经崇拜且如今仍旧十分喜欢的女性玛奇·沃恩有了进一步的了解，而且还寻找到了她真正意义上的处女作的题材。在约克郡，她参观了勃朗特三姐妹的故居——哈沃斯牧师住宅，并写下了一篇有关它的报道寄给了《卫报》(*The Guardian*)，为自己挣得了人生中的第一份稿酬。“今天早上，我盘子里放着我人生中分期支付的第一笔稿费——2英镑7便士6先令。”[①]《卫报》是伦敦一家面向教会和神职人员的周报，其中妇女副刊的编辑阿瑟·利特尔顿太太(Mrs. Arthur Lyttelton)是维奥莱特的朋友，因此，在维奥莱特的引荐和不断鼓励下，《卫报》成了弗吉尼亚发表早期报刊习作的固定渠道。第一篇文章的成功发表燃起了弗吉尼亚血液中沸腾着的创作欲望，同时也使她在将自己塑造成一位经济独立的女性艺术家的道路上迈出了坚实的一步。之后，当身体康复的她回到戈登广场后，她第一

① 哈里斯：《伍尔夫传》，高正哲，田慧译，长春：时代文艺出版社，2016年版，第36页。

件事便是把新家的书房整理成了自己理想中的模样："所有我钟爱的皮革封面的精装书都优美地排列在书架上，房间里还燃着舒适温暖的炉火，明亮的电灯，以及一大堆的手稿和信件。"[①]这里将成为一位作家的房间，在这里弗吉尼亚"每当看到一支钢笔、一瓶墨水，就会抑制不住地拿起笔，就像一些人忍不住要喝杜松子酒一样"，不知疲倦地写作。

大约就是从这个时候起，弗吉尼亚成了一个长期受雇的短文和评论作家。就像梅花要经历严冬之寒，才能傲立枝头；蚌要熬过磨砺之苦，才能孕育珍珠一样，弗吉尼亚的艺术之路也注定是要经历坎坷和崎岖的。1903 年圣诞节期间，她第一次尝到了作品遭拒的苦头，她先是收到了《康希尔杂志》（*The Cornhill Magazine*）敷衍了事地回绝她关于博斯韦尔[②]的文章的信件，后又收到了自由党政治家霍尔丹先生就其哈沃斯一文写给维奥莱特·迪金森的回信，信中称"亲爱的迪金森小姐，感谢你给我看了斯蒂芬小姐关于哈沃斯的文章——正如你所知，我对这地方很感兴趣。写得那么好——但我认为这位作者还可以更深入她的主题。不过这是个开始，而且它显示了天赋……"对此，弗吉尼亚认为这是一封毫无热情的赞扬信，"总之我感到（就像你在《圣经》中读到的那样）被男性轻视和拒绝。"虽然这两件事使弗吉尼亚略显沮丧，但是令人高兴的事还是有的。

1905 年，弗吉尼亚和《泰晤士报·文学副刊》（*Times*

---

① 同上，第 35 页。

② 博斯韦尔（James Boswell，1740—1795），苏格兰作家，曾为约翰逊写过传记。

Literary Supplement)建立起了几乎持续终生的联系。《泰晤士报·文学副刊》创刊于1902年,那时其编辑布鲁斯·里查蒙德曾邀请莱斯利爵士为其撰稿,但当时处于病中的莱斯利已经写不了任何东西了。如今,在莱斯利去世一年后,里查蒙德找到了他的女儿弗吉尼亚并向其约稿。3月10日,他刊登了弗吉尼亚写给他的第一篇稿子——题为《文学地理》的书评。对于这篇文章,里查蒙德认为它是"值得钦佩的",因此,他又向弗吉尼亚约了伊迪丝·西切尔的《凯瑟琳·德·美第奇和法国改革》一书的书评写作,但是,对于这本"大块头的书",弗吉尼亚写道:"我不是很愿意为它写书评,因为我对那个题材一无所知。"①事实证明,弗吉尼亚所言不假,她的这篇书评被布鲁斯·里查蒙德拒稿了,理由是从历史的观点来看,这并不是一篇严肃的评论,但是作为补偿,里查蒙德寄给了她三本关于西班牙的书籍。她继续夜以继日地大量写作评论文章,1905年时,她曾在日记中统计了她所发表的文章,其中包括评论吉辛、詹姆斯、萨克雷、狄更斯等的文章,还有探讨女性、"街头音乐"以及散文艺术的文章。在整个"学徒期",《康希尔杂志》《卫报》《泰晤士报》《国家评论》和其他刊物都为弗吉尼亚的早期习作提供了演习的空间,而她一系列文章的发表也增强了其信心,使其在创作中得到了磨炼,激发了她日后发表小说作品的雄心壮志。

在写作训练之余,弗吉尼亚还在1905年到1907年间在伦敦南部一所专门为男女工人而开设的夜校——莫利学院

① 昆汀·贝尔:《伍尔夫传》,萧易译,南京:江苏教育出版社,2005年版,第112页。

(Morley College)教书。莫利学院的校长是诺里奇主教的女儿希普尚克斯小姐，她一直以来都想为莫利学院招募一些帮手，随着她与弗吉尼亚的接洽，她的这一心愿实现了。她不仅使弗吉尼亚成了这里的老师，还使文尼莎在那里教素描，托比和克莱夫教拉丁文，艾德里安教希腊文，不过可惜的是，他们很快就失去了兴趣，唯有弗吉尼亚留了下来。在这里，希普尚克斯小姐的初衷是希望弗吉尼亚可以“融娱乐和教学为一体——带点闲聊和体谅——然后‘谈谈’书本和绘画”[①]，但弗吉尼亚对待教育是认真严肃的，她坚持认为，不应该用虚假的学问来糊弄那些刚刚识字的人，因此，她坚持开设英国历史的相关课程，希望可以教给学生们一种坚实的总体课程，为他们今后的进一步学习奠定基础。不过，最终迫于“当权者”的压力，她不得不转教英国文学了。

然后，在星期三，我教了英国作文课，共有十人参加，四男六女。我觉得这是学校里最没用的课了，希普尚克斯也这么认为。昨晚她旁听了整堂课，差点儿不耐烦地跺起脚来。可我能做什么呢？我有一个学生是个50岁的老社会主义者，他认为他得在一篇以秋天为主题的文章里加入有关寄生虫(即贵族们)的内容；一个荷兰人以为——也是在课程结束时——我一直在教他算术；贫血的年轻女营业员们说她们愿意多写写，可她们只有一个小时的吃饭时间，似乎没有很多时间用来写作……[②]

---

① 昆汀·贝尔:《伍尔夫传》，萧易译，南京:江苏教育出版社，2005年版，第114页。

② 同上，第114—115页。

总之，到了1907年年底，弗吉尼亚不得不失望地放弃了莫利学院的工作，因为在她眼中，莫利学院一直在让她和她的学生们去干些毫无用处的事情。虽然，莫利学院的学生可能并没有从弗吉尼亚那里学到什么，但是毫无疑问的是，弗吉尼亚却或多或少地从她的学生那里获得了些什么。在这里，她第一次进入了伦敦一个没有双轮双座马车的区域、一个穷人的世界；在这里，她第一次尝试着和社会地位比自己低下的人进行智性交谈；也正是在这里，她的注意力进一步被英国历史所吸引。“顺便说说，我在这些日子里会有一天写历史的。”弗吉尼亚在1905年5月给维奥莱特的信中写道。莫利学院的教学工作看起来似乎是弗吉尼亚艺术训练过程中的一个小插曲，但是这个小插曲所带给她的关于“下流社会”的图景以及她对英国历史的进一步认知和看法都将转化为文字，定格在她今后的文学作品之中。

岁月流转，初心依旧，弗吉尼亚继续着她的写作训练，除了为报刊撰稿之外，她仍旧乐此不疲地以美妙绝伦、引人遐想的辞藻描述着光线、薄雾、夜景和乡村生活，但同时在赖埃(Rye)度夏假的她还开始写一些有关她的父母、有关海德公园门生活、有关斯特拉、杰克和文尼莎以及达克沃斯兄弟的记叙文，这些文章是以传记形式写给文尼莎即将出世的孩子朱利安的，后被结集成册，收录到《存在的瞬间》(*Moments of Being*)一书中。此外，这时的她也开始有意识地怀着作家的心态去观察和描写人们的心境，她曾试图去体察一个苏塞克斯农场工人的内心，从而思考小说中会出现的那种可悲的谬误。她还曾在与玛奇·沃恩的通信中向其表明自己写作的意图。

我唯一的辩护就是，我所写的就是我看到的东西；我一向很清楚，它是一种非常狭隘、相当冷酷的观点。我想——如果我是给格林太太写信的戈斯先生！——我会从诸如教育、生活方式等外部理由来稍作解释为啥会这样。因此也许随着年龄的增长我会对一些事有更好的理解。我想乔治·艾略特写第一部小说《牧师生活情景》时差不多40岁了。

可我现在的感受是，这个没有爱、心灵、激情或性的梦一样的模糊世界就是我真正关心并觉得有趣的世界。因为尽管它们对你只是梦幻，而且根本没法充分表达它们，对我而言它们是十分真实的。

不过请千万别以为我感到满足，或以为我的观点很完整。只不过在我看来，写那些自己真实感受到的事情比涉足那些我实在一点不懂的东西要好些。那是一种大错——在文学中——在我看来它是糟糕透顶、无可原谅的；我的意思是，人们沉湎于自己不了解的情绪当中。不过当然，任何伟大的作家都会美好地表现它们，并把塑像变成男人和女人。我纳闷你究竟懂不懂我这种自负、幼稚的思想？我寄给你的东西仅仅是试验；我永远不会想要把它们当作成熟作品拿出来。它们会搁在书桌里，直到被烧掉为止！①

在日渐成熟的创作观念影响下，弗吉尼亚终于在1907年开始动笔创作她的第一部小说《美林布罗西娅》(*Melymbrosia*)，随

① 昆汀·贝尔：《伍尔夫传》，萧易译，南京：江苏教育出版社，2005年版，第135页。

后更名为《远航》。其实，在艺术准备的最初阶段，甚至可能是1904年的曼劳比亚之行前，她就已经开始在头脑中酝酿和想象她的处女作了，但出于对文学创作的谨慎和严肃态度以及自身的害羞性格，她一直没有流露出关于这部小说的任何迹象。在之后的5年中，她都将都会沉浸在这部作品的创作之中，对此，我们将在下一章中详细论述。

对于作家这份职业，弗吉尼亚一直满怀着高度的崇敬，她每天上午都会花两个小时站在高高的桌案前全神贯注地写作，就像手持刻刀站在工作台前聚精会神工作的雕刻家一样，这时外部世界似乎已和她没有任何关联。当文思如泉涌时，她笔下流畅的文字快得似乎能超过打字机的速度；但当思路受阻时，挣扎战斗一个上午可能也写不出50个字。写作于她来说，是她的生命，对此，福斯特曾评价道："她喜欢写作，并且带着一种专心致志的狂热来写作，很少有作家具有或者企求这种品格。大多数人写作时，四分之一的心思放在版税上，四分之一的心思放在批评家身上，又有四分之一的心思放在如何改进这个世界上，只剩下最后的四分之一的心思放在他们集中了全部想象力的那个任务上。她不愿意东张西望，她周围的环境与她本人的气质使她做到专心致志……在各个时代中，像她那样热爱写作的作家，确实是非常罕见的。"①

在每日忙于小说和报刊写作的同时，她还不忘如饥似渴地大量阅读，以提升自己的写作素养和能力。她继续阅读大量希

① 瞿世镜主编：《伍尔夫研究》，上海：上海文艺出版社，1988年版，第5页。

腊作家和罗马作家的作品，并在笔记中对这些作品做了详尽的批注：1907 年她读了尤维纳利斯的作品；1908 年她读了《奥德赛》和柏拉图的相关作品；1909 年她则阅读了柏拉图的《伊安篇》、索福克勒斯的《埃阿斯》和阿里斯托芬的《蛙》。同时她还对平时随身携带的用字典纸印刷的微型小说集十分感兴趣，她阅读了托马斯·哈代的《塔上的两个人》，也读了乔治·梅瑞迪斯的《哈里·里查蒙德》等。除此之外，她还在克莱夫的引导下阅读了 G. E. 穆尔的《伦理学原理》以及法国现当代文学的作品。就其个人兴趣与爱好而言，阅读永远是她生活中最重要、最有益、最不可分割的部分。

但有时，弗吉尼亚也会从纯粹、枯燥的写作和阅读训练中走出来，享受生活。旅行、参观画展、听音乐、去歌剧院等都是她的业余爱好。不过对于这样一位执着于写作的未来作家而言，即使是在享受生活的同时，她仍不忘激发自己的想象力，为自己的创作搜集资料，寻找灵感闪耀的瞬间。有一段时间，弗吉尼亚曾在萨克逊的影响下对歌剧产生了兴趣，而且对瓦格纳也表现出了明显的崇敬之意。于是 1909 年 8 月，在艾德里安和萨克逊的陪伴下，他们踏上了拜罗伊特[①]之旅。旅行中的日记与书信于弗吉尼亚而言就是家常便饭，几乎每次旅行，她都会刻意且仔细地对风景、人物等进行描绘，这些都成了她创作之路上非常宝贵的练笔。此次旅行也不例外，弗吉尼亚差不多每天都会写信给文尼莎描述他们所处的环境、他们参与的活动以及身边的人，如

---

① 拜罗伊特（Bayreuth），德国东南部城市，德国作曲家瓦格纳 1872 年来此定居，死后葬于此。每年 7、8 月在此举行瓦格纳音乐节。

“（德国人）的臃肿是令人吃惊的——不过他们看起来很清洁、友善。他们很中萨克逊的意，他觉得他们是那么明白事理。”①弗吉尼亚在信中写道。同时，此次同行的萨克逊也被她当成了描述的对象，以作家的眼光对其进行了审视。

萨克逊一整天都处于蛰伏状态，如果你打扰他的话，他就会显得相当乖戾。他平行地跳着，一会儿向前一会儿向后，挥舞着他那根丑陋的手杖，嘴里哼哼着，就像一只聒噪的蚱蜢。他有点让我想起了父亲。他以同样的方式捏紧拳头、皱着眉头；如果你盯着他，他就立刻停下来。艾德里安和我互相眨着眼，有时会被发现。大概夜里11点，我们开始打呵欠的时候，他活跃了起来，提出一个非常敏锐、相当尖刻的问题。我们一直争论到今天凌晨一点半。它针对的是艾德里安两三周前那个星期四说的话，萨克逊过去没搞懂它。他把东西储藏起来，就像一只睡鼠。他的头脑不可思议的准确，但我对他的才智颇觉吃惊……我们过得相当简朴，就像僧侣和修女一样，几乎一声不吭，还有——喔，我想念你！

旅行期间诸如此类的描述还有很多，弗吉尼亚几乎从不会放过任何一个有益于写作的机会，即使是看似与写作没有直接关联的音乐会和歌剧，在她那里都会转化成她创作的助力。比如她往往会把音乐会和歌剧当成一种壮观场面和社交活动来欣赏，而动听的音乐则被她作为创作冥想的背景，其名作《到灯塔

① 昆汀·贝尔：《伍尔夫传》，萧易译，南京：江苏教育出版社，2005年版，第160页。

去》的创作结构就暗合了西方音乐“曲式学”中的结构排列方式A——B——A:第一部以拉姆齐夫人作为第一主题;第二部以时间的流逝作为第二主题;第三部分则以对拉姆齐夫人的回忆作为第一主题的再现和变奏,在这种音乐式的对比与匀称的结构安排下,整部作品体现出了一种独特的音乐美感。同样,日常生活中的绘画也为其今后的创作提供了无尽的灵感和艺术滋养。在一次佩鲁贾[①]之旅中,弗吉尼亚在被坎比奥书院的壁画深深吸引之下,奋笔疾书。

我瞅着一幅佩鲁奇诺的壁画。我想他眼中的事物是成组的,被包括在确定、不变的形式中;被表达在脸上和行动中——(? 它们)[②]是不存在的;所有的美都包容在人物稍纵即逝的显现里。可以说,他认为它是密封的,它所有的价值都在它本身中,不暗示着恐惧或未来。他的壁画在我看来似乎是无边的寂静,好像美飘浮到顶端,停留在那儿,在所有别的事物之上,语言、延伸的路、头脑与头脑之间的联系,这些都不存在。

每一部分和其他部分都有着一种互相依赖;它们在他的头脑中构成了一个理念。那个理念根本没法用语言表达出来。这伙人和上帝的形象毫无关系。那么,它们聚集到一起是因为它们的线条和颜色是相关的,并表达了他头脑中的一种美的见解。

至于写作——我也想表达美——不过是动态生活和世界的

---

① 佩鲁贾(Perugia),意大利中部城市,有建于十三世纪的佩鲁贾大学与古代意大利伊特拉斯坎人的城墙遗迹,国立美术馆藏有文艺复兴时期的著名绘画艺术。

② 弗吉尼亚的原笔记在该处有不清楚或脱落的地方。

美（匀称?）。矛盾？是这样吗？如果绘画中有一种动态，它只在于呈现线条；但是考虑到美的目的，不存在一种不同类型的美吗？这并不矛盾。

我得到了一种不同类型的美，通过无限的不和谐达到一种匀称，展现了思绪在这个世界上全部游历的踪迹，最终获得了一种由颤抖的碎片组成的完整；在我看来这恰恰是自然而然的步骤，思绪的飞翔。①

仅仅是在艺术准备阶段，弗吉尼亚就已开始有意识地将其日常生活中的所听、所思、所感转化为她创作中的艺术积淀。之后，当她逐步走向创作成熟期时，她已完美地将布鲁姆斯伯里时期的视觉艺术平移到了文学领域②，实现了在文学中推崇绘画效果的目标，完成了各艺术门类之间的内在勾连，达到了在继承文学传统基础上的创新求变。

这几年弗吉尼亚都在尽心竭力地忙着为自己的写作事业积蓄力量，到了1909年和1910年，她甚至更加忙碌，《泰晤士报·文学副刊》已成为她的头号雇主，《康希尔杂志》亦开始经常刊登她的评论。出于家学渊源，弗吉尼亚自幼就在作为传记家的父亲莱斯利影响下，对传记情有独钟。林德尔·戈登也曾表示传记是弗吉尼亚的出发点。1909年时，她希望“写一篇非常微妙的作品来讨论怎样写传记的问题……我突然有这种感觉，即我对

---

① 昆汀·贝尔：《伍尔夫传》，萧易译，南京：江苏教育出版社，2005年版，第148页。

② 具体可参见杨莉馨：《伍尔夫小说美学与视觉艺术》，北京：中国社会科学出版社，2015年版。

艺术一无所知；我只不过以一种鲁莽的方式在人物动机和人类性格后面跌跌撞撞……”①故而，她为《康希尔杂志》写了一篇以虚构性传记的新实验形式创作的传记评论——《一个小说家的传记》，不过令她懊恼的是，这部被其认为是够得上发表的第一篇小说被《康希尔杂志》的编辑雷金纳德·史密斯拒绝了，他指出：“我的感觉是，你不是把一只蝴蝶，而是把一只大黄蜂钉上了大头针。它本身是灵巧的，可……。”②

《一个小说家的传记》共 17 页，比通常的传记评论更长，表面上来看，它是一篇对一个富有想象力的维多利亚时代的老处女维拉特小姐的传记进行的虚拟式评论，但事实上，它是弗吉尼亚在评论外衣的掩饰下对发表小说的尝试。更确切地讲，《一个小说家的传记》是结合传记和小说两种类型于一体的新形式，它已初步显露了弗吉尼亚的传记观，同时它也与其今后的传记性小说关系重大。在《一个小说家的传记》中，弗吉尼亚虚构了维拉特小姐和林塞特小姐。维拉特是一位并不知名的作家，死于 1884 年，她的著作也一直默默无闻地躺在海滨图书馆最高书架的顶层，落满灰尘。而弗吉尼亚虚构的林塞特小姐则是一位典型的维多利亚时代的圣徒传作者，她为维拉特小姐写了一本《维拉特小姐传》。很显然，作为传记作者的林塞特小姐是缺乏洞察力的，她以陈词滥调的描写将目光聚焦在与维拉特小姐相关的

---

① 林德尔·戈登：《弗吉尼亚·伍尔夫：一个作家的生命历程》，伍厚恺译，成都：四川人民出版社，2000 年版，第 133 页。

② 昆汀·贝尔：《伍尔夫传》，萧易译，南京：江苏教育出版社，2005 年版，第 164 页。

外在事实上，如 18 世纪 40 年代的舞会、父亲的葬礼、维拉特小姐在穷人中的工作及其所引发的关于慈善机构的论述等等，同时她还花费大量篇章来对其家族谱系进行描写，所有这一切都使她遮蔽了维拉特小姐的真实性格，完全丢弃了在维拉特小姐人生中起决定作用的“存在的瞬间”。作为虚拟的传记评论者的弗吉尼亚对林塞特小姐的传记写作方法进行了驳斥和嘲讽。

幸好，有迹象表明维拉特小姐并非像她看上去的那样。这些迹象显示在她的笔记里，她的书信里，尤其是清晰地显示在她的肖像里。一看见那张毫无自私神情的大脸，那显示着才能的前额，以及那双阴郁而聪慧的眼睛，就推翻了前一页里写的那些絮絮叨叨的废话；她看来颇能骗过林塞特小姐。①

正是通过对这种传统传记写作方法的嘲讽，弗吉尼亚切断了与传统陈腐观念的联系，就像克莱夫 · 贝尔所言：“别以为我被你的才华弄得那么盲目，以致我看不出你或许发现了一种特别适合于你的天才的新方法。”在 1927 年 10 月 30 日刊登于《纽约先驱论坛报》的《新派传记》一文中，弗吉尼亚再次阐述了自己的“新传记”观。

重要的是传记的观点也完全改变了。当我们翻开一本新派传记，其直白和空洞让我们立刻感到了作者与传主的关系与从前不大一样。他不再是那个一丝不苟、满怀同情的伙伴，不辞劳苦甚至是亦步亦趋地去找寻他书中主人公的足迹。不管是朋友

---

① 林德尔 · 戈登：《弗吉尼亚 · 伍尔夫：一个作家的生命历程》，伍厚恺译，成都：四川人民出版社，2000 年版，第 134 页。

或是对头，也不管是仰慕或是批评。他都是与之平等的人。无论在什么情况下，他都保持着自己的自由和独立判断的权利。此外，他还认为自己不必墨守成规、按部就班地写作。他的独立精神使他有点居高临下，他可以把传主的一切尽收眼底。他可以挑选，可以组合，一句话，他不再是一个记事者，他已然是一位艺术家。①

为了能花更多时间平静地阅读和写作，1910年圣诞节期间，弗吉尼亚在苏塞克斯山谷菲勒村（Firle）找到了一处租金便宜且环境宁静、景色宜人的小房子，或许是为了寄托她对圣埃夫斯美好时光的深切怀念，她将它称之为“小托兰德屋”。而这里也确实成了她生命中的第二个康沃尔，是她终生热爱的地方。到了1911年，她又在苏塞克斯找到了第二个寓所——阿希姆（Asham），这座小屋也处于偏僻、静逸、浪漫的环境之中，但相较于小托兰德屋，这里更加宽敞，更加富有魅力，“花园和旷野里的草几乎要蔓延到客厅，甚至长到窗台上”，弗吉尼亚对此番景象甚是喜欢。因此，自租约生效日起，弗吉尼亚余生的创作时光都将与这片土地紧密相连。

与其他作家相比，作为作家的弗吉尼亚·斯蒂芬成熟得很晚，但在给各报纸杂志写作、供稿的过程中，她获得了真正意义上的历练与成长，她审慎地计划和实施着自己的教育，一步一个脚印地强化着自己的写作训练，为了创作出符合自己标准的作

① 弗吉尼亚·伍尔夫：《伍尔芙随笔全集》Ⅳ，王义国等译，北京：中国社会科学出版社，2001年版，第1703页。

品，她不断地反复重写。在20年的写作训练和艺术准备期间，她将自己置于一个自己创造的艺术世界里面，在不断汲取父亲训诫的同时，又努力超越它们，从而寻找和确立自己心中神圣的艺术典范。作为一位女性，弗吉尼亚不断冲破传统的枷锁和藩篱，从女性的自我蔑视和自我压迫中解放自己；而作为一位女性作家，她又竭力克服强加在女性身上的谦逊与羞涩，克服自己对公开发表作品的畏惧，努力确立自己作为一位女性艺术家的自信心，从既定的规范中寻求独立。总之，在历经时光的淬炼、岁月的洗礼和悄然的酝酿后，满载沉甸甸艺术积累的弗吉尼亚终将在雨雾散尽，告别黑暗迎接黎明的刹那，使生命之花傲然绽放，英伦百合传奇崛起的号角已然吹响。

第四章

破茧成蝶:英伦传奇的崛起(1913—1922)

我带着一捆捆作品回来了。

And now I go back "bringing my sheaves".

一、痛并快乐着:文学与婚姻的初航

在经历了写游记、书信、自传、传记与报刊评论等的学徒期后,终于在1913年3月,弗吉尼亚·伍尔夫完成了她的第一部文学处女作《远航》(*The Voyage Out*),开启了她人生中的文学初航。此时,亦是她与伦纳德步入婚姻生活的初航期,在这个事业和生活携手并进,开启人生新航线的旅程中,伍尔夫在痛并快乐的微妙情感交织下不惧风雨,砥砺前行。

如前文所述,早在莱斯利·斯蒂芬去世时,弗吉尼亚就已开始在心中酝酿她的处女作了。而1906年,在与哥哥托比游历希腊、葡萄牙等地归来后,她便开始筹划长篇小说《远航》的写作。小说从构思到正式出版历时近九年,其间经历无数次修改,1915

年 3 月在英国出版后又屡经修改，美国版问世前，伍尔夫又进行了一次全面的修订。伦纳德说伍尔夫烧掉了“5 或 6 部”完整的《远航》手稿，而侄子昆汀·贝尔则在《伍尔夫传》中说是 7 部。为这部处女作，伍尔夫投入了最多的时间，并经受了常人难以想象的精神折磨。

1906 年到 1913 年期间，伍尔夫在经历“布鲁姆斯伯里”生活、托比的去世、文尼莎的出嫁、男士们的各种追求、与伦纳德·伍尔夫的婚姻等一系列事件的同时，她也一直在全身心地、默默地“在黑暗之中顽强地写作”。在这段时间，一直到《远航》出版之际，弗吉尼亚一共经历了三次精神崩溃，因此，很大程度上来说，她的精神疾病与这部作品的写作强度和出版情况存在着紧密的联系。就像 1920 年伍尔夫回顾自己的创作历程时所写："写新书之初，创作的欲望在心中猛烈地翻腾，一段日子后就平静下来了。接着，写作就比较稳当了。此时各种疑虑悄然而生。随后，作者就只能任由命运摆布了。"[①]1910 年的 3 月，可以说是弗吉尼亚创作《美琳布罗西娅》的疑虑期，那时她病倒了，疯魔又一次降临到了她身边，剧烈的神经紧张不断地折磨着她。在萨维奇医生的诊断下，她照例又一次被要求静养。于是，在贝尔夫妻的陪同下，她去了斯塔德兰(Studland)，在三个星期的安静生活中，她的病情逐渐得到了好转。但不幸的是，从斯塔德兰返回伦敦后不久，她的病情便迅速恶化，伴随着剧烈的头痛、失眠、精

① 弗吉尼亚·伍尔芙(夫)：《伍尔芙日记选》，戴红珍、宋炳辉译，天津：百花文艺出版社，2012 年，第 20 页。

神狂躁和对食物的强烈反感，她再一次进入了癫狂状态。在萨维奇医生的命令下，她又一次被迫离开了伦敦，在姐姐和姐夫的陪同下前往乡间休养。然而，两星期后，弗吉尼亚的病情不但没有任何好转，反而更糟了。但此时，由于文尼莎在7月份即将临盆，她已完全无法独自照料弗吉尼亚了，因此萨维奇医生给出了建议，他认为最好的办法是将弗吉尼亚送往特威肯哈姆的一家看护所进行彻底治疗。

万般无奈之下，弗吉尼亚只能接受这个决定。在7月和8月里，她在伯利(Burley)度过了6个礼拜。伯利是特威肯哈姆的一家私人看护所，是一家专为照料精神失常的病人而设的上流高级疯人院，这是弗吉尼亚第一次对看护所的体验，也正是这种体验使她在之后的作品《达洛卫夫人》中对以布雷德肖医生为代表的医疗体制进行了无情的嘲讽与批判。在这里，她的一切，包括信件、阅读的书籍、来访者等都被严格地限制，她被关在一间黢黑屋子的小床上，每日被迫吃着所谓的健康食品……在这里，工作人员和病人几乎无法区分，一切都那么诡异，一切都那么怪诞，看护甚至会告诉她"老女王就是女王的母亲，还有现在的女王，她们代表着最高的女性德行"。而且，虚假的宗教氛围弥漫着整个看护所，所长琼·托马斯总是在"无声的祈祷中达到高潮"，而看护们"总想知道上帝堪与什么相媲美"，其"宗教精神是相当令人吃惊的"。看护所的阴郁气氛和环境曾使弗吉尼亚多次写信谴责姐姐，"该死地把她一个人孤零零地丢在这乏味的地方"，而为了摆脱这种令人窒息的一切，她"很快就将不得不从窗户里跳出去”[1]。

面对这一切，仍在待产的文尼莎则不得不每天写信给弗吉尼亚，一遍又一遍温柔且耐心地劝导她：“喔，亲爱的，如果你再次彻底康复，那将多好啊……我没有为你过分忙乱……我的确觉得，在过去三年里，我对你关心得实在太少了。”[2]幸而，在文尼莎不断的劝阻下，弗吉尼亚没有做出什么疯狂的举动。到了8月中旬，经过一段时间的静养治疗后，弗吉尼亚获准离开特威肯哈姆，前往康沃尔，不过考虑到她的实际病情，忠实而友善的托马斯小姐同意陪同她一起。康沃尔是弗吉尼亚童年记忆中的天堂，那里的生活虽略显单调、乏味，但对于她身体的康复来说却是极有帮助的。在那儿期间，虽然仍常常伴有失眠和头疼，但她的身体已开始整体趋向好转。9月初，弗吉尼亚从康沃尔回到了伦敦。10月中旬她终于回到了菲茨罗伊广场，而这时她的病情也已经彻底恢复到可以再次投入小说创作之中了。

一年多以后，在1912年1月底，伦纳德·伍尔夫对弗吉尼亚展开猛烈追求之际，她的精神又一次崩溃了，于是她不得不再次被迫回到那令她憎恶的特威肯哈姆看护所，受托马斯小姐看护。如前文所述，此次病发，很大程度上与伦纳德对她的追求有关，但这并不能排除小说创作对她的影响，毕竟这时离她的作品完成之期已越来越近。不过，这次发病似乎很快就康复了，她大

---

① 林德尔·戈登：《弗吉尼亚·伍尔夫：一个作家的生命历程》，伍厚恺译，成都：四川人民出版社，2000年，第73页。

② 昆汀·贝尔：《伍尔夫传》，萧易译，南京：江苏教育出版社，2005年版，第175页。

部分的时间仍都在阿希姆安静地生活、写作。

第三次精神崩溃出现在1913年，这是伍尔夫所有精神崩溃中时间最长、最严重的一次，它甚至一度延续到了1915年。而在此次发病的最初之际，伍尔夫既处于与伦纳德的新婚期，又处于《远航》创作的尾声阶段。因此，她的这次精神抑郁，需要从多方面来进行考量。

弗吉尼亚和伦纳德在1912年8月12日举行婚礼之后，本计划前往冰岛度蜜月，但由于季节问题，他们不得不选择了一种传统的蜜月路线，先是从萨默塞特出发去阿维尼翁和沃克吕兹，再从那儿出发去西班牙。在萨默塞特郡霍尔福德(Holford)的犁铧旅店，他们度过了新婚最初的几天。在那里，"我们一点也没看见奎安托克斯(山丘)，除了一团团的雾气之外。不过我们步行到了山顶，现在我们就像两只老虎一样坐在火炉边，读着小说"①。弗吉尼亚在给珍妮特·卡斯的信中温情地写道。在之后的旅行中，他们品尝了巴塞罗那的糟糕食物，感受了马德里难以忍受的炎热，体验了托雷多和萨拉戈萨令人惊讶的美景，乘坐了意大利生锈的铁货船……最终，在10月3日，他们返回伦敦，结束了此次蜜月之旅。对于这次旅行，伦纳德和弗吉尼亚整体上是兴奋和满意的，他们发现彼此的爱好是那么的接近，彼此的性格又是那么的互补，"我们7个礼拜里不停地谈话，而且慢慢地

---

① Woolf, Virginia. The Letters. Vol. 2: *The Question of Things Happening 1912—1922*. Nigel Nicolson and Joanne Trautmann eds. London: Chatto and Windus, 1976: 3-4.

变成了……主张一夫一妻制的人。”①

但是，就像任何新婚夫妇都必须经历可怕的婚姻磨合期这一序曲才能通往婚姻本身一样，伦纳德和伍尔夫之间也出现了他们不得不面对和克服的问题。在婚前，他们对于弗吉尼亚的性冷淡或许已有怀疑，但是希望婚后会发生改变的他们迎来的只有失望和挫败。弗吉尼亚认为所谓性的狂欢极点被世人无限性地放大了。“你觉得人们为什么会对婚姻和性交如此大惊小怪？”她在一封从萨拉戈萨写给凯·考克斯的信中满腹疑惑地问道，“为什么我们的一些朋友失去贞操后会发生变化？可能我的大龄使这事不那么灾难性；可无疑，我认为那种高潮被大大夸张了。除了一种不变的好心情（伦纳德不会知道这事）之外，我可能还是S小姐（斯蒂芬小姐），那种好心情是因为每一阵恼怒同时袭击了我的丈夫。”②很显然，弗吉尼亚在这里暗示了她的性冷淡，以及她婚姻性生活的失败，而这无疑与她早期经受的达克沃斯兄弟的性侵犯以及杰克的性骚扰有关，他们的言行使弗吉尼亚在潜意识中拒绝男性、排斥男性，对性有着深深的恐惧和憎恶，对婚姻更是充满不安与怀疑。

然而，对于她的性冷淡，天性热情的伦纳德最初又是如何看待的呢？据林德尔·戈登在其《弗吉尼亚·伍尔夫：一个作家的生命历程》中指出：“伦纳德以明白无误的责备来对待弗吉尼亚

---

① Woolf, Virginia. The Letters. Vol. 2: *The Question of Things Happening 1912—1922*. Nigel Nicolson and Joanne Trautmann eds. London: Chatto and Windus, 1976: 6-7.

② 昆汀·贝尔：《伍尔夫传》，萧易译，南京：江苏教育出版社，2005年版，第208页。

的沉默，他划出了一道防卫线，声称假如一个女人没有性反应则必定有什么地方出了岔子。”[①]伦纳德曾在其日记中以阿丝帕西亚[②]称呼弗吉尼亚，并将其描述为一位冰冷的童贞女的形象，他写道：“我在和阿丝帕西亚相爱，当我想到阿丝帕西亚时，我就想起那些山岗，清晰地耸立着但又背衬寒冷的蓝色天空，显得很遥远；上面覆盖着白雪，从来没有阳光融化过它，也从来没有人踏上过它……假如人们触摸她，她会变得疯狂，就像某些女人在摸到毛毛虫时会发疯一样。”[③]伦纳德曾将这篇文章题献给伍尔夫，当伍尔夫阅读过之后，她沉默地坐了一阵，说道：“我认为你并没有把我写得足够温柔或者可爱。”由此来看，在婚姻初期，伦纳德似乎在性问题上是怨恨弗吉尼亚的，而这无疑加剧了伍尔夫对婚姻本身的不信任。关于这件事，伦纳德也曾在蜜月回来后，就立刻咨询并请教文尼莎，文尼莎事后跟克莱夫说道：“他们似乎很开心，但显然他心里有点担忧山羊的性冷淡。”[④]而伦纳德的朋友杰拉尔德·布伦兰也在1967年时就此事回忆道：“伦纳德告诉我，在他们度蜜月的时候他曾试图同她做爱，而她陷入了那样一种强烈的受刺激状态，他不得不作罢……因此，尽管我应该说伦纳德是个性欲很强的男人，他也不得不完全放弃获得

---

① 林德尔·戈登：《弗吉尼亚·伍尔夫：一个作家的生命历程》，伍厚恺译，成都：四川人民出版社，2000年，第212页。

② 阿丝帕西亚（Aspsia），古希腊时代雅典伯利克里斯的情妇，一个以智慧著称的女人。

③ 林德尔·戈登：《弗吉尼亚·伍尔夫：一个作家的生命历程》，伍厚恺译，成都：四川人民出版社，2000年，第212页。

④ 昆汀·贝尔：《伍尔夫传》，萧易译，南京：江苏教育出版社，2005年版，第208页。

任何性满足的想法。”[①]就此而言，在伍尔夫和伦纳德的婚姻初期，性问题似乎成了他们婚姻之路上必须要经历和克服的一个痛苦的小冲突。

1913年伊始，伍尔夫夫妇在距舰队街不远的克利福兹旅馆住了下来。此时，伦纳德在罗杰·弗莱所举办的第二次后印象派画展的兼职工作已告一段落，他下定决心要从事政治活动，因而正在铆足劲寻找相关的工作。而伍尔夫一方面仍在“以一种折磨人的强度”进行着自己的小说写作，另一方面却也在满怀希望地要像文尼莎一样生育自己的孩子。不过这时，她的健康状况似乎引起了伦纳德的担忧，他在日记中记下了伍尔夫的健康变化。1月底，当伍尔夫还在和文尼莎讨论孩子的问题时，伦纳德便已私下请教了萨维奇医生，萨维奇明确表示拥有自己的孩子将会对伍尔夫大有好处，但伦纳德对此却表示怀疑，随后他又请教了医生莫里斯·克雷格、T. B. 西斯勒和琼·托马斯，不过他们对此意见不一。最终，伦纳德出于对伍尔夫身体的考虑，做出了不要孩子的决定，并努力说服伍尔夫同意了这一决定。不过，想必最初对孩子充满期待的伍尔夫对这一决定是抗拒和痛恨的吧。毕竟当维奥莱特送给她婴儿摇篮作为新婚礼物时，她是那么的激动和兴奋：“我的婴孩将在这个摇篮里睡觉。今夜我舍不得在这张桌子边吃晚餐了。”[②]而结婚11年后，她满怀失落

---

① 伍厚恺：《弗吉尼亚·伍尔夫：存在的瞬间》，成都：四川人民出版社，1999年版，第95页。

② 昆汀·贝尔：《伍尔夫传》，萧易译，南京：江苏教育出版社，2005年版，第209页。

地写下的这些话同样证明了当初不要孩子的决定对她的打击和伤害:"绝不要假意装着你没有得到的东西是不值得获取的……譬如说,绝不要假意装着孩子可以由其他东西来替代。"

3月份,伍尔夫终于完成了《远航》的写作,伦纳德在通读之后,将手稿交给了杰拉尔德·达克沃斯的出版社。面对出版社未知的审稿结果,伍尔夫整日忧心忡忡,垂头丧气,"我料想它会被拒绝"。在伍尔夫焦急地等待了将近一个月后,杰拉尔德的审稿人爱德华·加奈特终于读完了这部作品,并对其大加赞许,表示很荣幸能出版这部作品。或许是由于《远航》即将面世而引起的焦虑、紧张和惴惴不安,或许是由于婚后夫妻性生活上的不可调和状态所引起的焦灼、恐惧与内疚,或许是由于不要孩子所带给她的心灵创伤,也或许是以上所有这些因素盘根错节的相互影响,总之,在伦纳德带着伍尔夫进行他的一次政治调查之旅时,她的健康状况突然恶化,她出现了婚后的第一次精神崩溃。4月份伍尔夫开始出现头疼、失眠等症状,伦纳德在其日记中进行了扼要记录:V. f. w,V. sl. h,g. n. ,b. n. ,[①]等等,这些密码似的文字表示,弗吉尼亚情况不错,弗吉尼亚稍微有点头疼,晚上睡得很好,失眠之夜。到了7月份,情况没有任何好转,伍尔夫变得更加沮丧、颓废、忧郁、脆弱,并常常被一种负罪感所包裹,甚至还出现了厌食的症状。7月25日,尽管伍尔夫激烈地表示抗议,但她还是再一次被送进了特威肯哈姆的看护所,并一直待到8月11日。从保留下来的少许几封伍尔夫当时写给伦纳德

① V. f. w,V. sl. h,g. n. ,b. n. :Virginia fairly well,Virginia slight headache,good night,bad night。

的信中可以看到，她就像一个被父母丢进残酷、黑暗、冷漠的寄宿学校的可怜孩子一样，责怪她的丈夫把她丢在这么暗无天日的地方，一切都是那么冰冷，那么不真实，但当她看到丈夫因她的疾病而略显疲倦、哀伤的面庞时，所有的抱怨瞬间又都转化为内疚和痛苦。

这一次，特威肯哈姆看护所的治疗对伍尔夫来说，似乎也显得无济于事了，她在离开那里时是颤抖和绝望的。在阿希姆待了十天后，8 月 22 日上午，伍尔夫和伦纳德一起回到了伦敦，23 日为了完成伦纳德曾许诺给伍尔夫的假日，他们按照原计划前往萨默塞特度假。在那里，他们再一次住进了新婚时入住的犁铧旅店，那是个美妙、可爱、幽静的地方，旅店老板也是友好而善解人意的，但遗憾的是，所有美好的一切都没能使伍尔夫的病情有所好转，忧虑、幻觉、关于食物的争执以及使用安眠药水的次数不断增多，伍尔夫的精神状态急剧恶化，而此时伦纳德亦已心力交瘁，徘徊在精疲力竭的边缘。9 月 1 日，伦纳德在无奈之下向凯·考克斯发出了求助，9 月 2 日，这位善良、热情、聪明的女士便火速赶到了霍尔福德，接下了照顾伍尔夫的重担，而伦纳德也终于得到了片刻喘息的机会。但即使有了凯·考克斯的帮助，伍尔夫的情况也没有丝毫好转。她深陷在负罪感和沮丧中不能自拔，她觉得自己在浪费她和伦纳德两个人的生命，这种可怕的念头不断在她内心深处扎根发芽，蚕食着她的生命力和求生欲，为此，她对伦纳德“充满了感激和悔意”。最后，在 9 月 8 日时，他们不得不返回伦敦再次就医，而在回去的路上，伍尔夫已明显表现出了一种公开性的自杀状态，伦纳德甚至一度担心她会试图跳下火车。抵达伦敦后，他们先后去看了莫里斯·赖特医生和海德医生，他们都告诉伍尔夫她确实病了，需要谨遵医嘱，但伍尔夫却始终认为自己没有任何问题。当天晚上六点半，当伦纳德外出去萨维奇医生那里时，伍尔夫找到了伦纳德放药的盒子，吃掉了100粒巴比妥，离死亡仅一线之隔。幸而，梅纳德·凯恩斯的弟弟杰弗里是圣巴塞洛缪医学院的住院外科医生，当时正住在布朗斯威克广场的顶层，因此他第一时间驾车带着伦纳德赶到医院取来洗胃筒抢救伍尔夫，当晚伍尔夫几次徘徊在生死边缘，最终与死神擦肩而过，脱离了危险。但是，死里逃生的伍尔夫仍无法摆脱疯魔的侵扰，“她略微安静了些，吃的也多了些，但症状还是很糟。”[①]克莱夫甚至在写给莫莉·麦卡锡的信中怀疑“她到底还会不会真好起来”[②]。

考虑到伍尔夫的精神状况，她和伦纳德婚后暂居的克利福德旅馆显然已不适合居住了，这时乔治·达克沃斯向他们伸出了援助之手，为他们提供了他位于苏塞克斯的达林瑞吉豪宅，那里高端奢华、宽敞明亮，设备齐全，还有随时候命的全班仆人。9月20日，在凯和一位护士的陪同下，伍尔夫夫妇住了进去，并一直住到1914年8月。在这期间，伍尔夫的病情虽始终反复不定，却也有了明显缓慢的好转，狂躁、亢奋的发作时间逐渐减少，进食也略有好转，失眠的夜晚也在逐渐减少，最终，情况好到足以使医生同意他们搬回到阿希姆去了。

① 昆汀·贝尔：《伍尔夫传》，萧易译，南京：江苏教育出版社，2005年版，第219页。

② 同上。

随着精神状况的好转，伍尔夫再一次活跃了起来。她已经开始适当地参加伦敦的一些社交活动，还在维多利亚街的一家烹饪学校学习烹饪，到了年底她甚至又开始投入创作，并开始记日记。从她的日记可以看到，她正过着一种平静、正常且极具规律的生活，疯魔似乎已悄然离她而去。

(1915年)1月2日，星期六

今天是这样一天，如果能在我们的生活中选择一个绝对普通的样板的话，我会选择它。我们吃早餐；我和le Grys太太见面……这之后，伦纳德和我都安静下来开始涂鸦。他写完了他的民间故事评论，我写了大概四页可怜的埃菲的故事；然后我们吃午餐，读报纸，一致认为今天没什么新闻。我在楼上读了二十分钟的《盖伊·曼纳宁》，然后我们带着“马克斯”去散步……然后我去买东西……之后我们去喝茶，加上蜂蜜和奶油；现在伦纳德在用打字机打他的文章；我们晚上都会用在读书上，然后上床睡觉。

也许是《远航》的出版在遭到搁浅之后，终于要在3月底问世的原因，2月底时，伍尔夫突然又一次出现了精神崩溃的症状。她变得异常兴奋，说话也语无伦次起来，甚至开始和自己已逝的母亲说话，此时的她已经从完全清醒进入了一种喋喋不休的精神错乱的状态，陷入了“一个充斥着狂怒、绝望和暴力的噩梦一般的世界”。3月25日，在《远航》问世的前一天，她被送进了一家疗养院，由四个精神科护士来照料，此时她变得异常疯癫、狂暴、易怒，甚至还敌视伦纳德，在大约两个月的时间里拒绝与他见面。6月底时，文尼莎曾写道：“凯见过弗吉尼亚，认为她确实在慢慢好转，但听起来让人十分沮丧，因为她的性格似乎已经变得非常不讨人喜欢了。她根本不想见伦纳德，讨厌所有男性。她对每个人说她所能想到的最恶毒尖刻的话，这些话是那么机敏，总能伤到人。”①直到1915年夏天，伍尔夫的病情才开始以蜗牛般的速度缓慢恢复。但无疑，以往由每次家人丧亡所引发的精神失常如今被每次作品的发表代替了，一旦她有新的作品即将问世，她就会发病，这几乎已经形成了某种规律，尤其在经历了两年的间歇性精神失常后，疯魔似乎再也不会离她而去了。

伍尔夫此次长达两年多的精神崩溃，虽如林德尔·戈登所说，除了与她第一部小说出版有关系之外，很大程度上也与伦纳德在婚后因她性冷淡对她无声的谴责有关。但不可否认的是，在这次严重精神崩溃中，除了伍尔夫本人之外，最痛苦的应该就是伦纳德了。作为伍尔夫的丈夫，他不得不照顾这个曾多次发疯且尝试自杀的女人，默默地承担了所有的苦楚，独自吞咽了所有的抱怨和牢骚，并忍受着无止境的希望和失望的轮番蹂躏与折磨。1914年时，他甚至由于压力过大而患上了严重的头痛。在经历伍尔夫自杀事件后，伦纳德曾饱含深情地对伍尔夫写道：“你不可能知道，假如你成功地饮下了那种长眠药剂，或者假如你抛弃了我，那么你将怎样彻底终结我的生命。”②在婚姻初期，伍尔夫与伦纳德之间可能因为性的问题而存在着分歧和冲突，

① 昆汀·贝尔：《伍尔夫传》，萧易译，南京：江苏教育出版社，2005年版，第219页。

② 林德尔·戈登：《弗吉尼亚·伍尔夫：一个作家的生命历程》，伍厚恺译，成都：四川人民出版社，2000年，第220页。

但显然，在这种冲突面前，伦纳德以自己的实际行动拯救了他们的婚姻，他开始以一种独特的精神之爱来代替他们之间的性爱，他们甚至还发明了一种私密性的话语来作为夫妻间充满爱意的游戏。在他们互相来往的书信中，可以看到，伦纳德常常把伍尔夫比作一只长着华丽羽毛且极具异国情调的可爱小鸟，或者是山魈(mandrill)，一种硕大、凶猛的西非洲狒狒；而伍尔夫则常常将伦纳德比作一种微不足道的小老鼠或者“猫鼬”(mongoose)，又或者“灰鹅”(grey goose)。在1917年10月31日伦纳德给伍尔夫的信中曾写道：“亲爱的，我崇拜……你壮丽身体上的每一根羽毛。”

经过婚姻初期的磨合，伍尔夫夫妇之间开始“以某种惊人的方式彼此匹配”，他们对忠贞不渝的美好感情的信念和对婚姻坚如磐石的忠诚使他们成功度过了婚姻中这段充满不安与危机的阴郁时光。十年之后，伍尔夫在1925年6月14日的日记中动情地写道：

> 我偎依在我生命的核心上，它就是与伦纳德一起生活的这彻底的安慰，我在那里发现一切都是如此满意和宁静，因此复苏了我自己，获得了一个新的开端；感到完全不受伤害。我认为，我们生活的巨大成功，在于我们的财富是隐藏着的；或者毋宁说存在于如此普通的事物之中，所以没有什么能够碰到它。

最终，在历经多番磨难与波折之后，耗费伍尔夫多年心血的《远航》在1915年3月26日问世了。它的出现引起了评论界巨大的反响，并受到了高度的评价。小说家E. M. 福斯特在《每日新闻》(*Daily News*)上写道：“至少有了这样一本小说，它和《呼啸山庄》一样确实无疑地达到了统一性，尽管走的是不同的小径。”而《观察家报》（*Observer*）上的评论写道：“它不断地努力去叙述真实而不是被期望的事情，它的幽默感和讽刺能力，它情感上偶然的剧烈，它那种意义深远的独创性——噢，就批评才能而言，我不希望为任何书忘乎所以，对它的把持力可能是一件个人的、主观的事，不过在我这个批评家看来，这本书在普通的小说间就像一只身处乖顺灰鹅群间的野天鹅，它的作者的名字对我来说是全新的，我从未听过。”就此而言，《远航》的成功在很大程度上消除了伍尔夫的疑虑，安抚了她躁动的神经和不安的心。

当论及《远航》的成功之时，我们还不得不提到一位对伍尔夫“文学初航”具有不可小觑的引领作用的人——克莱夫·贝尔。伍尔夫在走上创作之路的尝试期开始创作《远航》时，正是她与克莱夫以“情人”身份进行调情的阶段，那时他们保持着亲近、相互信任且复杂的关系。克莱夫的鼓励、赞美，以及作为耐心的第一位读者、有鉴赏力的批评家与坚定的支持者的特殊身份，均使伍尔夫对他产生了无可替代的依赖之情。昆汀·贝尔曾写道：“克莱夫能够讲得出上路子的批评。在这方面，他其实比利顿要有帮助得多……和他在一起她能放松自己，所以他能提供一些有用的建议，对《美琳布罗西娅》的写作能做出一些真正的贡献。”①因此，克莱夫填补了伍尔夫在失去哥哥之后和与伦纳德相爱结婚之前的智性交流真空，他们之间大约持续了两年的这种亲密的文学交谈关系，后来成了《远航》中雷切尔与特

---

① 昆汀·贝尔：《伍尔夫传》，萧易译，南京：江苏教育出版社，2005年版，第144页。

伦斯关系的部分原型。而《远航》也成了伍尔夫一生创作中，唯一或多或少在公开情形下写作，咨询意见，向别人展示部分手稿，并和朋友讨论进展的小说。

在这部小说的整个创作过程中，克莱夫在充当她的忠实读者与陪伴者的同时，还以自己的方式，教给了弗吉尼亚一些东西。他引导她去阅读一些更深奥微妙的法国现代文学作品，将她的注意力从维多利亚时代的作家身上转移到了法国作家身上："你读过马拉美的《未知者书简》(精美绝伦)……或者欧洲第一个势利者——乔治·达克沃斯除外——保罗·布尔热先生写的《蓝色公爵夫人》吗？你读过《危险的恋爱》——我所知道的天才和最伟大的作家之一所写的最猥亵的作品吗？……你最后一次重读《包法利夫人》是什么时候？"[①]而对于他所提供的详尽指导和批评，伍尔夫也"收下了它们"。可以说，克莱夫是伍尔夫"文学初航"期的权威，是她漫长艺术训练阶段的一种至关重要的催化剂，亦是她最亲密的家人和始终不渝的支持者。

《远航》是伍尔夫"文学初航"期的第一部作品，也是她本人记忆中写得最为艰难的一部作品。作家痛苦的写作历程和经受的精神困扰折射出女性探索的艰难，而她撰写《远航》的漫长过程，其实也是一种写作治疗。

恰如19世纪中期的英国女作家夏洛蒂·勃朗特笔下的孤女简·爱，虽先后受到"红房子"、寄宿学校和桑菲尔德大厦的桎梏，却始终心怀对远方的激情和探索世界的模糊渴望，伍尔夫在

---

① 林德尔·戈登：《弗吉尼亚·伍尔夫：一个作家的生命历程》，伍厚恺译，成都：四川人民出版社，2000年，第126页。

后来撰写的《自己的一间屋》中也感叹说："被拒之门外是多么的令人不愉快，被锁在里面也许更为糟糕。"[①]对于热爱旅行文学，并曾专门评论过笛福、斯威夫特、斯泰恩、亨利·詹姆斯、E. M. 福斯特和康拉德等18—20世纪英美众多文学大师的旅行作品的伍尔夫来说，她一定也梦想过像他们和他们笔下的主人公一样酣畅淋漓地出游与历险。然而她本人的旅行经历实在有限，除了先后于1906、1910年两度短暂到访土耳其之外，其他旅行都局限于欧洲，大部分时间则是在英国本土。所以在《自己的一间屋》中，她认为，在女性旅行未获认可，女性参与公共事务的时机未臻成熟之际，小说写作可以成为女性通过想象来延展自我发展空间的有效手段。由此，通过虚构的旅行故事，伍尔夫探索了女性发展的可能性，《远航》亦可以看成是一部缩微的女性成长史。

小说想象了24岁的年轻英国姑娘雷切尔·温雷克的一段未竟的南美航程。雷切尔从小丧母，父亲温雷克先生有10条商船在英国和南美之间的海上游弋，是一个从事海外贸易的富商。雷切尔和两位未婚的姑妈生活在伦敦郊区富裕宁静的里士满，过着安逸但单调封闭的生活。不要说同龄的男性，她连知心的女友都没有，出门散步都需要父亲、侍女或姑妈陪同，所以长成了一个幼稚无知、眼神茫然，在陌生人面前手足无措、言辞木讷、缺乏自信心的姑娘。小说通过她的舅妈海伦·安布罗斯太太的视角写出了她对雷切尔的印象："她的脸显得柔弱而不坚定，除

① 弗吉尼亚·伍尔芙(夫)：《伍尔芙随笔全集》第2卷，王义国等译，北京：中国社会科学出版社，2001年，第509页。

了那双困惑而没有神的大眼睛外，她并不漂亮。这恐怕是总圈在屋里缺少颜色和轮廓所致。还有，她说话犹豫，还总是用词不当，这使她似乎比一般同龄人缺乏竞争性。”①由此，伍尔夫痛切地表现了维多利亚时代的女性被剥夺了受教育权后的可悲处境。这也将成为她日后写作的基本主题。

人生中第一次，雷切尔获得了搭乘父亲的一艘商船前往南美的机会。所以在远航的起点即“欧佛洛绪涅”号由泰晤士河口驶向广阔大海的时刻，伍尔夫以诗意与欢快的笔触，写到了旅行预示的新的可能和大家对自由的期待：“大家都尾随着来到甲板上。烟雾和建筑都消失了，航船行驶在碧波荡漾的海面上，尽管海水在晨曦中还显得有些苍白。他们把坐落在泥上的伦敦抛在了身后。地平线上隐约出现了一条线，扁扁的，细得几乎不足以承受巴黎城的重负，但它还是待在那上面。离开了道路，离开了人群，他们都有着同一种享受自由的兴奋。船在细浪中平稳航行，波浪被船身打碎后就沸腾起来，离开船身时在两侧各留下一串泡沫形成的白线。”②

船上的乘客除了温雷克父女，还有雷切尔的舅舅和舅妈安布罗斯夫妇。舅舅雷德利是一位沉浸于希腊诗歌世界的学者和书呆子，身上有着伍尔夫的父亲莱斯利·斯蒂芬爵士的气质和习惯；伍尔夫以古希腊美女海伦来为舅妈命名，则暗示了她身上浪漫的艺术气质。这位以伍尔夫挚爱的姐姐文尼莎·贝尔为原

---

① 弗吉尼亚·吴尔夫（即伍尔夫，因译本不同，故译名有所不同）：《远航》，黄宜思译，北京：人民文学出版社，2003 年，第 13—14 页。

② 同上，第 21—22 页。

型的美丽女性，果敢自信、特立独行而又言辞直率。伍尔夫这样描绘海伦的形象："高高的个子，大大的眼睛，围着一条紫色围巾。安布罗斯太太真是既浪漫又美丽，或许并不富有同情心，因为她的眼睛总是直着看东西，并且对看到的东西总有所考虑。她的脸比希腊人的更温和；又比通常漂亮的英国女人的更粗犷。"①船上还有其他乘客，如学者帕波先生，以及中途上下船的达洛维夫妇。前国会议员达洛维先生自以为是国家栋梁乃至拯救世界的救星："既然出于政治原因，达洛维先生在一段时间不能在议会里为国家效劳，他就尽最大努力在议会外面效劳。对此，那些拉丁国家的反应还不错，当然，东面的国家应该做得更好。"②他不仅在晚餐时大讲特讲政治和政治家，"使得晚餐上在座的各位都显得渺小了许多"③，还在雷切尔面前竭力贬损女性："没有一个女士具有我所说的政治本能。……我还从来没见过一个哪怕懂得什么是政治才干的女人。"④浅薄虚荣、矫情做作的达洛维太太则是丈夫的崇拜者与应声虫，一个将男权观念内化了的可悲女人。这对自命不凡的夫妇的到来给雷切尔带来了沉重的心理压力，使她更加自惭形秽："自从达洛维夫妇到来以后，她就对自己的这张脸不满意，并且大概永远也不会满意

① 弗吉尼亚·吴尔夫：《远航》，黄宜思译，北京：人民文学出版社，2003年，第7页。

② 同上，第35页。

③ 同上，第82页。

④ 同上，第70页。

了。”[①]通过对这一对夸张的漫画式人物形象的塑造，伍尔夫写出了她对权贵阶层的嘲弄与蔑视。

虚伪的达洛维先生在口口声声把妻子挂在嘴边的同时，又趁妻子晕船不适之机试图诱惑雷切尔，并尾随她进入房间强吻她，造成了不谙人事的雷切尔内心的恍惚与激动，夜里噩梦连连。外甥女的愚昧与不安引起了海伦的震惊。在她看来：“这个女孩，虽然已经二十四岁，却从来没听说过男人需要女人的这类事情。并且，直到我向她解释之前，她还不知道孩子是怎么出生的。她在其他方面的无知也同样严重。”[②]意识到长辈的责任，她决定将雷切尔从达洛维夫妇施放的雾瘴中解救出来。她提出了一个大胆的计划，并征得了温雷克父女的同意，即邀请雷切尔到他们夫妇在南美圣特玛丽娜海滨的度假别墅同住，希望能陪伴和指导她成长。自告奋勇地承担起教育职责的海伦，自此在雷切尔的成人过程中扮演了教母的角色。小说的笔触随即也从海洋转回陆地，开始聚焦于滨海小岛山坡上海伦家的别墅，以及山下以英国游客为主的一个度假旅馆。有学者认为，小说主人公活动的这两个主要场所，对应着伍尔夫和她的姐姐、姐夫，以及“布鲁姆斯伯里文化圈”的其他重要成员当时在伦敦布鲁姆斯伯里区戈登广场和菲茨罗伊广场两处生活与聚谈的居所。小说中言辞尖刻、恃才傲物、落落寡合的剑桥才子圣约翰·赫斯特以“布鲁姆斯伯里文化圈”的传记作家利顿·斯特拉齐为原型，他

① 弗吉尼亚·吴尔夫：《远航》，黄宜思译，北京：人民文学出版社，2003年，第38页。

② 同上，第104—105页。

的想当小说家的朋友特伦斯·黑韦特的身上则既有伍尔夫本人的影子,其家世与气质又糅合了克莱夫·贝尔和伦纳德·伍尔夫的特点。

由于脱离了男性主导的文化秩序,雷切尔通过博览群书、深入生活而在精神世界中探幽揽胜、越走越远:“在这儿的三个月里,她实际上是对以前围着阴凉的花园无止境的散步所花费的时间,以及和她的两位姑妈闲谈所花费的时间,进行了大量的弥补。”[①]海伦也因此“越来越对她的外甥女感兴趣,而且喜爱她了”,在她看来,“如果她还算不上一个人的话,那至少是一个正在尝试人生的生命”[②]了。小说重点描写了特伦斯组织英国游客进行的一次登山活动,以及随后为了庆祝一对情侣订婚而在旅馆举行的狂欢舞会。在此过程中,特伦斯和雷切尔也彼此走近了。

伍尔夫首先以眼神的变化来体现心智获得发展的雷切尔外貌与精神的变化。三个月后,较之于原先那茫然躲闪的眼神,“这女孩子比以前更沉稳,更自信了。她的皮肤颜色变深了,她的眼睛显然更明亮了,并且她能够仔细听哪怕她很不赞同的事情了。”[③]她一改过去的消沉,不仅主动提出“看看生活”,而且先于海伦响应了特伦斯的野餐邀请,决然地说“我们一定去”,使海伦“相当吃惊”。当弗拉欣夫妇提议溯河而上时,又是雷切尔欣

---

① 弗吉尼亚·吴尔夫:《远航》,黄宜思译,北京:人民文学出版社,2003年,第138页。

② 同上,第231页。

③ 同上,第105—106页。

然附议，并责备了海伦的消极："感谢上帝，海伦，我和你不一样！我有时觉得你简直是除了活着，对别的一切都不闻不问！"[①]面对"教女"的成长，海伦则"微笑着，好像对这番攻击很欣赏"[②]。

雷切尔的成长还体现在行动能力的增强上。描写舞会的第12章构成小说中的华彩部分。在乐师离去而人们意犹未尽的情况下，雷切尔果断地坐到了钢琴前，"对音乐的信心使她大胆地改编着强弱的变化，简化节奏"[③]，从小步舞曲、进行曲、莫扎特即兴曲切换到英国的古老狩猎歌和颂歌圣歌，使舞会时间超出了原先的预期而直达天亮。

和原来无法自我表达的讷讷无言相比，雷切尔的语言能力也有了明显的提高。以历史学家吉本的《罗马帝国衰亡史》为代表的书籍为雷切尔打开了知识之门，使她"就像一个做好了战斗准备的战士"[④]，在博学自负的赫斯特面前针锋相对：当赫斯特因她表示不喜欢吉本的风格而"绝望"时，她不客气地回敬"我也绝望了"，并质问："你为什么总是仅仅凭人的头脑判断人？"[⑤]在她和特伦斯谈话，特伦斯感慨赫斯特的姐妹没有被当回事，"只能喂兔子"时，雷切尔坦陈"我喂了二十四年的兔子了，但现在看起来有点儿奇怪"[⑥]，她的女性意识开始苏醒。雷切尔以流畅的

---

① 弗吉尼亚·吴尔夫：《远航》，黄宜思译，北京：人民文学出版社，2003年，第300页。

② 同上。

③ 同上，第185页。

④ 同上，第197页。

⑤ 同上，第225页。

⑥ 同上，第239页。

语言准确描述了里士满的生活，她的回忆和表述深深吸引了特伦斯。

爱的需要的萌发和爱情的降临成为雷切尔自我发展进程中的重要标志。当她无意间看见阿瑟与苏珊的缠绵场面时，产生了对爱情是什么的思索。在阅读《玩偶之家》时，她将自己想象为剧本的女主人公。爱情不仅唤醒了雷切尔对幸福的体验，她还大声表达了出来："她开始弄不清这是什么，但是似乎突然在自己身上有了重大的新发现，她对自己说，'这是幸福，我想。'然后她又大声对特伦斯说，'这是幸福。'"[①]她的独立意识还体现在拥有了不为人知的秘密，她和海伦"之间的关系出现了一些奇妙的变化"[②]。甚至在宗教方面，她也从情感冲动的迷雾中走出，"开始批判地聆听所讲的东西"[③]，并意识到"周围的人都在装作感受他们从没有感受到的东西"[④]。祛魅使她抛弃了曾经茫然相信过的一切。

然而，《远航》的女性探索之旅却因雷切尔的意外死亡戛然而止。伍尔夫并没有让雷切尔回到英国，与特伦斯步入婚姻殿堂，开始中产阶级的婚姻与家庭生活，而是让她在参加了一次溯流而上、深入当地原住民的丛林的探险活动之后染上了奇怪的热病，高烧不退、神志昏迷，最终香消玉殒。这一令读者深感遗憾的结局，也引发了人们对小说艺术以及伍尔夫精神状态的许

---

① 弗吉尼亚·吴尔夫：《远航》，黄宜思译，北京：人民文学出版社，2003年，第322页。

② 同上，第253页。

③ 同上，第260页。

④ 同上，第261页。

多争议。有读者认为在这部处女作中,伍尔夫尚未能游刃有余地掌握小说结构技巧和适当地处理结尾,亦有人将主人公旅程的中途夭折归因于作家不稳定的精神状态。但我们也可以从伍尔夫特殊的成长背景、童年创伤与婚姻爱情心理来进行另一种阐释,即伍尔夫对爱情、婚姻的犹疑态度,最终决定了主人公的命运。

如前所述,幼时所受同母异父哥哥的性骚扰,造成了伍尔夫日后的性冷淡和对异性情爱的不信任态度。她潜意识中对婚姻是不安与惧怕的,对婚姻幸福的可能性是不确定的。终其一生,除了姐姐外,伍尔夫与众多女性保持了深厚的情感联系。当然,作为维多利亚时代父权家长制下如甜蜜天使的女儿,她不得不遵从习俗,接受婚嫁的命运,但却几经反复,先是答应了利顿·斯特拉奇的求婚,不久又取消了婚约。1912 年,她虽接受了伦纳德的求婚并很快结婚,但他们的婚姻几乎是无性的。耐人寻味的是,正是在这期间,她安排雷切尔借由死亡逃脱了即将到来的婚姻。

在小说中,伍尔夫这样比喻了雷切尔与特伦斯订婚后的状态:"他们有足够的时间独自相处,直到他们感到孤独,这孤独就好像是在一个宽敞的教堂里玩得正带劲,大门却突然被关上了。他们两个不得不单独在一起散步,单独在一起闲坐,单独探寻那些花幽艳树娇羞的无人到访的处女地。"①他们和一般订婚的爱侣不一样的是不断思考和矛盾着,怀疑婚姻的意义、婚姻与走向

---

① 弗吉尼亚·吴尔夫:《远航》,黄宜思译,北京:人民文学出版社,2003 年,第 330 页。

广阔空间的矛盾。在两人独处时，雷切尔觉得“她希望得到的确实比一个男人的爱要多得多——海，天空。她再次转回身去看那远处的蓝色，在水天相接的地方是那样的平滑、宁静；她怎么能只简单地要一个人呢”。[①] 小说中多次出现的两人并肩站在悬崖边的意象，似乎也在暗示婚姻前景的万劫不复。思考着的伍尔夫的形象甚至还化身为“具有女性特质”的特伦斯。他对两性婚姻似乎同样没有太多的浪漫期待。他冷眼旁观旅馆内所见的各对夫妇，认为“毫无疑问，如果这些夫妇都分开，那这世界将会好得多”[②]。他在订婚后读给雷切尔听的一部爱情小说的结局，也暗示了他对未来婚姻的焦虑：“休回到了他的妻子身边，可怜的家伙。作为一个已婚男人，这是他的责任。天啊，雷切尔，”他问道，“我们的婚姻难道也是这种结局吗？”[③]而她对女性教育缺陷、两性不平等现状的思考与分析，日后都将在《自己的一间屋》中找到回声。

因此，伴随着伍尔夫从接受求婚、订婚到结婚的体验的《远航》，成为考察伍尔夫独特的婚姻心理的最佳文本。雷切尔以死亡拒绝回到英国、进入婚姻、认同传统秩序的女人宿命或许是一种必然。远航带来的身心自由和精神舒展使雷切尔难以重归伴随婚姻枷锁而来的自闭生活，于是她再次逃离，在最后关头以死亡超越婚姻的宿命，以向未知航程开放的远行为她的身心发展

① 弗吉尼亚·吴尔夫：《远航》，黄宜思译，北京：人民文学出版社，2003年，第334页。

② 同上，第277页。

③ 同上，第338页。

创造了无限的可能。少女时代起即连遭亲人离世重创的伍尔夫对死亡主题有一种特殊的迷恋，故而不仅以鲜明的旅行意象将雷切尔的死亡书写成一次远行，而且将之做了诗意的处理：突然发病的雷切尔的“高热和不适在她与现实世界之间形成了一道鸿沟”；到了第二天，“外部世界，当她试着想它的时候，显得更遥远了”；她需要“努力回忆”才能记起“一些在千万里之外的世界上的事情”[①]；当雷切尔的呼吸停止，在特伦斯的独白中，死亡甚至构成了“完美的幸福”，由此“他们拥有了决不会被人抢走的东西”[②]。死亡既将回忆定格，使幸福永恒，亦以旧生命的终结迎来了新生命的轮回。一如伍尔夫后来的作品所反复表明的那样，生活还将继续，无数的雷切尔还将化身为其他人物，继续远航、探索和发现生命的意义。

因此，《远航》的标题是具有象征意味的：它既代表着雷切尔的成人仪式，也代表着她挣脱男权枷锁的航程。“The voyage out”中有去无回、只出不进的“out”既体现了伍尔夫的矛盾，也表达了作家的决绝。远航由此成为一段向无限可能开放的旅程。

从艺术上看，作为伍尔夫第一部长篇小说，《远航》基本上采取了传统现实主义的写作手法，依照时序展开，有一个相对完整的故事情节，采用了第三人称全知叙事。作家精细地描摹了各色人等的神态、外貌、对话与动作，塑造了栩栩如生的人物形象，除了坚强、果敢、聪慧、有主见的舅妈海伦，痴迷于古希腊世界、

---

① 弗吉尼亚·吴尔夫：《远航》，黄宜思译，北京：人民文学出版社，2003年，第372-375页。

② 同上，第397页。

酷爱吟哦诗句的书呆子舅舅雷德利之外，聪明博学而又恃才傲物、言辞刻薄而内心善良的赫斯特，持重善思、热爱小说创作的特伦斯·黑韦特，虚荣矫饰、言辞浮夸、风流做作的伊芙琳等形象，都跃然纸上。作家还特别擅长于对聚会、宴饮、谈话场面的描绘，这些均得益于她在“布鲁姆斯伯里文化圈”中浸染的交谈习惯与所受到的智识训练。伍尔夫后来的小说创作的诸多特点，如不着痕迹地从对一个人物的描摹转到另一个人物身上，对人物心理感受、复杂情绪的细腻呈现等，亦在这部处女作中有着相当的体现。

伴随着文学初航和婚姻初航的成功，伍尔夫逐渐恢复了正常的生活。她在其处女作发表前后所经历的三次精神崩溃中懂得了如何与疯魔抗争，亦在与伦纳德的婚姻生活中寻找到了适合彼此的相处方式。因而，从 1915 年底，直到她去世期间，她已成了自己最好的心理医生，虽偶有精神问题的困扰，但再没有频繁地犯病，她努力将其精神状态控制在正常范围内，以便于从事大量文学创作；而她和伦纳德的婚姻也在彼此的经营下成了现实中所能有的成功的范例，直到她生命结束前，她还充满自信地写道：“我敢说，我们是全英国最幸福的一对。”

二、爱的馈赠：霍加斯出版社

1914 年 10 月，伍尔夫夫妇在里士满找到了一个田园牧歌般的住所——霍加斯宅。霍加斯宅位于里士满广场另一端空旷而宁静的乐园路上，是一栋漂亮的 18 世纪宅邸——萨菲尔德宅的一部分，该宅邸由左右两部分三层楼房组成，霍加斯宅位居右半部分，而左半部分仍叫萨菲尔德宅。霍加斯宅的整体房屋设计十分精巧，有一排排上下推拉式的窗户，透过窗户极目远眺，可以一眼望到伦敦西郊的皇家植物园邱园，视野极其开阔。同时，这里位置极佳，距离开往伦敦的火车站仅有几步之遥，这对于喜爱伦敦生活但又不得不居住在清幽、宁静的郊区养病的伍尔夫来说不失为一个理想之所。

1915 年 3 月，伍尔夫夫妇正式搬入霍加斯宅，而此时，伍尔夫正经历着她精神崩溃的第二阶段。出于对伍尔夫的深切关爱，以及对她健康状况的关心，伦纳德开始考虑要购买一台印刷机，开办出版社。因为他认为，使伍尔夫适当地干点排字装订之类的手工活对于分散她的注意力是很有益处的，而且也可以在一定程度上帮助伍尔夫摆脱因担心作品被拒或被延迟出版而产生的精神压力。同时，对于他们两人而言，印刷并出版自己的作品是一件极具诱惑力的事情。

其实早在 1915 年 2 月，伍尔夫病倒之前，伦纳德便开始着手购买手工印刷机的相关事宜，但由于之后伍尔夫病情不断反复，这件事情便被搁置了。随着伍尔夫病情的日益好转，1916 年 10 月，购买印刷机的事情又被提上了议事日程，他们甚至还开始考虑要学习印刷培训课程。但最后，由于资金不到位，出版社似乎只能暂时成为一个念头、一个梦想而再一次被搁浅。

早些年的伦纳德和伍尔夫虽不能算是穷人，但按当时的阶级标准来看，他们也并不十分富裕。1912 年当伍尔夫嫁给伦纳德时，她曾写信给维奥莱特称“我要跟伦纳德·伍尔夫结婚了。

他是个身无分文的犹太人”。据昆汀·贝尔在《伍尔夫传》中所言，这个“身无分文”其实并不夸张，“因为他们会认为年收入少于600英镑就近于拮据，而伦纳德过去在殖民部的年薪是260英镑，辞职后，他就大为贬值了”①。在婚后，伦纳德虽也曾给伦敦的格拉夫顿画廊的第二次后印象主义画展担任秘书，但月薪只有12基尼，相当于年薪264英镑。与此同时，虽然他也通过写作赚钱，但1913年他出版的自己的第一部小说《丛林中的村庄》再版两次后，也只挣了60英镑，而1914年他的第二部小说《智慧的童贞女》出版后的版税收入也只有20英镑。

相对于伦纳德，伍尔夫有一笔可观的遗产，莱斯利爵士去世后，曾留给他的孩子们一笔可观的遗产，此外伍尔夫还从托比和卡罗琳·艾米莉娅姑妈那里继承了一笔资金。这些遗产加起来总共约9000英镑，如果把这些钱拿去投资，每年能带来约400英镑的收入。但是由于伍尔夫的精神疾病，他们在医药费方面的开销巨大，因此，他们夫妇往往只能保持基本的收支平衡。伦纳德在他后来写的《自传》中曾记录道：

> 1915年，当弗吉尼亚精神崩溃最可怕的时候，我们一连数月请着护士，有时候请着四个。哈雷街的医生们接连不断地来看病。医生和护士们的账单12个月加起来，肯定超过500镑。

更艰难的是，当时正处于战争的年头，英国人民都受到了自由和配给的限制，而“布鲁姆斯伯里”的老朋友们同样也遭受着

---

① 昆汀·贝尔：《伍尔夫传》，萧易译，南京：江苏教育出版社，2005年版，第240页。

特别的痛苦。战争是残忍而野蛮的，1915 年伍尔夫的好友鲁伯特·布鲁克战死，这一年英国伤亡惨重。1916 年政府颁发了征召令，强制所有年龄在十八岁到四十一岁之间的男子服兵役，除非他有需要由他独自赡养的亲属。这条规定使伍尔夫身边的朋友们都或多或少地受到了影响。因为他们中的大多数人都是服从良心的反战主义者，而征召令则使他们不得不面临两难选择，即要么违背自己的良心去打仗，要么面对特别法庭的审判，而特别法庭的审判要么会把他们送去做与战争相关的工作，要么会把他们送进监狱，严重的则可能受到军事法庭的审判并被枪毙。面对这种艰难的抉择，被伍尔夫认为“已经像清晨的薄雾一样消散了”的“布鲁姆斯伯里文化圈”又被重新聚集了起来。

伦纳德虽然拒绝对战争的信仰，但是他已经认定自己并不是一个服从良心的反战者和“和平主义者”，因此他被应征入伍的可能性极大。但是由于他双手有先天性颤抖的毛病，平时连轻松自如地倒茶都很难做到，而伍尔夫又有着疯癫疾病的侵扰，鉴于此，莫里斯·赖特医生为伦纳德开出了诊断证明，使他获得了由医委会核准的免役资格。

利顿天生体弱的体质也使他轻松躲过了特别法庭的盘问，他甚至还以自己的机智成功地将法官们揶揄讽刺了一番。当被问到“如果一个德国军官要强奸你的妹妹，你该怎样做?”时，利顿著名的回答是：“我会站到他们中间。”克莱夫显然是朋友们中最早确认自己立场的人，他在 1915 年春天通过全国劳工出版社出版的小册子《立刻的和平》(*Peace at Once*)中指出，与其让大屠杀继续下去，还不如早日投降，并进一步强调了经过谈判达成和解的必要性。随后不久，这本宣扬战败主义者论调的小册子便被伦敦市长下令销毁了，而克莱夫也因此受到了官方的指控。面对指控，他在同意从事全日制农业劳动的条件下被豁免了兵役，并在菲利普·莫瑞尔的嘉辛顿农场谋得了一份差事。菲利普·莫瑞尔是少数反战的下院议员之一，他为许多和平主义者提供了在其农场做工的工作。艾德里安是“布鲁姆斯伯里文化圈”成员中最坚定、最积极的一个“和平主义者”，他甚至还在特别法庭为服从良心的反战者做了精彩且强有力的辩护。除此之外，唯有梅纳德·凯恩斯的态度模棱两可，因为他当时任职于财政部，他必须要为战争效力，但同时他又对和平主义者深表同情。

此时，“布鲁姆斯伯里文化圈”的男性成员大都以各种方式被豁免了兵役，唯有邓肯·格兰特和戴维·加奈特被由农民们组成的陪审团全体一致地拒绝了他们拒服兵役的请求。早在伍尔夫精神崩溃期间，邓肯·格兰特就已经取代罗杰·弗莱成了文尼莎的新欢，所以当邓肯的请求被法庭拒绝后，为了使其免受牢狱之灾，文尼莎曾向妹妹伍尔夫请求帮助，希望伍尔夫可以通过自己的影响力向罗伯特·西塞尔夫人求助。虽然伍尔夫为了姐姐尽了自己的全力，但这件事情还是失败了。最终由梅纳德出面，为邓肯和加奈特二人发表证言，才最终以他们从事全日制农业劳动为条件使他们获得赦免。1916 年 7 月，邓肯、戴维·加奈特和文尼莎三人在萨福克的韦塞特（Wissett）经营了一家农场，伍尔夫和伦纳德曾前去同住了一些时日。正是在那里，伍尔夫获得了她下一部作品《夜与日》的灵感，她在从韦塞特回家后对文尼莎写道：

> 我对你的生活非常感兴趣，我考虑要写另一部关于它的小说。和你住在一起是决定命运的——你提出了那么多新想法。①

韦塞特的农庄是邓肯的父亲为帮其逃脱兵役而租给他的，整个农庄荒废、破败、萧条不堪，许多地方杂草丛生，房屋更是年久失修，农场生活异常艰辛、劳苦。因此，在那些日子里，文尼莎的家园问题成了伍尔夫担心的首要问题，她一直在帮姐姐物色合适的房子。5月份她写信给文尼莎：

> 我希望你离开韦塞特并租下查尔斯顿。伦纳德……说那是一栋十分可爱的房子，强烈建议你租下它……它大约离菲勒有一英里远……在唐斯脚下。它有一个迷人的花园，一个池塘，还有果树和蔬菜，所有这一切现在都相当荒芜，不过你可以使它们变得可爱起来。房子非常好，有着大房间……有一间厕所和一间浴室，但是浴缸里只有冷水……它听起来是个非常吸引人的地方，离我们有四英里远，因此你不会受到我们的骚扰。②

或许是出于对文尼莎和邓肯·格兰特以及戴维·加奈特三人之间复杂的关系③的介意，或许是出于对伍尔夫精神状态的保护，使其尽量少受干扰，伦纳德似乎对文尼莎即将住到他们附近表示异议。文尼莎在给利顿的信中曾说："我想伍尔夫夫妻对

---

① 昆汀·贝尔：《伍尔夫传》，萧易译，南京：江苏教育出版社，2005年版，第234页。

② 同上，第235页。

③ 邓肯·格兰特是双性恋，他在与文尼莎保持情人关系的同时，又与戴维·加奈特保持着情人关系。

我们几个人有一种病态的恐惧……他们好像认为我们会污染空气，把邪恶的玩乐带进弗吉尼亚的生活。”①不过最后，在10月份时，文尼莎还是租下了查尔斯顿，并在附近为邓肯和戴维·加奈特找到了农场的工作。自此，查尔斯顿成了文尼莎和邓肯居住至终老的地方，而这个苏塞克斯式的大农庄，在今后的岁月中也将成为保存“布鲁姆斯伯里文化圈”艺术生命力的最持久的纪念馆。

1916年的秋冬，一切都是相对宁静而美好的，朋友们被战争扰乱的生活也都基本得到了稳定。伦纳德和伍尔夫在霍加斯宅也形成了一种以写作、阅读为中心的正常的生活模式，这种模式也成了夫妻俩相伴终生的基本模式，温馨而充实。在那个季节里，伍尔夫甚至还承担了女性合作协会里士满分会的工作，每月主持一次在她家举行的集会，“在过去的三个月里，我们这儿只有光辉和魅力——我们请来了摩根·福斯特谈印度问题，鲍勃·特里维廉谈中国问题，还有玛丽·希普尚克斯讲解秘鲁问题。”②这份工作，伍尔夫一直坚持干了四年之久。

随着伍尔夫逐渐获得精神和智性的协调以及生活的安稳与平静，1917年3月23日，当伍尔夫夫妇在法里顿路商业街区漫步时，他们无意中发现一家商店在出售一种手印机，于是当即买下了它，而霍加斯出版社也因此成立了。据昆汀·贝尔所言，霍加斯出版社最初是靠一笔41英镑15先令3便士的资金开始运

① 昆汀·贝尔：《伍尔夫传》，萧易译，南京：江苏教育出版社，2005年版，第235页。

② 同上，第238页。

转的，而这笔资金则是伦纳德好不容易筹到的。不过，随着霍加斯出版社的成功，他们的经济状况也将不断地得到改善。

伍尔夫夫妇怀着极大的兴奋投入到他们的印刷事业当中，但是很快，他们就发现，“实际中的印刷业会把我们的整个生活都毁掉”，印刷的全部过程和操作常常令他们焦头烂额。尤其对伦纳德这样一位双手颤抖的人来说，排字的工作几乎是不可想象的，因此这活儿自然就落在了伍尔夫的肩头。她总是一站好几个小时地努力工作，把字母“m”和“n”小心翼翼地分开，然后再和其他字母一起逐字逐句地排在印刷机尺上。显然，这是一份相当沉闷且乏味的精细活，但是伍尔夫却出人意料地喜欢这份工作，“你想不到这是多么兴奋、欣慰、高尚而又令人心满意足”。很快，伍尔夫便成了一个熟练的排字工。这时，印刷在部分地成了他们苦恼根源的同时，也终于成了他们幸福和喜悦的源头，因为，他们就要出版自己的第一部出版物，即他们两人的合集了。5 月 7 日，他们针对有意订购的人士拟定了一份预告：“一本计划中的小册子即将出版，该书由伦纳德·伍尔夫和弗吉尼亚·伍尔夫的两个短篇小说构成(价格为 1 先令 2 便士，邮费在内)。”[①]到了 7 月份，由伍尔夫负责排版，伦纳德负责操纵机器印刷的《一号出版品：两个短篇小说》问世。该出版物收录了伍尔夫的《墙上的斑点》和伦纳德的《三个犹太人》，一共印刷装订 150 份，全部成功售出。第一份出版物的成功使伍尔夫和伦纳德备受鼓励，昆汀认为，“它既是弗吉尼亚平稳康复的结果，也是对

① 昆汀·贝尔：《伍尔夫传》，萧易译，南京：江苏教育出版社，2005 年版，第 244 页。

这种平稳康复的促进”[①]。此时此刻，伍尔夫和伦纳德的生活显然再次步入正轨，他们重新开始了一种稳定、健康的正常生活。因此，在第一份出版物成功的鼓舞下，他们又分别出版了女作家凯瑟琳·曼斯菲尔德、诗人T.S.艾略特以及曼斯菲尔德的丈夫米德尔顿·默里等人的作品。

凯瑟琳·曼斯菲尔德是一位风趣、迷人且才华横溢、充满魅力的女作家。在利顿给伍尔夫的信中他曾这样写道：“……无疑是个有趣的女性，我觉得——非常风趣，十分神秘。她满怀热情地提到《远航》，说她最想结识的人就是你。”[②]因此，在利顿的引荐下，伍尔夫与凯瑟琳急欲结识对方，但是，由于当时同在康沃尔的两位女性并没有遇到，所以直到那一年的晚些时候，她们才在伦敦真正相识。1917年2月，伍尔夫在给文尼莎的信中写道：“我和凯瑟琳·曼斯菲尔德还算和睦；在我看来，她是个不讨人喜欢但强有力、绝对肆无忌惮的人。”[③]而在1917年10月11日的日记中，她又写道：“昨晚共进晚餐，讨论了微妙的事物。我们可能都希望凯·曼给我们留下的第一印象不是她浑身异味，像只——唔，卖过淫的麝猫。其实，乍一看，我有点吃惊于她的不起眼，轮廓那么生硬粗俗。不过，当我们逐渐不再注意那些，她显得那么富有才智，高深莫测，值得我们的友谊……”由此可见，伍尔夫和曼斯菲尔德之间亦敌亦友般的敏感、尴尬且紧张的关

---

① 昆汀·贝尔：《伍尔夫传》，萧易译，南京：江苏教育出版社，2005年版，第245页。

② 同上，第239页。

③ 同上。

系是十分值得玩味的。同为女性作家，对文学的热爱使她们像吸铁石般彼此互相吸引、互相欣赏，而作家间的相互竞争，又使她们常常彼此猜疑、互相戒备。至少在伍尔夫这里是这样的，就好像当初利顿与伍尔夫的关系一般，既惺惺相惜，又互相嫉妒。尽管如此，两位女性对彼此的文学天赋还是相当尊重的。在霍加斯出版社刚开始正常运转后，伍尔夫便打算出版一本曼斯菲尔德的作品，“我打算去看望凯瑟琳·曼斯菲尔德，也许会从她那儿要到一篇小说”①。终于，在 1918 年，霍加斯出版社出版了曼斯菲尔德的短篇小说《序曲》(*Prelude*)，这次一共印刷装订 300 本，卖出了 257 本。

在这之后，1918 年 4 月，自我主义者出版社的业主和编辑哈丽·韦伍尔小姐带着詹姆斯·乔伊斯的《尤利西斯》的手稿找到了霍加斯出版社，希望它能出版这部作品。但是，这部作品令伍尔夫犹豫了，一方面，她确实被作品中标新立异的手法和独创精神以及那闪电般突然跃现的意义所吸引，同时可能还夹杂着痛苦和嫉妒，因为乔伊斯所使用的手法跟她是那么相像；另一方面，她又对作品美感之下所呈现出的低劣、龌龊、下流和粗俗表示不能接受。尽管如此，伍尔夫还是以其敏锐的洞察力和良好的判断力意识到了这是一部值得发表的作品，但由于该作品是一部大部头，当时的霍加斯出版社根本没有能力承担这样一份工作，以他们的速度，仅要把这部作品排好版就需要两年的时间，因此伍尔夫夫妻被迫放弃了对该作品的出版。

---

① 昆汀·贝尔：《伍尔夫传》，萧易译，南京：江苏教育出版社，2005 年版，第 244 页。

T. S. 艾略特是1918年11月与伍尔夫结识的，当时他还未成名，仍在银行工作，他带着三四首诗来到了霍加斯宅。在伍尔夫眼中，艾略特先生是一位才华超众、文采四溢、儒雅、精致、有教养的年轻美国人。虽然在很多观点上，尤其是在对埃兹拉·庞德、温德姆·刘易斯以及詹姆斯·乔伊斯的看法上，他与伍尔夫出现了分歧，但是伍尔夫还是十分欣赏他，她和伦纳德都认为霍加斯出版社应该出版他的新诗作。因此，1919年1月底，收录艾略特7首诗歌的《诗集》(*Poems*)出版发行。此后，艾略特与伍尔夫建立起了深厚的友谊。1922年6月艾略特再次来到霍加斯出版社，并向伍尔夫朗读了他的新作《荒原》，"他吟咏、颂唱、押着韵朗读了这首诗。它在语句上具有了不起的美和力量，匀称、富有张力"。伍尔夫虽然还不能完全明白这首诗的意义，但她已被艾略特斐然的文采、别具一格的创造力和诗歌中朦胧晦涩的魔力所深深吸引，并因而对满腹经纶、卓尔不群的诗人迫于生活压力而不得不在一家银行谋生充满惋惜和感慨。为了使艾略特能毫无顾忌地辞去银行的工作，专心写诗，伍尔夫还为此惹了些麻烦。她和奥托林·莫瑞尔夫人等人准备筹集每年300英镑的资金，创立一个艾略特奖学基金来对其进行资助，但是，由于各种原因，这项计划最终破产了。"当奥托林的信和函件(目的在于每年300英镑，基于五年典押)寄到时，我不得不发电报让她停下来，然后起草一封长信去陈述我的理由；又写了一封给汤姆，要他去证实我的话。无疑，我将会分别被两浴缸的热水烫伤。”[①]虽然这只是伍尔夫和艾略特之间的一个小插曲，但是足见伍尔夫对两人友谊之重视。在伍尔夫去世后，艾略特曾写下《悼念弗·伍尔夫》一文以寄哀思。

1919年5月12日，除了艾略特的《诗集》，霍加斯出版社还出版了米德尔顿·默里的《判断力批评》和伍尔夫的《邱园记事》(*Kew Gardens*)。其时，《诗集》和《判断力批评》都得以大卖，唯有《邱园记事》仅卖出了49本。伍尔夫因此备感失落与惆怅。但好事多磨，6月10日，伍尔夫在日记中记录了霍加斯出版社的又一次成功，这个最初作为业余消遣之物的出版社正在逐渐转变为一项事业，并日益兴旺起来。

> 我们从阿希姆回来，正好发现客厅的桌子和沙发上放着一堆订单。……大约有90册书需要弄妥，要裁封面、印标签、贴背页，直到最后寄出去，这些事把一切余暇时间都占用了，得不到片刻空闲。可是想想吧，那些天里成功接踵而至！

随着霍加斯出版社的蒸蒸日上，由其出版发行的著作不胜枚举。据统计，弗吉尼亚·伍尔夫在世时，由霍加斯出版社出版著作的作家包括“布鲁姆斯伯里文化圈”的梅纳德·凯恩斯、罗杰·弗莱和E.M.福斯特，英国诗人、诺贝尔文学奖获得者T.S.艾略特，女作家凯瑟琳·曼斯菲尔德，作家米德尔顿·默里和H.G.威尔斯，诗人、评论家赫伯特·里德，散文家和戏剧家伊舍伍德，诗人W.H.奥登，美国女作家格特鲁德·斯泰因，奥地利

---

① 昆汀·贝尔：《伍尔夫传》，萧易译，南京：江苏教育出版社，2005年版，第292页。

诗人里尔克，俄国作家托尔斯泰、契诃夫、伊万·蒲宁和高尔基，奥地利心理学家弗洛伊德，英国政治家、社会主义领袖哈罗尔德·拉斯基……通过霍加斯出版社，伍尔夫接触到了当时最富创新性和实验性的作家和作品，掌握着文学艺术界的最新发展动态，并结交到了一批志同道合、意气相投的朋友，他们彼此之间同舟共济、相互启发，对伍尔夫产生了重要影响。

在霍加斯出版社发展的同时，第一次世界大战的战火也从未停息过。然而，对于这场战争，伍尔夫表面上看起来似乎是漠不关心的，如当她听到伦纳德的一个兄弟战死而另一个身负重伤时，她也只是在日记中写道"周日我们听闻了塞西尔的死讯和菲利普的伤情"①，对于伤痛她只字未提。但事实上，战争对伍尔夫的影响在无形中早已渗透在了她的作品中，她在战后创作的所有作品几乎都与战争存在着间接的关联。不管是《夜与日》，还是《到灯塔去》，虽然对于战争只是轻描淡写，一笔带过，"使战争给人一种不真实、遥远的印象。然而这种遥远只会使震惊于生命渺小的感觉更加深刻强烈"②。1918 年 11 月 11 日，伍尔夫在日记中对停战后的英国景象进行了一番描述：

二十五分钟前，炮声停止了，宣告了和平的到来。汽笛在河上鸣响。还在响。有几个人跑到窗口去看。秃鼻鸦转过身来，有那么一会儿流露了人在举行仪式时的那种象征神态，部分是

① 奈杰尔·尼科尔森：《伍尔夫》，王璐译，北京：生活·读书·新知三联书店，2014 年，第 79 页。

② 哈里斯：《伍尔夫传》，高正哲，田慧译，长春：时代文艺出版社，2016 年，第 69 页。

感恩祈祷，部分是对坟墓致告别辞。多云、寂静的一天，烟柱朝东方一边倒；它一度也显现出某种漂浮、摇摆、萎靡的事物的样子。我们看着窗外，看到一个房屋油漆工望了一眼天空，然后继续他的工作；一位老人提着露出一截大面包的袋子沿街蹒跚而行，后面紧跟着他的杂种狗。迄今为止，既没有钟声也没有旗帜，只有汽笛的鸣叫和间歇的炮声。

伴随着战争的结束，1919年年初，伍尔夫夫妇由于阿希姆的房主即将和他的母亲搬进这里居住，租约不能续签下去，而不得不再次寻找合适的房子。随后经过一番折腾，房子的问题解决了，他们在位于刘易斯南三英里处的一个村子罗德麦尔租下了僧侣屋（Monk's House），9月1日他们正式搬进了那里。对于僧侣屋，伍尔夫曾满意地写道："蒙克之屋[①]，那将永远是属于我们的栖身之地；事实上，我已经在那片草地连成一片的院子里标记出了我们的坟墓的位置。"[②]僧侣屋最后确实成了弗吉尼亚余生在乡间的唯一住所，即使在她去世之后，伦纳德也一直居住在那里直到逝世。僧侣屋相对于阿希姆来说似乎更加讨人喜欢些，因为它有一个漂亮的花园，周围景色更加宜人，视野也相对更加开阔。但是，那时面对新环境的伍尔夫似乎并没有太多的兴奋和惊喜，反而是沮丧和忧郁居多，也许这与搬离她喜爱的阿希姆有关，但更主要的原因或许是她的第二部作品《夜与日》出版在即吧。

---

① 即僧侣屋。

② 哈里斯：《伍尔夫传》，高正哲，田慧译，长春：时代文艺出版社，2016年，第74页。

1919年10月，伍尔夫的第二部长篇小说《夜与日》终于大功告成，但由于篇幅过长，霍加斯出版社尚无力印刷出版，因此，最终还是由达克沃斯出版社出版发行。和往常一样，伍尔夫任何一部作品的出版都会搅扰她的心神，引起她内心的波澜，而她显然也在努力以平常、豁达的心态来看待这件事情，力求保持心境的平和。《夜与日》的发表远远不及《远航》成功，人们对其褒贬不一，克莱夫、维奥莱特以及文尼莎作为伍尔夫忠实的支持者，对该作品称颂不绝，利顿对此也是充满热情，赞不绝口。不过，伍尔夫最为看重的E. M. 福斯特却更加公正、更加客观地指出，他更喜欢《远航》，对于《夜与日》书中的人物，他无法与其达到真正的情感共鸣。对此，伍尔夫虽略显失落、沮丧，但也还是接受了福斯特的批评意见。

此外，与伍尔夫关系微妙的凯瑟琳·曼斯菲尔德也对《夜与日》发表了她的看法，"那是一个发自内心的谎言"，"战争从不存在:那就是它的主旨……我从最深的意义上感受到，从没有东西会是一成不变的——作为艺术家，如果我们不这么觉得的话，我们就是叛徒。我们得顾及这一点，为我们的新思想和感受去发现新的表达，新的模具。"凯瑟琳的批评意见相对来说是中肯、谨慎的，不过伍尔夫却认为凯瑟琳对她的评论是怀有恶意的，"他(伦纳德)能看出她在四处找寻一个逃逸的空子。'我不打算把这说成是一个胜利——如果我非得这么说的话，我将把它称之为一种错误的胜利。'"虽然，伍尔夫和曼斯菲尔德的关系始终充满了保留和防备，但事实上，她们是在为同一事业而奋斗。当1923年凯瑟琳因肺结核去世后，伍尔夫倍感伤痛，甚至觉得"似乎没有意义再写下去:凯瑟琳看不到了”。

相对《远航》中所显示出的许多独创性因素来说,《夜与日》确实显得传统了许多,它以中上层阶级中的青年男女为描写对象,以他们的爱情和婚姻纠葛为主题,细致地刻画了人物内心复杂、矛盾的情感和心理,探索了爱情与婚姻、理想与现实等相互之间错综复杂的关系,体现了伍尔夫在婚后对人生的进一步理解。曼斯菲尔德在一篇书评中指出:“我们禁不住要把《夜与日》同简·奥斯汀的小说加以比较。的确,有时候我们几乎会叫喊出来:这是当代的奥斯汀。……当我们读完奥斯汀的小说,把它置之一旁,它的魅力并未稍减;弗吉尼亚·伍尔夫的作品读过之后,就丧失了它的部分力量。”[①]虽然,《夜与日》与伍尔夫其他作品相比略显逊色,但正是在以此为基础的摸索与训练中,伍尔夫才能在其后逐渐开辟出一条独特的艺术道路。

事实上,在霍加斯出版社成功运作的初期,除了出版的相关事宜之外,伍尔夫还要忙着为《泰晤士报·文学副刊》定期写作书评,同时她还要创作自己的小说;而伦纳德也在忙着投身其政治事业,组建1917俱乐部[②],同时也在坚持写作。因此,沉重且繁忙的事务使他们不得不急于为出版社寻找助手。1917年10月16日,第一位助手阿莉克斯·萨金特-弗洛伦斯开始来上班,

---

① Katherine Mansfield, ‘A Ship Comes into the Harbour’, in Virginia Woolf, Critical Assessments, V, iii, p108.

② 1917俱乐部,是伦纳德和其他社会主义智识分子们的聚会,它具有一种被伦纳德称之为“纯正的文化成分”的东西,它不但是那些关心政治的人的中心,也可以说是第二代“布鲁姆斯伯里人”的中心。

但当她仅工作半日后，便被这份工作的枯燥、乏味所打败，于是提出了辞职。而相对于第一位助手的挑剔，第二位则显得生机勃勃、充满了激情，虽然她常常在工作中出错。巴巴拉·海尔斯本就是慕名而来的，她可以说是“布鲁姆斯伯里人”(Bloomsburian)的崇拜者，是被麦卡锡太太称为“布鲁姆斯伯里兔仔”或伍尔夫称之为“平头族”中的一员。因此，她十分愿意为伍尔夫的霍加斯出版社效劳，哪怕她在工作两个月后伦纳德只塞给了她半克朗硬币①。但随着霍加斯出版社逐步进入正轨，工作量日趋增多，伍尔夫夫妇就不得不对是否扩大霍加斯出版社的规模的问题进行深思熟虑了。出版社的发展前途是显而易见的，鉴于此，伍尔夫夫妇决定寻找一个比巴巴拉·海尔斯更加专业，更能承担责任，且更具有聪明才干与抱负的年轻人，最好是能在学徒期后成为霍加斯出版社的合伙人。

最先被吸引来应聘的年轻人是利顿的朋友拉尔夫·帕特里奇，他是一个容貌俊秀、神采奕奕、精力充沛且才智杰出的小伙子，从各方面来看，他似乎都很适合这份工作。但是，理想与现实之间总是横亘着一条难以跨越的鸿沟，且荆棘丛生。对于一个对这份工作充满期待的年轻人来说，出版是关乎智力和识别力的一件事，是慧眼识珠般地将优秀的作品从茫茫手稿中甄选出来，再以美好的形式呈现给大众的工作。然而，在伦纳德心中，出版却是关乎排版、拆版、印刷、装订、粘贴、打包和邮寄包裹甚至定期清理机器等一系列杂活的工作。二者之间显然天

① 1克朗等于5先令。

差地别，因此，本打算全力以赴干一番事业的拉尔夫常常和伦纳德之间产生各种矛盾和摩擦，争吵于他们似乎已成司空见惯之事。

在日积月累下，拉尔夫和伦纳德之间的矛盾终在1922年10月全面爆发。伍尔夫曾写道："这个神经质的人连最普通的事都不肯为我们做。每天上午伦纳德都得捆包裹。拉尔夫乘坐的是那班既不早也不晚的火车。他把周一上午消耗在裁缝店里。"[①]拉尔夫和伦纳德的关系已然势同水火，再不能在一个屋檐下共事了，但是，尴尬的是，拉尔夫似乎压根就没有离开的意愿。而且，由于利顿与拉尔夫特殊的关系[②]，他尤为支持拉尔夫的出版事业，他曾向伍尔夫夫妇暗示，如果拉尔夫能留在霍加斯出版社，那么他们就可以出版他的作品，那将意味着一笔令人无法抗拒的丰厚利润，而他甚至还考虑要和梅纳德·凯恩斯一起买下《英国评论》，交由拉尔夫管理经营。利顿的介入，一度使事情陷入了僵局，不断地协商、调解令伍尔夫夫妇筋疲力尽、心力交瘁。最终，他们抛开一切，选择和拉尔夫解除雇佣关系。幸运的是，在1923年1月份他们顺利地找到了一位愿意承担全职工作的年轻女性，3月份拉尔夫正式离职。

1923年，由于伍尔夫渴望搬回伦敦中心区居住，而伦纳德在拗不过她的情况下只得同意，因此，10月份他们开始找房子，最终在布鲁姆斯伯里区的塔维斯托克广场52号找到了自己中意

---

① 昆汀·贝尔：《伍尔夫传》，萧易译，南京：江苏教育出版社，2005年版，第293页。

② 据说拉尔夫·帕特里奇与利顿·斯特雷奇是恋人关系。

的房子。1924年3月13日，伍尔夫夫妇搬到了那里，而霍加斯出版社就被安置在了那栋房子的地下室。据说，地下室是一间低矮破旧的房子，常常有穿堂风飕飕地刮过，异常寒冷，屋内昏暗潮湿，墙皮也已脱落，墙上凹凸不平，地上堆满了高高垒起的书籍、包裹和资料。不过，虽然环境不尽如人意，但那儿的员工都和伍尔夫与伦纳德一样每天激情而快乐地工作着。在拉尔夫之后，玛乔里·约德、乔治·赖兰兹、安格斯·戴维森等先后在霍加斯出版社工作。

霍加斯出版社虽经历了地址的变迁和人员的更迭，甚至还被伍尔夫夫妇多次考虑是否要将其结束，但最终它还是坚持办了下去，并从一台手动印刷机逐渐发展成了一桩大的买卖，从作家的业余小爱好发展成了一项出版事业，甚至在伍尔夫去世以后，仍致力于出版她的遗作，延续她的艺术生命。霍加斯出版社的不断发展壮大很大程度上给伍尔夫夫妇带来了生活的不便和工作的压力。他们的时间部分被一些机械工作、打包、与书商和推销员的会谈等消耗，有时本该在乡村度假的他们，为了霍加斯出版社而不得不留守在伦敦，而有时本该写作的时间，又为了霍加斯出版社而不得不去读别人的手稿。因此，1937年，伍尔夫夫妇决定对霍加斯出版社进行一次全面改组，伍尔夫写道：

> 伦纳德突然想到了一个主意，让年轻才子们（即约翰·莱曼、伊斯伍德、奥登、斯蒂芬·斯彭德）以合作公司的形式来经营出版社。所有的人都激动不已，既有不满，也有各种主张。每个人都想要一个中心人物，一个经理、喉舌、共同代言人。我愿意

让莱曼去管理它。我们不能卖掉出版社悄悄溜走吗?[①]

最终,在伍尔夫夫妇的再三思虑下,约翰·莱曼买下伍尔夫百分之五十的股份,成了出版社合伙人。

霍加斯出版社是伦纳德一生中送给伍尔夫的最好、最珍贵的礼物,是他对伍尔夫饱含深情的爱的象征,亦是他对作为艺术家的伍尔夫的爱的贡献。霍加斯出版社很大程度上缓解了伍尔夫对自己作品出版的焦虑和担忧,避免了她受到编辑意见和出版社退稿的困扰,减缓了她精神和情绪的剧烈波动,对其精神疾病有着良好的镇定效用。伍尔夫除了最早的两部作品《远航》和《夜与日》是由达克沃斯出版社出版发行以外,从 1917 年《墙上的斑点》开始直到她去世后的遗作《幕间》以及一些短篇小说和随笔集等,全部是由霍加斯出版社出版的。霍加斯出版社使伍尔夫获得了写作的自由,成了"英国唯一能够自由地写出自己所喜欢的东西的女人"。伍尔夫的整个创作生涯都与霍加斯出版社紧密地联系在一起,正如伍厚恺在《弗吉尼亚·伍尔夫:存在的瞬间》中所说:"正是霍加斯出版社 1917 年建立之后,她开始大胆地探索新形式和实验新技巧,她的第一篇'非正统'的小说、用第一人称意识流手法创作的《墙上的斑点》也随之而问世……霍加斯出版社是弗吉尼亚·伍尔夫文学创新的温床和基地。仅仅因为这一点,她也是感激伦纳德的。"[②]就此而言,伍尔夫夫妇

---

① 昆汀·贝尔:《伍尔夫传》,萧易译,南京:江苏教育出版社,2005 年版,第 417 页。

② 伍厚恺:《弗吉尼亚·伍尔夫:存在的瞬间》,成都:四川人民出版社,1999 年版,第 106 页。

对霍加斯出版社融进了无限的爱与热情,它如他们的孩子般,是他们感情的纽带与爱的结晶。

虽然,婚姻初期,伍尔夫夫妇经历了爱的磨难与考验,但经受住考验的伦纳德不仅成了伍尔夫生活中最亲密的伴侣,更成了她文学事业上最忠实的支持者。他不仅通过创建霍加斯出版社来帮助伍尔夫克服在作品发表前的敏感、疑虑情绪,还常常鼓励和安慰伍尔夫。伍尔夫在每部作品发表之前基本上都会先征询伦纳德的意见,只有当伦纳德说这是一部上乘之作时,她才会如释重负,如她在 1927 年 1 月 23 日的日记中所写:

好啦,伦纳德读完了《到灯塔去》,并认为它绝对是我最好的一部作品,是部杰作。我还未开口他就这么说了。我从诺尔那里回来,刚坐下,还没征求他对作品的看法。而他则称之为"一首全新的心理分析之诗",他就是这么称呼的。

他说这要比《达洛卫夫人》有进步,也更引人入胜。在得到这么大的宽慰后,我把这事一股脑儿地抛在脑后,像往常一样,忘记了这部作品。①

霍加斯出版社虽然对伍尔夫夫妇来说意义重大,但更重要的是,它对推进现代英国创新性文化思潮,传播英国现代主义文学与文化亦作出了重大贡献。20 世纪初,随着英国文化事业的繁荣,众多私营出版社如雨后春笋般应运而生,霍加斯出版社也是其中之一。但与当时众多普通出版社迎合市场行情和普通读

---

① 弗吉尼亚·伍尔芙:《伍尔芙日记选》,戴红珍、宋炳辉译,天津:百花文艺出版社,2012 年,83 页。

者口味的做法不同的是，霍加斯出版社往往拒绝出版那些传统经典和主流文化作品，而是对那些具有价值、有趣且极具实验性和创造性的作品敞开发表大门，同时它还欢迎和接纳社会上来自不同阶层、不同国家、不同年龄、不同性别及不同政治观点的人的各种不同声音。这使得霍加斯出版社出版的著作极大地丰富和开阔了英国知识精英和大众的文化视野，促进了当时英国先锋思想和文化的发展，在英国掀起了一股现代主义文学思潮。如约翰·梅彭所言："非商业性小型出版社的出版活动，在文学现代主义的历史上发挥了极其重要的作用。作家们从市场压力下获得了相当一段时间的解放，足以寻找到自己的道路，并影响到一群不大却很重要的读者。"①

总言之，作为伦纳德对伍尔夫爱的馈赠的霍加斯出版社，它一方面为伍尔夫的写作带来了全新的自主性，为其今后大胆的文学探索和实验奠定了坚实的物质基础；另一方面也因其对现代思潮和文学所产生的巨大影响而为世人所铭记。

三、"探索者与革命者"：初探新形式

随着《远航》和《夜与日》的完成，以及霍加斯出版社为伍尔夫提供的丰厚精神养料对其自主创新意识的浸润，弗吉尼亚·伍尔夫开始向维多利亚时代陈腐的文学观念发起挑战，悄然地在艺术理论和创作方法上进行着标新立异的变革，试图建立一

---

① Mepham, John. *Virginia Woolf*: *A Literary Life*. London: Macmillan Press Ltd. 1996:58.

种新的艺术范式和价值标准。正如她在《往事札记》中回忆往昔她和文尼莎联合对抗父亲压制时所写的那样:“我们就天性而言都是探索者和革命者”①。

1919年4月10日,伍尔夫在《泰晤士报·文学副刊》上发表了被称为是其文学革新理论宣言的文章《现代小说》。这篇文章明显带有论战的笔调,以猛烈的火力攻击了当时健在的现实主义小说大师威尔斯、高尔斯华绥以及贝内特,对其创作方法进行了嘲讽和批判,并指责他们的作品“花了很大的技巧和很多心血,使得鸡毛蒜皮转眼即过的东西看起来真实经久”②。伍尔夫还在文中进一步将这些作家们的问题归责于“物质主义”,“对于篇幅如此巨大,素质如此多种多样、优劣不齐的一堆作品,我们的指责怪罪绝不是片言只语概括得了的。要是我们试图用一个词来表达自己的意思,就要说这三位作家都偏重物质。就因为他们不关心精神而关心肉体,使我们感到失望。”③对此,伍尔夫提出了自己的文学主张:

向内心看看,生活似乎远非“如此”。仔细观察一下一个普通日子里一个普通人的头脑吧。头脑接收着千千万万个印象——细小的、奇异的、倏然而逝的,或者是用锋利的钢刀刻下来的。这些印象来自四面八方,宛然一阵阵不断坠落的无数微

---

① Woolf, Virginia. *Moments of Being*. Ed. Jeanne Schulkind. New York: Harcourt, 1978: 147.

② 弗吉尼亚·伍尔芙:《伍尔芙随笔全集》I,石云龙等译,北京:中国社会科学出版社,2001年,第136页。

③ 同上,第134页。

尘；当它们降落，当它们构成星期一生活或者星期二生活的时候，着重点所在和从前不同了、要紧的关键换了地方，这一来，如果作家是个自由人而不是奴隶，如果他能写他想写的而不是写他必须写的，如果他的作品能依据他的切身感受而不是依据老框框，结果就会没有情节，没有喜剧，没有悲剧，没有已成俗套的爱情穿插或是最终结局，也许没有一颗纽扣钉得够上邦德街裁缝的标准。生活并不是一连串左右对称的马车车灯，生活是一圈光晕，一个始终包围着我们意识的半透明层。传达这变化万端的，这尚欠认识尚欠探讨的根本精神，不管它的表现会多么脱离常轨、错综复杂，而且如实传达，尽可能不羼入它本身之外的、非其固有的东西，难道不正是小说家的任务吗？①

伍尔夫这篇犀利的文章引起了当时文坛上的激烈论争。1923年贝内特发表《小说衰退了吗？》一文，展开与伍尔夫的论战，其后，伍尔夫又发表了《贝内特先生和布朗太太》一文对贝内特所提出的小说中人物的真实是最重要的观点表示了质疑和批判。同时她又按照英国国王爱德华和乔治分别在位的时代将作家分为两个阵营，即以威尔斯、贝内特和高尔斯华绥为代表，重视人之外的“物”的“爱德华时代的作家”，和以福斯特、劳伦斯、斯特雷奇、乔伊斯和 T. S. 艾略特为代表的重视人本身，关注人的灵魂、精神和生命的“乔治时代的作家”。在此期间，伍尔夫创作的短篇小说和长篇小说都完美地诠释了她的这一文学理论和

① 弗吉尼亚·伍尔芙：《伍尔芙随笔全集》I，石云龙等译，北京：中国社会科学出版社，2001年，第137页。

观点，从而开启了她文学创作中的探索与革命之路。

早在伍尔夫写作《现代小说》一文之前，她就已经开始了她的"新的小说形式"的实验，其中由霍加斯出版社出版的短篇小说《墙上的斑点》和《邱园记事》便是她最早的创新实验之作。1930年10月16日，伍尔夫在写给埃塞尔·史密斯的信中曾回忆道："我绝不会忘记写《墙上的斑点》的那一天——刹那间一挥而就，仿佛被迫连续做了几个月打石头的苦活儿，一下子飞起来了似的。"①《墙上的斑点》以一位身份模糊、坐在冬日的壁炉前百无聊赖，抬头看见了对面墙上的一个"斑点"的人物的意识流动为线索，交叉展开了触发意识活动的外界事物和人物内心飘忽变化的思绪之间的回环式叙述，在内外对比中表现了伍尔夫的文学观，即外部现实是肤浅、琐屑、无谓的，只有内在真实才是真正有价值的精神主义观念。该作品是伍尔夫第一次尝试运用第一人称的主观直接引语来描写人物的内心活动，是意识流小说的典型作品。当利顿第一次读到这篇短篇小说之后，当即便被其吸引，他惊诧于伍尔夫笔触的灵动和细腻，在给伦纳德的信中问道："她到底是怎样使得英语漂浮又漂浮的？"而福斯特也称这篇小说是"迄今为止英语里还没有取得过的某种微妙难测的东西"。②

同样，《邱园记事》也并未记录人们在邱园即伦敦皇家植物

---

① 伍厚恺：《弗吉尼亚·伍尔夫：存在的瞬间》，成都：四川人民出版社，1999年版，第140页。

② E. M. Forster, 'Virginia Woolf', in Virginia Woolf, Critical Assessments, V. I: 117.

园游玩时所发生的事件和展开的活动，而是借邱园中的卵形花坛这一特定的地点展开，以它为依托、为轴心散射开去，先后表现了四批从花坛边走过的游人的心理活动与意识。伍尔夫首先以精致的笔触描写了盛夏时节在日光强烈照耀下摇曳生姿、缤纷炫目的花，随后，分别表现了一对带着两个孩子游园的夫妇、一老一少两个男子、两个上了年纪的下层社会妇女，以及一对年轻情侣的精神世界。丈夫忆及15年前自己向当时的女友求婚失败的场景，妻子则在交谈中说到了20年前所接受的铭心刻骨的一吻；两个男子与两个妇女虽则同游邱园，却也是一方在兴奋而不知所云地说着什么，另一方毫无认同，仅仅是在假意敷衍；至于那一对情侣，情感交流仿佛也并无默契。

就这样，一对又一对的伴侣同样散散漫漫地、毫无目的地经过了花坛，一层层青绿色的雾霭渐渐把他们包裹起来，起初他们的身形还显得很坚实，色彩很鲜明；可是随后形体和色彩便全在那一片青绿色的大气中渐渐消融了。

通过《邱园记事》，伍尔夫似乎意在表明人生的片段性和散漫性，以及人与人之间理解和沟通的困难性。而从结构艺术上来说，本来这四批游人之间并无关联，却由于先后从花坛边走过而被串联到了一起。花坛由此在小说中承担起如画布上的支点的关键作用。而为了表示关系的平衡，伍尔夫在先完成丈夫的意识流后，又交代了妻子对早年生活的回忆，由此构成了一种微妙的张力关系；一方滔滔不绝、一方一言不发的两个男子和两个妇女，以及那一对情侣之间，也都形成了精致的平衡与对称关系。

《墙上的斑点》和《邱园记事》作为伍尔夫早期的实验性短篇小说，无疑是对其同时期《现代小说》中的理论观点的有效实践。此外 1921 年 3 月由霍加斯出版社以《星期一或星期二》(*Monday or Tuesday*)为名结集出版的 8 篇短篇小说，除了早已问世的《墙上的斑点》和《邱园记事》之外，其余 6 篇《鬼屋》(*A Haunted House*)、《星期一或星期二》、《未完成的小说》(*An Unwritten Novel*)、《弦乐四重奏》(*The String Quartet*)、《一个团体》(*A Society*)和《蓝与绿》(*Blue and Green*)，亦都在内容和艺术形式上体现出了伍尔夫文学创作的创新性。

在短篇小说领域多番尝试和实验之后，伍尔夫便开始将其文学观念进一步融入长篇小说的创作之中。经过了《远航》和《夜与日》在现实主义框架内的摸索之后，伍尔夫终于在 1922 年问世的《雅各的房间》中华丽转身，完成了自己在文学创新方面第一次较大规模的探索和实验，开启了自己的现代主义探索之旅。

1920 年，新年伊始，春天的气息唤醒了沉睡的大地，万物复苏，种子破土而出，扎根发芽，茁壮生长，遍地新绿，一切都显得朝气蓬勃、生机盎然。此时的伍尔夫也是充满了生气和活力，全身心地投入她新作品的创作之中。在 1 月 26 日的日记中，她满怀激情和希望地写道：

生日后第二天；事实上，我 38 岁了。喔，无疑，我比 28 岁时要开心得多；今天比昨天更开心，今天下午，我为一部新小说想出了个新形式。假使一个主意会从另一个主意中展开——就像在《未完成的小说》中那样——只不过不是 10 页纸，而是差不多

200页——这不是可以显示出这样一种形式吗？即结构松散，可以包容一切，同时更接近主题，却又能保持形式和节奏的不变。而这种形式正是我所企求的。我的疑虑是，它将囊括人的心灵到什么程度？——我是否对这种形式有把握，并能将之编织进小说中去？我想这一次一定迥然不同；没有脚手架，几乎看不到一块砖；完全是一片朦胧，但是心灵、激情、幽默，一切都在迷雾中耀亮得像火焰一样。然后，我会为这么多东西找到空地——一种快乐——一种矛盾——一种符合我美好心愿的轻盈脚步。我是否足以控制局面——那是疑虑；但是，想象《墙上的斑点》《邱园记事》和《未完成的小说》手拉着手和谐地跳舞。我还得搞清楚那种和谐性应该是什么玩意儿；我对主题一无所知，不过我在那种形式中看到了无垠的可能性，那形式是两个星期前我多少在无意中想到的。我担心得要命的自我中心主义会威胁这种艺术形式；照我看，它已经毁掉了乔伊斯和理查森作品形式的完善。一个作者是否胸襟宽广、张弛有度，给小说提供庇护而不重蹈乔伊斯和理查森的覆辙，不使小说受作者自我的约束而变得狭隘？我希望，如今我已经熟习了自己的技艺，足以表达各种各样的想法，给读者提供各种形式的愉悦。不管怎样，我还得摸索和进行试验，不过这个下午，我看到了一线光明。其实我正在毫不费力地构思那本尚未写出的小说，我想，照那样去想，我肯定有条新的路可走。①

① Virginia Woolf. *A Writer's Dairy: Being Extracts from the Diary of Virginia Woolf*. ed. Leonard Woolf, New York: Harcourt Brace Jovanovich, 1953: 22.

由此可知,1920年的春天,《雅各的房间》已开始在伍尔夫的脑海中酝酿并逐渐成形。

在《雅各的房间》创作之际,正值利顿的《维多利亚名人传》大获成功,此时的伍尔夫很可能经历了一次内心的阵痛,甚至还混杂着嫉妒、羡慕、沮丧等多种复杂微妙的情感,毕竟曾经与自己齐头并进的伙伴突然超越了自己,并遥遥领先。与此同时,伍尔夫的《星期一或星期二》也由于拉尔夫搞错了出版日期而使其并没有得到《泰晤士报》应当给予它的充分重视。利顿作品《维多利亚名人传》的成功大卖与伍尔夫作品《星期一或星期二》的萧条景象形成了鲜明的对比,刺激着伍尔夫的每一根神经。1921年4月8日,她在日记中沮丧地写道:

> 我无法继续写《雅各的房间》。利顿的书业已问世,共三卷,大概会颇多好评,我不想把这一一记下来,也不想写我足足有半小时脾气越来越糟,竟陷入从未有过的沮丧。我是指我曾想过再也不写了——除了书评以外。我们在41号设宴祝贺利顿,这对我更是火上浇油,搞这样的宴请原本是应该的。我想我那本书《星期一或星期二》他肯定看过了,可他竟闭口不提,我这是第一次连他都指望不上了。假如我的书被《文学副刊》视为一个谜,我也不会介意,因为利顿也不会喜欢那玩意儿。可要是一切平平,且微不足道,那么……①

虽然,伍尔夫由此次事件引发了严重的沮丧和忧郁,甚至还

① 弗吉尼亚·伍尔芙:《伍尔芙日记选》,戴红珍、宋炳辉译,天津:百花文艺出版社,2012年,26页。

一度失去了写作的自信，但是这一糟糕情况并没有持续多久，因为称赞和好评很快便从四面八方涌了过来，“艾略特对《星期一或星期二》的夸奖使我大吃一惊！这的确让我高兴。他看中了《弦乐四重奏》，尤其是它的结尾‘非常好’，他说。而且我想他是当真的。他认为《未完成的小说》写得不成功；《鬼屋》‘极其有趣’。”利顿也指出《弦乐四重奏》是绝妙的。这些好评的确很大程度上缓解了伍尔夫的紧张情绪，使她每根神经都感到舒畅，从而充满创作欲望地重新投入到了《雅各的房间》的写作中。

一直以来，写作于伍尔夫而言，正如其在《奥兰多》中对创作之艰苦所发表的感慨那样：

> 写的时候颇为得意，读一遍后又觉得失望；改了又改，撕掉重来；删改、添加；喜出望外；灰心丧气；朝思暮想；灵感突发又稍纵即逝；明明看到自己的著作摆在面前，而它忽然烟消云散；一边吃饭，一边扮演自己作品中的角色；一边走路，一边默念；时哭时笑；在两种风格之间摇摆不定；忽而喜欢夸张雕琢，忽而喜欢平实简朴；忽而是藤比河的溪谷①，忽而是肯特郡或康威尔郡的田园；拿不准自己究竟是天大的天才，还是最大的傻瓜。②

因此，或许正是由于狂热而艰辛的创作，伍尔夫又经历了一次发病，“那些日子都耗费在以下的事情上了：让人疲倦的头痛、跃动的脉搏、疼痛的背部、焦急、烦躁、睡不着、安眠药水、镇静

---

① 藤比河的溪谷，位于希腊奥林匹斯山附近，常因风景优美而在古典诗歌中受到赞誉。

② 弗吉尼亚·吴尔夫：《奥兰多》，林燕译，人民文学出版社，2003 年，第 43—44 页。

药、洋地黄强心剂、短时间的散步和再回到床上。”①这次发病持续了近两个月，在发病期间，她甚至第一次想到要立遗嘱。但如往常一样，在与疯魔的搏斗中，伍尔夫再次凭借自己的毅力战胜了它，因此8月份她慢慢恢复了，又一次可以写作了。终于，在11月4日，她完成了《雅各的房间》，并注明她是在上一年(1920年)4月16日开始动笔写作的。

此后，《雅各的房间》进入了修订阶段，与此同时伍尔夫也开始创作新的作品《阅读》，即《普通读者》。但1922年的前三个月，伍尔夫又因为流感而卧床不起，她的脉搏极其不稳定，体温时高时低，精神更是超出了正常神志的范围。为她看诊的医生中，一位断言她心脏受了感染，命不久矣，另一位则认为她是肺部感染。幸而，福格森医生是明智的，在他的建议和医治下，伍尔夫的病情得到了控制。此时，《雅各的房间》也面临着出版，曾在美国出版《星期一或星期二》的哈考特·布雷斯出版社要求阅读这本书，伍尔夫答应7月份交稿。按照惯例，交稿之前，伦纳德总是会成为伍尔夫的第一位读者，给予她信心和鼓励。6月26日，伦纳德第一次读了这本书，他认为这是伍尔夫最好的一部作品，他评论道“这本书好得惊人”，是一部天才之作，和其他作品都不一样。为此，伍尔夫十分激动和兴奋，但同时她照例又为书籍的即将出版紧张和忐忑，为揣测别人的反应而惶惶不安。不过，在经历那么多之后，伍尔夫也在努力调整自己，使自己能达观地面对一切，平静地接受别人的批评和非议。在6月26日

---

① 昆汀·贝尔：《伍尔夫传》，萧易译，南京：江苏教育出版社，2005年版，第289页。

的日记中她这样为自己打气:“可总的来说我很开心。我们都不知公众将会如何对待它,可我确信已找到了自己的语言表达方法,这使我很有兴致,并感到,即使没有外界的首肯也能继续写下去。”[①]为了进一步避免自己因为大众的评论而再次引发精神疾病,伍尔夫还计划以创作《阅读》或下一部作品《达洛卫夫人》来转移自己的注意力。1922年10月27日,《雅各的房间》最终由霍加斯出版社出版,这是霍加斯出版社第一次出版的足本书籍。

《雅各的房间》出版后,最先赢得了朋友们的热情与喝彩,“苔兹蒙德把我的书读了一半,就写信来说:‘你从未写得如此出色。我很惊奇也很迷惑。’”[②]而戴维·加奈特则第一时间打电话给伍尔夫,说这是一部一流的作品。T. S. 艾略特更是热情地评价道:

> 你已经把自己从传统小说和自己独创性天赋的妥协中解脱了出来。在我看来,似乎你已弥合了你其他小说和《星期一或星期二》的尝试性散文体之间的一种裂隙,你已获得了一次不同寻常的成功。

其后,报刊评论和读者们的看法,也与此评价趋同。伍尔夫赢得了真正意义上的成功,《雅各的房间》标志着她独特风格的形成,标志着她小说写作的新阶段,亦标志着她的成熟期和名望的到来。

---

① 弗吉尼亚·伍尔芙:《伍尔芙日记选》,戴红珍、宋炳辉译,天津:百花文艺出版社,2012年,40页。

② 同上,46页。

《雅各的房间》这部小说的情节极为简单，它以伍尔夫英年早逝的哥哥托比为原型，叙述了一个名叫雅各·弗兰德斯的年轻人的短暂的一生。作为成长小说的代表作，D. H. 劳伦斯的《儿子与情人》基本是按照人物成长的线性逻辑展开叙述的，詹姆斯·乔伊斯的《一个青年艺术家的肖像》虽然主体部分以斯蒂芬·迪达勒斯的意识活动组缀而成，但人物的心路历程依然是依照从童年到青年时代的成长轨迹展开的，伍尔夫却一反传统成长小说的线性结构模式，由一连串并无因果或逻辑联系的片段生活场景组构作品的各个片段，使得小说呈现出一个个具有时空深度的意识画面，其中包括雅各对世界和他人的印象，也包含了他人对雅各的印象。在作品中，伍尔夫对小说的形式进行了探索，她在摸索表现同一时间内不同空间的各色人等分别做什么、想什么的方法，尝试对纵向的时间序列作同步的空间化处理，即将时间艺术转换成空间艺术的可能性。与此同时，小说还全然放弃了故事线索，几乎全由不同人飘忽的思绪、碎片化的生活组成；叙述人称也不断变化；人物外部活动与内心意识相互交织。

1941 年 5 月 29 日，E. M. 福斯特在为纪念伍尔夫的辞世而在剑桥大学所作的里德讲座中，曾忆及当年初读《雅各的房间》时的震惊之情：

当《雅各之室》（即《雅各的房间》）于一九二二年问世时，我们都感到非常震惊。《邱园记事》中的风格和敏感性依然保持，但这次它们被运用到描写人与人之间的关系和社会结构上去了。那些彩色的斑块继续漫游而过，但在它们的行列中伫立着一位青年男子的坚实躯体，像一个密封的瓦罐似的打断了它们漫游的行程。不大可能发生的事情发生了：一种本质上很富有诗意同时又非常琐碎的方法，被用到了小说创作之中。……《雅各之室》是一部质量很不均匀的小书，但它却标志着她的一个很了不起的转变，表明了她抛弃了首次出现在《夜与日》中的虚假手法。①

虽然，《雅各的房间》在不少方面还存有瑕疵，缺乏伍尔夫后来的小说那种结构把握上的圆熟、精致、稳固与均衡，内容也显得抽象与费解，但其打破固有逻辑结构的精神是值得肯定的。在 1922 年 7 月 26 日的日记中，伍尔夫继续这样为自己打气："毫无疑问，我想的是，在自己年届四十的时候，终于发现了如何开始用自己的声音说点什么；这一点让我饶有兴味，因而感到自己可以在缺乏赞扬的情况下继续前行。"②在她看来，《雅各的房间》是其走向创作自由、发出自己的叙述声音的"必要步骤"。

如果说文学初航时代的伍尔夫尚处在努力挣脱传统现实主义束缚的探索期，那么进入 20 世纪 20 年代之后，随着《墙上的斑点》《邱园记事》《星期一或星期二》《雅各的房间》等实验性作品的发表，她对文学新形式的实验与探索已取得了巨大的成功，她对现代主义小说的创作也愈益成熟。在《雅各的房间》所奠定的基础上，伍尔夫将翻开文学史的新篇章。在努力向前之时，她对现代主义写作实验的浓厚兴趣将激励她继续深入探索她的文学创新之路。

---

① 瞿世镜主编：《伍尔夫研究》，上海：上海文艺出版社，1988 年版，第 8 页。

② Woolf, Virginia. *A Writer's Diary*. New York: Mariner Books. 2003: 47.

第五章

声名鹊起:走向创作之巅(1923—1931)

我可以创作、创作、再创作,这是人世间最快乐的感受。

I can write and write and write now: the happiest feeling in the world.

一、"稳稳地前进":《达洛卫夫人》

"穿越黑夜,独自一人,稳稳地前进……内心坚忍不拔地忍受着痛苦;……照亮着我的整个道路,直到终点。"[①]1923 年初,伍尔夫回首并梳理了自己过往的岁月,在沮丧和反省中开始了新的一年。即将 41 岁的她,此时已在自己的创作领域有所建树;有一位事业有成、忠心耿耿地陪伴着她、爱护着她的丈夫;有一大群朋友和一个充满奇妙凝聚力的志同道合的"小圈子";在

---

① 昆汀·贝尔:《伍尔夫传》,萧易译,南京:江苏教育出版社,2005 年版,第 295 页。

里士满和乡间还有着舒适的住宅……一切看起来都刚刚好，生活安适而惬意，但或许是人到中年，此时的伍尔夫感到时间正从她身边悄悄地溜走，一种虚度光阴的痛苦感觉萦绕着她，她挣扎着、追赶着，希望可以留住些什么，或者至少以某种方式来减缓岁月的脚步，但静谧、安宁、恬逸的里士满郊外生活似乎只能使时间无可挽回地从她身边流逝。因此，她决心跨出当前舒适安逸的生活圈，从里士满搬回尘事繁杂的伦敦，"到人类中去冒险"并"一头扎进去"。

与此同时，随着《雅各的房间》的声名远播，伍尔夫的名望也随之与日俱增，正如她自己所言，她正在被"捧上来"，几乎已经成为一位名人了，而她的社交地位也发生了显著的变化。她受到了上流社会的欢迎，对此她乐在其中，但"伦纳德对我在鼻子上搽粉、把钱花在服装上较缺乏好感。不过没关系，我崇拜伦纳德"。由此，伍尔夫开始了自己的社交冒险。被称为是名望方面的"灵敏气压计"的科尔法克斯夫人首先对伍尔夫发出了邀请，起初伍尔夫拒绝了她，因为在社交方面她仍是害羞的，缺乏自信的，但最终在科尔法克斯夫人百折不挠的说服下，伍尔夫同意了她的来访。之后，越来越多的邀请函出现在了伍尔夫的书桌上，"我的自我吹嘘——两个邀请：一个是和塞西尔们同住，还要跟格温多琳夫人见面；另一个是复活节和H.G.威尔斯一起打五天的羽毛球，外加讨论小说。"①

6月初，伍尔夫受邀在嘉辛顿度过了一个美妙的周末。在那

① 昆汀·贝尔：《伍尔夫传》，萧易译，南京：江苏教育出版社，2005年版，第302页。

里，奥托林以自己华贵的风姿、光彩夺目的衣着打扮、故作高雅的姿态以及奢靡繁华、觥筹交错的场景迎合了伍尔夫的势利心和缥缈虚无的幻想。伍尔夫曾在给姐姐文尼莎的信中描述了她对奥托林夫人的印象：

我被她的美貌征服到了如此程度，以致我真的觉得仿佛自己已经突然来到了海上，听到了美人鱼们在礁石上吹奏笛子。我不知道怎么会这样；但是，她有着厚厚的金红色头发，双颊柔嫩得就像软垫，颧骨上各染着一抹可爱的深色绯红，她的身躯确实比我见过的任何人的身躯都更具有我想象中的美人鱼的形状了，没有丝毫的皱纹或瑕疵，隆然但滑溜。

而1917年，伍尔夫从第一次拜访嘉辛顿的社交冒险中回来后曾写道：

两小时前，我们从那次冒险中回来。难以描述整体印象，除了它和我的想象没太大出入。人们散布在一间火漆颜色的屋子里。奥尔德斯·赫胥黎玩弄着象牙和绿色大理石的大圆盘——它们是嘉辛顿的象征；布莱特穿着裤子；菲利普臃肿地裹在最好的皮衣里；奥托林照旧穿着天鹅绒，戴着珍珠；还有两只哈巴狗；利顿半躺在一张巨大的椅子中。对于天生美人来说显得过多的小装饰品，太浓的香味，太多的丝绸服饰，还有一种让人有点昏昏欲睡的暖烘烘的空气。整个星期天，一群群人在屋子和屋子间移动——从客厅到饭厅，从饭厅到奥托林的屋子。这种感觉

好像不时地变弱；通过这些方法，这一天肯定持续了很久……①

从以上详细、清晰的描述中，我们可以大致设想出6月的这次拜访情景，在那里，伍尔夫想必再一次窥见了英国社交界惊人而奇特的景象。因为此次拜访明显将伍尔夫的注意力引向了她正在构思创作的那部小说《时光》（后改名为《达洛卫夫人》）的主题。她于6月4日在自己的日记中这样写道："我突然对自己的书变得非常感兴趣，我想把奥托林那种人的卑鄙写进来。我想描写那种人的油滑。我已经太宽容了……"事实上，早在1922年10月下旬，伍尔夫便开始了新作《达洛卫夫人》的构思。"《达洛卫夫人》已构思成了一本书，"在10月14日的日记中，她写道，"在这本书里我要进行精神异常和自杀的研究，并同时通过健康者和精神病患者的眼睛来看待这一世界——类似这样的内容。"②但由于各种原因，该书的创作一直进展缓慢，直到1923年1月23日，伍尔夫才再一次准备全力以赴地投入到《达洛卫夫人》的创作中。在拜访嘉辛顿之后的6月19日，伍尔夫再次在日记中详尽地记载了有关《达洛卫夫人》创作的心得体会：

我拿起日记本，脑子转着种种念头，想谈谈我的创作……那么我是怎么看待自己的创作呢？——即这本取名为《岁月》的创作，假如这还算得上书名的话（后改名为《达洛卫夫人》）。陀思妥耶夫斯基说过，写作必须发自肺腑。我是否如此呢？还是因

---

① 昆汀·贝尔：《伍尔夫传》，萧易译，南京：江苏教育出版社，2005年版，第256页。

② 弗吉尼亚·伍尔芙：《伍尔芙日记选》，戴红珍、宋炳辉译，天津：百花文艺出版社，2012年，第45页。

为喜欢鼓捣文字而将字句拼凑在一起？不对，我想不是这么回事。在这本书里，我想倾吐自己的看法，可能想法太多了些：我想描述生与死，精神健康与异常；我要抨击这个社会制度，并表现它如何在起作用；要把它最紧张的运转方式表现出来……还是接着那个话题，我是否以发自内心的情思创作着《岁月》？当然，那个发疯的场面颇费周折，绞尽了脑汁。所以无法想象接下来的几周里仍得面对这本书。问题是人物的创造，人们——比如说阿诺德·贝那特说我创作不出流芳百世的人物，《雅各的房间》也是如此。我的回答是——不说了，留给《国民》报去回答吧。人物熔成了碎片，这是个古老的论题，它属于后传统的陀思妥耶夫斯基式的辩论。我估计事实就是如此……回到《岁月》上来，估计此书颇费周折。构思如此奇特又巧妙，我总得绞尽脑汁，使内容与结构相称。构思显然很富创意，很吸引我，我想写下去，不停地往下写，写得迅速而富有激情。①

自此之后，《达洛卫夫人》的创作一直在有条不紊地进行着。10 月 15 日，伍尔夫在日记中又一次写道："我此刻正紧张地写着摄政者公园内发狂的场景。我发现我的写作正尽可能地贴近真实……我认为它的构思要比我的其他作品更高明。估计这个构思不能贯彻始终。脑子里塞满了各种念头，我感到自己会智尽计穷。当然我从未像现在这样写得自如。"②在这期间，伍尔夫还同时进行着《普通读者》的写作，为此她还制定了阅读计划。她

① 弗吉尼亚·伍尔芙：《伍尔芙日记选》，戴红珍、宋炳辉译，天津：百花文艺出版社，2012 年，第 49—50 页。

② 同上，第 52 页。

重读了索福克勒斯的作品、《克拉丽莎》、《天路历程》、《美狄亚》和柏拉图的作品等。

进入1924年后，伍尔夫仍全身心地投入在《达洛卫夫人》的创作中。但与此同时，如前文所述，伦纳德也终于满足了伍尔夫的心愿，他们从里士满的霍加斯宅迁往了伦敦布鲁姆斯伯里的塔维斯托克广场52号，而在接下来的15年里，这里将成为伍尔夫夫妇在伦敦的家。而伦敦生活中的冒险之旅也将从这里进一步延续到其小说创作之中。10月17日，《达洛卫夫人》的创作进入了最后一页的最后几个词，伍尔夫既兴奋又激动，对她来说，这部作品是她少有的在一年内一气呵成，且未因患病而中断创作的作品。而当这部小说进入通读检查和修订阶段后，《普通读者》的写作则被进一步提上了日程。最终，《普通读者》于1925年4月23日出版，而《达洛卫夫人》于5月14日出版。如往常每部作品出版时的情形一样，伍尔夫的内心照例泛起了层层涟漪。不过，内心的煎熬终会过去，《普通读者》受到了好评，福斯特在《曼彻斯特卫报》上称赞道："弗吉尼亚·伍尔夫文体协调连贯，文采斐然，深奥且又别具一格。"同样，《泰晤士报》也给予了相当的好评，利顿也称赞这部作品为经典之作。而《达洛卫夫人》更是取得了巨大的成功，福斯特对这部作品推崇备至，他认为这部作品甚至比《雅各的房间》更加出色。正是这些作品为伍尔夫赢得的喝彩和赞美使她在日记中欢喜地写道："我从来不曾感到自己被这样赞扬过。"此外，从1926年2月17日伍尔夫写给文尼莎的信中也可以看到她因这两部作品成功而获得的巨大收益，"我们让人修建（安装）了两个抽水马桶，一个由《达洛卫夫人》支付，另一个由《普通读者》支付：两个都献给你。”

相对于《雅各的房间》《墙上的斑点》《邱园记事》等代表伍尔夫努力挣脱传统现实主义创作技法束缚的实验之作来说，伍尔夫在其创作能力愈益自如的这一时期创作的小说《达洛卫夫人》，则更加清晰地体现出了她超越传统文学的线性规约与外部描摹、打乱时空顺序与追踪人物内心的意识流动的自觉尝试。

深受罗杰·弗莱的设计观念与保罗·塞尚的构图技巧影响的伍尔夫，在构思《达洛卫夫人》期间，还与法国画家雅克·拉弗拉（Jacques Raverat）保持着通信。拉弗拉讨论了文学写作的“线性”与画家作画的“共时性”（simultaneity）之间的传统差异。伍尔夫则表示作家应该不理会以高尔斯华绥、贝内特与威尔斯为代表的“过去时代的虚假”，而是努力要超越“句子的传统路线”①。对此，她的姨侄、文尼莎·贝尔与克莱夫·贝尔夫妇的次子昆汀·贝尔后来解释说：“她正宣称自己有那个能力（或至少有那个意图）不合时宜地看待事情，去领会思考和感受的过程，就好像它们是图形那样。”②

1923 年 10 月 15 日的日记中，伍尔夫再度写道：“我认为这部作品的设计超过了我的其他所有作品。……今天我写到第 100 页了。当然，在去年八月之前，我一直在摸索着前进。我花了一年时间才摸索出了我称之为隧道掘进的方法，即在我需要

① 转引自昆汀·贝尔：《伍尔夫传》，萧易译，南京：江苏教育出版社，2005 年版，第 313 页。

② 同上，第 314 页。

追溯往事时，就采用一点点加以回忆的办法。这是我主要的发现。”①突破传统小说线性结构的努力，以及通过平行线的内在联系以保持画面的均衡与稳固的结构意图，使得《达洛卫夫人》体现出繁复的时间处理艺术和高度的视觉化特征。

原题为《时光》(*The Hours*)的《达洛卫夫人》的外部情节叙述的是 1923 年 6 月中旬的一天从清晨到午夜 15 个小时内发生在伦敦的事情。作品的一条主要线索围绕出身名门、丈夫贵为国会议员的克拉丽莎·达洛卫大病初愈，决定外出散步，并为当晚要在家中举行的一次重要的晚宴亲自挑选鲜花等的经历展开；另一条主要线索的主人公是一战退伍老兵赛普蒂默斯·沃伦·史密斯。6 月清新的空气使步出家门的达洛卫夫人很自然地联想到了 30 多年前她还在老家伯尔顿时的一个同样清新明媚的早晨，进而又想起了她少女时代热恋的男友彼得·沃尔什，以及放浪不羁、思想独立的女友萨利·塞顿。小说以细腻的笔触写出了达洛卫夫人一路走向邦德大街时的所见所闻，伦敦街市的声音、气味、色彩等无一不被描摹得栩栩如生。在此，伍尔夫充分展示了她对伦敦景致、风物的熟悉与热爱，将车水马龙、繁华喧嚣、充满活力的城市风貌展现在读者面前。与此同步展开的，则主要是达洛卫夫人触景生情而对过往生活的回忆。在她跳跃的意识流动中，读者能够感受到她对自己婚姻生活的不断审视，以及对彼得的不能忘情。

---

① Virginia Woolf. *A Writer's Dairy: Being Extracts from the Diary of Virginia Woolf*. ed. Leonard Woolf, New York: Harcourt Brace Jovanovich, 1953: 61.

就在达洛卫夫人进入花店挑选鲜花的过程中，窗外突然传来了一声巨响，原来是一辆小轿车抛锚了。车上坐着的仿佛是一位大人物，侧影在窗帘后一闪而过，不知是首相、亲王，还是王妃。车辆的意外抛锚，以及与一位出入白金汉宫的显赫人物近在咫尺的状态吸引了一众路人，一时出现了交通堵塞。人们在围观的同时也在好奇地猜测着。

抛锚声不仅惊动了达洛卫夫人，也惊动了就在附近的一战退伍老兵史密斯及其妻子。赛普蒂默斯曾出于保卫祖国、保卫莎士比亚的英格兰的信念而参加了一战，在战场上目睹了战友埃文斯上尉被炮弹击中、血肉横飞身亡的惨象，从此便沉浸在对死者的记忆和负罪感之中。虽然侥幸从战争中幸存下来，即便战争已经过去了 5 年，死者还是常常会来“看望”他。战争给他造成的创伤使他产生了愤世嫉俗的人生观，精神陷于错乱之中，无法面对周围真实的和平世界，不愿和别人，甚至自己的妻子进行交流。而他的妻子卢克丽西娅原来是一位意大利的制帽女工，对这位沉静的英国军人赛普蒂默斯一见钟情并嫁给了他，自愿跟随他来到陌生的英国。但赛普蒂默斯的疯狂和她自身举目无亲的状态使她陷入孤独和绝望之中。

随着小轿车迅速向白金汉宫驶去，众人的注意力又被天上一架通过施放烟雾来做广告的飞机所吸引。这里，伍尔夫在抛锚的小汽车后再度以飞机为连接点，不着痕迹地写到了互不相干的路人面对同样情景的不同感受与状态。

达洛卫夫人回到家中，因贵妇布鲁顿夫人邀请了达洛卫先生共进午餐而未邀请她感到不快。就在她修补为晚宴准备的绿色礼服而陷入孤独时，彼得意外造访，原来他刚刚从印度返回伦敦。小说随即在当年分手的这一对恋人的意识流之间不断往返穿梭。彼得当年被牛津大学开除，他具有社会主义倾向。他在爱情失意后前往印度谋职，并冲动地娶了一位在船上认识的女子为妻，后又离异。他是一个具有流浪艺术家气质、感性冲动、离经叛道的人，人到中年孑然一身，内心依然不能忘情于克拉丽莎。在彼得终于忍不住失声痛哭后，两人的见面还是被推门而入的达洛卫小姐伊丽莎白打断了。彼得于是来到了摄政公园整理心绪。在一段很长的意识流中，彼得伤感地回忆了当年对克拉丽莎疯狂而绝望的爱恋、两人之间曾有过的幸福时光、达洛卫先生对克拉丽莎的追求、克拉丽莎对自己的狠心拒绝，以及自己的不辞而别。

这时，史密斯夫妇也坐在摄政公园里。伍尔夫以诗意的笔触，描写了这一著名公园内的美丽景色和悠闲散步的各色人等。赛普蒂默斯始终沉浸在幻听、幻觉与幻视之中。他觉得埃文斯就在对面的草丛深处，正向他走来，并与他说话。他苦恼、惊恐，对着空无喃喃自语的样子使卢克丽西娅陷入痛苦、羞耻与绝望之中。小说在此不断在赛普蒂默斯、卢克丽西娅，彼得以及公园内的其他游客的意识之间流转，通过他们对彼此的观察，以及这些观察与判断在各自头脑中留下的印象，呈现了不同人物纷乱而又各具特色的心理世界。

在家庭医生霍姆斯的建议下，史密斯夫妇慕名拜访了名医布雷德肖爵士。一心追求“均衡感”的爵士不由分说，断言赛普蒂默斯的情况已十分严重，决定将其送至自己在乡下开设的一家疗养院去进行隔离治疗，这让卢克丽西娅伤心不已，也让赛普蒂默斯十分愤怒。这里，伍尔夫不仅辛辣地嘲讽了爵士作为社会名流的那种骄横、傲慢、自负，具有强烈的权力欲与操纵欲的特点，也将自己多年来因治疗精神疾患而对打交道的医生所产生的强烈不满与恼恨情绪，宣泄在了爵士的漫画式人物形象身上："威廉爵士靠崇拜均衡不仅使自己发家致富，而且使英国繁荣昌盛，他隔离了英国的精神病人，禁止他们生育，宣传绝望也算犯罪，不让病人宣扬自己的观点，直到他们也获得了他的稳重感——如果病人是男子，得到的就是他的均衡感；如果病人是女子，得到的就是布雷德肖夫人的均衡感（她刺绣，织毛衣，每个礼拜有4天在家里陪伴儿子），因此不仅他的同事们敬重他，他的下级惧怕他，而且他的病人的亲朋好友最深切地感激他，因为他坚持让这些预言世界末日或上帝降临的男女耶稣们在床上喝牛奶……但是均衡感还有个妹妹，更不爱笑，更加可怕……她的名字叫劝皈，她吞噬弱者的意志，喜欢留下印记，喜欢强加于人，欣赏烙在公众脸上的她自己的面容……这个女神也在威廉爵士心中留有一席之地，尽管多数情况下她隐藏在一些冠冕堂皇的伪装下面，如某个值得崇敬的名字、爱情、责任、自我牺牲。"①在深深同情精神病人的伍尔夫看来，所谓的精神正常，即布雷德肖所谓的"均衡感"，乃是一种专横的霸权。他将不健全的人隔离开来，禁止思想的传播，阻断他们与外界的联系，惩罚绝望情绪，直至他们的思想烙上自己的印记。由此，伍尔夫暴露了"疯狂"的

① 弗吉尼亚·伍尔夫：《达洛卫夫人》，孙梁、苏美译，上海译文出版社，1997年，第96—97页。

意识特征。

从诊所回家之后，卢克丽西娅沉浸在制帽的宁静与快乐之中。赛普蒂默斯受到妻子情绪的感染，思维变得正常，并开始讲起了笑话。就在夫妇俩十分默契，沉浸在多时未有的满足与快乐之中时，霍姆斯医生再度前来，并不顾卢克丽西娅的阻挡，强行要闯进赛普蒂默斯所在的房间。面对自己即将被迫与妻子分开、进入疗养院隔离的处境，赛普蒂默斯决心誓死捍卫自己的意志与尊严，情急中从窗口纵身一跃，采取了惨烈的方式自杀身亡。

而就在载着赛普蒂默斯的救护车正呼啸着向医院驶去的同时，彼得正在前往餐馆用晚餐。这里，以伦敦议会大厦的大本钟的报时声为连接点与叙述转换的契机，伍尔夫再度回到了彼得的意识流之中，克拉丽莎、当年两人在伯尔顿相处与吵架的情景、自己目下的颓唐处境，以及与一位有夫之妇的尴尬关系依然处于他的意识中心。当夜，彼得前去参加克拉丽莎家的晚会，意外地见到了当年克拉丽莎在伯尔顿时的闺蜜、如今已结婚生子的萨利，于是两人攀谈起来。如彼得和萨利当年所预言和嘲笑的那样，多年后的克拉丽莎果然身着华丽的绿色晚礼服，扮演着“完美的女主人”的形象，正站在楼梯口欢迎贵宾。在衣香鬓影、觥筹交错之中，达洛卫夫人的晚会取得了巨大的成功，首相也亲自到场了。

布雷德肖爵士夫妇为姗姗来迟而道歉，并解释说是因为要处理一位年轻人的自杀事件所致。“死神闯进来了，”这给了正沾沾自喜的达洛卫夫人当头一棒。震惊之余，她悄悄走进一间小屋以整理自己纷乱的思绪。在意识中，达洛卫夫人还原了赛普蒂默斯自杀时黑暗而恐怖的身体感受，觉得那位从未谋面的年轻人仿佛与自己心灵相通。她感觉自己完全理解这位年轻人，理解他为何要自杀，并本能地判断出他是被布雷德肖爵士这样的医学权威逼迫至死的。至此，小说中两条主要的意识流线索终于汇合到了一起。

伍尔夫擅长描写聚谈与宴会场景。在这部小说中，她同样精心选择了克拉丽莎准备与主持晚宴这一她生活中的典型场景，以作为表达她内心激烈冲突的战场，展示她作为上流社会主妇的社会身份与具有独立人格的内在自我之间的冲突，呈现其不由自主的外在行为与真实的内心体验之间的矛盾性。就在晚宴成功地走向高潮的时刻，克拉丽莎意外听到赛普蒂默斯自杀的消息，“光华焕发的盛宴一败涂地了。”她意识到“生命有一个至关紧要的中心，而在她的生命中，它却被无聊的闲谈磨损了，湮没了，每天都在腐败、谎言与闲聊中虚度”。这一中心就是人格、尊严、自由选择的权利。她想象赛普蒂默斯正是“怀着宝贵的中心而纵身一跃的”，由此得出了“死亡乃是挑战”①的结论。由此，克拉丽莎与赛普蒂默斯之间产生了深刻的精神上的共鸣：“不知怎的，她觉得自己和他像得很——那自杀了的年轻人。”②赛普蒂默斯的死亡为她打开了一扇门，使她悟出了自己和那个年轻人之间的神秘联系，窥见了自己过去生命的丰盈和现在生

---

① 弗吉尼亚·伍尔夫：《达洛卫夫人》，孙梁、苏美译，上海译文出版社，1997年，第187—188页。

② 同上，第190页。

命在虚与委蛇间的虚度。在对生命和死亡的思考与感悟中，克拉丽莎获得了精神上的重生："他干了，她觉得高兴；他抛掉了生命，而她们照样活下去。钟声还在响，滞重的音波消逝在空中。她得返回了。必须振作精神。必须找到萨利与彼得。"[①]这两位青年时代的友伴，终于找回了在他们的记忆中那个热爱生命、拥抱生活的克拉丽莎，那个真实而丰盈的自我。因此，达洛卫夫人听闻噩耗后独自在小屋内的自省，构成了她灵魂中一个"重要的时刻"。

就此，伍尔夫从克拉丽莎这一尚残留着生命热情与自省精神的贵妇的视角，从内部对社会体制与主流生活方式进行了批判。作为理性社会、主流社会的"他者"，疯狂老兵赛普蒂默斯则以一种另类的视角同样表现了对生活的感悟，象征了女主人公内心孤傲、高洁、厌世的情绪，在一定程度上成了达洛卫夫人的"镜像"。

与此同时，赛普蒂默斯这样一位在一战中身心受创的精神分裂者形象，其精神状态一定意义上也是伍尔夫本人的自画像。伍尔夫通过赛普蒂默斯的意识特点记录了自己在特殊状态下的生命体验，一方面表现了不健全的人眼中所见的外部世界，另一方面也向读者展示了精神病人自身的心理状况和他们在现实中的绝望处境。赛普蒂默斯有时会听见小鸟在用希腊语唱歌，有时跟死去的战友埃文斯对话，有时又以先知的身份向世人宣示真理等，这些都能在伍尔夫的病史记录中找到相关依据。她在

① 弗吉尼亚·伍尔夫：《达洛卫夫人》，孙梁、苏美译，第190页。

日记里承认:“现在我就处在摄政公园里那疯狂场景的中心,我发现自己是尽可能紧紧抓住事实来进行写作的。”[①]如前文所述,1904 年夏天,随着父亲斯蒂芬爵士的离世,伍尔夫发作了一次彻底的精神崩溃,并企图跳窗自杀。当狂躁的症状逐渐消退后,她躺在床上,听见窗外的小鸟在用希腊语歌唱,心中充满了幻觉。1915 年,她与死去的母亲对话,后者的声音要她去做“各种各样疯狂的事”,现实与幻想的界限变得模糊起来。1928 年,伍尔夫在《达洛卫夫人》的简介中提到,按照原来的构想,小说中并没有赛普蒂默斯这个角色,最后自杀的是克拉丽莎。后来伍尔夫改变了初衷,增加了这一形象,并用将近四分之一的篇幅来描写这位狂人的生命体验。伍尔夫精神病发作时,常会听到死者的声音,想起那些逝者的灵魂。这种症状迫使她不得不去安静的乡村静养,或者被送到看护所去进行隔离治疗。尤其是在特威肯哈姆看护所的体验,更是给她留下了异常恶劣的印象,以至于每当面临被送去治疗的威胁,她都会产生自杀的企图,并对医生和看护抱有抵触情绪,不配合治疗,拒绝进食,甚至有暴力倾向。在与各类精神病医生打交道的过程中,伍尔夫对医生的权威和病人的被动状态有着切身体会,而且她的家庭医生对她的精神状况进行过好几次错误的推断。1912 年,虽然她提出了神志清醒的抗议,乔治·萨维奇爵士还是强行把她送去治失眠症,随后她的精神抑郁再度发作。1913 年 9 月 9 日,她见了两位新来的医生(莫里斯·赖特和赫赫有名的亨利·赫德医生),他

① 林德尔·戈登:《弗吉尼亚·伍尔夫:一个作家的生命历程》,伍厚恺译,成都:四川人民出版社,2000 年,第 93 页。

们都建议送她去特威肯哈姆进行隔离治疗。这直接导致了她服下过量巴比妥以自杀来寻求解脱。这种医患之间的敌对关系生动地反映在她对医学专家威廉·布雷德肖爵士的刻画上。

作为一部意识流小说，作品分别以克拉丽莎与赛普蒂默斯这两个从未谋面的人物的意识流作为结构的中心，构成了两条平行而又相互交错的意识流线索。作家自觉地以外部世界的声、光、色、味以及人与事作为激发主人公联想、回忆、感触与想象的媒介，并巧妙地以大本钟定时敲响所代表的物理时间，来提醒读者注意其与人物心理时间之间的巨大差异，同时以大本钟敲响为契机，巧妙地实现了不同人物之间意识流叙述的自然转换，仿佛电影艺术中蒙太奇技巧的运用，使得作品在短暂有限的物理时空中，蕴涵了人物纷纭繁复的人生体验，表达了深厚的精神内涵。

约翰·霍莱·罗伯茨在其专门研究伍尔夫小说中的“视觉”“设计”即弗莱对她的影响的专文中，甚至还将弗莱对“关系”的重视运用到对《达洛卫夫人》中人物关系的分析上，即将达洛卫夫人和赛普蒂默斯视为构成形式的要素，而将他们之间的相互关系视为绘画艺术中的形式关系。作者认为：“如果我们根据这些特征来阅读《达洛卫夫人》，我们会发现，小说要求于我们的，是对肯定—否定关系、克拉丽莎·达洛卫与赛普蒂默斯·史密斯这两个处于两极的人物的反应，在这部小说的现代图书馆版本的序言中，伍尔夫夫人告诉过我们，这两个人是‘同一个人’。他们不是相互分离的、个体化的人物形象，而是一种有关生活本身的观念的两个对立阶段。他们的现实不是由他们作为个体而构成，而是由他们作为形式与彼此之间的关系所构成。”①

具体说来，达洛卫夫人和赛普蒂默斯之间构成一种对立统一的关系，也即克拉丽莎热爱生活的倾向和疯狂的退伍老兵对它的弃绝彼此对立，两种情感相互补充，从而形成一个整体。这种整体性通过多处细节、暗示与呼应在文本中体现出来。如在小说开局不久，达洛卫夫人首先想起了莎士比亚“再不怕太阳的炎热，也不怕寒冬的风暴”的诗句。而在被逼自杀前，赛普蒂默斯同样想到了这些诗句；在死亡前的瞬间，陪伴着妻子制帽的赛普蒂默斯与达洛卫夫人共享了对生活的依恋与热爱：“他不想死。生活是美好的。”伍尔夫随后又加上了一句，“阳光是火热的。”与前面达洛卫夫人上街买花时的感受遥相呼应；对死亡问题的思考亦使两人之间存在着微妙的联系。对此，罗伯茨进行了细致的文本分析：“我们先是在第12页上看到了它，就在莎士比亚的诗行首度出现之处的数行之前。克拉丽莎正在想着她从身边的所有事物中获得的快乐：出租车，人群，从身边穿过前往市场的大车。突然，这样的话出现了：‘她记得有一次曾把一先令硬币扔进海德公园的蛇形湖里。’与这一记忆以及她对生活的热爱相连，那种将死亡视为一种抚慰的相对的情绪立刻产生了。随后，在下一句中，这种感情获得了补充说明：‘在伦敦的大街上，在世事沉浮之中，在这里，在那里，她竟然幸存下来，彼得也幸存下来，他们活在彼此心中，因为她确信她是家乡树丛的一部

① John Hawley Roberts. “*Vision and Design*” in *Virginia Woolf*. “Publications of the Modern Language Association of America.” ed. Percy Waldron Long, Vol. 61. 1946: 840.

分，是家乡那座确实丑陋、凌乱、颓败的房屋的一部分，是从未谋面的家族亲人的一部分。'由此，一套高度复杂的感情与思想建立了起来：生命，死亡，扔进蛇形湖的那枚硬币，她与从未谋面的人们融为一体的感觉，以及——最后——那句'再不怕太阳的炎热'。在大约两百页之后，赛普蒂默斯死去了。他'奋身一跃，重重地摔到费尔玛夫人的围栏尖头上'。或许，至此读者尚未准备好将扔一先令和弃绝生活联系到一起；但是，当赛普蒂默斯死亡的消息在晚会上传到克拉丽莎耳朵里时，在第 280 页，她听说他是跳窗而死的，于是立即想起'她有一次曾把一先令硬币扔进蛇形湖里，以后再没有抛弃过别的东西。但是他把自己的生命抛弃了'。她在他的死亡之中看到了，'死亡就是一种与人交流的努力，因为人们感觉要到达中心是不可能的，这中心神奇地躲着他们；亲近的分离了，狂喜消退了，只剩下孤单的一个人。死亡之中有拥抱。'她本能地与赛普蒂默斯分享了他对死亡的需要。几乎与此同时（就在 283 页），听到钟声敲响，最后一次记起了'再不怕太阳的炎热'，她意识到了她觉得'自己非常像他——那个自杀的年轻人。她为他的离去感到高兴，他抛弃了自己的生命'。因此，语言是交织在一起的。读者带着快乐，听到了回声，理解了基本设计，理解了克拉丽莎与赛普蒂默斯的关系，而这一关系本身正是小说的意义所在。"①罗伯茨甚至认为，克拉丽莎与小说最后部分她在小屋独省时所见的对面楼房中的老妇人，

① John Hawley Roberts. "*Vision and Design*" *in Virginia Woolf*. "Publications of the Modern Language Association of America." ed. Percy Waldron Long, Vol. 61. 1946：842-43.

赛普蒂默斯与自己奋身一跃前瞥见的对面楼里正在下楼的老先生之间同样存在一种对应的关系，伍尔夫由此创造了叙述的多重平衡感。

小说中这种由对立、对比之间的张力构成的稳固与平衡感，还可从彼得与达洛卫先生之间、克拉丽莎与萨利之间、霍姆斯医生与布雷德肖爵士之间，甚至布雷德肖爵士夫妇之间的关系中得以实现。由此，在总体的“网状结构”之中，各细部之间也实现了彼此呼应的联系。

总体而言，《达洛卫夫人》是伍尔夫镂冰雕琼、独具匠心、慧心巧思的良工心苦之作。伍尔夫曾在 1924 年 12 月 13 日的日记中充满欣喜地写道：“说真的，这是我所有小说中最满意的一部了……正如我说过的那样，此书使我沉入大脑最兴奋处，使我充满活力。”①

二、永恒的心灵之旅：《到灯塔去》

伴随着《达洛卫夫人》创作的完工，那个坐在一叶小舟上，一边吟诵着诗歌，一边将一条垂死的鲭鱼碾死的“父亲”形象开始浮现在了伍尔夫的脑海中，1925 年 5 月，她开始了《到灯塔去》的酝酿和构思。在 5 月 14 日的日记中，伍尔夫提到，《到灯塔去》这部作品将相当短，它要“把父亲的性格全写进去，还有母亲的，

① Virginia Woolf. *A Writer's Dairy: Being Extracts from the Diary of Virginia Woolf*. ed. Leonard Woolf, New York: Harcourt Brace Jovanovich, 1953: 69.

还有圣埃夫斯海滨，还有童年情景以及所有我想写进去的那些司空见惯的事情；生和死等等。但处于中心地位的，是父亲的性格”①。

然而，一方面，由于《达洛卫夫人》和《普通读者》受到的欢迎使伍尔夫成了社交场上的“宠儿”，她每日都要忙于应付各种邀约和拜访；另一方面由于她想通过写作挣得 300 英镑来修建和安装罗德麦尔的浴室和热水系统，因此，尽管她盼望着能尽早动笔开始下一部小说的创作，最终她还是决定把工作的时间先用在报刊文章的写作上，推迟小说的创作。在 1925 年 7 月的日记中，她曾这么写道：“我的上午全用在写东西上了——关于斯威夫特的文章或写信。所以有一整批人和派对都已经被我抛在了脑后。”而事实上，那“一整批人和派对”对伍尔夫产生的影响却是巨大的，她曾充满无奈和沮丧地在日记中写道：

> 星期一，奥齐·迪金森；星期三，科尔法克斯夫人；星期四，和摩根一起，见阿贝尔·舍瓦莱；宴请威尔斯，见阿诺德·贝内特；星期五到星期一，在朗巴恩。于是这一周就在我的纸页间溜走，或者说留在了我的纸页间；愤怒、苦恼、欢喜、沉闷和兴高采烈这些东西混杂在一起……②

伍尔夫日记中所记录的这些仅仅是冰山一角，正所谓名人

---

① Virginia Woolf. *A Writer's Dairy: Being Extracts from the Diary of Virginia Woolf*. ed. Leonard Woolf, New York: Harcourt Brace Jovanovich, 1953: 75.

② 昆汀·贝尔：《伍尔夫传》，萧易译，南京：江苏教育出版社，2005 年版，第 319 页。

难当，如果我们从伦纳德的小笔记本中所记载的详细的日程表来看的话，将能更加准确、清晰地反映出伍尔夫成名后忙碌、繁杂、喧嚣的伦敦社交生活。据记载，7月1日，伍尔夫夫妇邀请了菲利普和艾琳·诺埃尔-贝尔喝茶并出去吃饭。2日，利顿的姐姐多萝西·比西来喝茶；晚上他们赶去参加了乔治·赖兰兹的派对。3日，里查蒙德·莫迪默和霍普·莫里斯来塔维斯托克广场吃饭，饭后，利奥·梅尔斯和达夫妮·桑格前来拜访。7月5日，由于是周末，伍尔夫夫妇去看了《预演》的演出；6日，弗吉尼亚和克莱夫一起吃饭。9日，科尔法克斯夫人和乔治·赖兰兹来喝茶，饭后，T. S. 艾略特前来拜访……直到7月的下旬，不管是受邀还是未受邀的拜访者仍络绎不绝。最终，在伦敦吵闹、纷杂的社交生活的侵扰下，伍尔夫的健康受到了损害，精神的崩溃再一次不期而至。8月19日，在查尔斯顿的生日宴会上，当所有人都沉浸在热情洋溢的欢乐气氛中时，伍尔夫毫无征兆地遭受了疯魔的侵袭，上一秒还在妙语连珠般地说着俏皮话的她，下一秒却突然脸色苍白地站起身，踉踉跄跄地试图逃离那间嘈杂、吵闹的房间。或许是长久以来的默契与心有灵犀，文尼莎和伦纳德第一时间反应了过来，迅速地将伍尔夫带出屋子呼吸新鲜空气，并安排她吃药后上床休息。之后，和往常发病期间一样，头痛、失眠、厌食等症状随之而来。在这一年余下的时间里，伍尔夫的病情反反复复，时好时坏，大多时间都只能待在床上静养，因此，她被允许写作的时间微乎其微。在这期间，她只写了一篇题为《在病中》的散文。虽然，阅读和写作于伍尔夫而言再次成了一件奢侈的事情，但她对创作的构思和酝酿却从未有一刻停止过，

《到灯塔去》的素材都已在她脑海中准备妥当，只待康复后动笔写作了。不过，这次疯魔的突然来袭，为伍尔夫无节制的社交生活敲响了警钟，在接下来的几年里，她在应对社交事宜方面谨慎、小心了许多。

在1926年的春天，伍尔夫的病情开始好转，并逐渐痊愈，于是，她开始动笔写作《到灯塔去》，在1926年2月23日的日记里，伍尔夫满心欢喜、生气蓬勃地写道："在经历了《雅各的房间》和《达洛卫夫人》的挣扎和痛苦之后，终于能以我一生中最快的速度、最无拘束地进行着创作，比任何作品都写得快速而酣畅淋漓——超过以往的20倍。"[①]到了3月16日，她已经成功地写下了4万字，到4月份时，《到灯塔去》的第一部分已创作完成，而5月25日时，第二部分《岁月流逝》的创作也全部完成。伍尔夫原计划于7月底完成该书的全部创作，但7月底时，她经历了一次"完整的小规模神志失常"，9月份时又再一次陷入了严重的忧郁和沮丧之中，她在日记中把自己描述成一个"已过中年的邋遢女人，脾气烦躁，相貌丑陋，啥事也干不了；既虚荣又爱饶舌，毫无用处"。伍尔夫被深深的绝望感包裹得几乎透不过气来，但她最后还是以自己和磨难硬碰硬的本事渡过了这一艰难时期。《到灯塔去》的进展很顺利，临近11月时，它已经进入了修订的阶段。与此同时，伍尔夫还在计划着《普通读者》的续集的创作事宜。最终，在3月份伦纳德阅读完《到灯塔去》的校样后，5月5日该作品正式出版发行。

---

① 弗吉尼亚·伍尔芙：《伍尔芙日记选》，戴红珍、宋炳辉译，天津：百花文艺出版社，2012年，第69页。

在《到灯塔去》出版后，伍尔夫焦急地、紧张地等待着各方的评论，尤其是姐姐文尼莎的评论，因为这是一部关于她们的父亲、母亲以及童年记忆的作品，文尼莎的评价显得至关重要。但由于当时姐姐远在法国卡西(Cassis)，因此她评价这部作品的信件迟迟未到伍尔夫手中。对此，伍尔夫在焦躁不安下竟然给文尼莎写了一封充满自我揶揄的、有趣的信，在信中她充满想象地描绘了一幅文尼莎和邓肯对她的作品进行否定的情景。

最亲爱的，没收到你的信——可我明白是怎么一回事——场景如下：饭后，文尼莎在做缝纫，邓肯完全无所事事。

文尼莎(扔下活计)：天啊！把灯塔给忘了！我才读到26页，我记得一共有320页。这样一来，我没法给弗吉尼亚写信了，因为她会盼望我告诉她我对这本书的看法。

邓肯：唔，我就会告诉她，你认为它是一本杰作。

文尼莎：可她肯定会发现真相。他们总是这么干的。她会想要知道，为啥我认为它是本杰作。

邓肯：嗯，文尼莎，恐怕我帮不了你了，因为我自己到现在才读了5页，说真的，我不觉得这个月我能读很多东西，下个月也不成，甚至直到圣诞节前。

文尼莎：喔！你很好办。可我将不得不说些什么，凭良心讲，我不知道这些人都是谁(绝望地翻了翻书)。我认为我得制定一张时间表；这是唯一的办法，每天读10页，20天就是……

邓肯：可你根本做不到每天坚持读10页。

文尼莎(有点沮丧)：不能。我想我做不到。那么，我们偷绵羊也是死，偷山羊也是死了——虽然这谚语的意思我从来就弄

不明白……①

但事实上，文尼莎当时已经写好了信，并在信中真诚且热情地称赞了《到灯塔去》这部杰作。随后，各种好评如潮水般向伍尔夫涌来，《到灯塔去》的销量也远远超过了前几部作品，仅第一年就售出 3873 本。这使得伍尔夫得到了人生中的第一辆汽车和留声机，汽车在当时还是一件十足的奢侈品，而留声机也是一件昂贵的消费品。总之，随着伍尔夫作品的大卖，她和伦纳德的生活质量得到了大大的提升，加之霍加斯出版社的成功，此时，伍尔夫夫妇俨然是文化界的知名成功人士。

具体到《到灯塔去》这部小说来说，在 1928 年完成的小说《奥兰多：一部传记》中，伍尔夫写道："一个作家灵魂的每一种秘密，生命中的每一次体验，精神的每一种品质，都赫然大写在他的著作里。"②她的童年记忆、灵魂秘密与生命体验，在其"生命三部曲"的第二部、具有浓郁自传色彩的长篇小说《到灯塔去》中，体现得尤为鲜明。

小说以伍尔夫童年时代与兄弟、姐姐每年夏天跟随父母在英格兰西南部康沃尔郡圣埃夫斯海滨别墅的度假生活为蓝本，逼真地塑造了拉姆齐夫妇的形象，以及他们与 8 个儿女、朋友与门生在苏格兰赫布里斯岛上的生活场景。正如前文所言，圣埃夫斯的夏日海滨是伍尔夫终其一生刻骨铭心的记忆，康沃尔的

---

① 昆汀·贝尔：《伍尔夫传》，萧易译，南京：江苏教育出版社，2005 年版，第 336—337 页。

② 弗吉尼亚·伍尔夫：《奥兰多》，林燕译，北京：人民文学出版社，2003 年，第 120 页。

海浪是响彻她几乎所有作品的主旋律，而《到灯塔去》就是这样一部具有浓厚的海洋气息的小说。

关于这部小说的主题，在1925年6月20日的日记中，伍尔夫提到，"这个主题也许很伤感，父亲、母亲，还有孩子在花园里，死亡，到灯塔去的航程。我想当我开始写作后，我会运用各种手段使它丰富起来，变得壮实，给它枝干——可根在哪儿呢？我现在还不清楚。这部作品或许会包括所有沉淀下来的人物，还有童年……"①

斯蒂芬夫妇对伍尔夫的精神世界影响巨大。在《往事素描》中，她回忆说，自己从13岁母亲去世到1926年即44岁写成《到灯塔去》之前，一直被母亲的幽灵所缠绕，而当小说写成时，她便不再被母亲纠缠了，不再听见她的声音，不再看见她了。② 小说刚写成不久，她在1928年11月28日的日记中承认："我本来每天思念着他和母亲，但写作《到灯塔去》使我释怀。现在他有时也在我脑海里出现，但形象却不同了。（我相信这是真的，即我在思想上被他俩缠住不放是有害的，而把他们写出来则是必要的措施。）"③所以熟悉弗洛伊德理论的她猜想："我为自己做了精神分析学家为他们的病人所做的事。我披露了某种感受非常久

---

① 弗吉尼亚·伍尔芙：《伍尔芙日记选》，戴红珍、宋炳辉译，天津：百花文艺出版社，2012年，第66页。

② Virginia Woolf. *Moments of Being*: *Autobiographical Writings*. edited by Jeanne Schulkind and with n new introduction by Hermione Lee: 93.

③ Virginia Woolf. *A Writer's Dairy*: *Being Extracts from the Diary of Virginia Woolf*. ed. Leonard Woolf, New York: Harcourt Brace Jovanovich, 1953: 135.

远和深刻的感情。在披露它的时候，我便解释了它，然后让它宁息了。”作为对父母、家庭和早年生活体验进行重新审视和反思的产物，伍尔夫认为该书的写作对自己的心灵产生了净化与升华的作用。通过写作这一宣泄与释放渠道，她终于摆脱了思想、记忆的纠缠，能够正视它们了。

13 岁丧母、22 岁丧父的伍尔夫对父母有着深刻而复杂的情感。她的母亲茱莉娅作为秉承了维多利亚时代传统女性美德的“家庭天使”，具有高尚的道德情操与无私的奉献精神，不仅努力满足身边每一个人的需要，还经常访贫问苦、周济穷人，义务从事看护工作，是一位散发着宽厚慈爱的母性光辉的美丽女性，深受家人与朋友的爱戴。然而，成长于后维多利亚时代的伍尔夫和她的姐姐文尼莎，同时也因拥有了更多的自我意识而对母亲克制自我的意愿与需求，一味迁就与满足他人的倾向深感不满。从海德公园门的旧寓搬入布鲁姆斯伯里区的新居，正是她们向陈腐价值立场道别、追求自我实现的真正开端。故而伍尔夫在生活与写作的同时，思想中也一直在与母亲所代表的老一代生活方式与价值观念进行对话与抗争。完成《到灯塔去》时，伍尔夫已是 44 岁的成熟年龄，所以她化身为小说中的中年女画家莉丽·布里斯科的形象，表现出对拉姆齐夫人既充满热爱、感激与依恋，而又带有批判性的审视目光的复杂情感。

对于父亲，伍尔夫的态度同样是矛盾的。一方面，作为最受父亲宠爱并最得父亲的写作天赋真传的女儿，伍尔夫敬重和信赖父亲。在回忆录中，她曾详细地忆及自己一次次进入父亲的藏书室，在父亲的推荐下狼吞虎咽地“吞”书的情景。父亲对她的指导使她得以自由地博览群书，自小便养成了纯正而高雅的文学鉴赏品位。每年圣诞节的清晨，父亲为孩子们大声朗诵英国17世纪诗人约翰·弥尔顿的《圣诞清晨歌》的情景亦使她记忆犹新；伍尔夫的文学趣味也深受父亲的影响。莱斯利·斯蒂芬爵士对古希腊哲学、弥尔顿的诗歌、瓦尔特·司各特和乔治·艾略特等的小说的热爱都传给了女儿。但另一方面，父亲的粗暴专制、孤僻自怜的性情以及暴躁的父权家长形象，又使得斯蒂芬姐妹将之视为家庭中的暴君，痛恨不已。她对父亲又爱又恨的复杂心理，通过小说中詹姆斯与凯姆多年后对父亲的理解与态度的转变体现了出来，使她塑造出了拉姆齐先生的出色形象。

小说的中心情节是迁延十年之久、最终得以实现的到灯塔去的航程。小说分为三部：第一部《窗》占全书近五分之三的篇幅，时间跨度从黄昏到深夜。故事发生地点是拉姆齐夫妇位于苏格兰赫布里斯群岛中著名的天空岛海滨的度假别墅。拉姆齐先生是一位著作等身、声名赫赫的哲学家与大学教授，有着众多的崇拜者与追随者。拉姆齐夫人则出身贵族，兼具美貌与智慧，是一位善解人意、一心为他人奉献的家庭天使。他们有8个未成年的孩子，一起度假的还有夫妇俩邀请来的客人，其中包括拉姆齐年轻时代的友人威廉·班克斯先生，淡泊落魄的诗人卡迈克尔先生，一对年轻人保罗与敏泰，拉姆齐先生的学生查尔斯·塔斯莱，以及人到中年却宁愿独身、有着一双中国人式的细长眼睛、虽无美貌但拥有独立意志的女画家莉丽·布里斯科。

傍晚，拉姆齐夫人坐在窗边，一边织着一双为灯塔看守人的孩子准备的棕红色的长筒袜，一边在给6岁的小儿子詹姆斯朗读《渔夫与金鱼的故事》。詹姆斯梦寐以求地渴望登上远处海面上那座神秘的、总在夜空中眨着眼睛的灯塔。拉姆齐夫人许诺说如果第二天天气晴好，就带他到岛上去看灯塔。但正在窗外踱步吟诗的拉姆齐先生则断言天气不会好，明天肯定是去不了灯塔的。讨厌的塔斯莱也跟在后面帮腔，甚至有一点幸灾乐祸的意思。詹姆斯在失望与气急之下甚至想用斧子、拨火棍或手边可以取到的任何武器捅向父亲的胸膛："要是手边有一把斧头，或者一根拨火棍，任何一种可以捅穿他父亲心窝的致命凶器，詹姆斯在当时当地就会把它抓到手中。拉姆齐先生一出场，就在他的孩子心中激起如此极端的情绪，现在他站在那儿，像刀子一样瘦削，像刀刃一般单薄，带着一种讽刺挖苦的表情咧着嘴笑；他不仅对儿子的失望感到满意，对妻子的烦恼也加以嘲弄（詹姆斯觉得她在各方面都比他强一万倍），而且对自己的精确判断暗自得意。"①

作品一开头，伍尔夫就通过这一微妙的细节，呈现出拉姆齐先生所代表的残酷的理性与事实和拉姆齐夫人所代表的感性、温情与希望之间的尖锐对立。在詹姆斯的心目中，慈爱的母亲就是"甘美肥沃的生命的泉水和雾珠"，而讨厌的父亲却"就像一只光秃秃的黄铜的鸟嘴"，一心只想索取妻子的同情、赞美与抚慰。草地上，莉丽在画画，班克斯先生陪伴着她，并彼此有一搭没一搭地聊着天。莉丽画的，正是拉姆齐夫人搂着詹姆斯读故事的温馨场景。在画面上，她将母与子的温馨形象抽象简约为

---

① 弗吉尼亚·伍尔夫：《到灯塔去》，瞿世镜译，上海译文出版社，1997 年，第 206 页。

一个紫色的三角形："这是拉姆齐夫人在给詹姆斯念故事，她说。她知道他会提出反对意见——没有人会说那东西像个人影儿。不过她但求神似，不求形似，她说。……质朴，明快，平凡，就这么回事儿，班克斯先生很感兴趣。那么它象征着母与子——这是受到普遍尊敬的对象，而这位母亲又以美貌著称——如此崇高的关系，竟然被简单地浓缩为一个紫色的阴影，而且毫无亵渎之意，他想，这可耐人寻味。"①

但是，莉丽又在为画面前景构图的和谐而苦恼着。塔斯莱关于"女人不能写作，不能绘画"的嘲笑涌上心头。拉姆齐夫人一边陪着儿子，心里还在想着心事，等待着去海边散步未归的保罗、敏泰与自己的两个孩子，期盼着保罗能够如自己所愿，顺利地向敏泰求婚。伍尔夫用了繁复的意识流手法，自如地在拉姆齐夫妇、莉丽、班克斯先生、塔斯莱和孩子们纷乱的心理活动之间流转，呈现了人物彼此之间的印象，他们的情绪状态，以及他们对过往生活的回忆。

晚餐时间到了。拉姆齐夫人盛装下楼，在餐桌上承担起打破人与人之间的僵局、协调他们之间的关系、让每个人都感受到温情与照顾的纽带角色。开始时，莉丽与塔斯莱先生之间彼此全无好感。塔斯莱先生出身寒微又生性敏感，集自卑与自负于一身，一心希望有朝一日通过学术论文功成名就，以改变自己的卑微处境，同时好在别人面前自我表现，但又往往显得生硬笨拙，是拉姆齐的孩子们暗暗嘲笑的对象。班克斯先生则暗自后

① 弗吉尼亚·伍尔夫：《到灯塔去》，瞿世镜译，上海译文出版社，1997 年，第 257 页。

悔答应了夫人的晚宴邀请，以至于浪费了自己读书用功的时间。然而，拉姆齐夫人煞费苦心地安慰与照顾到每一个人的情绪。她有一种能在瞬间洞察人的心灵的出色直觉，并在丈夫未能好好配合，反而还要起了小孩子脾气的境地下出色地完成了完美女主人的职责，让大家暂时放下了各自的怨念与顾虑，成为一个温馨和美、其乐融融、同舟共济的整体中的一分子。

自小便在茶桌边受过严格的"家庭天使"训练的伍尔夫得心应手地详细铺陈了作为这一部分高潮的晚宴场景的全过程，精彩呈现了各色人等的意识活动。晚宴在客人之间冷漠甚至怀有敌意的气氛中开始，但结束时，每个人却都分享着如释重负的温馨与喜悦。其间的转折点，是拉姆齐夫人在丈夫的坏脾气即将发作的一瞬间果断地吩咐孩子们燃起餐桌中央的蜡烛，适时转移了大家的注意力："起初烛光弯曲摇曳了一下，后来就放射出挺直明亮的光辉，照亮了整个餐桌和桌子中央一盘浅黄淡紫的水果。"①拉姆齐夫人的体贴、包容与善解人意，温暖美丽的烛光与色彩缤纷的水果所代表的温情与美，霎时间使餐桌边每一个人的心情都发生了变化，一张张面庞也被牵引得更近了："好像真的发生了这种情况：他们正在一个岛上的洞穴里结成一个整体，去共同对抗外面那个湿漉漉的世界。"②对于拉姆齐夫人来说，这正是生活和谐美丽的一瞬间："现在一切都顺顺当当，她刚才的忧虑已经消除，她又可以自由自在地享受胜利的喜悦，嘲笑

① 弗吉尼亚·伍尔夫：《到灯塔去》，瞿世镜译，上海译文出版社，1997 年，第 303 页。

② 同上，第 304 页。

命运的无能。”[①]在拉姆齐夫人的引导下，所有人以她为中心，组成了一个整体，拉姆齐夫人感到自己“充满着喜悦”，这种喜悦“带有永恒的意味”。

晚宴之后，拉姆齐夫人独自回味保罗与敏泰订婚的消息。起先，她为事情如她所盼望的那般大功告成而满心喜悦，“她觉得，那种出自真情的与别人感情上的交流，似乎使分隔人们心灵的墙壁变得非常稀薄，实际上一切都已经汇合成同一股溪流，这些桌、椅、地图是她的，也是他们的，是谁的无关紧要，当她死去的时候，保罗和敏泰会继续生活下去。”[②]后来，她走进育儿室看望孩子，却意外地发现他们还兴奋得没有入睡，于是她心烦意乱起来，开始在心里迁怒于女仆和自己。由于白天拉姆齐先生和塔斯莱关于下雨的断言让詹姆斯伤透了心，她转而怨恨起了丈夫和他的这位学生，随即又怨恨起自己来，觉得是自己点燃了孩子的希望，却又让希望落空了。这时，她看到了天上一轮鹅黄色的满月，又听到了美丽的长女普鲁心血来潮地想在夜色中去海滩观赏海浪的请求。“突然间，不知为了什么缘故，拉姆齐夫人好像成了二十岁的姑娘，充满着喜悦。……他们当然应该去，当然应该去，她笑着嚷道；她飞快地跑下最后三四级楼梯……”[③]她克制住和年轻人一起奔向海边的冲动，“嘴角带着一抹微笑”前往书房去陪伴她的正在夜读的丈夫。这一部分以拉姆齐夫妇

① 弗吉尼亚·伍尔夫：《到灯塔去》，瞿世镜译，上海译文出版社，1997年，第307页。

② 同上，第321页。

③ 同上，第324页。

精神上的和解而结束。

第二部《岁月流逝》，篇幅不足全书的十分之一，但却覆盖了长达十年的事件，时间上则被压缩到一夜之间，成为第一部与第三部的联系纽带。伍尔夫以漫漫长夜的意象，以及春夏秋冬四季更迭的景物变幻，来表现时光的流逝、人事的无常、生命的脆弱与自然的永恒力量，全篇体现出浓郁的诗意，以及高度的哲理性。作家特意将这十年之内拉姆齐一家所发生的变故，如拉姆齐夫人在伦敦的溘然长逝、她心爱的长女普鲁因难产而死，以及儿子安德鲁在一战的法国战场上被呼啸而来的炸弹炸死等，以括号内的简约文字加以交代，更加从形式的角度表现出人生苦短、生命脆弱的寓意。在本部的开篇，时间上紧接第一部拉姆齐夫人陪伴丈夫在书房用功的深夜。随着一盏盏灯的熄灭，别墅陷入了沉寂。拉姆齐夫人辞世后，这栋海滨别墅被荒废了，大自然的力量不断侵蚀着它，荒草在花园内疯长，显得满目凄凉。直到十年之后，拉姆齐先生率子女和新老宾客再度回归。这一部的最后，以画家莉丽的深夜抵达，以及在清晨的海浪拍击与鸟儿啁啾声中醒来结束，时间上与第三部的清晨与上午巧妙衔接。

第三部《灯塔》的篇幅为全书的三分之一，表现从清晨到正午所发生的故事，按两条线索安排时间。拉姆齐先生粗暴地命令凯姆与詹姆斯跟他同去灯塔。他们对父亲的专横十分反感，故意磨磨蹭蹭、拖拖拉拉，结成了反抗暴君、宁死不屈的姐弟同盟。在前往灯塔的船上，姐弟俩满怀对父亲的愤恨，思念着温柔慈爱的母亲。在到灯塔去的这条意识流线索中，伍尔夫主要在拉姆齐先生、凯姆与詹姆斯的意识流之间流转，追踪与呈现了他们自由流动的回忆、印象与思绪。

在岸上,莉丽再次在草坪上支起了画架,决心重画十年前未能完成的关于拉姆齐夫人母子的那幅画。就在拉姆齐先生不耐烦地等待着他的儿女的过程中,这位孤独、苍老而忧伤的鳏夫期待着从莉丽那里获得来自女性的同情与安慰,因为这是过去他习惯于向拉姆齐夫人索取,而夫人也从来都无怨无悔地满足了他的。但莉丽并不为他的哀怜癖所动,决心摆脱他所施加的情感压力,而不愿做一个一心只为了满足男性的情感需要与虚荣心而存在的旧式女性。就在这一过程中,莉丽的意识中不断展开对拉姆齐夫人的回忆,既有对她的强烈思念与依恋,同时又有一个人到中年的知识女性以新的价值观念对拉姆齐夫人的传统美德的批评与审视。

拉姆齐先生和两个孩子终于出发了,莉丽如释重负。伴随着她作画的,是她对十年前与拉姆齐夫人交往、对拉姆齐一家家庭生活的温馨回忆,以及对生命、死亡与艺术等的思考。她艰难地想要把自己对生活、对拉姆齐夫人的性格与美德的理解定格在画布上的努力,真实地再现了伍尔夫本人以及她的画家姐姐文尼莎努力挣脱男权文化传统的桎梏与世俗冷眼的压力,坚持写作、坚持绘画,与歧视与偏见抗争的心路历程。而她对往事的钩沉,又与第一部中的家庭生活内容彼此呼应,成为第一部的主题变奏,表达了与女画家同龄的伍尔夫对维多利亚时代男权中心意识与家庭伦理关系的批判性审视。

通过在岸上遥望前往灯塔的航船,以及从船上回望岸上的风景,伍尔夫使两条线索的主人公的意识流彼此交错,体现了一种对称的均衡美。在前往灯塔的航程中，仔细观察着在波涛汹涌的小船中镇定读书的父亲，凯姆和詹姆斯的感情发生了微妙的变化。十年前，拉姆齐先生粗暴地伤害了詹姆斯前往灯塔的愿望；十年后，他领着孩子们向灯塔驶去，终于完成了拉姆齐夫人的夙愿。虽然她已亡故，但她的精神之光像灯塔一样并未泯灭，一直在温情地慰藉与引导着家人。失去了爱妻之后，拉姆齐先生也逐渐反省了自己的自私自怜与缺乏人情味的弱点，努力缓和与子女们的关系，开始学习关爱他人；他的坚定沉着、勇敢无畏的品格，他的书卷气质和绅士风度，也深得孩子们的钦佩。凯姆想起了自己与父亲在书房共度的温馨时刻，感到父亲的在场使自己觉得安全。在她眼中，父亲代表了男性的力量和理性的光辉，是值得信赖的："当她瞧着她的父亲在书斋里写作的时候（现在他在小船里），她想，他并不是虚荣自负的人，也不是一个暴君，他也不想迫使别人去同情他。真的，如果他看见她站在那儿读一本书，他会像任何人一样和颜悦色地问她：他没有什么可以帮助她的吗？……他阅读的时候，好像在为什么东西指引方向，或者在赶着一群羊，或者在一条羊肠小道上不断地往上攀登；有时候，他披荆斩棘迅速地笔直前进，有时候，好像有一条树枝打着了他，一片荆棘挡住了他，但他决不让自己被这些困难所打败；他继续奋勇前进，翻过了一页又一页。"①这里，凯姆就是少女时代的伍尔夫。倔强的詹姆斯认为父亲是从来不会夸奖他的，但却意外地获得了父亲对自己掌舵"干得漂亮"的夸赞，虽表

① 弗吉尼亚·伍尔夫：《到灯塔去》，瞿世镜译，上海译文出版社，1997 年，第 404 页。

面不动声色，但他内心还是惊喜、雀跃不已。

时近正午，詹姆斯终于见到了自己孩提时代梦寐以求的灯塔，这条意识流线索以父子三人到达灯塔而结束；在岸上，透过海上的薄雾，莉丽和终于获得声名的老诗人卡迈克尔先生共同猜测拉姆齐家人已经登上灯塔。就在这一时刻，莉丽经过长期的积累与感悟，终于完成了迁延达十年之久的那幅画，将拉姆齐夫人的形象，以及她如灯塔般的精神之光凝成了永恒，实现了自己的艺术理想，也标志着自己通过对拉姆齐夫人精神的理解而获得的精神成长。小说到此结束。

如上所述，小说凝结了伍尔夫对父母深沉而复杂的情感态度与理性认识。所以拉姆齐夫妇的形象均体现出双重特征，即在逻辑、理性与直觉、情感方面的各自优势与缺陷。具体来说，拉姆齐夫人是爱、美、温情与仁慈的化身，她有着惊人的直觉、想象力与感受力，善于将混乱无序、碎片化的世界整合为一个有机和谐、富有诗意的整体。但伍尔夫并没有将她塑造为一个完美的形象，而是通过班克斯先生的戒备心理和莉丽充满审视的目光，表现了她身上的独断、操纵欲以及强人所难的人性缺陷。同时，拉姆齐夫人喜欢幻想，过于推崇感情，因而有时也显得不切实际和不尊重严酷的事实，比如，她在私心中就不愿意孩子们长大，经受世间的风雨。这也是拉姆齐先生对她不满的重要原因。她的一厢情愿最为典型地体现在自作主张地撮合了保罗与敏泰的婚姻，而这桩婚姻事实上是以失败而告终的。敏泰在婚后爱上了不负家庭责任的社交生活，常常浓妆艳抹、深夜方归；保罗则在失望之余出轨，两人之间维持着貌合神离的冷漠关系。由于对母亲的情感投入，伍尔夫塑造了如灯塔般发出温暖与柔和的光芒的拉姆齐夫人的形象，同时也没有回避母亲身上的人格缺陷。

一味看重逻辑、智性、推理与严酷的真相，忽视了日常生活中的美的缺陷，在拉姆齐先生身上，体现为缺乏想象能力、感受能力，缺乏美感与温情，以及对他人的包容与同情。这一形象的塑造与作家对父亲爱恨交织的复杂情感完全是一致的。伍尔夫事实上也是从这个意义层面上，暗示了拉姆齐先生无法在事业发展与功名成就上最终到达“Z”即辉煌的顶点的原因所在。所以在小说的结尾部分，她通过“到灯塔去”的象征性行为，通过拉姆齐先生带着儿女追寻拉姆齐夫人的母性之光的旅程，呼唤情感与智性走向互补的理想境界，呼唤夫妇间、男女两性间理解、默契、互补的良好关系。由此意义上看，画家莉丽最终完成画作，也可以理解为直觉、诗意、艺术的世界与现实客观世界达到平衡后的结果。

在《到灯塔去》出版后，姐姐文尼莎惊异于它的真实可信，在给妹妹的信中写道：

我似乎觉得在书的第一部分里你给母亲画了一幅像，在我看来比任何我所能想象到的东西更像她。将她这样从死者中唤起几乎是令人痛苦的。你使一个人感到她性格的不凡的美丽，这应该是世界上做起来最困难的事情。这就好像是在自己长大之后、在同等地位上再与她相会，而能够按这种方式来看她，在我看来是最令人惊异的创造性功绩。你也给父亲画了像，我想是同样的清晰，但或许——也许我错了——并不同样那么困难。

还有更多的东西需要把握。不过我仍然觉得，这是唯一解释了关于他的真实观念的描述。①

伍尔夫认为在每个人的生命历程中，总会出现一些关键性的时间节点。作为一个力主“生命写作”的作家，伍尔夫认为写作时要摒弃纷繁的物质表象，在对自然与生命本质的探求中捕捉与定格人类“存在的”或“有意味的”“瞬间”与“时刻”。因此，她笔下的人物常会在经历一段时间的精神探索之后产生如电光火石般的精神顿悟时刻，从而更好地理解时间、生命、宇宙与永恒。在《到灯塔去》中，几乎每个重要人物都体验过伍尔夫所重视的“存在”的瞬间。这些瞬间的到来，通常由生活中的琐碎小事引发，却包含着伍尔夫想要与读者分享的人生真谛。

具体说来，小说第一部《窗》中，人物“灵光一现的”典型时刻往往发生在他/她凝望现实中某个物体或某处景物之时，精神领悟因而承担起融会外部现实与内心世界的纽带的作用。作为妻子、八个孩子的母亲与女主人，拉姆齐夫人随时要准备满足周围每一个人对于爱与同情的需求，因此时常感到需要独处和宁静，恢复真实的自我，远离现实生活的琐碎与烦恼。当拉姆齐先生和小儿子詹姆斯暂时离去，夫人放下手中编织的袜子，独自一人凝视着灯塔，感到“好像它要用它银光闪闪的手指轻触她头脑中一些密封的容器，这些容器一旦被打开，就会使她周身充满了喜悦……狂喜陶醉的光芒，在她眼中闪烁，纯洁喜悦的波涛，涌入

① Virginia Woolf. The Letters. Vol. 3: *A Change of Perpective 1923—1928*. ed. Nigel Nicholson and Joanne Trautmann. New York: Harcourt Brace Jovanovich, 1977: 572-573.

她的心田，而她感觉到：这已经足够了！已经足够了！"①

到了第三部中，由于该部的内容与第一部之间构成呼应的复调关系，人物的意识会在各种回忆中展开搜寻，直到聚焦于记忆中的某个场景，从而获得"灵光一现的时刻"。因此在这一部分中，人物的精神领悟更多体现出融会过去与现在的特殊功能，如莉丽忆及和拉姆齐夫人以及查尔士·塔斯莱一起在海滩打水漂玩耍的温馨时刻便是如此。正是在这一时刻，"那个永远在心灵的苍穹盘桓的老问题，那个在这样的瞬间总是要把它自己详细表白一番的宏大的、普遍的问题，当她把刚才一直处于紧张状态的官能松弛下来的时候，它就停留在她的上方，黑沉沉地笼罩着她。人生的意义是什么？"②"也许这伟大的启示永远也不会到来。作为它的替代品，在日常生活中，有一些小小的奇迹和光辉，就像在黑暗中出乎意料地突然擦亮了一根火柴，使你对于人生的真谛获得一刹那的印象；眼前就是一个例子。这个，那个，以及其他因素；她自己，查尔士·塔斯莱，还有飞溅的浪花；拉姆齐夫人把他们全都凝集在一起。"③就在这个以拉姆齐夫人为中心、被友谊与温情所包裹的海滩，莉丽消除了对塔斯莱的偏见，多年来萦绕于心的有关生命意义的思考亦有了答案："在一片混乱之中，存在着一定的形态；这永恒的时光流逝（她瞧着白云在空中飘过、树叶在风中摇曳），被铸成了固定的东西。"④这里"混

---

① 弗吉尼亚·伍尔夫：《到灯塔去》，瞿世镜译，上海译文出版社，1997年，第270—271页。

② 同上，第373页。

③ 同上，第373—374页。

④ 同上，第374页。

乱”中存在着固定的“形态”(shape)的表述,恰类似于《往事札记》中所说的“图式”(pattern)。拉姆齐夫人以她的仁慈、博爱、包容与理解消除了人与人之间的冷漠与壁垒,营构出了一个充满爱与同情的世界,“生命”因而在这里“静止”①。如同拉姆齐夫人使那一刻成了一种永恒,仿佛一件艺术品使莉丽刻骨铭心,“在另一个领域中,莉丽自己也试图把这个瞬间塑造成某种永恒的东西——这就具有某种人生启示的性质”②。另一段意识流中,莉丽回想起十年前对拉姆齐夫人的种种印象,意识到要正确地判断一个人,必须与他/她保持某种距离,这样才能摆脱个人情感的影响。因此,当她不再感到夫人去世带来的痛苦时,便更清楚地看到了那坐在窗边的完美身影背后的另一些性格侧面,如拉姆齐夫人对别人的支配欲望,以及她在丈夫面前过分的软弱与顺从。此时,窗户后面隐约晃动的白色人影将莉丽带回现实中来,莉丽由此产生了对于艺术的最重要感悟:“你必须和普通的日常经验处于同一水平,简简单单地感到那是一把椅子,这是一张桌子,同时,你又要感到这是一个奇迹,是一个令人销魂的情景。”③她认识到艺术家应远离他/她观察的对象,或是生活本身,以期抓住生活的精髓。但另一方面,如果艺术家过于脱离生活,也会阻碍他/她艺术上的成熟,使他/她无法揭示生活的本来面目。正是在得到启示的这一时刻,莉丽意识到她融入生活、与他人建立融洽关系、与他人分享自己的思绪的需要:“现在那

① 弗吉尼亚·伍尔夫:《到灯塔去》,瞿世镜译,上海译文出版社,1997年,第374页。

② 同上。

③ 同上,第416页。

条小船又在哪儿？还有拉姆齐先生呢？她需要他。”[①]

而除了记忆的聚焦之外，空间距离的变化也是促成小说第三部中人物体验“存在的瞬间”的重要因素。十年来，莉丽一直想完成以拉姆齐夫人为模特的母子图，然而每当拿起画笔，她总感到头脑中有两种力量在相互对抗，使她无法完成画作。这种对抗正是客观与主观、物质与精神不相融合而导致的内心冲突。然而，要在两种世界之间维持微妙的平衡是如此困难，以至于她的这幅画作迁延了十年仍难以完成。而就在拉姆齐先生率子女驶向灯塔的那一天，莉丽眺望着帆船由近及远，敏感地意识到距离对认识的作用：“辽阔的距离具有异乎寻常的力量；她觉得，他们被它吞没了，他们永远消失了，他们已经和宇宙万物化为一体，成为它的组成部分了。”[②]船越行越远，消融在一片蓝色的烟雾中，连灯塔都几乎看不见了，然而距离的遥远并不妨碍莉丽，因为她已经懂得将现实与想象结合起来，“她努力集中注意凝视着灯塔，集中注意想象他在那儿登岸，这两者似乎已经融为一体，这种翘首而望的期待，使她的躯体和神经都极度地紧张。啊，但是她松了口气。”[③]就在这一瞬间，仿佛受到什么东西触动似的，她迅速转向画布。之前的她对这幅画未来的命运总是患得患失，现在却顿感释然。在一阵冲动之下，“好像在一刹那间她看清了眼前的景象，她在画布的中央添上了一笔。”[④]莉丽终

---

① 弗吉尼亚·伍尔夫：《到灯塔去》，瞿世镜译，上海译文出版社，1997年，第416页。

② 同上，第402页。

③ 同上，第422页。

④ 同上，第423页。

于画出了心中的幻象。空间距离的变化使人物能以崭新的视角审视原有的认知方式和人际关系，获得迥然不同的感受，实现内心的平衡与人际关系的融洽，因而它与外部特定情境或事物的刺激、对记忆的聚焦一起，共同构成《到灯塔去》中诱发人物产生精神领悟的基本方式。

伍尔夫还高度重视写作中的节奏与韵律。在一封给薇塔·萨克维尔-韦斯特的信中，在写到关于《到灯塔去》希望获得的韵律时，伍尔夫这样写道："韵律这东西真是意味深远，难以用言辞表述。一种景象、一种情绪，早在言辞能够表达之前，就已经创造出头脑中的这一浪花；在写作中（这是我的信念）你得重新捕捉这一过程，让它重新发挥作用（表面上看，这与言辞毫无关系），随后，当它在脑海中碎裂、翻滚之时，它会允许言辞将之表达出来。"[①]对伍尔夫而言，韵律就是多种情绪与风格的综合体，随着人物思绪的瞬间改变而不断变化。在《到灯塔去》中，韵律的起伏十分明显，人物、韵律、情绪与意象似乎融为一体，体现出微妙的运动。

总体而言，在《到灯塔去》的韵律背后的基本情绪是期待、盼望，或者从更外在的标准上说，是对力量、怜悯和抚慰创伤的寻求。这其中包括莉丽对拉姆齐夫人关爱的渴望，拉姆齐夫妇彼此情感需要的满足，拉姆齐先生对事业发展超过 Q 的期盼，詹姆斯对灯塔之旅的浪漫梦想，拉姆齐夫人对生命意义的期待，还有塔斯莱对自我表现的种种机会的寻求，等等。诸多个人愿望强

---

① Aileen Pippett. *The Moth and the Star*. Boston：Little，Brown，1955：225.

化了作品的整体情绪氛围，其最终的满足似乎都由最后灯塔之旅的实现为标志，比如莉丽终于在对拉姆齐夫人的思念、对其在窗口的形象的回忆中获得了她的视觉形象，成功地完成了自己的画作；凯姆与詹姆斯则到达了童年时代渴望的灯塔，并在心理上实现了与父亲的和解。作家通过人物情绪起伏的韵律变化，成功地表现了每个人的“灯塔之旅”。

以下数段引文较为完整地呈现了莉丽充满渴望的情绪韵律的起伏变化。小说第三部分，莉丽在孤独与空虚中苦苦思念着逝去的拉姆齐夫人：“欲求而不可得，使她浑身产生一种僵硬、空虚、紧张的感觉。随后，又是求而不得——不断的欲求，总是落空——这是多么揪心的痛苦，而且这痛苦是一而再、再而三地搅着她的心房！噢，拉姆齐夫人！她在心里无声地呼喊，对那坐在小窗旁边的倩影呼唤，对那个由她变成的抽象的幽灵、那个穿灰衣服的女人呼唤，似乎在责备她悄然离去，并且盼望她去而复归。思念死者，似乎是很安全的事情。幽灵、空气、虚无，这是一种你在白天或夜晚任何时候都可以轻易地、安全地玩弄于股掌之上的东西；她本是那空虚的幽灵，然而，她突然伸出手来，揪着你的心房，叫你痛苦难熬。突然间，空荡荡的石阶、室内椅套的褶边，在平台上蹒跚而行的小狗，花园里起伏的声浪和低语，就像精致的曲线和图案花饰，围绕着一个完全空虚的中心。”①于是，莉丽忍不住潸然泪下。随着眼泪的流淌，她的情绪获得了宽解。随后，循环再度开始。她高声呼喊着拉姆齐夫人的名字，眼

① 弗吉尼亚·伍尔夫：《到灯塔去》，瞿世镜译，上海译文出版社，1997年，第392页。

泪顺着面颊滚落。“她更加觉得痛苦。她想，那剧烈的痛苦竟会使她干出这样的傻事！”[①]再之后，“那求而不得的痛苦和剧烈的愤怒渐渐减轻了。”[②]“对于遗留下来的痛苦来说，作为解毒剂，一种宽慰松弛的感觉本身就是止痛的香膏，而且，还有一种某人在场的更加神秘的感觉：她觉得拉姆齐夫人已经从这个世界压在她身上的重荷下暂时解脱出来，飘然来到她的身旁，她正在把一只她临终时戴着的白色花环举到她的额际。”[③]

小说第一部分《窗》是以书房内拉姆齐夫妇两人心理上的和解与情感上的彼此需要与满足而告终的。伍尔夫在此同样以对位的方式，呈现了夫妇二人充满韵律变化的情绪波动，最后以拉姆齐夫人表示安慰与和解的一句“对，你说得对。明天会下雨的，你们去不成了”[④]，而使两条充满张力的情绪线索融为一体。小说第三部中莉丽对拉姆齐先生态度的变化，以及前往灯塔的船上凯姆与詹姆斯对父亲态度的变化等，亦都是以人物的情绪波动来体现韵律感的出色例证。

小说不仅以人物的情绪波动来呈现韵律感，同样以一些意象来表达情绪的韵律。这些意象多与作为灵魂人物的拉姆齐夫人相连，因为小说中的几乎每一个人都想分别从她那里获得爱、同情、赞许、情感满足，等等。这些意象主要包括喷泉、光束和树，它们本身也有同样的升降起伏的变化韵律，而主导意象是喷

---

① 弗吉尼亚·伍尔夫：《到灯塔去》，瞿世镜译，上海译文出版社，1997年，第394页。

② 同上，第395页。

③ 同上，第395页。

④ 同上，第332页。

泉。在儿子詹姆斯的心目中,母亲身上有着一股喷泉般的神秘能量。如作品开头部分,伍尔夫即通过莉丽和威廉·班克斯先生在海边赏景的视角,诗意地抒写了喷泉的意象:“出于某种需要,他们每天傍晚总要到那儿去走一遭。好像在陆地上已经变得僵化的思想,会随着海水的漂流扬帆而去,并且给他们的躯体也带来某种松弛之感。起初,那有节奏的蓝色的浪潮涌进了海湾,使它染上了一片蓝色,令人心旷神怡,仿佛连躯体也在随波逐流地游泳,只是在下一个瞬间,它就被咆哮的波涛上刺眼的黑色涟漪掩盖,令人兴味索然。然后,在那块巨大的岩礁背后,几乎在每天傍晚,都会喷出一股白色的泉水,它喷射的时间是不规则的,因此,你就不得不睁着眼睛等待它,而当它终于出现之时,就感到一阵欣悦……”①喷泉的出现令他们狂喜。当拉姆齐先生自私地打破母子相处的和乐气氛,希望从妻子那里获得赞美与同情,以恢复自己的自信时,在詹姆斯的意识中,母亲在瞬间化为生命的喷泉,而父亲则变成了一只贪婪地汲取生命的滋养的“光秃秃的黄铜的鸟嘴”:“拉姆齐夫人刚才一直把儿子揽在怀中懒洋洋地坐着,现在精神振作起来,侧转身子,好像要费劲地欠身起立,而且立即向空中迸发出一阵能量的甘霖,一股喷雾的水珠;她看上去生气蓬勃、充满活力,好像她体内蕴藏的全部能量正在被融化为力量,它在燃烧、在发光,而那个缺乏生命力的不幸的男性,投身到这股甘美肥沃的生命的泉水和雾珠中去,就

---

① 弗吉尼亚·伍尔夫:《到灯塔去》,瞿世镜译,上海译文出版社,1997 年,第 222-223 页。

像一只光秃秃的黄铜的鸟嘴，拼命地吮吸。”[1]随后，在儿子的幻觉中，母亲“升华为一棵枝叶茂盛、硕果累累、缀满红花的果树，而那个黄铜的鸟嘴，那把渴血的弯刀，他的父亲，那个自私的男人，扑过去拼命地吮吸、砍伐，要求得到她的同情。”[2]在抚慰完丈夫，令他心满意足地离去后，“她感到了那种……狂喜悸动……这脉搏的每一次跳动，似乎都把她和她的丈夫结合在一起，而且给他们双方都带来了一种安慰，就像同时奏出一高一低两个音符，让它们和谐地共鸣所产生的互相衬托的效果一样。”[3]

总之，《到灯塔去》是伍尔夫生命中的一场必不可少的心灵朝圣之旅。当船抵达灯塔之时，她的心灵也获得了永恒的安宁。对于这部作品，除了姐姐文尼莎的高度肯定外，伍尔夫敬重的罗杰·弗莱在认真读完小说后，也迅速写来了热情洋溢的评论：“你没法阻止我认为它是你最好的作品，实际上比《达洛卫夫人》更好。”

三、“一个作家的狂欢”:《奥兰多》

弗吉尼亚·伍尔夫曾说过“同女人的友谊引起我的兴趣”，因此，她一生拥有不少闺中密友。与女性的友情不仅在伍尔夫的个人生活中占据重要地位，亦是她小说写作的重要内容。她

---

① 弗吉尼亚·伍尔夫:《到灯塔去》，瞿世镜译，上海译文出版社，1997 年，第 240—241 页。

② 同上，第 242 页。

③ 同上，第 242 页。

的姐姐文尼莎·贝尔作为“布鲁姆斯伯里文化圈”的精神核心以及伍尔夫生活中最为重要的人物之一，毫无疑问在她的生命与艺术中均占有至关重要的地位。此外，伍尔夫的女性密友还有她的家庭女教师珍妮特·卡斯小姐、母亲茱莉娅的受保护人与姐姐斯特拉的密友维奥莱特·迪金森、以创作短篇小说闻名遐迩的女作家凯瑟琳·曼斯菲尔德等。但与伍尔夫之间曾经关系最为密切、情感发展最为炽烈，并对她的创作产生了明显的阶段性影响的人物是薇塔·萨克维尔-韦斯特（Vita Sackville-West，1892—1962）。

薇塔比伍尔夫年轻10岁，是个漂亮、精致的女人，气质优雅而高贵，同时还散发着迷人的忧郁气息，十分富有魅力。她出身古老的贵族家庭，父亲是著名的维多利亚·萨克维尔-韦斯特勋爵，丈夫哈罗德·尼科尔森[①]是一名外交家，而她自身则是一名颇具才气和涵养的女诗人和小说家。正如昆汀·贝尔所言，“薇塔似乎是为了让弗吉尼亚欢喜而被创造出来的”[②]，她古老高贵的出身、吉卜赛人的异国血统、个人丰富多彩的经历，以及她作为女诗人、小说家的身份等都深深地吸引着伍尔夫，迎合着伍尔夫内心深处的浪漫幻想。1922年12月，伍尔夫和薇塔在克莱夫·贝尔的引荐下结识了彼此。四天之后，薇塔邀请伍尔夫和德斯蒙德·麦卡锡一起共进晚餐。当时薇塔对此次聚餐非常满

---

① 哈罗德·尼科尔森（1886—1968），英国外交官、作家，长期在英国外交部供职，著有关于1930年至1964年英国社会和政治生活的日记和书信及政论、游记和神秘小说等。

② 昆汀·贝尔：《伍尔夫传》，萧易译，南京：江苏教育出版社，2005年版，第323页。

意，她在给丈夫的信中写道："我仰慕弗吉尼亚·伍尔夫，换作是你也会如此。在她的魅力和人格面前，你会完全折服。而她完完全全不为所动。她的穿着打扮惊世骇俗。我从来没有这么喜欢过谁。"[①]但是初次的交往显然并没有发展成友谊，伍尔夫在其日记中写道："她不太符合我严肃的品位——衣着华丽，长着小胡髭，全身就像长尾鹦鹉一样颜色鲜艳，具有贵族式的自在悠闲气质，但没有艺术家的智慧。"

伍尔夫和薇塔用了将近两年的时间，才使彼此之间的关系取得了进一步的发展，正像薇塔的小儿子奈杰尔·尼科尔森所言："她们没有像常人那样坦然携手，而是伸出指尖试探着对方。"[②]1924 年初，伍尔夫代表霍加斯出版社向薇塔邀约了一部作品，于是薇塔创作了《厄瓜多尔的诱骗者》(*Seducer of Ecuador*)一书，交由霍加斯出版社出版。该作品出版后取得了巨大的成功，它和《达洛卫夫人》的书评刊登在同一期的《纽约晚报》(*New York Evening Post*)上，获得了高度的评价，而它极高的销售量也为霍加斯出版社带来了可观的利润。之后，薇塔又邀请伍尔夫参观其家族祖先的宅邸诺尔古堡。于是在这种你来我往之中，两人的关系有了亲密的发展。此后，她们两人经常在伦敦会面，到 1924 年末时，伍尔夫已逐渐坠入对这个年轻的女性朋友的迷恋之中了。她在日记中写道："如果一个人可以和女性做朋友，那是多么愉快的事啊——与跟男性的关系相比，这样

---

① 奈杰尔·尼科尔森：《伍尔夫》，王璐译，北京：生活·读书·新知三联书店，2014 年，第 108—109 页。

② 同上，第 109 页。

的交往是多么隐匿和私密！”而1925年时，她们的友谊已经稳如磐石了，伍尔夫甚至在写给姐姐文尼莎的书信中称其为“我们（克莱夫和我）的薇塔”。

1925年到1929年间，伍尔夫和薇塔一直保持着一种亲密、暧昧的复杂关系，彼此相互爱恋。她们之间的信件往往热情而隐晦，饱含着情人间挑逗的意味。如伍尔夫曾对薇塔写道：“没有你的信。为什么没有呢？只有来自多佛的只言片语，还有的里雅斯特那狂乱忧郁的可爱呻吟。也没有照片。再见，我最亲爱的毛茸茸的小东西。”而薇塔则对伍尔夫写道：“真是难以置信你对我已经如此的不可或缺，该死的你，被宠坏的小东西。我不应该再让你爱我，把我自己这样毫无保留地呈现在你面前。但你已经攻破了我的防线。”①当1925年10月，伍尔夫听说薇塔要随同丈夫一起前往他被派驻的德黑兰时，竟陷入了深深的忧郁之中，沦落为一位相思成灾的恋人。她在给薇塔的信中痛彻心扉地写道：“我亲爱的薇塔，要去多久呢？永远离开吗？我充满了妒忌和绝望。”②然而当她得知这一消息仅仅是传闻时，内心的忧郁便立刻得到了纾解。而薇塔在给丈夫哈罗德的信中也曾写道：“她（伍尔夫）身上的那种刚柔并济的气质激起了我的无尽柔肠……她也爱我，这让我受宠若惊，身心愉悦。”③虽然到1933

① 奈杰尔·尼科尔森：《伍尔夫》，王璐译，北京：生活·读书·新知三联书店，2014年，第128页。

② 伍厚恺：《弗吉尼亚·伍尔夫：存在的瞬间》，成都：四川人民出版社，1999年版，第277页。

③ 奈杰尔·尼科尔森：《伍尔夫》，王璐译，北京：生活·读书·新知三联书店，2014年，第118页。

年，她们彼此之间的热情逐渐冷却并最终熄灭，但她们之间的友谊却始终存在。1939 年 9 月 16 日，伍尔夫还写信给薇塔诉衷肠："我发现这些日子里很少有人能给我以任何真实接触的感觉，然而你肯定给了我这种感觉。"①

对于伍尔夫和薇塔的这段关系，尤其是她们之间是否存在同性相恋这一问题，人们往往众说纷纭。无疑，薇塔是一位女同性恋者，她曾在结识伍尔夫之前就已经有过多个同性情人，甚至她丈夫哈罗德也具有明显的同性恋倾向。她曾在给丈夫的信中坦言："曾经同她（弗吉尼亚·伍尔夫）上过两次床，不过仅此而已。"②对此，薇塔的小儿子奈杰尔·尼科尔森在其《伍尔夫》中指出，薇塔虽热烈地爱着伍尔夫，但是她又害怕自己会唤起伍尔夫的热情，从而诱发她的疯病，"我害怕得要死，因为她的疯病，生怕撩拨起她身体内的性渴求"③。而当薇塔向丈夫谈论她与伍尔夫的关系时，对方也曾严肃地警告她："看在老天爷的份儿上可千万要小心，这不仅仅是玩火；这是在玩炸药。"④因此，在奈杰尔看来，伍尔夫对薇塔的爱更多的是精神方面而不是肉欲方面的，即使薇塔对伍尔夫有肉体方面的迷恋，但也因伍尔夫的病而小心隐忍，她们的关系时好时坏，但最终谁也没有毁了谁。

而伍尔夫的外甥昆汀·贝尔则在他那部具有权威性的《伍

---

① 伍厚恺：《弗吉尼亚·伍尔夫：存在的瞬间》，成都：四川人民出版社，1999 年版，第 277 页。

② 同上，第 279 页。

③ 奈杰尔·尼科尔森：《伍尔夫》，王璐译，北京：生活·读书·新知三联书店，2014 年，第 118 页。

④ 同上，第 116 页。

尔夫传》中将她们的关系界定为:“也许有过——总的来说,我认为可能有——某种爱抚和某种共枕。不过,无论她们之间在这方面可能发生过什么,我很怀疑它是否属于那种能让弗吉尼亚兴奋或让薇塔满意的事儿。就弗吉尼亚一生而言,这个问题没啥大不了的;在她看来,重要的是她在感情上介入的程度和她爱的深度。对于这样的问题,我们没法给出直接的答案,不过如果激情的标准是盲目,那么她并没有爱得很深……我想我们可以说它是一次恋爱,但就弗吉尼亚而言,事情不过尔尔。”[①]至于弗吉尼亚本人,她就这段关系曾在日记中写道:“这是一段精神至上、可以信赖的感情。我想得很天真(在精神上),我觉得这段感情让伦纳德感到相当烦恼,但还不足以让他担忧。”[②]

事实上,对于同性恋的看法,伍尔夫的思想是超前的,她并不回避女性关于肉体和性欲方面的体验。1928 年,女作家拉德克利夫·霍尔(Rayclyffe Hall)的小说《孤寂之井》(*The Well of Loneliness*)因公开以女性同性恋为主题而遭到舆论的群起攻讦,《星期日快报》的编辑甚至写道:“我情愿给一个健康的男孩和女孩一小瓶氢氯酸,也不愿意把这本小说给他们看。”因此,迫于舆论压力,内政部和法庭要求禁止发行并下令销毁该书。虽然,“布鲁姆斯伯里文化圈”的成员普遍认为该书就其文学性来说是一部非常糟糕的作品,但是官方对该书内容的审查行为却

---

① 昆汀·贝尔:《伍尔夫传》,萧易译,南京:江苏教育出版社,2005 年,第 327 页。

② 奈杰尔·尼科尔森:《伍尔夫》,王璐译,北京:生活·读书·新知三联书店,2014 年,第 133 页。

彻底激怒了他们。伍尔夫、伦纳德和福斯特等都参加了抗议活动，他们要求内政部收回禁令。伍尔夫甚至还在一封给《国家》杂志的信上署名，并指出尽管女同性恋者“对普通大众而言是无趣且令人反感的”，但是在现实生活中它却是真实存在的，因而作为文学主题进行创作是合法的。虽然，伦纳德曾建议伍尔夫不要过多介入这场纷争，以免被公众视为女性同性恋主义的代言人，但是她还是坚持为《孤寂之井》勇敢发声。

总体而言，对于伍尔夫和薇塔之间是否存在同性恋关系的问题我们其实并不能给出直接的答案，故而，对此似乎也没有深入探究的必要。真正值得我们注意的是，伍尔夫和薇塔在创作上是彼此欣赏、彼此尊重的。尤其是于伍尔夫而言，薇塔是她创作巅峰时期灵感的主要来源。如果说伦纳德是她创作生涯中最强有力的护盾的话，那么薇塔则是激发她艺术创造力的最佳催化剂。学者 A. H. 邦德注意到伍尔夫最优秀的作品都是在与薇塔关系亲密的时期完成的，所以如此评论道：“在她们的罗曼史最活跃的岁月里，受到她对薇塔的爱情的哺育，最伟大的文学杰作《到灯塔去》《奥兰多》和《海浪》从弗吉尼亚·伍尔夫的金笔下流淌出来……与薇塔这场爱情的结束，标志着弗吉尼亚生命中最富创造力的时期的终结……尽管《岁月》《三个基尼》和《罗杰·弗莱》当然写得也很好，但弗吉尼亚业已丧失了作为她 20 世纪 20 年代的写作特征的那种点石成金的魔力。”①这段文字清晰地总结出了薇塔在伍尔夫文学生涯中的独特意义。

---

① Alma Halbert Bond. *Who Killed Virginia Woolf*? Human Sciences Press, Inc., 1989: 145.

1927年时，随着《到灯塔去》的出版，伍尔夫开始了对新作品的酝酿。由于《到灯塔去》的反复修改几乎耗尽了她的精力，所以她"感到有必要逃避一下，疯上一阵子，好好地休息一下"①。她希望可以任性妄为地、迅速地创作一部轻快的作品，因此《奥兰多》浮现在了她的脑海之中。在1927年10月5日的日记中，伍尔夫写道："常常萦绕在心头的兴奋念头又在脑子里转动起来，想创作一本名叫《奥兰多》的传记，从1500年写起直至今日，以薇塔为原型，唯一的不同是性别将发生变化，我想，作为难得的消遣，我要花上一星期把这草草地记录一下，同时……"②之后，伍尔夫便以一种前所未有的狂热状态投入到了《奥兰多》的创作中。此次创作不同于以往，它大大缓解甚至驱散了伍尔夫之前创作中的疲惫和烦躁，使她始终保持着一种愉悦的状态。她在日记中兴奋地写道："故事内容如何我不太清楚，可大脑在那个领域里运转所带来的解脱是如此巨大，以至于我感到好几个月没有这么开怀了，就好像待在阳光下，或是躺在垫椅上休憩……"③如此迅速、酣畅的写作状态使得《奥兰多》的初稿在次年的3月就完成了，对此伍尔夫将其称为"一个作家的狂欢"。

1928年，伍尔夫推出了长篇小说《奥兰多：一部传记》(*Orlando: A Biography*)(以下简称《奥兰多》)。这部以传记形式出现的作品，以薇塔的外貌、家世、性情与经历等为原型，虚构

---

① 弗吉尼亚·伍尔芙：《伍尔芙日记选》，戴红珍、宋炳辉译，天津：百花文艺出版社，2012年，第86页。

② 同上，第92页。

③ 同上，第93页。

了主人公奥兰多在长达四个世纪的岁月中由男性变为女性的奇幻历史,成为英国文学史上的一部奇书,并被誉为伍尔夫献给薇塔的一封炽热的“情书”。

作为具有鲜明的性别意识的现代小说大师,伍尔夫的创作始终关注女性的精神发展,尤其执着于女性艺术家的成长这一核心主题。如前所述,长篇小说处女作《远航》以与作家开始创作时同龄的年轻主人公雷切尔未竟的南美之行,隐喻了一位天才音乐家在男性中心的权力世界中的不幸夭折;《夜与日》以伍尔夫挚爱的姐姐文尼莎和自己少女时代被迫扮演维多利亚女王统治时期上流社会茶桌边的“家庭天使”的社交生活为原型,表现了女主人公实现科学抱负的无望;《到灯塔去》中的画家莉丽·布里斯科承受的世俗冷眼和对艺术的坚韧追求,亦映射出伍尔夫和姐姐冲破世俗禁锢、追寻各自的艺术梦想的艰辛历程;《奥兰多》更是以伍尔夫对薇塔的爱慕与理解为基础,通过对英国都铎王朝伊丽莎白女王统治时期俊美倜傥的青年贵族奥兰多在近 400 年的漫长历史中由男性变为女性的玄幻经历的虚构,探索了女性艺术家追求丰厚的人生体验并不断获得精神发展的艰辛历程。

小说开篇的时代背景,是童贞女王伊丽莎白统治的晚年。奥兰多作为祖先立过赫赫战功的贵族家庭的独子,生活在世袭的庄园大宅中。伍尔夫从传记作者的角度,精雕细琢地描摹了这位 16 岁的翩翩少年的出众外貌:“一层细细的绒毛覆盖在红润的脸蛋儿上,唇上的绒毛不过稍稍硬一点儿。秀气的双唇有点儿翘,遮住杏仁白色精巧的牙齿。鼻梁不大却箭一般笔挺,深色的头发，小巧的耳朵与头部正好相称。但天啊，描述青春之美，岂能不提额头和眼睛。奥兰多站在窗前，我们恰好可以直接看到他。必须承认，他的眼睛仿佛湿漉漉的紫罗兰，大得好像有一泓碧水充盈其间。太阳穴像两个光润的圆奖章，夹在它们之间的额头似大理石穹顶般浑圆。"①然而，荣华富贵唾手可得的奥兰多却有一个与众不同的秘密愿望，就是成为一位了不起的诗人与作家。所以他酷爱在大橡树下、在大自然的怀抱中潜心写作、思考人生。

威严高傲而又孤独衰老的女王驾临奥兰多家的大宅，爱上了这位天真无邪而羞涩忧郁的美少年，随即任命他为御前的侍卫与陪伴，赐予他至高无上的嘉德勋章，给予他无限的荣宠。1603 年，女王去世，大霜冻之年到来了。"飞鸟在半空中冻住，像石头一样坠到地上。"②继位的新王詹姆斯一世为笼络民心，并庆贺自己登基，"下令将封冻二十多英尺厚的河床及两岸六七英里宽的地带清扫出来，装饰成公园或游乐园，修建凉亭、曲径、球道、酒肆等，一切开支由他负担。"③这使得伦敦城沉浸在一片骄奢淫逸的狂欢氛围中。入夜，奥兰多在冰面上的皇家舞场邂逅了莫斯科大公国的萨沙公主。这位身份高贵、美目流盼而性情神秘轻佻的女子，谈吐高傲、舞姿轻盈，迅速俘获了奥兰多的心。爱情的苏醒，使他在极短的时间内蜕变为一位风度翩翩、殷勤有

---

① 弗吉尼亚·吴尔夫：《奥兰多》，林燕译，人民文学出版社，2003 年，第 2 页。

② 同上，第 13 页。

③ 同上，第 14 页。

礼的绅士，与这位有着浓郁的异国情调的女郎如胶似漆，惹得上流社会议论纷纷。他下决心抛开拥有的一切，包括订好的一门门当户对的亲事，追随心爱的女郎前往她远在雪域荒原的故乡，所以两人约定在子夜时分私奔。然而，当夜瓢泼大雨，冰床解冻，萨沙却并未履约。等到奥兰多在略有所悟后疯狂而绝望地策马追至泰晤士河的入海口时，才发现莫斯科大使的那条官船已飘扬着黑鹰的旗帜，停在了出海口处。“奥兰多猛地跳下马，仿佛在震怒之中要与洪流决一死战。他站在没膝的水中，使出了女性注定摆脱不掉的所有最恶毒字眼，痛骂那个无情无义的女人。他骂她无情无义、反复无常、水性杨花；骂她是魔鬼、荡妇、贱人。湍急的河水打着漩涡，卷走了他所说的一切，而抛到他脚边的，只有一只破罐和一根细细的稻草。”①

痛不欲生的奥兰多因不羁的行为遭到宫廷的驱逐，已与他订有婚约的戴斯蒙德家族也怒不可遏。于是奥兰多回到乡间庄园，再度过起了离群索居的生活。他昏睡了七天七夜，又神奇地苏醒了过来，从此脱胎换骨，像换了一个人似的，变得理智、严肃而安详。睡眠仿佛死亡一般，使他劫后重生。奥兰多选择了封闭的生活，沉浸在读书、思考与写作之中。“就这样，未满二十五岁，他已经用散文体或韵文体、法文或意大利文完成了四十七部剧本、历史故事、爱情故事和诗歌，而且全是大部头的浪漫传

① 弗吉尼亚·吴尔夫：《奥兰多》，林燕译，人民文学出版社，2003 年，第 32 页。

奇。”①然而，他并不能断定自己是否确有文学才能。为了解决这一问题，他决定打破离群索居的状态，恢复与外界的往来。他邀请了当时闻名遐迩的作家尼古拉斯·格林先生来庄园聚谈、提供指导。但这位格林先生无论是体态还是品德均令他失望不已。格林“似乎更善于诟骂而非赞美，更善于吵闹而非倾谈，更善于争抢而非听任自然，更善于抗争而非息事宁人，更善于恨而非爱”②。他攻击莎士比亚、本·琼生等同时代的文学大师，胡言乱语，专谈名人八卦，从奥兰多手上骗取了年金和款待，却又在回家之后写了一首嘲笑奥兰多的讽刺诗，用忘恩负义的行为骗了一大笔钱。在不动声色地读完了格林的《乡间贵族造访记》之后，奥兰多将自己的诗作全部付之一炬，只留下了《大橡树》的诗稿。在认识到爱情与抱负，女人与诗歌同等虚浮之后，他仍然能够信任的只剩下了两样：狗与自然。

光阴荏苒，他在美丽宁静的自然和庄园生活中医治着爱情与梦想遭到戏弄的创伤。在无人时分，奥兰多依然会拿出一个旧笔记本，上面用男孩稚嫩的字体写着“大橡树——诗一首”。他坚持不断地继续写下去。然而，他孤独避世的生活却又被一位高大、丑陋的罗马尼亚女大公的纠缠所打破。无奈之下，奥兰多只能请求查理二世国王委任他为驻君士坦丁堡特命全权大使，逃之夭夭。

在土耳其期间，奥兰多出色地履行了公务职责。但在属于

---

① 弗吉尼亚·吴尔夫：《奥兰多》，林燕译，人民文学出版社，2003年，第40页。

② 同上，第45—46页。

自己的时间,他却会“久久凝视山口的隘道和遥远的高原”[1],甚至在夜阑人静时分乔装打扮,至无人之处吟哦诗稿。就在他受封公爵的当夜,君士坦丁堡发生了当地人的骚乱。第二天早晨,公爵再次陷入了神秘的昏睡,这一睡又是七天七夜,他也因此而逃过了土耳其人揭竿而起,试图推翻苏丹统治的暴动的侵扰。等到他再度神奇地醒来的时候,不可思议的事情发生了:“号角声渐渐远去,奥兰多赤身裸体站在那里。开天辟地,从未有人看上去如此令人销魂。他的形体融合了男子的力量与女子的妩媚。”[2]30 岁这年,奥兰多由男子变成了女子。这一重大事件并未使她发生任何慌乱,她只是从容地带上了她的诗稿,在一位吉卜赛老人的接应下,骑驴投奔了远方的吉卜赛营地。

质朴的吉卜赛人热情地接纳了她,但并不能理解她怀着诗心,对自然以及诗歌写作的无限痴迷。一个天朗气清的早晨,就在她在山坡上牧羊的时刻,美丽的英格兰家园呈现在了她的眼前。思念家乡而泪流满面的奥兰多决定即刻回归家园。

在乘船归国的途中,成为女人的奥兰多第一次意识到了随着性别的转换,自己和周遭的环境发生的变化,因为她已经被当成一位弱不禁风、惹人爱怜的淑女来对待了。从船长的殷勤备至,到一位水手看见她无意间露出了脚踝而大惊失措,差点从桅杆上掉下来摔死,奥兰多悲哀地意识到“我再不能猛击某人的头

---

① 弗吉尼亚·吴尔夫:《奥兰多》,林燕译,人民文学出版社,2003 年,第 67 页。

② 同上,第 77 页。

顶，再不能戳穿他的诡计，再不能拔剑刺穿他的身体，再不能坐在贵族中间，再不能头戴小王冠，再不能走在队列中，再不能判处某人死刑，再不能统领军队，再不能雄赳赳气昂昂地骑马走过白厅，也再不能胸前佩戴七十二只不同的勋章。一旦踏上英格兰的土地，我唯一能做的就是给老爷端茶倒水，察言观色。要放糖吗？要放奶油吗？"①写到这里，伍尔夫显然想起了她和姐姐在海德公园门的社交茶会中被迫扮演的角色。

与此同时，如果说身为男子的奥兰多难以理解萨莎当年无情的爽约，曾无比伤心地指责了她的欺骗背叛和水性杨花的话，成为女人的奥兰多则在一种新的角度下体谅了萨莎的不辞而别，并逐渐拥有了与其他女性的秘密情谊。珍藏的《大橡树》手稿，诗歌的辉煌，以及换位思考抚慰了奥兰多因失去了属于男性的特权而带来的烦恼，她同时欣喜地庆幸自己拥有了从另一种视角来看待男女两性的可能性。

此时已到 18 世纪了。刚一登岸踏上家乡的土地，她便遭遇了因变性而产生的一系列诉讼官司，涉及她是否还能保有自己的财产、是否还能拥有公爵头衔，等等。这里，伍尔夫尖锐而又含蓄地讽刺了男权社会对女性权利的剥夺，以及人类社会的习俗与法律对女性的压迫。而与此形成鲜明对照的是，在她回到阔别已久的庄园时，"赤鹿又是摇头晃脑，又是用蹄子蹬地。据

① 弗吉尼亚·吴尔夫：《奥兰多》，林燕译，人民文学出版社，2003 年，第 88—89 页。

说，还有一只，真的跪在了她面前的雪地上。"[①]她的挪威猎犬则"热情地扑向女主人，险些把她掀翻在地"[②]。经过了世俗荣华、都市喧嚣、爱情失意、身份待遇等的改变的洗礼，穿行在不同的时空中，奥兰多作为未来的诗人已一步步走向成熟，对诗歌的信仰也愈发坚定。回家的翌日，她拿出纸笔，重新开始写作《大橡树》。她断然拒绝了罗马尼亚大公的纠缠，换上普通贵族男子灵便利落的黑绸灯笼裤，深入伦敦社会探寻"生活和恋人"的真谛。

通过频频换装，奥兰多在两性角色之间自由穿行，从中意识到了自己的成长与成熟："她循着往昔的时光，回顾自己的进步，仿佛它是一条两侧楼宇林立的林荫道。"[③]她进而领悟了服装作为社会化的性别符号对人潜移默化的影响："不是我们穿衣服，而是衣服穿我们。"[④]"男女若是穿同样的衣服，对世界或许就有同样的看法了。"[⑤]她用衬裙的性感换取马裤的诚实，轮番享受着两性之爱，并在深入的观察与思考中审视着男性中心的文学传统，洞穿了道貌岸然的男性大师们神圣光环背后的猥琐与庸常。她转向大文豪蒲伯、艾迪生和斯威夫特寻求生活的真谛，却轻易窥见了他们身上的弱点和可笑之处。某夜，奥兰多邀请蒲伯回家做客。在同行的夜车上，随着光线的变化，奥兰多的意识

---

① 弗吉尼亚·吴尔夫：《奥兰多》，林燕译，人民文学出版社，2003 年，第 96 页。

② 同上，第 96 页。

③ 同上，第 99 页。

④ 同上，第 107 页。

⑤ 同上，第 107 页。

陷入了对他的盲目崇拜与理性评价相交替的状态，一会儿因与“女王陛下国度中最大的才子”[①]近在咫尺感到莫大的荣幸，一会儿又意识到无情的时光亦会使他的声名灰飞烟灭；在黑暗中误把椅垫上的小圆丘当成诗人的前额而感叹“里面蕴藏了多少才华！机智、智慧和真理——多么巨大的宝藏，人们宁愿用生命来换取！”[②]在街灯下又发现他“畸形、羸弱”“身上没有什么值得人尊敬的地方”[③]；在昏暗状态下，她感激涕零地以为“是你养育和保护了我，你吓跑了野兽，让野蛮人害怕，给我丝绸衣裳、羊毛地毯。如果我想敬神，难道不是你提供了自己的形象，让它在空中显现？难道不是处处都可以看到你的关爱？难道我不应该谦恭、感激、驯服？让侍奉、尊重和服从你成为我最大的快乐吧。”[④]我们发现，这里的“我”已被置换成女性的代称，“你”则由蒲伯扩大为全体男性。然而在“真理之光”的照耀下，奥兰多迅速发现了“该死的真相”：“你以为你能保护我，我以为我能崇拜你，其实都是痴想。”[⑤]这里，伍尔夫以毫不留情的嘲弄口吻，揶揄了男权社会以压迫女性建构男性一厢情愿的伟岸形象的虚幻性，让我们记起她在差不多同时完成的《一间自己的房间》中更为辛辣的表达：“千百年来，女性就像一面赏心悦目的魔镜，将镜中男性的影像加倍放大。没有这种魔力，世界恐怕仍然遍布沼泽和丛林。

---

① 弗吉尼亚·吴尔夫：《奥兰多》，林燕译，人民文学出版社，2003 年，第 117 页。

② 同上，第 118 页。

③ 同上，第 118 页。

④ 同上，第 118 页。

⑤ 同上，第 118 页。

……女人倘若不低贱，他们自然无从膨胀。这就部分解释了男人为什么常常如此需要女人。……因为一旦她开始讲真话，镜中的影像便会萎缩；他在生活中的位置也随之动摇。”①

除了意识到天才们“不似人们可能想象的那样不同寻常”②外，更为严重的是奥兰多看出了他们在谦恭有礼的表象下对女性才智的蔑视：“才子虽然送诗来请她过目，称赞她的判断力，征求她的意见，喝她的茶，但这绝不表示他尊重她的意见，欣赏她的理解，也绝不表示虽不能用剑，他就会拒绝用笔刺穿她的身体。”③伍尔夫表明既有的文学史其实就是一部压制与被压制、写与被写的不平等历史。这一思想在《一间自己的房间》中有关女性在历史与诗歌中形象、地位差异的对比中，同样获得了有力呼应：“在想象中，她尊贵无比，而在实际中，她又微不足道。诗卷中，她的身影无所不在；历史中，她又默默无闻。她主宰了小说中帝王和征服者的生活；其实，只要男人的父母能强使她戴上戒指，她就成了那个男人的奴隶。文学中，时时有一些极其动人的言辞，极其深刻的思想出自她口中；而现实生活中，她往往一不会阅读，二不会写字，始终是丈夫的附庸。”④

---

① 弗吉尼亚·吴尔夫：《一间自己的房间》，贾辉丰译，北京：人民文学出版社，2003年，第30页。

② 弗吉尼亚·吴尔夫：《奥兰多》，林燕译，人民文学出版社，2003年，第119页。

③ 同上，第123页。

④ 弗吉尼亚·吴尔夫：《一间自己的房间》，贾辉丰译，人民文学出版社，2003年，第37页。

进入19世纪，“时代精神”“时热时冷，吹拂着她的面颊”①，限制着奥兰多的自由，剥夺着她的信念。所谓“时代精神”其实就是主流的男性价值规范，代表了社会环境与文学标准对女性写作的负面影响，它“坚持认为女性必须顺从、贞洁，浑身散发香气、衣着优雅”②。从她的身后更是传来无形的声音，告诫她要穿圈环衬裙，找一位丈夫，手指上有结婚戒指，还要准备婴儿用品。虽然这一切与奥兰多热爱写作、深入生活的天性相悖，伍尔夫却正色指出：“时代精神自有其不可违拗之处，它给所有试图抗拒者都带来巨大创痛，相形之下，那些识时务者的下场倒好些。”③所以，《奥兰多》通过一位作家的艰难成长和变性后的不同体验，反思了社会环境对女性写作的制约。

变性前的奥兰多曾感觉诗神如惊鸿一瞥，难以定格，又如野鹅飞去，难以捕捉，但在获得了新的视角之后，思想发生了“激烈斗争”：“本来好似岩石般牢固持久的习惯，在另一些思想的触动下，如阴影般坠落，露出无遮无拦的天空和光闪闪、亮晶晶的星星”④；也正是由于双性视野，使她与具有同样气质的丈夫谢尔默丁之间产生了奇特的默契：“他发现她竟能一点儿不差地领会他的意思，不免又惊又喜。”⑤忍不住迫不及待地问：“你能肯定自

① 弗吉尼亚·吴尔夫：《奥兰多》，林燕译，人民文学出版社，2003年，第136页。

② 同上，第88页。

③ 同上，第141页。

④ 同上，第100页。

⑤ 同上，第150页。

己不是男人？”[①]奥兰多则回问：“你竟然不是女人，这可能吗？”[②]随着“野心像铅块骤然坠地”[③]，奥兰多历数百年之沧桑，笔耕不辍的诗集《大橡树》终告完成、出版，并获得大奖。此时已到1928年的10月11日，奥兰多不仅是一位已婚的36岁的少妇，还有了一个可爱的儿子。虽然她已功成名就，但她已看穿了功名利禄如浮云的本质，深感写诗“是一种秘密的交流，即一个声音对另一个声音的回应”[④]。在她的想象中，她的丈夫谢尔默丁的双桅帆船穿越了合恩角的惊涛骇浪，正平安返航。午夜的第一声钟声敲响了。她在期待中，终于听见了一架飞机渐行渐近的轰鸣声。“现在已是一名优秀海船长的谢尔默丁，容光焕发，敏捷地跳到地面，就在此时，一只野鹅腾起，掠过他的头顶。”[⑤]小说由此诗意而神奇地戛然而止。

通过冲破地域、种族与性别壁垒的跨界想象，《奥兰多》虚构了一个女性的浮士德在异质空间中深入“生活”、探究“真相”的求索过程，暗合了18世纪德国文豪歌德笔下的浮士德博士上天入地、穿越古今的探索之旅。和浮士德一样，奥兰多从个人情感的“小世界”步入开阔的“大世界”，由西方来到东方，勘破了逸乐、社交与政客生涯的浮华与虚妄，最终在创造性的事业中获得了自我满足与实现。只不过浮士德的创造性事业是在18世纪

---

① 弗吉尼亚·吴尔夫：《奥兰多》，林燕译，人民文学出版社，2003年，第150页。

② 同上，第150页。

③ 同上，第57页。

④ 同上，第192页。

⑤ 同上，第195页。

启蒙背景下变沧海为桑田，而奥兰多则是在艺术创造的天地中获得了成功。由此，伍尔夫向男性大师的传世经典表达了敬意，同时又特别关注了女性艺术家的困境与脱困之途，通过三重异质空间的建构，实现了对浮士德式自我实现的女性主义修正。

《奥兰多》中的第一重异质空间，首先是通过主人公跨越地理疆域的旅行而得以拓展的，因为隐含着流动性、冒险性、自由身份、经济实力等文化要素的旅行行为，古往今来更多是男性拥有的特权。《浮士德》中，中世纪的江湖术士浮士德与魔鬼靡菲斯特击节赌赛、遨游世界前曾豪迈声言："我觉得有勇气，到世界上去闯一趟，去承担人间的祸福，去跟暴风雨奋战，在沉舟的碎裂声中毫不沮丧。"①然而，作为稳定性、依附性与私人空间之象征的女性，却与闯世界、"承担人间的祸福"的功业几乎无缘。如《荷马史诗》中的奥德修斯以征服特洛伊的"木马计"和在爱琴海上的浪漫历险受到代代吟游诗人的传颂，而他的妻子珀涅罗珀只能在纺纱织布中无望地等待二十年音信全无的丈夫；浮士德是"那个无目的、无宁息的怪物，像一道瀑布从巉岩奔向巉岩，狂热地咆哮着，一直向深渊奔去"，而他的情人、蜗居在德国小镇上的市民少女格蕾琴却"在阿尔卑斯山区的小茅屋里给那个小世界圈住，一心忙着她的整个家务"②。创作《奥兰多》期间，伍尔夫在薇塔陪伴下前往剑桥大学做了两场有关"女性与小说"的演讲，后修订为著名的《一间自己的房间》。其中，伍尔夫反思了女性艺术家的创作困境，特别提到作家简·奥斯汀极其逼仄的家

① 歌德：《浮士德》，绿原译，北京：人民文学出版社，1994年，第16页。

② 同上，第91页。

居生活对她拓展空间想象力的束缚，认为是地理和阅历上的局限性，使她的写作不得不沦为瓦尔特·司各特所说的“两寸象牙微雕”，并惋惜另一位女作家夏洛蒂·勃朗特“比任何人都更清楚地知道，她的天赋，如果不仅仅耗费在寂寞地眺望远方的田野上，将会有多么大的收获，只要让她有机会去体验、交往和旅行”[①]。相形之下，男性则因拥有更多的人身自由而得以体味丰富的人生、积累不同的创作素材。所以伍尔夫认为，如果没有自由自在地与吉卜赛女子或贵妇人厮混，并亲身参战的珍贵体验，很难想象托尔斯泰能写出《塞瓦斯托波尔故事》《战争与和平》与《安娜·卡列尼娜》这样的煌煌大作。所以她既强调了女性拥有一年五百英镑收入和独立的精神空间的重要性，同样也指出：“我想到给人拒之门外有多么不愉快；转念一想，给人关在门里可能更糟。”[②]她强调了通过旅行开拓人生、锤炼思想对于艺术家成长的关键意义。《奥兰多》中，主人公的地域跨界包含了在都市与田园、西方与东方之间穿行的漫长旅程，由此得以体验有限人生的多个侧面，获得艺术创造的无限潜能：“奥兰多现在召唤的，可能是那个砍断套在黑鬼骷髅头上绳索的少年；也可能是又把骷髅头拴好吊起的少年、坐在山坡上的少年、看到诗人的少年、向女王呈上玫瑰水碗的少年；或者她在召唤那个爱上萨莎的青年、廷臣、大使、军人、旅行者；或许是那女子、吉卜赛人、娴雅的贵妇、隐修士、热爱生活的少女、文人的女恩主……所有这些

① 弗吉尼亚·吴尔夫：《一间自己的房间》，贾辉丰译，人民文学出版社，2003年，第61页。

② 同上，第20页。

自我都不相同，她可以召唤他们中的任何一个。"[①]通过异质空间的建构，女性身体与心灵的自由得以舒展，由此领略殊异的风景，体味别样的人生，在丰富的收获中激发艺术创造的灵感冲动。

《奥兰多》中的跨界书写还体现为对种族藩篱的跨越：既包括身为男子的奥兰多对神秘冷艳、桀骜不驯的俄国公主萨莎那独特的异国情调的迷恋，及其在此基础上对俄罗斯莽原与冻土的向往；更体现为身为女子的奥兰多对吉卜赛人生活的向往，以至于即便在回到英国之后，吉卜赛营地也始终为其提供了秘密的精神滋养。

作为一个古老的民族，吉卜赛人大约在公元10世纪左右从印度旁遮普一带向欧陆迁徙，落脚于今天的罗马尼亚、保加利亚、斯洛伐克等地，美国、北非、中东等地也有分布。辗转迁徙、居无定所的生活方式，使这一生活在大棚车上的民族在部分西方人眼中成为兼具"美"与"恶"的双生花，既神秘浪漫、自由奔放，同时又因占卜、行乞与歌舞表演等独特的求生手段而受到歧视与迫害，长期以来吸引了众多西方作家与艺术家的关注。吉卜赛人自由而散漫的生活态度与循规蹈矩的英国维多利亚时代中产阶级文明格格不入，但又为不堪清规戒律负累的现代人提供了缅怀逝去的乡村文明、对抗工业化与机械化的冰冷世界的一个出口，因而使得吉卜赛营地在不少作家、艺术家的心目中成为逃离功利主义的现代文明之渊薮的世外桃源。自身拥有西班

---

① 弗吉尼亚·吴尔夫：《奥兰多》，林燕译，人民文学出版社，2003年，第183页。

牙吉卜赛人血统的薇塔的两部小说《遗产》(*Heritage*,1919)和《挑战》(*Challenge*,1923)中也有对吉卜赛人的突出描写。前辈作家与闺中密友对吉卜赛人的热情深深影响了伍尔夫,使得她将女性艺术家突破传统禁忌、寻求自我实现的梦想与这一流浪民族的自由生活紧密联系在了一起。由于薇塔与身为外交官的丈夫哈罗德·尼克尔森曾在君士坦丁堡生活过很长时期,伍尔夫于是将她心爱的主人公投奔吉卜赛营地的背景设置在了君士坦丁堡。

如浮士德在探索人生真理前所宣称的:"要是我有一件魔袍,把我带到异域番邦,那该多好!就是拿最贵重的衣裳,例如拿一袭皇袍来,我也不会把它换掉。"[①]对于奥兰多而言也同样如此。热爱写诗的他从孩提时代起,即怀揣着心爱的《大橡树》诗稿。这一卷纸"上面有大海、血和旅行的污渍。……她一直在写这首诗,迄今已近三百年"[②]。诗稿见证了他长期追寻缪斯女神,从郁郁葱葱的故乡丘陵到喧嚣繁华的都市伦敦,再到苍凉空旷的土耳其荒原的艰辛历程。被任命为大英帝国驻土耳其苏丹国家全权大使后,他不得不锦衣华服地整日周旋在达官贵胄们中间,虚费光阴。他的烦恼,正是浮士德怀才不遇、只能为封建小朝廷的淫逸君臣作法取乐时的烦恼,亦恰似歌德本人在魏玛公国度过的十年御用文人生涯的写真。因此,公务闲暇时分,吉卜赛人的自由世界便成为奥兰多的心灵寄托:"在使馆时,她常

---

① 歌德:《浮士德》,绿原译,北京:人民文学出版社,1994年,第30页。

② 弗吉尼亚·吴尔夫:《奥兰多》,林燕译,人民文学出版社,2003年,第136—137页。

从阳台上眺望这些山脉，渴望到那里去。那里是她一直向往的地方，对喜欢沉思的人来说，那里可以给予思想充分的滋养。……不再需要盖章或签署文件，不再需要描摹花饰，不再需要拜访什么人。”①而由于他们之间在反叛主流生活方式与价值规约方面的相通性，“那些吉卜赛人似乎视她为自己人。”②

吉卜赛人的另类世界于是成为女性追求性别平等的异质空间。这就是奥兰多“在革命前就与他们保持了秘密联络”③的原因，也是她在弃绝了显赫的大使与男性身份之后毅然投奔的新世界：“在一棵高大的无花果树的暗影中，一位骑驴的吉卜赛老人在等她。他还牵了另一头带辔头的驴，奥兰多抬腿跨了上去。就这样，在一条瘦狗的护卫和一个吉卜赛人的陪伴下，大不列颠驻苏丹国朝廷的大使，骑驴离开了君士坦丁堡。”④而在她以女性之躯回到英国，面临着男权社会对其头衔、财产、地位的剥夺，同时在所谓“时代精神”的驱迫之下勉力成为一个柔弱的贵妇之后，吉卜赛人蔑视世俗财富与名望、以天地为庐、拥抱整个世界的豁达胸襟，更是成为她反思与比较不同的人生价值的宝贵参照。在回国的船上，奥兰多“觉得，无论上岸意味着何等舒适、富裕、出人头地和地位显赫，但如果这意味着循规蹈矩、奴役、欺骗，意味着拒绝她的爱情、束缚她的手脚、闭紧她的嘴巴，限制她

---

① 弗吉尼亚·吴尔夫：《奥兰多》，林燕译，人民文学出版社，2003年，第78—79页。

② 同上，第79页。

③ 同上，第79页。

④ 同上，第78页。

的言语，她宁肯调转船头，再次扬帆驶向吉卜赛人"[①]。在吉卜赛营地，她曾攀登高山、漫游峡谷，在溪流边小坐，"向每一颗星、每一座山峰、每一堆篝火致敬"[②]，感受自然的善与美，"追问何为真理，继而是爱情、友谊、诗歌"[③]，与诗神一次次邂逅，诗兴与诗情喷涌而出。因此，吉卜赛营地构成了伍尔夫为女性艺术家的成长所开拓的对抗性别压迫的又一重异质空间。

除了地域与种族跨界之外，主人公最神奇的跨界是冲破性别间的对峙与壁垒，即在担任大使期间，君士坦丁堡发生了土耳其人推翻苏丹的暴动，奥兰多再度昏睡七天七夜后变成了女人。这一奇妙的构思呼应了人类始祖"双性同体"的圆融特征，集中表达了人类对两性和谐互补的理想境界的向往。

在《一间自己的房间》中，伍尔夫曾提出：与肉体的和谐相对应，头脑中的两性同样应该和谐。"我不揣浅陋，勾勒了一幅灵魂的轮廓，令我们每个人，都受两种力量制约，一种是男性的，一种是女性的；在男性的头脑中，男人支配女人，在女性的头脑中，女人支配男人。正常的和适意的存在状态是，两人情意相投，和睦地生活在一起。如果你是男人，头脑中女性的一面应当发挥作用；而如果你是女性，也应与头脑中男性的一面交流。柯勒律治说，睿智的头脑是雌雄同体的，他说的或许就是这个意思。在此番交融完成后，头脑才能充分汲取营养，发挥它的所有功能。

---

① 弗吉尼亚·吴尔夫：《奥兰多》，林燕译，人民文学出版社，2003 年，第 92 页。

② 同上，第 80 页。

③ 同上，第 81 页。

也许，纯粹男性化的头脑不能创造，正如纯粹女性化的头脑也不能创造。”[①]伍尔夫认为优秀的艺术家如莎士比亚等均是拥有“双性同体”的大脑的人，这种大脑“更多孔隙，易于引发共鸣；它能够不受妨碍地传达情感；它天生富于创造力、清晰、不断裂”[②]，“任何创造性行为，都必须有男性与女性之间心灵的某种协同。相反还必须相成。头脑必须四下里敞开，这才能让我们感觉，作家在完整地传达他的经验。必须自由自在，必须心气平和。”通过这种“头脑中的联姻”[③]，艺术家将获得最蓬勃的艺术创造力。这一“头脑中的联姻”，到了《奥兰多》中，即具象化为主人公神奇变性的超现实主义构思。伍尔夫使奥兰多集男性与女性的身份与经验于一体，通过在两性之间的自由穿行，享受情感与智性和谐一体的圆满，由此焕发出惊人的艺术创造力。可见，性别跨界以获得双性的互补、思想与情感的兼容，是伍尔夫为女性艺术家的成长构建的又一重异质空间。

从艺术上看，小说采用传记作者“我们”的视角与读者交流、以讲故事的方式展开，笔调轻快、幽默；主人公神奇变性，又跨近400年时空而依然年轻的构思，整体上具有传奇色彩，但细节又处处逼真而细腻。“布鲁姆斯伯里文化圈”的研究专家赫麦尔妮·李因此写道：“它对《到灯塔去》的挽歌情调扭过头去，又摆脱了《海浪》中对死亡的凝神思考。只有在《奥兰多》和《一间自

---

① 弗吉尼亚·吴尔夫：《一间自己的房间》，贾辉丰译，人民文学出版社，2003年，第85页。

② 同上，第86页。

③ 同上，第91页。

己的房间》中，弗吉尼亚·伍尔夫才通过妇女写作的观点，摆脱了家庭的压力、宿命，以及疯狂的囚禁，真正解放了她自己。”[①]这部“解放了她自己”的华彩篇章，作为伍尔夫唯一未有死亡阴影笼罩的小说，亦可以被视为一部具有预言性质的女性版本的《浮士德》。

虽然在《奥兰多》完成之初，伍尔夫曾怀疑“这部作品是否太空洞，或者太离奇、太冗长”[②]，但事实证明，它是伍尔夫作品中闪光且非同一般的一部，亦是伍尔夫相当满意的一部。它一经出版就引起了巨大的轰动，仅前六个月，《奥兰多》就成功售出 8104 本，是《到灯塔去》一年销售量的 2 倍之多。在伦纳德看来，这是伍尔夫作为成功小说家生涯的重要转折点，文尼莎更将之称为一个“小凯旋式”[③]。

四、女性的声音：《一间自己的房间》

回顾往昔，一方面，童年时期维多利亚时代家庭生活的体验、母亲“家庭天使”的形象、父亲父权制家长的作风、异父兄长的性侵犯以及男女教育的不平等等，都使得伍尔夫自幼便对维多利亚时代的男权中心社会体制充满着愤恨和批判；而另一方

---

① Hermione Lee. *Virginia Woolf*. New York：Vintage Books，1996：520-521.

② 弗吉尼亚·伍尔芙：《伍尔芙日记选》，戴红珍、宋炳辉译，天津：百花文艺出版社，2012 年，第 100 页。

③ 小凯旋式（ovation），古罗马欢迎将士凯旋的仪式，隆重程度仅次于凯旋式（triumph）。

面，亲友中许多具有女权主义思想的女性则以自身独立、自由、平等的精神浸润和滋养着伍尔夫的思想，如她那近 50 岁时成为著名女摄影家的姨祖母茱莉娅·卡梅伦，终身未婚的姑妈、女作家卡罗琳·艾米莉娅，莱斯利·斯蒂芬的前妻的姐姐、女作家安妮·伊莎贝拉以及伍尔夫的女家庭教师珍妮特·卡斯等，都是伍尔夫崇拜和效仿的对象。正是在这样复杂背景的影响下，伍尔夫逐渐形成了她的女性主义思想，成了西方女性主义的先驱。

正是基于此，成年后的伍尔夫一直将发出女性自己的声音、建立属于女性的传统作为她人生的一个重要目标。在她的文学创作之旅中，不论是其短篇小说《墙上的斑点》《一个团体》等，还是其长篇小说《远航》《夜与日》《雅各的房间》《达洛卫夫人》《到灯塔去》《奥兰多》等，甚至是其大量演讲、论著和散文随笔等，女性问题始终是她关注和探索的焦点和中心。

1928 年，在完成《奥兰多》的创作之后，伍尔夫便开始为即将在剑桥大学做的关于妇女和小说的演讲做准备。10 月，伍尔夫以《妇女与小说》为题在剑桥进行了两次学术演讲，一次在纽厄纳姆学院的艺术爱好者协会，另一次是在格顿学院的艺术爱好者协会。演讲结束后，为自己的观点所激动的伍尔夫忙着将之改写成一本书。此书于 1929 年 10 月问世，这就是以两次演讲的内容为基础的长篇随笔《一间自己的房间》(*A Room of One's Own*)。作品面世后深受读者欢迎，在西方妇女解放运动与女性主义文化—文学批评崛起之后，亦被视为一部重要的先驱之作。

偏好进行形象思维的伍尔夫，即便是写作评论性文字，也依然擅长运用打比方、讲故事的方式展开，一方面栩栩如生、具体生动，另一方面特别能将读者或听众带入作家预设的情境，理解与接受作者的观点。《一间自己的房间》即记录了“我”作为女性的代言人两天以来在牛桥（Oxbridge）大学、大英博物馆和回到自己的房间之后面对书架的所见、所思与所感，观点和论据相互交错，互为补充和印证，逐层推进，使得这一论辩性著作的文学性、可读性大大增强。

随笔分为六章。第一章为作者“我”在牛桥的经历。牛桥抽取剑桥和牛津这两个单词的各一半拼合而成，是对英国最古老的高等学府牛津大学、剑桥大学的滑稽模仿，因为它们和其他社会机构和团体一样，都是父权意识形态的传统领地，是由男性把持并服务于父权中心文化的学术机构。作为女性的“我”因而既没有资格在牛桥大学的草坪上行走，又被图书馆的看门人拒之门外。两次被驱逐的经历，象征了女性被排斥与隔绝于高等教育的权威机构之外，成为社会资源与文化遗产的“局外人”的可悲地位。贵为维多利亚时代最精英的知识分子之一莱斯利·斯蒂芬爵士的女儿，其兄弟均能在剑桥大学接受正规教育，而她与姐姐却只能在家自学的现实，使得伍尔夫长期以来对女性被剥夺了受教育和走向社会的权利的可悲事实痛彻心扉，并通过多部作品揭露了这一性别不平等的社会现实。

随后，“我”还体验了男子学院丰盛的午餐与女子学院寒碜的晚餐的区别，由男子喝酒、女子喝水的现实引发了对两性处境、地位的深入思索。牛桥大学丰盛的午餐与弗恩翰学院寒碜的晚餐的并置对照，极具讽刺意味地表明了经济实力对教育以及大学文化的重要性，引发听众与读者的思考：贫穷对小说有什么影响？艺术创作必须具备哪些条件？

进入第二章，为了索求上述种种问题的答案，“我”走进了大英博物馆借阅图书，却失望地发现虽然关于女性的书汗牛充栋，但均出自男性之手，而且充满了情绪化的偏见。女性无法书写自我，而只能成为男性笔下的客体，并以弱者的身份成为反衬男性优越的工具性存在。无论在文学想象中她有多么尊贵，在现实中她却实在是微不足道。诗卷中，她的身影无所不在；历史中，她却默默无闻。小说中，她主宰了帝王和征服者们的生活；现实中，只要男人的父母强使她戴上一枚戒指，她便成了那个男人的奴隶。文学中，时时有一些极其动人的言辞、极其深刻的思想自她口中而出；现实生活中，她却往往一不会阅读，二不会写字，始终是丈夫的附庸。受到这一思想的启发，半个世纪之后，美国女性主义文学批评家桑德拉·吉尔伯特和苏珊·古巴(Sandra M. Gilbert & Susan Gubar)在女性主义文学批评巨著《阁楼上的疯女人：女性作家与19世纪文学想象》中，开篇即提出了“笔是对阴茎的隐喻吗？”[①]这一问题，揭露了男性性属与权力及书写之间的共谋关系，并进而分析了由于社会与文学的双重禁锢，女作家怀疑自身艺术创造力的“作者身份焦虑”[②]，以及为摆脱父权制文化对女性创作心理的负面影响而采取的写作策略，随后展开了对19世纪大西洋两岸的女性作家的创作的精彩

---

① Sandra M. Gilbert & Susan Gubar, *The Mad woman in the Attic: The Woman Writer and the Nineteenth-Century Literary Imagination*[M], New Haven and London: Yale University Press, 2000: 4.

② 同上，49。

分析。

第三章中,“我”回到自己的房间,读历史和诗歌,对现有的历史操纵权与阐释权在男性手中,而“18世纪之前女性的默默无闻”的现状有了进一步的发现。[①]“我”反思女性的生存与受教育环境,由她们为什么无法成为莎士比亚的疑问,引出了一段关于朱迪丝的著名故事。朱迪丝是伍尔夫虚构出来的莎士比亚的妹妹,她有着和哥哥一样饱满的额头和睿智的灰色眼睛,更重要的是,她和哥哥一样有着从事戏剧的艺术雄心与天赋。然而,她没有机会学习逻辑和文法,更不用说读古罗马作家维吉尔和贺拉斯的著作了。在不到17岁的时候,她的父母逼迫她嫁给一个羊毛商人的儿子,并将不屈的她关在了楼上。她不甘于命运,于是设法从窗户中跳下,逃婚来到了伦敦,希望实现自己的文学与艺术梦想。在伦敦,她徘徊于剧场的门外,衣食无着,受到冷落与嘲笑。在走投无路之下,她只能做了演员经理尼克·格林的情妇,并在大腹便便之后于一个冬天的夜晚绝望自尽,死后葬在某个十字街口。一个女性的莎士比亚由此被扼杀。写到这里,伍尔夫激愤不已,继续推想道:“想想我刚才编出的莎士比亚的妹妹的故事,可知16世纪时,女子天赋过人,必然会发疯,或射杀自己,或离群索居,在村外的草舍中度过残生,半巫半神,给人畏惧,给人嘲弄。只须略具心理学方面的知识,就会明白,一个天秉聪颖的女子,要想将才华用于诗歌,除了旁人百般阻挠,自己心中歧出的本能也来折磨她,撕扯她,最终,必然落个身心交病

① 弗吉尼亚·吴尔夫:《一间自己的房间》,贾辉丰译,北京:人民文学出版社,2003年,第39页。

的结局。”①

除了以虚构但却本质真实的故事浓缩了历史上与现实中无数拥有理想与抱负的女性的困境之外，伍尔夫还进一步指出了女性在艰难地走向艺术创造时所面对的压力：“16 世纪时，伦敦的自由生活对身为诗人和剧作家的女性来说，意味着精神上的压力和困窘，完全有可能把她推向绝路。即使她活下来，精神的紧张和病态，也会令她写出的东西发生扭曲和畸变。”②在男性中心的文化观念的影响下，她们即使写作，也不敢署上自己的真名，而只能以男性笔名或匿名的形式发表，这就很难使读者了解她们的真实身份。这一现象，在 18—19 世纪欧洲妇女作家身上极为常见。其中，最有代表性也最常为学者们所提及的，是女作家夏洛蒂·勃朗特和她那两位同样富于文学才情的妹妹艾米莉和安妮的例子。她们初次在文学领域一试身手的时候，均有意运用了“贝尔”这一男性化的假名以求得到编辑、出版商与批评家的公正评价，避免建立于性别基础上的偏见。简·奥斯汀在客厅写作时，也只要一听到有人要进来的门轴响声，便迅速用手边的针线活儿盖上自己的手稿。

这种来自外部世界和自己内心的困扰，当然会破坏、影响艺术的纯净。伍尔夫由此进一步推进到什么是“最适宜创造活动的精神状态”③的思索，并考察了莎士比亚创作悲剧《李尔王》和《安东尼和克莉奥佩特拉》时的精神状态，历史学家卡莱尔写作

---

① 弗吉尼亚·吴尔夫：《一间自己的房间》，贾辉丰译，北京：人民文学出版社，2003 年，第 42—43 页。

② 同上，第 43 页。

③ 同上，第 44 页。

史学巨著《法国大革命》、福楼拜写作小说《包法利夫人》以及浪漫诗人济慈创作诗歌时的精神状态。莎士比亚写作时“一气呵成，没有涂抹一行”①，卡莱尔们虽或遭逢物质上的困厄或身体上的病痛，然而，伍尔夫指出，较之这些物质和肉身上的难处更可怕的，是那些“无形的东西”，即针对女性创作的“敌意”②。不仅莎士比亚的妹妹朱迪丝有此遭遇，甚至到了19世纪，人们依然并不鼓励女性成为艺术家。相反，“她受到呵斥、讥讽、规劝、告诫。她需要抗辩这个，反驳那个，不免精神紧张，心灰意懒。”这样的分心、压力和忧惧，一定会扭曲她的心智，使她难以达到作家创造所要求的理想的精神状态。所以伍尔夫得出她的关于“明净的、消除了窒碍的头脑”的结论：“回到我早先关于什么样的精神状态最合适创作的问题上来，我想，这种疑虑造成了加倍的不幸，因为要想将内心的东西全部和完整地释放出来，艺术家的头脑必须是明净的，像莎士比亚一样，有我面前摊开的《安东尼和克里奥佩特拉》为证，不能有窒碍，不能有未燃尽的杂质。”③

进入第四章，伍尔夫转向文学历史，进一步列举了历史上受到压抑、承受重负的文学妇女，回溯了女性文学传统的艰难发展。如17世纪后期的女诗人温彻尔西夫人安妮·芬奇，“一些陌生的情感，像恐惧、仇恨，搅乱了她的头脑，她的诗中，也显示了此类心神不定的痕迹”④，有“憎恨和哀怨困扰着她”⑤；还有17

---

① 弗吉尼亚·吴尔夫：《一间自己的房间》，贾辉丰译，北京：人民文学出版社，2003年，第44页。

② 同上，第45页。

③ 同上，第49页。

④ 同上，第50页。

⑤ 同上，第51页。

世纪的另一位贵妇、纽卡斯尔公爵夫人玛格丽特·卡文迪许。她热爱写诗但遭人嘲笑，诗歌中因而充满了狂野的灵性被羁绊后的躁动："女人像蝙蝠或猫头鹰一样活着，像牲畜一样操劳，像虫豸一样死去……"①在孤独而绝望的状态下，她变得疯癫。

通过追寻 18 世纪以来的妇女职业写作，伍尔夫又提出了一个问题：虽然到了 19 世纪妇女的著作渐渐多了起来，但初始的创作冲动应当指向诗歌，但为什么妇女的写作大都为小说？随即展开了女性与小说的关联，以及什么样的小说才是优秀小说的考察。伍尔夫举出的正面例子为简·奥斯汀，认为发生在奥斯汀身上的奇迹是，看不出"环境对她的作品有任何损伤"②，即奥斯汀较少受到外部舆论与内心困扰的侵扰，所以她的小说中"没有仇恨，没有酸楚，没有说教"③，她和莎士比亚一样，"都已化解掉胸中的郁结"。"简·奥斯汀消失在她笔下的字里行间，莎士比亚也是一样。"④也就是说，读者读到的不是她在说话，而是艺术在发声。她已与作品水乳交融了。这或许是因为奥斯汀内心足够强大，抗拒了干扰，或许是她本身并不为发表而只为自娱写作，也或许是因为她自身并非那种愤懑不平的气质。

关于负面的例子，伍尔夫举出的是夏洛蒂·勃朗特，认为她的愤怒不平的气质与情绪，使得她脱离了作品在说话，造成了作品的生硬、突兀与断裂。伍尔夫举出的例证为《简·爱》中的

---

① 弗吉尼亚·吴尔夫：《一间自己的房间》，贾辉丰译，北京：人民文学出版社，2003 年，第 53—54 页。

② 同上，第 59 页。

③ 同上，第 59 页。

④ 同上，第 59 页。

简·爱来到桑菲尔德大厦后，爬到三楼的楼顶上眺望远方的原野时对自己不安分的内心的反思，对了解外部的世界的强烈渴望的表达，对男女两性命运不公的愤懑的大段心理独白。独白过后，为了返回小说的情境，勃朗特不得不突兀地用了“我如此独自沉思，耳边不时传来格雷斯·普尔的笑声……”的语句，来强行将人物的思绪拉回。伍尔夫指出，“这是一处生硬的转折。突然扯出格雷斯·普尔，毕竟缺了铺垫。内容的连贯性给打断了。”[①]由此，伍尔夫认为，虽然人们认为勃朗特的天赋高过奥斯汀，但是，由于这种“突兀”与“激愤”，“她的天赋永远不能完整和充分地表达出来。她的书必然有扭曲变形之处。本该写得冷静时，却写得激动，本该写得机智时，却写得呆板，本该描述她的人物时，却描述了她自己。”[②]情绪会损害艺术。而这种不平之气，对她那个时代的女作家来说又是普遍而自然的，因为她们被剥夺了与男性一样去体验、交往与旅行的权利，而只能寂寞地远眺荒野。所以，俄罗斯文学大师列夫·托尔斯泰可以写出《战争与和平》这样宏大的战争生活史诗，而奥斯汀只能写出历史小说家瓦尔特·司各特所谓的“两寸象牙微雕”，勃朗特则只能抒写简·爱的不平。由此对比，伍尔夫直指男权社会的不公，暗示要达到理性与情感中和的境界，前提是要获得性别的自由与平等。

伍尔夫又进而思考性别对小说创作的影响，思考传世之作的魅力所在。她提出的核心词为“诚实”，即“令不同判断和情感

---

① 弗吉尼亚·吴尔夫：《一间自己的房间》，贾辉丰译，北京：人民文学出版社，2003年，第61页。

② 同上，第61页。

相互契合的原因”[1]。她进一步阐发道:“就小说家而言,所谓诚实,是他让人相信,这就是真。”[2]即直面生活的复杂性,并忠实再现出来的能力,而这其中必然有因理性发挥作用而形成的洞察力。夏洛蒂·勃朗特的问题就在于让情绪干扰了洞察力,无法达到情感与理性的均衡:“在我引述的《简·爱》的几处文字中,很显然,愤怒干扰了作为小说家的夏洛蒂·勃朗特应当具备的诚实。她脱离了本该全身心投入的故事,转而去宣泄一些个人的怨愤。……她的想象力因为愤怒突然偏离了方向,我们都能感受这一点。不过,还有更多的因素牵动她的想象力,将它引入歧途。例如,无知。罗切斯特的形象就是向壁虚构。我们觉察得出其中的恐惧因素;正如我们能不时感觉到压迫引发的某种尖刻,感觉到激情的表象下郁积的痛苦,感觉到作品中的仇怨,这些作品,尽管都很出色,但仇怨带来的阵痛却迫得它们不能舒卷自如。”[3]所以伍尔夫写道:“诚实乃是小说家的脊梁。”[4]这里,伍尔夫已初步提出了她心目中的理性与情感中和的理想创作观。

进入《一间自己的房间》的第五章,“我”的精神漫游到了当代。由于当代女性的地位有所提升,加之女性文学传统的滋养,伍尔夫认为“描述自我的冲动平息下来。她似乎开始将写作当成一门艺术,而非一种自我表现的方法”[5]。由于之前女性写作

---

① 弗吉尼亚·吴尔夫:《一间自己的房间》,贾辉丰译,北京:人民文学出版社,2003年,第63页。

② 同上,第63页。

③ 同上,第64页。

④ 同上,第64页。

⑤ 同上,第69页。

的问题很大程度上来自两性不平等地位的困扰，伍尔夫探索的理想写作状态的达成，也必然与两性关系的调整有关。所以，她随即转入了对两性和谐与互补的必要性的论述："想想世界的浩瀚和繁复，两个性别尚且不足，只剩一个性别又怎么行？教育难道不是应该发掘和强化两性的不同点而不是其共同点吗？"①她特别强调互补与平衡的作用："人人脑后都有先令般大小的一块疤痕，自己难以看到。此一性别的人正好为彼一性别的人帮忙，描述一番对方脑后先令般大小的那块疤痕。……除非有女性描述了先令般大小的那块疤痕，否则，男性的形象永远不会完整。伍德豪斯先生和卡苏朋先生就是那般大小和性质的疤痕。"②这里的"伍德豪斯先生"与"卡苏朋"，分别是简·奥斯汀小说《爱玛》与乔治·艾略特小说《米德尔马契》中的重要人物。女性由于情感上不再受到困扰，感受力也会变得更加宽泛、热切而无拘无束。但同时，"除非她能够超越瞬间和个人的东西，构筑起屹立不倒的殿堂，否则，无论感情有多么丰富，认知有多么妥帖，都将于事无补。……我将坚持这一点，直到她鼓起勇气，打点精神，证实她不是浮皮潦草的观察者，却能够由表及里，深入事情的本质。"③伍尔夫以诗意的语言形容女性写作在达到这一境界后的形象："她像鸟儿一样凌空掠过。"④并乐观地想象未来会出现更出色的女性作品，会产生更优秀的女性诗人。

---

① 弗吉尼亚·吴尔夫：《一间自己的房间》，贾辉丰译，北京：人民文学出版社，2003年，第77页。

② 同上，第79页。

③ 同上，第81—82页。

④ 同上，第82页。

经过前面的层层铺垫，伍尔夫在末章即第六章中自然地提出了“双性和谐”观。她由一对青年男女共乘一辆出租车的场景获得启发，认为与肉体的和谐相对应，头脑中的两性同样应该和谐。“因为我看到他们两人上了车，感觉就像头脑分裂之后，又经过自然的交融，聚合在一起。”①“看到两人搭车而去，它给我的满足感，让我不禁自问，头脑中的两性是否与肉体中的两性恰相对应，它们是否也需要结合起来，以实现完整的满足和幸福。”在《一间自己的房间》最后，伍尔夫充满信心地鼓励当时在场听讲的剑桥大学女学生说：莎士比亚的妹妹还“活着，伟大的诗人不死；他们是不灭的魂灵；一有机会，就会活生生地出现在我们面前。这个机会，我想，目前就在你们的掌握中”②。她表达了对未来女性写作的无限期待。此后，伍尔夫的“双性同体”观念，作为男女两性和谐互补的人际关系理想和理性与情感中和交融的完美艺术创造标准，对后代的作家创作与性别文化观念的发展，均产生了重大的影响。“一间自己的房间”，亦成为女性独立的经济地位和独立的精神空间的著名象征。

总之，在《一间自己的房间》中，伍尔夫承接和延续了《奥兰多》中的思想内核，借鉴了她狂欢小说中的戏谑手法，在轻巧、逗乐的叙述之余，虚构出了关于莎士比亚妹妹的传记，凸显了女性作家的生存困境，进而又在突破传统性别对立的思维框架的基础上，从艺术创造的角度思考和探索了两性融合的原则，最终提

① 弗吉尼亚·吴尔夫：《一间自己的房间》，贾辉丰译，北京：人民文学出版社，2003年，第85页。

② 同上，第99页。

出并形成了自己深刻且独特的女性主义思想。

五、散发忧伤的生命欢歌:《海浪》

早在1926年夏末,伍尔夫刚刚完成了《到灯塔去》的第一稿之时,关于《海浪》的灵感便隐约闪现在她的脑海之中。9月4日凌晨大约三点钟的时候,她醒来了。在幻觉中,她瞥见了一片鱼鳍在辽阔、单调的汪洋中掠向远方。那是某种强有力的水下动物,她必须穿越内心的黑暗去追踪、搜索它。三年后,她终于开始了《海浪》的写作,并于1931年完成。

《海浪》在最初之时被伍尔夫命名为《飞蛾》,它的灵感来源于文尼莎所讲述的关于飞蛾的故事。1927年时,邓肯·格兰特去了卡西,在那里他突然病倒了,体温急剧升高,被医生诊断为伤寒。当文尼莎得知此事后,昔日托比死亡的阴霾瞬间笼罩了她,她被吓得六神无主、惊慌失措。最后,在弗吉尼亚和伦纳德的帮助下,焦躁不安的文尼莎在收到消息的四十八小时之内便带着女儿安吉莉卡和仆人匆忙赶往了卡西。幸而,只是虚惊一场,邓肯所患并非伤寒,他的身体虽仍然虚弱,但已有了明显的好转。在文尼莎终于放下对邓肯的担忧,在卡西安顿下来之后,她惊喜地发现卡西对于一个画家来说是一个多么绝妙的地方,而自己以往冬日里待在寒冷的英国又是多么愚蠢的一件事情。正是在文尼莎居住于卡西期间,伍尔夫从姐姐写给她的信中获知了关于蛾子的故事。

给你写信是一件绝对的英雄主义行为。我的所有信纸都被安吉莉卡拿去了，她要写一首诗，头一句是“知更鸟在窗台上蹦跶”。然后，在抢救出一张信纸之后，我坐了下来，蛾子围着我和灯绕着圈子狂飞。你没法想象那情形。一天晚上，某个动物在窗格玻璃上如此大声地拍打着，邓肯问：“那是啥玩意儿？”“只不过是只蝙蝠，”罗杰说，“要么就是只鸟。”可它既不是人也不是鸟，而是一只大蛾子——有半英尺长，毫不夸张地说。我们为它忙得头昏脑胀。我那种你深表遗憾的母性本能不允许我对它置之不理①。我们把它放进来，捉住它，给它灌了一整瓶从药剂师那儿买来的乙醚，毫无用处，我们把它带到药剂师那儿，他喂了它一天的氯仿——也没用。最后它死了，相当破烂不堪，我把它做成了标本，如今，又来了一只！一个更好的样本。不过，尽管它们难以置信的漂亮，我怀疑它们很常见——也许是天蚕蛾。然而，我知道一个孩子会怎样责备长辈没有不惜代价去捕捉这些玩意儿，所以我想，我得从头把这事儿再干一遍。然后我想起——法布尔没有试图用这同一种生物做过实验吗？因为把一个雌性关在屋子里而引来了附近所有的雄性？——这正是我们现在已经干下的事。所以，也许房子里很快就会到处都是它们了。

不过，你只会告诉我，这就是允许本能在人际关系中扮演角色的结果。关于母性本能，我能说上不少，不过关于米开朗琪罗和拉斐尔我也能说上不少啊。但愿你会写一本关于母性本能的书。②

---

① 因为和他们过去一样，文尼莎的孩子们也热衷于采集蝴蝶和蛾子。

② 昆汀·贝尔：《伍尔夫传》，萧易译，南京：江苏教育出版社，2005 年版，第 335 页。

伍尔夫在回信中如此写道：

顺便说一句，你关于蛾子的故事让我如此着迷，我打算为此写一篇小说。在读了你的信之后的几小时里，除了你和蛾子们之外我啥都不想了。这很古怪吗？——也许你刺激了我的文学意识，正如你说我刺激了你的绘画意识。天啊！你会怎样嘲笑灯塔之作中关于绘画的片段！①

正是在姐姐所提供素材的灵感启发下，伍尔夫的思绪完全被飞蛾占据了，“它们总是在午茶与晚餐之间，在伦纳德从留声机上拨弄出音乐时，悄然地闯了进来”②。因而，作为伍尔夫下一部作品的《飞蛾》开始进入了它漫长而艰难的发酵、酝酿和构思阶段。

1929 年年初，伦纳德和伍尔夫去了柏林。当时薇塔的丈夫哈罗德·尼科尔森正任职于那里，而薇塔和他在一起，因此，薇塔夫妇大大增加了伍尔夫此次旅行的动力。与此同时，文尼莎和邓肯也在柏林画廊的吸引下，前往那里与伍尔夫夫妇会合。此次柏林的假日之行虽并不尽如人意，但在薇塔夫妇的热情款待下，总体还是充满乐趣的。不过，在兴奋和快乐之余，伦纳德开始担心此次柏林之旅会对伍尔夫的身体造成一定伤害，而事实上，他的担忧并不是多余的。1 月 24 日，在他们重渡北海之时，为了防止晕船，文尼莎给了伍尔夫一种她自认为极好的晕船

① 昆汀·贝尔：《伍尔夫传》，萧易译，南京：江苏教育出版社，2005 年版，第 335—336 页。

② 弗吉尼亚·伍尔芙：《伍尔芙日记选》，戴红珍、宋炳辉译，天津：百花文艺出版社，2012 年，第 115 页。

药。这药实际上是一种效力颇强的镇静药，文尼莎曾告诫伍尔夫一定要严格按照规定剂量服用，照伍尔夫的说法，她确实这样做了，而且她所服用的剂量可能还少于规定剂量，但不幸的是，这药物对她来说显然非同寻常。服用药物后的伍尔夫几乎不省人事，以至于伦纳德不得不直接把她扛上火车。在回到伦敦后，伍尔夫便直接陷入了一种无知觉状态，继之而来的则是又一次短暂的发病。伍尔夫在床上躺了三个星期，头痛、失眠、心脏惊悸、厌食等症状再一次轮番折磨她。薇塔对此写来了半担忧、半道歉性质的信件，伍尔夫做了安慰性的回复，文尼莎也对自己提供了晕船药感到内疚，而伦纳德和伍尔夫不得不一次次地宽慰她。总之，柏林之行所带来的烦恼要远远大于旅行本身所带来的快乐。

不过，在昆汀·贝尔看来，此次旅行所带来的疾病的复发于伍尔夫而言其实"是又一次漫长的休耕期——真正意义上的休耕"，因为"在这个时期里，弗吉尼亚的头脑被犁过，耙过，为它的另一次播种和收获做好了准备"①。5 月份，随着《一间自己的房间》的完成，《飞蛾》的轮廓和模样也已越来越清晰地浮现在伍尔夫的脑海中。在 6 月 23 日的日记中，伍尔夫写道：

> 此刻我已在内心热切地看到《飞蛾》的清晰模样，这竟使我焦躁不安。我想书的开头该是这样的：破晓时分，海滩上的贝壳；我不清楚——是不是公鸡与黄莺的鸣叫。接着，所有的孩子

① 昆汀·贝尔：《伍尔夫传》，萧易译，南京：江苏教育出版社，2005 年版，第 355 页。

坐在一张长长的桌子旁——上课了。这是开场。好吧，所有的人物都要在那儿亮相。接下来，坐在桌边的那个人可以随意叫唤任何人的名字并通过那个人营造一种气氛，讲述一个故事。例如狗或者保姆的故事，要不就是孩子们的历险经历。所有这些该是天方夜谭的，这部分主要写童年，可不应该是我的童年。还有池塘里的小舟，孩子们的感觉，虚幻与比例失调的事物。然后再得选上一个人或人物，这个虚幻的世界必须围绕着这个中心——幻想中的海浪、飞蛾，那只美丽的飞蛾，必须飞进屋来……①

无疑，此时的《飞蛾》就像一个迫切地等待着完全成熟后离枝坠地的桃子般，在伍尔夫的内心深处不断地充盈、延展、成长。但事实上，就像所有的孕育过程都是缓慢、艰难而痛苦的一样，这部作品的进展也是如此。10月份时，《飞蛾》被改名为《海浪》，伍尔夫写得并不流畅，甚至出现了搁置。她在日记中充满沮丧地感慨道："我这辈子还从未构思过如此模糊而复杂的结构。"②或许是艰难创作所带来的沮丧与绝望，或许是人到中年对生老病死的体悟加深，站在47岁的时间点上，还未来得及回望，便已走过了前半生的伍尔夫再一次陷入了深深的空虚和孤独之中。"我忍受着多大的折磨呀：没人能了解我遭受的痛苦。我走在大街上，被痛苦困扰着，这种感觉和托比死后一样——形影相吊，

① 弗吉尼亚·伍尔芙：《伍尔芙日记选》，戴红珍、宋炳辉译，天津：百花文艺出版社，2012年，第120页。

② 同上，第122页。

孤立无援。可那时我得与魔鬼抗争，而现在却没有任何目标。”①与此同时，干扰她创作的因素也越来越多，除了生病，她的创作还常常被霍加斯出版社不计其数的稿件以及繁忙的社交生活中接连不断的访客所搅扰，其中最令其困扰的人应该就是埃塞尔·史密斯了。

“一个71岁的老妇人爱上了我，这事儿既骇人听闻又叫人厌恶和悲哀。就像是被一只巨蟹夹住了。”伍尔夫带着不屑、无奈同时又有点炫耀的语气描述着埃塞尔·史密斯对她的爱恋。埃塞尔·史密斯是20世纪初英国音乐史上最重要的女作曲家、女权主义运动的积极参与者和出色的传记家，亦是伍尔夫最后十年里来往最密切的女性友人之一。在《弗吉尼亚·伍尔夫书信集》的最后三卷，即1929—1949年间的信件中，伍尔夫有439封信是写给埃塞尔的，比姐姐文尼莎(154封)和密友薇塔(256封)的信都多，而提到埃塞尔的信件数量就更多了。

1930年2月20日，埃塞尔·史密斯第一次带着她标志性的三角帽，手拿一个笔记本，出现在了伍尔夫的房间里，因为她想了解伍尔夫的家族史。首次会面很顺利，她们彼此很快就互称对方的名字，并从下午四点一直交谈到了晚上七点。在此次会面中，埃塞尔鲜明的性格就引起了伍尔夫的注意，她在日记中写道：

她躺在我的椅子上，火光中，她看起来像是18岁，像一个精

① 弗吉尼亚·伍尔芙：《伍尔芙日记选》，戴红珍、宋炳辉译，天津：百花文艺出版社，2012年，第123页。

力充沛的俊俏的女人。突然间这一切消失了；她又变成了高耸的峭壁，历经海浪拍打冲刷……她俗气，我是说这是我喜欢的那种俗气；不扭捏，有气势，很阳光，熟悉各种生活；游走在各个团体；毫无顾忌地用自己的方式穿衬衣系领带。

至于埃塞尔，她在和伍尔夫见面之前就已经深深地被她吸引了，因为在《一间自己的房间》中，伍尔夫准确地表达了埋藏在埃塞尔心中三十余年的痛楚，即女性艺术家为在男性世界中赢得认可而遭遇的不平等待遇和付出的艰辛努力。埃塞尔是一个不折不扣的同性恋者，她曾与多位女性产生过感情，并与当时一些同性恋的艺术家、作家和音乐家意气相投，包括普鲁斯特、拉德克利夫·霍尔以及奥斯卡·王尔德等。因此，在与伍尔夫结识之后，埃塞尔便疯狂地爱上了伍尔夫，她曾在给伍尔夫的信中感情浓烈而真挚地写道："我想，我从没有更深切地喜欢过别人。"但是，遗憾的是，埃塞尔的热情并没有得到伍尔夫同等的回应。伍尔夫无疑是喜欢和赞赏埃塞尔杰出的才华，豪迈、奔放的性格，以及特立独行、充满魅力的人格的，但是埃塞尔无疑也是一个矛盾的综合体，在热情风趣的同时她常常表现得脾气暴躁；在慷慨大方、心胸开阔的同时又往往会出现极端自我的一面；而尤为令伍尔夫既羡慕又厌烦的则是她精力充沛时滔滔不绝的交谈。薇塔曾写道：

如果她的朋友没有逐条答复她的信件，她会变得多么恼火。可怜的弗吉尼亚·伍尔夫，在这种爱的纠缠下显现了无限的耐心，她不得不忍受长篇的问卷："你还没有回答我的问题一、二、三、四——直到二十。请即刻回信给予答复。"埃塞尔似乎有无穷的时间，而且好像期望她的朋友有同样的闲暇。沿着一条如此坚定的路线，蒙着眼罩的自我中心主义者几乎不可能跑得更快了。不过尽管老骚扰别人，埃塞尔从不是个讨厌鬼。

因此，在伍尔夫与埃塞尔的这段关系中，与伍尔夫对薇塔的柔情蜜意不同的是，她总是在被埃塞尔逼急的情况下对她大发脾气，甚至还常常嘲讽、讥笑、贬损她。据称，1931 年 5 月，埃塞尔在为 BBC 改编《监狱》时因意见与他人相左而产生冲突，本想在伍尔夫那里求得安慰和同情的她，却因自己的喋喋不休而惹恼了伍尔夫，使后者在忍无可忍的情况下大声喊道，如果她还不闭嘴，她们其中的一个就会葬身火海，烧死自己。或许正是因为如此，埃塞尔也总是批评伍尔夫“绝对的自我专注”，抱怨她自私自利，总是一味索取而不愿意给予。然而，不管她们曾经发生过多少次类似的冲突和情感危机，对她们彼此来说，这份情谊始终是弥足珍贵的。埃塞尔自始至终都对伍尔夫怀有柔情和强烈的爱，她曾在伍尔夫去世后写给文尼莎的信中说道：“……我不仅仅爱过她，我的生命曾以她为基石。在这个世界上我可能喜欢过七八个别的什么人……但是跟她在一起就是与天才相处，惊喜不断。”对于她们之间的这段关系，奈杰尔·尼科尔森在《伍尔夫书信集》第四卷的序言中写道：

弗吉尼亚半是高兴，半是防御，称这段关系是“奇怪的不自然的友谊”，害怕贻笑大方，害怕陷得太深。她小心翼翼地提防着她。她们在停泊进同一个港湾之前都早已阅尽千帆。埃塞尔采取了主动，她提出一连串的问题，就算能听得见（她耳聋得厉害）她也不期待答案，但它们都会在弗吉尼亚的来信中重复。阅读这些信，人们可以看见她们的谈话，看见她们逐渐卸下心中所有的重担，弗吉尼亚比埃塞尔更沉默，但渐渐地在压力下，她让步了，并给埃塞尔写信吐露迄今为止她很少向任何人提起的事——她的疯癫（“这太可怕，我向你保证”）、她对性的感觉（“我总是很懦弱”），还有她曾向伦纳德坦白的想要自杀的念头（“要是你不在那儿的话，我就会杀了我自己”）。她开始教埃塞尔耐心和谦虚的好处，而埃塞尔变得平静了一些，不再那么易于挑起事端。弗吉尼亚喜欢冲突，仰慕她，尊敬她。她是一只牛虻，但同时也是一种慰藉。①

总之，在这段关系中，伍尔夫受益良多，埃塞尔作为比伍尔夫更激进、更富于行动力的女权主义者，她对伍尔夫后期的女性主义思想及文学创作都产生了重大的影响，伍尔夫在《岁月》中塑造的罗丝以及在《幕间》中所塑造的具有鲜明女性主义意识的女指挥家拉特罗布女士等都是以埃塞尔·史密斯作为原型的。与此同时，作为音乐家的埃塞尔还以其专业素养直接对伍尔夫产生影响，使其将音乐的表现手法融入文学创作之中，尤其是伍尔夫最后10年的作品，明显表现出了对音乐表现手法的借鉴。就此而言，埃塞尔·史密斯是伍尔夫生命中的又“一个朋友和艺术同盟”。

但是，仅就1930年的夏天而言，埃塞尔严重扰乱了《海浪》创作的进度，而创作进度的耽搁引起的恼怒和失意则成了伍尔

---

① 奈杰尔·尼科尔森：《伍尔夫》，王璐译，北京：生活·读书·新知三联书店，2014年，第159页。

夫生活中的主要痛苦来源之一。总之，伍尔夫在创作的重压和各种“会面”的频繁干扰下显得筋疲力尽，她甚至将那个夏天称之为“一个非常狂暴的夏天”。然而，好在，当其被孤独和寂寞驱使的时候，当其在焦躁不安和间歇性的快乐与沮丧之间徘徊的时候，伍尔夫往往会选择不断地抗争，并使自己坚信“这些不寻常的间歇期”蕴藏着巨大的潜在创造力，而正是那一次次决不屈服的抗争和内心坚定的信念，使得她能在艺术的世界中自由地歌唱。《海浪》的写作在不断艰难地向前推进，但8月下旬，当伍尔夫和梅纳德的妻子莉迪娅·凯恩斯在小路上漫步时，她却又一次毫无征兆地发病了。

如果这种感觉不消失，我说，指的是嘴里的那种苦味和像金属丝笼子似的箍在我的脑袋上的那种压迫感，那么我就是病了；是的，很可能我被摧毁了，病了，死了。该死！就在这时我倒了下来——说着“多么奇怪——花朵们”。我依稀感觉和知道自己被梅纳德抱进了起居室，注意到伦纳德看起来给吓坏了……今天，星期二，我在小屋里，埃塞尔来了——勇敢的老妇人！不过这种对死亡的浅尝是有启发性且不同寻常的。如果我在神前醒来，我本身会握紧拳头，咆哮着。“我根本不想来这儿！”我本来会这样叫嚷。我纳闷，如果这就是那些暴死者的普遍情形。如果是这样的话，想象一下一场战争后的天堂。①

正如哈里斯所言：“她（伍尔夫）忍受病魔带来的痛苦，而病

① 昆汀·贝尔：《伍尔夫传》，萧易译，南京：江苏教育出版社，2005年版，第366—367页。

魔则以某种形式回报她。”[①]或许正是此次“对死亡的浅尝”使伍尔夫获得了关于《海浪》创作的进一步的启发。在10月4日时，她终于进入了《海浪》的收尾工作，不过，即使到了最后阶段，创作也并不是很顺利。11月8日的日记中写道：“唉，今天上午脑袋太麻木了，没法把伯纳德的独白写下来。”12月2日又写道：“不，今天上午我没法写《海浪》中那个特难写的段落。”事实上，正如伍尔夫所言：“这次写作是记忆中最伤神的一次。”因为，这部作品是她所有作品中最复杂、最晦涩的一部。

直到1931年，《海浪》才真正意义上接近了尾声。1月21日时，她和埃塞尔·史密斯一起参加了在菲利帕·斯特雷奇和伦敦全国妇女事务协会组织的一次聚会并发表了演讲，此次会议勾起了她续写《一间自己的房间》的念头。到了1月26日，她暂时抛开了这本暂命名为《妇女的职业》的女权主义小册子的写作，全力以赴地投入《海浪》结尾部分的创作。在2月7日时，伍尔夫终于追踪并捕捉到了那个在她心中苍茫、无际的海面上冒出的鱼鳍，完成了《海浪》的创作。她无比激动、喜悦且如释重负般地在日记中写道：

在此，我得利用剩下的几分钟记录一下《海浪》结尾部分的创作，谢天谢地。15分钟之前我写下了“噢——死神”这几个字，在此之前我已流利地编织出全文的最后十页。在此期间，我有时是那样的投入、痴迷，仿佛是跌跌撞撞地顺着自己的声音在

① 哈里斯：《伍尔夫传》，高正哲，田慧译，长春：时代文艺出版社，2016年，第141页。

写，或者是顺着某个说话者的声音在写（这种情况，与我精神失常时相当），我想起以往常常在我头脑中穿过的声音，很是担心。不管怎么说，都已经结束了，我已经在这坐了15分钟，心里既骄傲又平静，还哭了，想起了托比，我想能否在扉页上写上：朱利安·托比·斯蒂芬，1881—1906，但估计不行。成功时的感觉是种多么实实在在的感觉啊！不管好坏，终于结束了。而且正如我在结束时感到的那样，不仅仅是写完了，而且尽善尽美，圆满地结束了，想说的都已表达出来了——我知道写得如此匆忙，相当不连贯；可我的意思是，我已经网到了茫茫水面上的那只鱼鳍，当我快要写完《到灯塔去》的时候，从罗德麦尔的窗口向外望去，就可以看到沼泽另一边的它。①

在《海浪》的初稿完成之后，伍尔夫便迅速投入到了最后的修改和校对工作中。7月17日时，和以往任何一部作品面世之前的心情一样，她满怀焦虑和担忧地在日记中写道："对，今天早晨我想可以说我已结束了……伦纳德明天要读……而我，我承认，很担心伦纳德的看法……当他手里拿着手稿，坐下来说'开始吧'时，我将会很紧张，不知他会如何评论。我再次重复了紧张这个词，以稳定一下心中颇不舒服的兴奋情绪。"②两天之后，当伦纳德到罗德麦尔的花园房子来见伍尔夫时，他表示这部作

① Virginia Woolf. *A Writer's Dairy: Being Extracts from the Diary of Virginia Woolf*. ed. Leonard Woolf, New York: Harcourt Brace Jovanovich, 1953: 164-165.

② 弗吉尼亚·伍尔芙：《伍尔芙日记选》，戴红珍、宋炳辉译，天津：百花文艺出版社，2012年，第137页。

品的前 100 页确实相当晦涩难懂，或许并不适合普通读者，但毫无疑问“这是一篇上乘之作，并且是你作品中的扛鼎之作”①。伦纳德的评价瞬间使伍尔夫倍感欣慰，如释重负。她行走在雨中，陶醉在欢乐之中，“轻松得就像一条鲑鱼”。

具体到《海浪》这部作品，它可以说是伍尔夫的“一种全新的尝试”。它的创作动机，我们可以约略从作家这一阶段的日记中窥得一丝端倪。在 1929 年 7 月 2 日对《海浪》的第一稿进行最初的扩展时，伍尔夫写道：“我并不关心个别的生命，而是关心许多生命的结合，把它们构思进一个故事中。”这时的她已是 47 岁了。在以《到灯塔去》对自己的童年时代、家庭生活和父母都进行了追忆与总结之后，伍尔夫转过身来，开始面对自己生命的后一半历程，并思考人类的命运与自然的关系。在《海浪》中，伍尔夫其实也通过拥有文学雄心、因而体现出一定的自传性特征的人物伯纳德之口，表现了在生活中攫取人性的样本，借以反映纷繁的人生与世界的基本意图。喜欢搜集漂亮辞藻的伯纳德意识到：自己从生活这口大汽锅里“完完整整提炼出来的词句，只不过是连成一串的六条不小心被捉住的小鱼，成千上万别的鱼则在扑哧扑哧地直跳，弄得这口大汽锅里像是有一锅银水在沸腾冒泡，而它们却从我手缝里溜掉了。各种人脸重新浮现，这一张，那一张，都在我的气泡壁上印下了他们的美，他们是奈维尔、

① 弗吉尼亚·伍尔芙：《伍尔芙日记选》，戴红珍、宋炳辉译，天津：百花文艺出版社，2012 年，第 137 页。

苏珊、路易、珍妮、罗达以及成千上万别的人。”[①]因此，小说中出现的这六个名字，既代表着不同的人格与个性，象征了大千世界中的芸芸众生，也可以理解为概括了生活中不同的侧面。关于这些主要人物和小说的写作意图，伍尔夫通过伯纳德的独白进行了象征性的提示：“我们跟波西弗一起吃饭时饭店桌上的花瓶里插的那枝康乃馨，已经变成了一朵六边形的花；它包含着六种生活。”[②]

《海浪》的艺术构思是非常独特的。它几乎完全抛弃了传统意义上的小说情节，所以被称为“诗化的小说”。在 1929 年 10 月 11 日的日记中，伍尔夫记录了组织材料以创造自己心目中完美的形式，以及对材料与材料之间的关系处理的探索过程：“我这辈子还从未有过如此模糊而复杂的设计；不论什么时候，我每写下一点，就得仔细考虑它与其他许多事情之间的关系，我虽然可以毫不费力地往下写，却总要不时地停下来，思考一下整体效果。特别是整体框架上有没有明显的错误。”[③]同年年底，随着作品写作进入尾声阶段，她在 12 月 22 日的日记中又记下了在音乐启示下灵感被触发，想出了如何收拢作品而又自然流畅、不着痕迹的结构方法：“昨夜，在听着贝多芬的四重奏时，我突然想到，可以把所有插入的段落融进伯纳德最后说的一段话里，并用独白‘哦，孤独’结束全书：这样就可以用他的独白来涵括所有的

---

① 弗吉尼亚·吴尔夫：《海浪》，吴均燮译，人民文学出版社，2003 年，第 199 页。

② 同上，第 177 页。

③ Virginia Woolf. *A Writer's Diary*. Edited by Leonard Woolf. London: The Hogarth Press, 1954: 146-147.

场景，不会再有停顿。”①

小说分成9个部分或片段。每一段前有散文诗式的抒情引子，以一天中的日升、日落为序，细致呈现了不同时间段内海浪的声音、色彩与形态，天空，海滨的一座花园，以及花园内的别墅内外景致逐渐发生的变化。这些引子构成了全书的结构框架，也象征了各章主体部分所代表的人生的不同阶段。小说的主体内容，则是自小一起长大的六个朋友伯纳德、苏珊、罗达、奈维尔、珍妮与路易伴随着日升日落，从在育儿室中的无邪嬉戏到走向沉沉暮年和面对死亡的全过程，以小伙伴们的意识流动，来映现他们对自然、生命以及彼此的发现、态度与印象。

第一部分的引子以“太阳还没有升起”②开篇。此时，“海天混沌一色，只有海面稍稍有一点涟漪，仿佛有一块布在上面起伏打皱。随着天色逐渐泛白，天边现出一条暗沉沉的线，把海和天分了开来，这时那块灰色的布上就出现了一行行浓重的条纹，在水面下绵延不断，互相追逐，彼此推拥，不断前进。”③不久，“天边那条暗纹渐渐变得明朗”起来，仿佛“酒瓶重新透出绿莹莹的颜色”④。再之后，太阳即将从海平面上跃出，“天边燃起了一圈弧形的光芒，映得它近旁的海面一片金光闪闪。”⑤

---

① Virginia Woolf. *A Writer's Diary*. Edited by Leonard Woolf. London: The Hogarth Press,1954:162.

② 弗吉尼亚·吴尔夫:《海浪》,吴均燮译,人民文学出版社,2003年,第1页。

③ 同上,第1页。

④ 同上,第1页。

⑤ 同上,第1页。

六个小伙伴醒来了，他们在海滨玩耍，以独白与对话的形式，表现了对万物苏醒时分的世界的观察与认识。种种印象急速纷繁地从每个人的心灵深处倾泻而出。伍尔夫让六个孩子的意识流彼此交错，轮流展开。就在各具个性的思绪与印象中，读者感受到了孩子们从早餐、学习、休息、散步到沐浴上床的一天的全过程。由于童年时代的他们语言能力尚未成熟完善，所以伍尔夫用了句法简单的短语与短句，以凸显孩子们对外部世界的听觉、视觉、嗅觉等鲜活的感官印象。这一部分中，伍尔夫以高度抽象的形式，以孩子们一天的学习和玩耍概括了童年时代，以日出前天空的混沌与晨曦初露来隐喻孩子们人生的初始阶段。

第二部分的引子以“太阳正在升起”[①]开篇。“蓝色和绿色的海浪扇面形地迅速扫过海岸”，“原来迷离模糊的礁石轮廓清晰起来，露出上面红色的裂缝。”“在花心草尖上跳动的露珠使花园显得像一幅尚未整个完工而只是一些零碎亮斑拼成的镶嵌画。”[②]这一部分的主体内容，是六位好朋友告别父母与家人，分别到达男校、女校读书后的生活印象。小说也在三个男孩和三个女孩的轮番独白中交替展开。男校部分，男孩子们的印象中映射出教堂中的讲道、学校读书与打球的经历等。内容虽散漫无序，但依靠他们关于彼此的印象，而将不同的意识流联系到了一起。伯纳德喜欢捕捉漂亮辞藻，擅长讲故事，乐于结交新朋

① 弗吉尼亚·吴尔夫：《海浪》，吴均燮译，人民文学出版社，2003年，第18页。

② 同上。

友，并时时处处留意观察生活，为将来的作家生涯进行着准备工作。路易从小在大洋洲长大，有一位在布里斯班的银行工作的父亲，一直为自己的殖民地口音和并不出众的外貌而自卑。但他学业出色，尤其热爱古典文学。“我的著作肯定会篇幅繁多，把所知的各种男男女女不同类型都收罗在内。我把在一个房间或者一节车厢里偶然碰见的各式人物都灌进我的头脑，就像在墨水瓶里灌满一枝自来水笔似的。”[①]就在学校生活的这一部分，波西弗的形象第一次出现。他是高大、孔武有力、热爱户外运动的男孩，深受几位男孩子的羡慕与拥戴。

女校内，三个少女的性格、爱好初步呈现。苏珊很想家，渴望回到乡村生活中去；爱花的罗达害羞、腼腆，喜欢沉溺于幻想之中；珍妮则轻率散漫、热情奔放，喜欢穿红裙子，特别享受夜晚舞会上受人爱慕、被别人众星拱月的感觉，显得颇为虚荣。这一部分结束于他们分别乘火车到达不同的目的地，标志着其中学时代的结束。六个人中有的回家，有的继续去上大学，有的则走向社会开始谋生。

第三部分以“太阳升起了”[②]起句。此时，天空、大海和花园均产生了变化。“一条条黄绿色的光影投在海边上，把饱经风霜的小船船舷镀成金色，并且使海冬青和它那像披着铠甲似的叶片反射出钢铁般的闪闪蓝光。阳光几乎映透了成扇形地迅速散

---

① 弗吉尼亚・吴尔夫：《海浪》，吴均燮译，人民文学出版社，2003 年，第 48—49 页。

② 同上，第 53 页。

开在沙滩上的那层薄薄的浪花。”[①]而花园里的鸟儿，“现在鸣成了一片，又尖又响。”[②]“在逐渐强烈的光线中，帘子的白色映在盘子上；刀子上的闪光更加耀眼了。”[③]

伯纳德这时已是剑桥大学的一名学生了，一心一意地在为将来成为一名作家做准备，他崇拜拜伦；奈维尔也是剑桥才子，还是一名诗人和古典学的爱好者；路易由于在银行工作的父亲破产，虽然自己在中学时代是全校最优秀的高材生，却不得不因辍学而坐进了办公室，继承父业成了一名生意人。他孤独，渴望爱。罗达和珍妮因为性别被阻挡在了大学校园之外。苏珊则渴望成为一名农妇，这表明她是一个十分生活化，热爱和憧憬着家居生活的女性：“我会生孩子；我会有扎着围裙的女仆；有手拿干草耙的雇工；有一间厨房，那儿他们会把害病的羊羔抱进来放在烘篮里暖和暖和，那儿一只只火腿挂着，一个个葱头闪闪发亮。我要像我母亲那样，扎着蓝色的围裙不声不响地把食柜锁上。”[④]

就在天黑了下来，农家人正准备休息时，苏珊想到了珍妮，知道她的夜生活才刚刚开始。由此，伍尔夫笔下的意识流转到了珍妮身上。这时的珍妮，正盛装等待着舞会的开始。初入社交界的她踌躇满志：“我的头发卷成一个个大波浪。我的嘴唇抹得鲜红。我已准备好马上上楼，加入那些跟我身份相当的男男女女们中间去。我走过他们身边，任凭他们注视，正像他们也任

---

① 弗吉尼亚·吴尔夫：《海浪》，吴均燮译，人民文学出版社，2003年，第53页。

② 同上，第53页。

③ 同上，第55页。

④ 同上，第73页。

凭我注视一样。我们目光像闪电似的彼此迅速一瞥，但却不动声色，或者显出互相熟识的神情。”①

可怜的罗达也被安排进了舞会。这里，伍尔夫真实地记录下了自己少女时代被迫进入社交界，在舞会上十分尴尬、无助，和众人格格不入的心态。如果说珍妮很享受那种在舞会上如鱼得水、吸引异性的快感的话，罗达这个仿佛活在另一个世界中的精灵，却被迫落入了凡尘。在她的感觉中，随着开门，“一只老虎跳了进来。门开了；恐怖冲了进来。”②“他们向我走来。他们装出隐约的微笑以便掩饰他们的残酷和他们的漠不关心，一边一把抓住了我。……我被硬逼着站在这儿，为自己这粗蠢而不匀称的身躯羞得浑身发烧，被硬逼着去承受他那冷漠和轻视的神情。”③

这里，伍尔夫以不同的意识流笔调，写出了不同的人走向生活、走向世界时的不同身份、状态与感受。六个朋友迥异的个性、气质跃然纸上。

第四部分的引子告诉我们，“已经升起的太阳光芒不再流连在绿色的床垫上，它们断续地映透那些晶莹的珠宝。”④“在花坛、池塘和花房上遮着浓密树荫的花园里，一只只鸟儿各自在灼人

① 弗吉尼亚·吴尔夫：《海浪》，吴均燮译，人民文学出版社，2003年，第75页。

② 同上，第78页。

③ 同上，第78—79页。

④ 同上，第81页。

的阳光下啁啾而鸣。”[1]随着阳光射进房间，“一只盘子变得像一汪白色的湖水。一把餐刀看来像一柄冰冷的匕首。大玻璃杯突然显得好像被一条条光线举了起来似的。桌椅仿佛原来是沉在水底下，现在忽然浮了出来，上面蒙着一层深红、橘黄、淡紫的颜色，就像熟透的水果皮上的红晕。”[2]这里，伍尔夫对光色变幻的精确捕捉与文字再现，令人想起她以高度的视觉化效果而闻名的散文《蓝与绿》，以及短篇小说《邱园记事》。

随着人生青春韶光的到来，这一部分一开始出现的是伯纳德的自白。他乘火车来到伦敦，为的是和朋友们一起吃晚饭，送别即将去印度的波西弗。伯纳德已经订婚，憧憬着将来的美好生活，依然在为收集漂亮的文句而努力。他以准确的比喻描画着记忆中朋友们的形象：“路易就像石头的雕像那么棱角分明；奈维尔就像用剪刀剪出来的那么一丝不苟；苏珊的眼睛像两颗明亮的水晶；珍妮像一团火那么狂热地在干燥的地上跳着舞；而罗达那个山泉女神却仿佛老是身上湿淋淋的。”[3]

六位朋友陆续到达约定的意大利餐厅，等候波西弗。热爱波西弗的奈维尔说出了波西弗的到来给自己和大家带来的心理变化：“我的树开花了。我的心情振作起来了。一切的烦闷都消失了。一切障碍都扫除了。笼罩着的纷乱气氛结束了。他恢复

① 弗吉尼亚·吴尔夫：《海浪》，吴均燮译，人民文学出版社，2003 年，第 81 页。

② 同上，第 82 页。

③ 同上，第 88 页。

了正常秩序。餐刀又能切东西了。”[①]在伯纳德心中，波西弗是个英雄，拥有众多崇拜者。

随着波西弗成为凝聚大家的中心，过去的时光回来了。他们开始重温自己生命中那些意义深长的瞬间：老康斯泰伯太太举起她那块海绵帮孩提时代的他们洗澡，一股暖流流遍全身的感觉；苏珊印象中在后园被风刮着的晾晒的衣服下面，穿皮靴的小伙子和洗碗女仆调情的样子；奈维尔所见在银白色叶子的苹果树下，一个人被割断了喉咙躺在水沟里的情景，随后，大家又分别回忆起了中学和大学时光，以及成人世界的生活。对此时的他们来说，“世界已经呈现出它的真正面貌。”[②]

伯纳德在想象中见到了印度，见到了波西弗英勇地救起了一辆倒地的牛车，被当地人敬若神明的样子。在罗达心目中，波西弗“总像是一块石头投入池塘，被成群的小鱼所蜂拥围绕。就像这些小鱼那样，我们东游西窜，最后当他来到时，总是窜过去团团围绕着他”[③]，并由此感到安宁、幸福和信赖。这些还不到25岁的年轻人享受着和波西弗在一起的美妙时刻，期待着未来。本部分以众人依依不舍地送别波西弗而结束。但值得注意的是，小说中的波西弗从未正面现身，他只是在朋友们的意识、回忆和想象中出现。

---

① 弗吉尼亚·吴尔夫：《海浪》，吴均燮译，人民文学出版社，2003年，第92页。

② 同上，第96页。

③ 同上，第103页。

第五部分开始于“太阳已经高高升到天顶”[①]。日上中天，阳光毫不踌躇、毫不容情地炽烈地照耀着。“它照射在坚实的沙滩上，使块块岩石成了一个个炽热的熔炉。……使一座座沙丘显示出它无数晶亮的颗粒，使一丛丛野草显得碧绿。”[②]“它照在果园的墙上，使墙砖的每一个坑洼、每一条纹理都闪出刺目的银色和紫色，火红滚烫得仿佛摸上去都快要融化了，仿佛只要一碰它，就马上会化成烧焦了的灰土似的。”[③]“鸟儿热情地争着齐声鸣唱，然后全都停止了。”[④]

就在如日中天的人生盛年，波西弗却意外离世了。这一噩耗是这一部分的正文开始时，读者通过奈维尔收到的电报获知的。波西弗在印度参加赛马时，不幸坠马而死。奈维尔伤心痛哭。这一消息给朋友们带来了巨大的震动。伯纳德开始思考死亡的问题，在美术馆中暗自伤悼；罗达则在泰晤士河的入海口，向海水中抛出一束紫罗兰，作为向波西弗的献礼。伍尔夫在笔记中将这一阶段称为“死亡之章”，它在小说的九大部分中正好是居中的一个横断面，这意味着伍尔夫将死亡放在了生命的中心点上，以波西弗的死亡给六个朋友带来第一次的人生挫折，目的是要对他们的勇气进行考验。关于波西弗死亡的意义，以及带给朋友们的影响，林德尔·戈登写道：“随着波西弗的死亡，6个人进入了未来，而这种未来包含着他们不可避免的灭亡。从

① 弗吉尼亚·吴尔夫：《海浪》，吴均燮译，人民文学出版社，2003年，第113页。

② 同上，第113页。

③ 同上，第114页。

④ 同上，第115页。

这一点开始，他们的生命便被时间所渗透——过去的时间，未来的时间，以及那种罕见的时间凝滞不动的瞬间，由此便铸成了回忆并且构建成了生命的模式。6个人和弗吉尼亚·伍尔夫都怀有一种共同观念，即生命的历程是被生命的消亡这一事实所主宰的；死亡对于他们来说是一种始终存在的可能性。现在，生命历程后半部分所面临的压倒一切的挑战是：要在继续存在中寻找到意义。”①

随着死亡阴影的浮现，第六部分开始了：“太阳已经不再停留在中天。”②鸟儿“都停着不动，只不时把脑袋急促地向左右扭动一下。它们现在停止了唱歌，仿佛已经喧哗得够了，仿佛这丰饶的正午已经使它们感到了餍足”③。“海浪汹涌堆积，波面起伏曲折，然后迸然四散，把石子和砂砾迸了起来。……海浪退却后，一些失水僵卧的鱼儿在那儿扑打尾巴。”④

人生的盛年已过。此时的路易已是一位成功忙碌、从事远洋贸易的商人，“肩上承着世事的重担。”⑤但在他的内心深处，依然保留着一方属于心灵的领地，即在一个幽静的阁楼上读自己心爱的书籍，并与情人罗达相会。

苏珊的意识中心，依然是她心爱的乡居生活。她逐渐失去

---

① 林德尔·戈登：《弗吉尼亚·伍尔夫：一个作家的生命历程》，伍厚恺译，四川人民出版社，2000年，第304—305页。

② 弗吉尼亚·吴尔夫：《海浪》，吴均燮译，人民文学出版社，2003年，第127页。

③ 同上，第127页。

④ 同上，第128页。

⑤ 同上，第131页。

了青年时代的浪漫，成为一个能干务实、一心护犊的坚强母亲："我要求生活能收起它的利爪，掩住它的闪光，平安地过去，让我的身子变成一个洞穴、一个温暖的庇护所，让我的孩子好在里面安睡。"①

珍妮虽然已徐娘半老，依然沉浸于社交生活之中；奈维尔功成名就，成为一个著名的古典学者，感叹"时间在消逝，我们在变老了"②。他依然思念着波西弗，回忆着过往两人的美好相处时光。

第七部分开始于"现在天空中的太阳落得更低了"③。随着光线强度与斜度的变化，"一座座岛屿状的云块愈来愈浓密，慢慢移过太阳，使礁石突然显得漆黑，摇曳的海冬青从蓝色变成了银白，一块块阴影像灰色的布似的铺满在海面上。海浪不再涌到较远处的水潭和那条不规则地断断续续留在沙滩上的黑色水印。沙子显出珍珠似的白色，又光又滑。"④"鸟儿猛扑下来，又盘旋着高飞入云。其中有些迎风追逐，散乱翻滚地穿风而行，仿佛是一个整体被割裂成了许多碎片。"⑤"花园里几片花瓣落下来。"⑥

敏感的伯纳德产生了时间流逝的强烈意识和生命的危机

---

① 弗吉尼亚·吴尔夫：《海浪》，吴均燮译，人民文学出版社，2003 年，第 132 页。

② 同上，第 136 页。

③ 同上，第 140 页。

④ 同上，第 140 页。

⑤ 同上，第 140 页。

⑥ 同上，第 140 页。

感:“时间的一滴坠落了。”[1]也进而产生了对自己的相对客观而正确的认识与反省:“我并不像从前一度看来那样富有才华。有些东西非我力之所及。我永远弄不懂那些比较艰深的哲学问题。”[2]他前往罗马度假,就和伍尔夫本人一样,在酒店阳台上看见了远处汪洋中的一片鱼鳍。

儿女成行的苏珊感觉到了“安全、充实和紧密感”[3],在带着儿子散步的园子里回顾自己的生活:“我度过了多年平平静静、富有成果的生活。我拥有了一切我能见到的东西。我植下种子,培育了树木。我开了池塘,让金鱼在叶子宽阔的睡莲下潜游。我在草莓地和种莴苣的菜地上张起了网子,给梨子和李子罩上了一只只白纸袋,以免被黄蜂叮坏。我眼看着我的儿女们一度曾像嫩果似的用网子罩在他们的小床上,如今都已一个个挣破网眼在我身边走着,长得比我还高,把长长的身影投在草地上。”[4]她有时还会想起爱过自己的波西弗,想起罗达。虽然自己现在已身体发福,头发花白,但依然平安,深感满足。

珍妮还在伦敦的社交场所中穿梭。虽然意识到了自己的孤单、憔悴与衰老,然而她还是离不开城市生活的繁华与喧闹,下决心“要在脸上扑上粉,把嘴唇抹红。我要把眉梢描得比平时更

---

① 弗吉尼亚·吴尔夫:《海浪》,吴均燮译,人民文学出版社,2003年,第141页。

② 同上,第143页。

③ 同上,第146页。

④ 同上,第146—147页。

细。我要出头露脸，跟别的人一起挺直身躯站在皮卡迪里广场上"[①]。

对奈维尔来说，"嫉妒、心计和烦恼都已经淡漠。"[②]路易则事业发达、婚姻不幸，而罗达也离开了他。所以他准备"憔悴干枯地活下去"[③]。罗达虽一直在城市中，却始终畏惧生活，而宁愿"挡上一重又一重的帷幔。一会儿透过这个窥视生活，一会儿又透过那个窥视生活"[④]。她在西班牙爬一座山的时候预演了自杀。

到了第八部分，"太阳正在沉落。"[⑤]"波浪在涌进岸边时变得完全黯淡无光，发出一连串的轰隆声碎裂下来，就像倒塌了一座墙壁，一座灰色的石墙，浑然地毫无一丝透光的裂缝。"[⑥]"群山上缓缓移过的阴影一会儿扩大，一会儿消退。"[⑦]"围在那只旧船四周的海水变得一片深黑，就像里面浸满了贻贝。浪沫不停地飞溅，在朦胧的沙滩上到处留下了珍珠般闪光的白影。"[⑧]

就在日落时分，人过中年的六个朋友相约在汉普顿宫聚会，希望在彼此的眼睛里捕捉过去生命的闪光。见面的激动过后，紧接而来的是莫名的哀伤。门一次次地打开，可是，波西弗再也

---

① 弗吉尼亚·吴尔夫:《海浪》，吴均燮译，人民文学出版社，2003 年，第 150 页。

② 同上，第 151 页。

③ 同上，第 156 页。

④ 同上，第 157 页。

⑤ 同上，第 160 页。

⑥ 同上，第 160 页。

⑦ 同上，第 160 页。

⑧ 同上，第 161 页。

不会在那里出现。此时，上次大家欢聚的情景重新袭上心头，可是，此时大家的“肩上都压着重担”[①]，所以分别在独白中回顾着各自的人生。在苏珊质朴而率直的目光下，奈维尔意识到“既然我没法掏出我的文件来，大声念念我的证明书以便证明我已通过了考试，那么我还剩下些什么呢?”[②]意识到“我们已经选择了——有时还不如说是仿佛别人为我们选择了——让自己被一把钳子紧紧地夹住了当胸”[③]。

伯纳德觉得自己“在一家一家的屋子里辗转游荡，就像中世纪的游方僧那样抡着念珠讲着故事去哄那些妇人和姑娘们”[④]。路易获得了世俗的成功，依然拥有“战栗、敏感、十分稚嫩而脆弱的心灵”[⑤]。珍妮缺乏想象力，只满足于眼前所见的物质化的东西，依然在众多追随者的簇拥中排解孤独，在肉欲中寻求满足；罗达则还是显得那么的自惭形秽，觉得自己孑然一身、一无所有：“你们都有使命在身，有派头，有儿女，有权势，有名望，有爱，也有社会交往；而我在这方面一无所有。我没有自己的面目。”[⑥]

虽然路易感叹时光对生命的吞噬，想着“我们各自的一点一滴都已消散无踪；我们都已在无边无际的时间中、在黑暗中湮灭消失了”[⑦]，但伯纳德还是认为朋友们只要能团聚在一起，就会

---

① 弗吉尼亚·吴尔夫：《海浪》，吴均燮译，人民文学出版社，2003 年，第 163 页。

② 同上，第 163 页。

③ 同上，第 165 页。

④ 同上，第 168 页。

⑤ 同上，第 169 页。

⑥ 同上，第 172 页。

⑦ 同上，第 174 页。

有战胜黑暗、战胜时间的力量与勇气，要“斗争！”[①]奈维尔也认为要“反抗”[②]，“一个士兵躲在树背后跟一个女护士调情时，会比所有的星星都值得羡慕。”[③]虽然人的生命与星星相比只是沧海一瞬，但人依然需要和可以通过自己的努力来证明和实现自我的存在。这也是伍尔夫一向寻求与推崇的“存在的瞬间”的意义所在。虽然生命仅为时间长河间的一刹那，但朋友们却在手挽手中获得了平静、超脱的心情。同时，虽然他们的人生大半已经逝去，但新的一代、新的人生又将轮回，生生不息。所以，这一部分在从泰晤士河下游游览归来的小伙子们的合唱歌声中结束。

在小说最后一部分的引子里，“现在太阳落山了。”[④]“海天一色，混沌难辨”[⑤]；“树木摇着枝丫，树叶纷纷坠地。”[⑥]“一度曾红光闪闪的残破器皿上射出来的灰黑色反光照进了园子里。黯淡的阴影使花茎间的通道变得漆黑。”[⑦]“黑暗的波浪涌上杂草丛生的林间小路，涌上起伏不平的草地表面，淹没了一棵孤零零的荆棘树和树脚下一个空空的蜗牛壳。”[⑧]这一切喻示着人生的暮年来临了。与前面八部分不同的是，这一部分均为多思善感的伯纳德的独白，是饱经沧桑的他所做的人生总结。他回忆童年、

---

① 弗吉尼亚·吴尔夫：《海浪》，吴均燮译，人民文学出版社，2003 年，第 174 页。

② 同上，第 174 页。

③ 同上，第 174—175 页。

④ 同上，第 183 页。

⑤ 同上，第 183 页。

⑥ 同上，第 183 页。

⑦ 同上，第 183 页。

⑧ 同上，第 184 页。

少年时光，一个个评价了他的朋友们，惋惜着波西弗的英年早逝。进入了有序的家庭生活的伯纳德想起了他们在汉普顿宫的聚会，深感爱与友情的力量能够超越生死与时空："在砖头前，在树枝前，我们这多少亿人中的六个，在无限的古往今来的眼前这一刻里，正在这儿洋洋得意地焕然发光。"[①]此时的他"已经讨厌透了那些漂亮的辞藻"[②]，而觉得"宁静、咖啡杯和桌子要比这些好得多"[③]。他独坐餐厅门前，享受着属于老人的那份淡然与孤独，随着夜晚的降临，又迎着寒风回归家庭生活。"天空黑得像涂了漆的鲸鱼骨。不过天边有一点亮光，不知是灯火，还是黎明的曙光。感到有某种骚动——不知哪儿的梧桐树上有麻雀在啾鸣。有一种天将破晓的感觉。"[④]这里，伍尔夫通过伯纳德的观察与感受，表达了尊重自然规律，在死亡面前保持尊严与勇敢，永不服输、永不投降的不屈意志。自然轮回，仿佛潮涨潮落。旧的生命离去，但新的生命又将苏生。所以在小说的结尾部分，伍尔夫描写了骑士般的伯纳德骑马横矛、英气逼人，向死亡这一劲敌直冲而去的鲜明意象："我正在向着死亡冲去，平端着我的长矛，头发迎着风向后飘拂，就像一个年轻人，就像当年驰骋在印度的波西弗那样。我用马刺踢着马。哦，死亡啊，我要一直向你猛扑

---

① 弗吉尼亚·吴尔夫：《海浪》，吴均燮译，人民文学出版社，2003 年，第 216 页。

② 同上，第 230 页。

③ 同上，第 230 页。

④ 同上，第 231 页。

过去，永不服输，永不投降！”①

在伍尔夫去世后，伦纳德·伍尔夫特意撷取了这段出色的文字中的最后一句，镌刻在爱妻的墓碑上，作为对她的最好纪念。

“布鲁姆斯伯里文化圈”作家E. M. 福斯特在伍尔夫去世后的纪念讲座上，将《海浪》称为她“最伟大的作品”，称赞这部小说的“结构模式是完美无缺”“无与伦比”的：“在每章开头，都描写了太阳与海水的运动，就在这种描写段落之间，对话和在引号中的词句，连续不断地展开。这是一场奇怪的谈话，因为六个人物：伯纳德、奈维尔、路易、苏珊、珍妮和罗达，极少相互对话。我们甚至可以把他们（像达洛卫夫人和塞普蒂默斯）看作是一个人物的不同方面。尽管如此，他们没有进行内心独白，他们相互之间都有着联系，而且都与那个从不说话的人物波西弗发生关系。最后，那位有可能成为小说家的伯纳德作了总结，使他们的计划得到了最完美的平衡，接着小说的结构模式也随之消失。”②法国传记艺术大师安德烈·莫洛亚在《伍尔夫评传》中亦感叹道：“小说《海浪》，简直成了一首长诗。六个人物用变化的诗句讲着话，中间插入一些抒情的默想。是诗吗？更正确地说，是一部清唱剧。六个独唱者轮流念出辞藻华丽的独白，唱出他们对时间

---

① 弗吉尼亚·吴尔夫：《海浪》，吴均燮译，人民文学出版社，2003年，第232页。

② 爱·摩·福斯特：《弗吉尼亚·伍尔夫》，见瞿世镜编选：《伍尔夫研究》，上海文艺出版社，1988年，第9—10页。

和死亡的观念。”[①]伍厚恺则将作品释读为一部以“生命”为主题的六重奏复调管弦乐曲，或者含有六个声部的合唱交响乐：“6个人物独特的性格意识形成了各自的不同旋律，每支旋律是独立的，但又同步进行着，通过对位法构成相互关联的有机整体。在横的关系上，各声部在节奏、音色、重音、力度以及旋律线的起伏等方面具有独立性，但在纵的关系上，各声部又彼此构成和声关系。事实上，6个人之间仿佛存在着某种心灵感应，尽管彼此分离，但相互思念着并了解彼此的生活和情感。在这支交响乐中，虽然6种乐器或者6个声部的曲调具有微妙而明显的差异，然而又在差异中保持着相互和谐，因为6个人中每一个人的生命都与其他人纽结融合在一起。”[②]

小说依次抒写了6个人物在生命不同阶段的独特感受。在此进程中，亘古不变的，是海浪拍击沙滩与堤岸的轰鸣声。人生的短暂、生命的脆弱与无常的主题由此得以凸显。林德尔·戈登认为：“《海浪》是关于几个人的生命的故事，这些生命按平行的轨迹发展，并在确定的点上汇合。它追踪这些生命从童年直至中年，映衬的背景则是时光绵延无尽的宇宙、大海和太阳。小说的轮廓具有明显的图式性：6个人生命过程的9个阶段，由描绘一天进程中潮汐涨落的非人格化的幕间插曲联系起来。小说结构的这种组合方式，是使生命陌生化并将它们当作自然现象

---

① 安德烈·莫洛亚：《伍尔夫评传》，见瞿世镜编选：《伍尔夫研究》，第113页。

② 伍厚恺：《弗吉尼亚·伍尔夫：存在的瞬间》，四川人民出版社，1999年，第259—260页。

来看待的一种尝试。”①如前所述,《海浪》在伍尔夫构思期间原定名为《飞蛾》。这一从姐姐文尼莎·贝尔描摹其在法国的客厅中飞蛾命运的一封书信中获得灵感的标题,或许正是为了表达女作家对生命与死亡的探索与理解。而海浪永恒的旋律则更加映照出人生的短暂,使得读者深刻体会到,无情流逝、无可逆转的时间才是小说的真正主角。

关于小说中六位主人公的内涵与意义究竟是什么,学界可谓见仁见智。他们既可被理解为代表了人性中的不同侧影或不同的人生态度,又可被阐释为人类中部分人的代表。他们性格殊异,却以各具特色的独白与对白奏响了一部雄浑的人生交响曲。还有学者结合对“布鲁姆斯伯里文化圈”的研究,挖掘出了伦纳德·伍尔夫、克莱夫·贝尔、E. M. 福斯特、文尼莎·贝尔、利顿·斯特拉齐,包括女作家本人以及她的亲戚与六位人物之间的隐在联系。

值得注意的还有《海浪》中另一个从未正面出场的人物波西弗。波西弗在六个朋友的生命记忆中占据关键地位,在不同时刻、不同人物的独白中反复出现,是他们心目中的英雄,代表了他们各自的隐秘愿望,也是凝聚他们的无形纽带。然而在第五部分中,波西弗“倒下了”。如前所述,伍尔夫在这部小说中,借着这位深受众人爱戴、最后客死印度的波西弗的形象,再度悼念了她深爱的哥哥托比。小说《雅各的房间》中那个“永远年轻,永远美丽”的神秘主人公,就是伍尔夫以小说的形式对心爱哥哥的

---

① 林德尔·戈登:《弗吉尼亚·伍尔夫:一个作家的生命历程》,伍厚恺译,四川人民出版社,2000 年,第 289 页。

一次独特的纪念，尝试从雅各生活过的房间来推想出他的形象。到了《海浪》中，虽然波西弗始终沉默，并英年早逝，但依然是一个举足轻重的人物。他不仅是六个朋友共同的情感对象，更是他们衡量生活意义的标尺，是他们憧憬的人生理想的化身。伍尔夫通过六个朋友回忆中的波西弗的形象，再次使哥哥像他们最后一次在希腊度假时所见到的美丽雕像那样获得了永恒。

质言之，随着《海浪》的面世，伍尔夫在成功浪潮的席卷下，达到了她艺术家生涯的顶点。在那个秋天里，尽管筋疲力尽，但她不同寻常的虚构冒险已然成功，她拥有了坚实的幸福，并开始了其漫长耕作后的休憩之作——《弗勒希》的构思与创作。但与此同时，死亡、老年的来临与朋友的凋零等人生的苦痛也相继而来。

第六章

才女迟暮:永远的英伦百合(1932—1941)

> 哦,死亡啊,我要一直向你猛扑过去,永不服输,永不投降!
>
> Against you I will fling myself, unvanquished and unyielding, O Death!

一、天涯孤旅:挚友的相继离世

1932年,弗吉尼亚·伍尔夫50岁了,她成功地完成了6部小说的创作,声名远扬,已是一位极具分量的著名小说家了。她在日记中壮心未老地写道:"我今年已50岁了,但还刚开始摆开了姿势,想心无旁骛地,不偏不倚地将我的箭矢发射出去……我不相信年纪的老化,我相信永无休止地调整面对太阳的角度,因为我充满了信心。"①但与此同时,挚友的相继离世却使她感受

① 弗吉尼亚·伍尔芙:《伍尔芙日记选》,戴红珍、宋炳辉译,天津:百花文艺出版社,2012年,第148页。

到了“我们所有的人正处于某种巨大力量的运作中，这种运作是如此辉煌——生命：它竟会死亡，以致有一种无限的感觉围住了我”①。

1931年的冬天，当《海浪》的创作和出版工作刚刚告一段落之时，利顿·斯特雷奇病重的消息传来了。12月10日，伍尔夫给利顿·斯特雷奇写了一封信，在信中她讲述了自己做的一个梦，梦中的他们再次回到了年轻时的美好岁月，所有的欢声笑语再次回荡在了耳边。在信中，伍尔夫写道：“当你手持郁金香，穿着韦利的白色法兰绒衣服来伦敦时，请来看看喜欢你的老朋友弗吉尼亚。”事实上，在过去的几年里，由于各种原因，他们见面的机会并不多。不过，偶有会面时，伍尔夫依然还是会被利顿的智识和魅力所吸引、所折服，利顿似乎永远是那个令她既嫉妒又敬重和欣赏的人。到了圣诞节前夕时，利顿的病似乎已经毫无希望了，为此，伍尔夫和伦纳德怀着沉重的心情坐在僧侣屋的火炉边哭了起来，死亡、阴郁的氛围再次袭来。之后，利顿的病情一直处在反复中，朋友们的心情也都随之七上八下，时而因他病情的稳定而重燃希望，时而又因他病情的恶化而跌入低谷。1月14日，伍尔夫夫妇开车前往利顿的乡村住所杭格弗德的熊屋看望他。在那里，屋里挤满了护士和前来探望的斯特雷奇的朋友们，屋内气氛十分凝重，皮帕甚至伏在伍尔夫肩头抽泣道：“他病成这样，怎么可能好转呢?”而卡林顿更是神志不清地走来走去，几乎不认得人。最终，伍尔夫夫妇并没有见到利顿，但是被告知

---

① 弗吉尼亚·伍尔芙：《伍尔芙日记选》，戴红珍、宋炳辉译，天津：百花文艺出版社，2012年，第146页。

利顿对于他们的到来感到十分高兴。

1月21日时，大家原计划要在文尼莎的画室举办一场化装舞会，但是由于不确定利顿的病情，所以朋友们迟疑了。当詹姆斯·斯特雷奇发来电报说“再次好多了”时，他们举行了舞会。但是当客人们陆续到达，大家沉浸在喧嚣和欢闹之中时，弗吉尼亚、邓肯和文尼莎等人却躲在角落里默默地哭泣，因为此时他们才得知，詹姆斯的电报发错了，“好多了”本该读作“坏多了”，而利顿在当天下午已经去世了。

利顿这位老朋友的逝去，无论是对伍尔夫，还是对伦纳德来说都是沉痛的打击，而相较于伍尔夫，伦纳德甚至可能更加悲痛，因为他与利顿的友谊更长久且深厚。与此同时，还有另外一位更加悲痛、不安的人，那便是卡林顿·帕特里奇。卡林顿一直以来都是利顿的忠实追随者，她与利顿以及拉尔夫·帕特里奇三者之间的关系既微妙又复杂。据称卡林顿当时选择嫁给拉尔夫很大原因是为了继续和利顿待在一起，而事实也确实如此，婚后的卡林顿一直都是利顿最忠实的伴侣，在利顿临死之际，她甚至表示要和他一起走。对于她的这一明显自杀倾向，拉尔夫·帕特里奇决心尽力挽救，他认为多和朋友们见面有助于缓解卡林顿的痛苦，因此，他央求伍尔夫夫妇去拜访卡林顿。3月份时，他们开车前往威尔特郡，看望卡林顿。在利顿那栋漂亮的房子里，他们见到了卡林顿，她穿着夹克和短袜，带着绞丝的项链，一双湛蓝的眼睛大而无神，脸上充满绝望的表情。他们的到来使卡林顿十分意外，她设法请他们吃了一顿丰盛的午餐，并尽量使自己看起来开心一点。午餐后，在伦纳德的建议下，他们一起去了小树林中散步。随后卡林顿和伍尔夫一起来到了楼上利顿的房间,那里还保持着他离开时的原样,干净而整洁。在那里,卡林顿再也控制不住自己的情绪,伏在伍尔夫的臂弯里悲痛地哭了起来,并对弗吉尼亚敞开心扉地说道:"我没有别的事可做了。我为利顿付出了一切。可在其他方面我什么都没干成。人们说他对我很自私,但是他给予了我一切。我爱我父亲,恨我母亲。利顿对我就像一个父亲。我所知道的一切都是他教给我的。他为我读诗歌和法文。"①

很显然,卡林顿此时已对生活彻底失去了信心,利顿的死使她彻底没有了人生的方向和目标。对此,伍尔夫或许本应设法为生命做强有力的辩护,给予卡林顿更多活下去的希望,但是对伍尔夫这个自身曾多次试图自杀的人来说,她既不能宣扬自杀,也不能撒谎,她回答道:"在我看来生命有时是没有希望的,没用的,当我在夜里醒来,还有想到利顿之死的时候。"之后,她们一起喝了下午茶,并谈了一些关于利顿的事情。在即将分别时,卡林顿送给了他们一个利顿生前的小玩意——法国小盒子,并向伍尔夫约定下周再见。但第二天晚上,伍尔夫就接到了卡林顿自杀身亡的消息。那天早上,卡林顿朝自己开了枪,正如她自己所说,她"一直是个失败者",即使是自杀这件事情也是如此,因为她死得很慢,经历了巨大的痛苦。她的自杀在一定程度上使伍尔夫觉得自己多少是有责任的,但对于一个陷入绝望的人来说,任何强有力的挽留都不一定能使其回心转意。

---

① 昆汀·贝尔:《伍尔夫传》,萧易译,南京:江苏教育出版社,2005年版,第380页。

利顿的死亡和卡林顿的殉情，使伍尔夫夫妇无论在身体还是精神上都感到疲竭。但是，生活仍要继续。近几年，随着伍尔夫夫妇事业的成功，生活的富裕，他们常常会驾车进行短期旅行。伦纳德曾提到伍尔夫是一位杰出的旅行者，她对旅行充满热情，而旅行也往往能带给她一种新视野、新声音、新味道和新想象，带给她彻底的愉悦和放松。因此，在经历这一系列伤痛之后，伍尔夫夫妇亟须的便是身体和心灵的放松与休息，于是，他们按照之前的计划开车去了东英吉利，进行了一次短期旅行，在那里和罗杰·弗莱一起度过了美好的短假时光。4 月 15 日，他们又和罗杰以及罗杰的妹妹玛杰里·弗莱一起出发去了希腊。此次希腊之行对伍尔夫来说尤为特别，“我自己的幽灵遇上了我，那个 23 岁的女孩，以及随后的全部生活……”25 年后，重游希腊，很多东西都发生了变化，一切早已物是人非，尤其是没有托比的希腊似乎会使伍尔夫更加伤情。不过，此次有了两位弗莱的专业讲解，使得伍尔夫的注意力成功地从古希腊雕塑转移到了拜占庭的作品上，从而使她对希腊艺术有了一个全新的认知和理解。同时，在这次旅行中，他们去了离雅典很远的偏僻之地，那些“从未有人去过”的空旷的高山和海岸，给予了伍尔夫无限的快乐。她在日记中如画家画素描般迅速地描绘着这些可爱的景色，在书信中尽情地挥动想象的翅膀用激荡的语言和文字捕捉每一种新的风景和感受。在被希腊荒凉而朴素的景色感动之余，伍尔夫写道：“我这个老女人(她只有五十岁)对希腊的爱，和我还是一个孩子时对康沃尔的爱一样多。”[①]总体而言，此次旅行是伍尔夫人生中最美好的一次度假，尤其是罗杰的存在，又给这个假日平添了无尽的乐趣。

在旅行结束回到家后，伍尔夫便再一次投入到了她的事业之中。早在这一年年初之时，她完成了《给一位年轻诗人的信》的创作，并于7月份发行出版了该作品。7月中旬，《普通读者》的续集创作完成，于10月份面世，并于11月份再版，但是对此，伍尔夫却“没有成功的感觉，只感到苦役已经结束”[②]。在完成《普通读者》续集的创作之后，伍尔夫便重拾了在《海浪》出版前就已经动笔写作的《弗勒希》，而与此同时，《帕吉特家族》似乎也已在向她招手了。因此，在《帕吉特家族》（即《岁月》）创作的间隙，伍尔夫于1933年1月轻松愉快地完成了《弗勒希》的创作。10月份，该作品正式出版发行，但和以往一样，伍尔夫在出版前三天心情忐忑地在日记中写道：

《弗勒希》周四问世，我想那类赞扬会弄得我很沮丧。他们会说作品非常‘吸引人’，很精巧，是女人的作品。还有，它将受到大众的欢迎，而我必须令其从身边不知不觉地消失而不看它一眼……我必须相信自己不仅仅是废话连篇的贵妇人似的作家，起码这不是事实，可他们都会这么说的，而且我到时会非常

---

① 奈杰尔·尼科尔森：《伍尔夫》，王璐译，北京：生活·读书·新知三联书店，2014年，第166页。

② 弗吉尼亚·伍尔芙：《伍尔芙日记选》，戴红珍、宋炳辉译，天津：百花文艺出版社，2012年，第144页。

讨厌《弗勒希》引起的轰动。①

然而，情况确实如伍尔夫所料，《弗勒希》获得了成功，但伴随成功而来的还有一些令她难以镇静的中伤性评论，如 10 月 28 日《格兰特报》中的相关评论认为，《奥兰多》《海浪》和《弗勒希》表现了一个潜在的大作家的死亡；而同时还有大量责难性的书信向她涌来。总之，那个 10 月是糟糕的、不宁静的、轰动中掺杂着责难的。

事实上，《弗勒希》是一部耐人寻味的佳作。在宠物狗的陪伴下长大的伍尔夫，始终怀有对小动物的亲切情感，薇塔送给她的那条金色的名叫“平卡”的宠物狗，曾多次被她在日记与书信中提及。因此，《弗勒希》就是以“平卡”为原型而创作的狗的传记，它淋漓尽致地表现出了伍尔夫对狗的热爱与了解，对其习性和心态的谙熟。它既呈现了女作家对爱犬的宠溺，再现了 19 世纪中期维多利亚女王治下著名女诗人伊丽莎白·巴雷特人生中一段最重要的经历，又体现出作品融虚构与纪实于一炉，幽默俏皮、轻快活泼的艺术风格，是一部以宠物狗的传记为题，实则虚构了布朗宁夫妇的爱情与婚姻生活细节的小说，是对才华横溢的前辈女诗人的致敬之作，读来意趣盎然，令人不忍释卷。

伍尔夫与布朗宁夫人是有很多相似之处的：她们都出身上流社会，拥有专横跋扈、有着很强的占有与控制欲的父亲；她们各自经历了与生活富足且保守压抑的原生家庭及其氛围的剥

① 弗吉尼亚·伍尔芙：《伍尔芙日记选》，戴红珍、宋炳辉译，天津：百花文艺出版社，2012 年，第 168—169 页。

离，在崭新的知识分子交游圈中脱胎换骨、获得新生，并赢得了志同道合的爱人和美好的婚姻，同时又同样进行着与男权中心的社会习俗与文学传统的艰苦对抗，各自成为自己所处时代最为优异的女作家。所以伍尔夫对伊丽莎白的惺惺相惜是必然的。但是，熟读并精研过传记书写的她，并未采纳常规的传记写作方式，而是别出机杼地从女诗人的宠物狗、一条西班牙猎犬弗勒希的感觉、立场、视角与心态出发展开叙述，既是写狗，亦是写人，读来新鲜别致。

既是“一部传记”，起笔部分，伍尔夫首先煞有介事地对弗勒希的宗亲族谱进行了一番追溯考证，以证明其高贵的血统和纯良的品格。家道中落的女作家米特福德小姐因怜惜 15 岁时坠马受伤，足不出户、缠绵病榻的伊丽莎白，决心忍痛割爱，将自己的爱犬弗勒希赠送给年轻的女诗人，希望为她孤寂而单调的生活带来一丝生机。于是，弗勒希告别了“三英里界标”的寒酸小屋和在英格兰原野上驰骋的自由生活，怯生生地来到了伦敦的温珀尔街，成为巴雷特小姐阴暗沉闷的幽居生活中最珍贵的伴侣。小说十分精细地表现了弗勒希从野性的天地中来到一个陌生的城市环境后感觉、心态的种种变化，尤其出色描写了一条活跃的幼犬那异常灵敏的嗅觉，通过弗勒希对伦敦家居与街道生活中捕捉到的各种气味的表现，侧面呈现了维多利亚中期充满烟火气的伦敦生活景象。

弗勒希一方面惦记着它的初恋，在青葱的原野上追逐野兔的自在生活，以及在伦敦街道上它新结识的朋友们对它的呼唤，另一方面又深爱与依恋着它的新主人，愿意为她作出牺牲，即便在门开着的时候也宁愿偎依在主人的身边，躺在她身边的小地毯上。就这样，通过弗勒希的观察与感受，读者们窥见了女诗人在被爱情击中心灵之前沉闷的日常生活状态：倚靠在沙发或床上读书、思考与写作，定期接待几位前来探望的友人，兄弟姐妹会来房间小坐，父亲傍晚时分则会专程前来探视，以及难得在风和日丽的好天气里乘车出门透口气，坐着轮椅在公园里散步等等。唯有弗勒希能感知女主人的寂寞、孤寂与泪水，也唯有弗勒希能在家人完全盲目的状态下，仅凭蛛丝马迹就能准确预感到其生活中即将发生的重大变故。

因为伊丽莎白开始每天紧张地盼着写有同样字迹的信件的到来，特别是随着冬去春来，更是喜忧参半地等待着一位陌生的访客到来的日子。在约定的某个下午，英俊潇洒、风度翩翩的年青诗人布朗宁先生终于拜访了他心仪已久的诗歌女神。两人一见如故，侃侃而谈，忘了时间，依依不舍。从此，伊丽莎白的精神状态大变，不仅有了求生的意志、恢复了良好的食欲，甚至自己开始下楼、出门步行。女主人的沉醉、激动、狂喜、不安与对自己的无视全被弗勒希看在了眼里。虽然它嫉妒并极端厌恶这位夺走了它的女主人的爱怜的人，甚至数度策划报复并狠狠地撕咬他一番，然而，深爱着主人的它却不得不妥协、让步，爱屋及乌地逐渐接受了布朗宁先生的存在。而它被贫民窟中的无赖偷走、虐待并被用来敲诈巴雷特小姐的苦难经历，更是使得他们之间的情感纽带更加牢固。

伊丽莎白不顾家人的集体反对以及自己娇弱的身体，亲自前往贫民窟与盗匪头子谈判，最终以重金赎回了弗勒希。随后，弗勒希意识到了生活中最大的变故即将发生。因为伊丽莎白不仅在忠心耿耿的女仆威尔森的陪伴下悄悄出了门，回来时手上多了一枚亮闪闪的戒指，她又把它悄悄藏了起来，几天之后更是安排威尔森暗暗先将行李箱转移出去，主仆二人随后带着弗勒希在凌晨时分偷偷离开了巴雷特府！从弗勒希的视角，伍尔夫由此清晰地再现了伊丽莎白为爱情和独立暗自做的精心准备，她与布朗宁先生私自举行的婚礼，她随后在女仆帮助下逃离父亲的禁锢和黑暗的未来，奔向自由舒展而阳光灿烂的意大利开始新生活的整个过程。

喧闹嘈杂、充满了活力的比萨城，和伦敦是多么的不同！目不暇接、嗅到了无数种新鲜气味的弗勒希"这么多年来，它从未感觉如此年轻、活泼过。最后，它头晕目眩却兴高采烈地倒在红色的瓷砖地上呼呼大睡，虽然以前它可以睡在温珀尔街后面房间的软枕头上，却从未睡得这么香甜过"①。

不仅弗勒希的生活发生了重大改变，奇迹更是发生在它的女主人身上。"现在她不但自称布朗宁夫人，还在阳光底下炫耀手上的金戒指；她的变化跟弗勒希一样剧烈。弗勒希每天听她说'罗伯特'和'我丈夫'至少五十遍，而且声调里总带着得意，令它颈毛倒竖、心跳加速。不过改变的不只是她讲话的方式而已，她整个人都变了。比方说，以前她只啜一点点波尔特葡萄酒，且老是抱怨头痛，现在她却大杯大杯地喝勤地葡萄酒，睡得既香又甜；餐桌上总摆着一大串连枝带叶刚摘下来的新鲜橙子，不再是

---

① 弗吉尼亚·伍尔夫：《弗勒希：一条狗的传记》，唐嘉慧译，上海译文出版社，2009年，第81页。

一小粒孤零零的酸黄果子；她不再坐着轮椅去摄政公园，却穿上那双厚皮靴，手脚并用地攀岩去；她不再搭乘双头马车去牛津街逛商店，却坐上一辆破烂的出租马车，一路摇摇晃晃地到湖边去欣赏山景；累了，她不再挥手去叫另一辆马车，却坐在石头上看蜥蜴。出大太阳她高兴，天气冷她也高兴。炉火将熄，她会把从公爵森林内捡来的松枝丢进火里，然后他们一起坐在噼啪响的烈火前，用力嗅闻那股辛辣浓郁的松香味儿。”①从这里，我们看到了爱情和婚姻给病弱的伊丽莎白带来的神奇力量，不仅使她从病榻上站了起来，而且使她机智勇敢地挣脱了家庭的羁绊和父亲的控制，在热情奔放的意大利土地上恢复了生机，呼吸到了自由、民主的欢快气息，写出了人生中最美妙的抒情诗歌。她日后闻名遐迩的《葡萄牙十四行诗集》，有很大一部分即写成于这一时期。

正如布朗宁夫人忙着探索她新获得的自由，并且尽情享受自己新的发现，弗勒希也忙着发现及探索自由。不像在伦敦，在佛罗伦萨，拴狗链、公园管理员的警棍和偷狗贼都不见了踪影，“它飞奔，它驰骋；它的毛皮闪亮，它的眼睛发光。现在全世界都是它的朋友，每一条狗都是它的兄弟。”②既然她的女主人已找到了属于自己的牧神潘，如今“它是自己的主人”了，何况“爬满墙的紫藤和金链花正在盛开，洋苏木在庭院中生气勃勃地伸展

① 弗吉尼亚·伍尔夫：《弗勒希：一条狗的传记》，唐嘉慧译，上海译文出版社，2009年，第83页。

② 同上，第87页。

着，野郁金香缀满田野。它为什么要等呢？”[1]弗勒希已到了生命中最华彩的时节。它自由而热烈地拥抱与享受爱情，那是一种“纯粹的爱，简单的爱，彻底的爱，毫无负担的爱，不知羞惭、悔恨为何物的爱，如同采花的蜂蜜才懂得的、当下此刻的爱”[2]。

而在放浪形骸、无忧无虑的状态中，弗勒希再次预感到了生活发生改变的征兆。从1849年的春天开始，一向不大做针线活的布朗宁夫人竟然开始忙碌起缝纫活儿来了！弗勒希焦虑地寻找皮箱与收拾行李的蛛丝马迹，担心又一次的逃亡即将开始。然而，令它困惑不解的是，改变的迹象似乎并不意味着逃亡，相反极其神秘地代表着一种期待，仿佛是某人即将抵达似的。就像当初戒备与敌视布朗宁先生，担心它夺走女主人对自己的爱一样，“嫉妒又焦虑的弗勒希严密监视每个新来的人”[3]，结果却出乎意料地发现：“布朗宁夫人不靠别人，一个人待在房间里，连前门都没打开，就从一个人变成两个人了！那可怕的东西躺在她旁边，不停舞动双臂，喵喵叫。”[4]这里，伍尔夫以令人捧腹的文笔，极其传神地写出了布朗宁夫人的怀孕、生产以及在弗勒希心头激起的强烈反应。整整两个星期，可怜的弗勒希患上了严重的忧郁症，怎么哄都没有用。然而，虽说嫉妒、失落、愤怒而又痛苦，但弗勒希心头最重要的，依然是对主人无怨无悔的忠诚。随着时间的流逝，它终于想通了，悲壮地学着接纳宝宝。“他们把

---

① 弗吉尼亚·伍尔夫：《弗勒希：一条狗的传记》，唐嘉慧译，上海译文出版社，2009年，第88页。

② 同上，第89页。

③ 同上，第92页。

④ 同上，第94页。

宝宝放在它背上，弗勒希得驮着他走来走去，还得忍受宝宝扯它的耳朵。可是它逆来顺受，风度极佳，即便耳朵被扯，也只转过头去‘亲亲那双肥得有酒窝的小光脚’。”[①]结果“三个月之后，那一团羸弱无助，只会乱扯和喵喵叫的小肉球，竟然变得最喜欢它”[②]。“最妙的是，弗勒希发现宝宝喜欢它，居然它也喜欢上宝宝。”[③]随着布朗宁夫妇的爱情结晶问世，他们的婚姻之舟驶入了更加宁静、温馨的港湾。现在每个人都各得其所：“布朗宁先生固定在一个房间内写作，布朗宁夫人则固定在另一个房间内写作，宝宝在育婴房里玩，弗勒希则在佛罗伦萨的街道上晃荡，享受味道所带来的狂喜。”[④]

日子就这样一天天逝去了，布朗宁夫妇渐渐地老去，弗勒希也慢慢变成了一条老狗。它的生活习惯发生了变化，不再喜欢撒欢儿奔跑，相反喜欢慵懒地躺在阴凉的地方躲避灼人的阳光，享受年轻的狗儿们向它倾诉各自的故事，并向它们叙述自己过往的丰富经历。它并不嫉妒它们的活力，因为它自己也年轻过，好好地爱过并被爱着。它甚至常常沉浸在梦中，忆起当年从米特福德小姐身旁溜开，奔到山坡上猎兔子，以及在伦敦白教堂区的强盗窝里被虐待、忍饥挨饿的情景。

一天，从噩梦中醒来后，弗勒希不顾一切地冲回布朗宁夫人

---

① 弗吉尼亚·伍尔夫：《弗勒希：一条狗的传记》，唐嘉慧译，上海译文出版社，2009年，第95页。

② 同上，第95页。

③ 同上，第95页。

④ 同上，第97—98页。

正在看书的房间,“跳上沙发,把自己的脸贴上她的脸。”[①]就在那一瞬间,布朗宁夫人突然想起自己曾经写过的一首诗:

你看这条狗。才不过昨天
沉思的我忘了它的存在
直到万千思绪引来泪珠点点
泪湿双颊的我躺在枕头上
一颗如牧神般的毛毛头贴近
多么突然,贴近我的脸——两只澄金的
大眼睛盯着我的眼睛——一片垂耳
轻轻拍抚我的双颊,将泪痕擦干!
起先我惊讶,仿佛阿卡迪亚人,
乍见朦胧树丛间半人半羊的神仙
然而,当虬髯的脸庞更贴近
我的泪已干,我知道那是弗勒希。
超越惊讶与哀伤,我感谢真正的潘
透过低等动物,带我登上爱的巅峰。

就在这宁静、甜蜜而又感伤的氛围中,忠诚的弗勒希偎依着它心爱的主人,静静地离开了这个世界。

这个小小的故事,既幽默风趣,而又感人至深。它是一曲爱的颂歌,既写出了西班牙猎犬弗勒希对主人一家的忠诚挚爱,也从狗的角度表现了布朗宁夫妇的传奇情爱和甜蜜婚姻,以及他

① 弗吉尼亚·伍尔夫:《弗勒希:一条狗的传记》,唐嘉慧译,上海译文出版社,2009年,第119页。

们各自在爱的润泽下勃发的艺术创造力。布朗宁夫人的传世名作有赠给丈夫的真挚感人的爱情诗集《葡萄牙十四行诗集》(1850)、无韵叙事长诗《奥罗拉·李》(1857)等,罗伯特·布朗宁最有代表性的作品则有诗集《男人和女人》(1855)、无韵体叙事诗《指环和书》(1868—1869)等。布朗宁夫人在丈夫的怀中去世后,被安葬于佛罗伦萨的英国公墓。罗伯特·布朗宁后来则在英国威斯敏斯特大教堂内获得了永久的安息。而他们忠诚的爱犬弗勒希迄今依然躺在布朗宁夫妇当年在圭迪府邸的爱巢,见证着文学史上这段堪称天作之合的诗人之爱。

就此而言,《弗勒希》延续了《奥兰多》的幻想之旅,是伍尔夫继《奥兰多》之后的又一部假日之作。虽然,表面上看它是一部关于一只西班牙长耳犬的滑稽传记,但是伍尔夫却将其与一位女作家的成长过程联系起来,赋予其潜文本以丰富、严肃、深刻的内涵。昆汀·贝尔在其《伍尔夫传》一书中写道:"与其说《弗勒希》是一部爱狗者写的书,不如说它是一部想当狗的人写的书……她(伍尔夫)的狗是她自己的精神的化身,而不是主人的宠物。弗勒希其实是弗吉尼亚为了逃避自身肉体的存在而走过(或至少仔细研究过)的途径之一。"①

在《弗勒希》创作的同时,《帕吉特家族》也在紧锣密鼓地构思和创作之中。对此,我们将在下一节详细论述。而这里,则有另外一件伍尔夫生命中的大事即将发生,而这件事可能把所有其他事情都扫到了一边。1934 年 9 月 9 日,伍尔夫接到了罗

① 昆汀·贝尔:《伍尔夫传》,萧易译,南京:江苏教育出版社,2005 年版,第 390 页。

杰·弗莱去世的噩耗。

星期天，罗杰去世了。当文尼莎出来时，我和克莱夫正在露台上散步。我们在那儿的椅子上坐了一会儿。星期一，我们和文尼莎一起进了城。玛杰里·弗莱来了。文尼莎见了海伦·安莱帕。第二天，我们顺从本能进城参加了葬礼。我感到茫然，非常呆板。女人们哭了，伦纳德说。不过我不知道自己为啥要哭，——多半是跟文尼莎在一起。我太神志恍惚了，没法写任何东西。我的头脑彻底僵住了。我想，如今我感受到了生活的贫乏，这种稍带黑色的幔布遮住了一切。炎热的天气，一阵风拂过。所有的事物都失去了实质。①

在经历利顿之死后，作为伍尔夫生命中“最有帮助”的朋友罗杰·弗莱的去世，于她而言更是一种雪上加霜的伤害，正如昆汀·贝尔所言：“利顿是她的过去，罗杰是她的现在。”她生命中最珍视、最敬重的朋友们在一个个地离她而去，而她却不得不忍受这一次次的失落和痛苦，顿时她感觉生命中所有的“实质”都悄悄溜走了。此外，罗杰的离去还使伍尔夫不得不忍受文尼莎的悲痛。如前所述，文尼莎和罗杰有过一段热烈的感情，虽然现在他们已经分手二十多年了，但罗杰始终是她最亲密的朋友，他的死对文尼莎的打击无疑是沉重的。总之，罗杰的去世对“布鲁姆斯伯里文化圈”中的任何一个朋友的影响都是巨大的。在参加完罗杰的葬礼后，伍尔夫在日记中沉重地记载道：“生平第一

① 昆汀·贝尔：《伍尔夫传》，萧易译，南京：江苏教育出版社，2005年版，第394页。

次，我把手搁在他（德斯蒙德）的肩头，说，‘现在还不要死。’‘你也一样。’他回答。‘我们有着出色的朋友。’他说。”①

在罗杰去世之后，一项艰巨的任务落在了伍尔夫身上，即为罗杰·弗莱作传。其实，在最初利顿去世时，斯特雷奇的家人就曾希望伍尔夫能为利顿写点什么，但由于不知如何开口，这件事便不了了之了。相较于斯特雷奇家的缄默，弗莱的家人们则更加直接地表达了自己的意愿。起初，玛杰里·弗莱和伍尔夫都倾向于以不同人写的文章汇编在一起的形式来为罗杰作传，玛杰里负责罗杰的青少年时代；纳撒尼尔·韦德负责罗杰在剑桥的部分；克莱夫和希克特描述他后来在伦敦的生活；而德斯蒙德和伍尔夫则负责写他在“布鲁姆斯伯里文化圈”中的地位……但是这个计划却没有付诸实践，最终这项费力而艰巨的任务落在了伍尔夫一个人的身上。她不得不一边开始自己的小说创作，一边耗费精力为《罗杰·弗莱传》做漫长的阅读、收集和采访工作。

其实在接手这项任务之初，伍尔夫就意识到了弗莱家族——罗杰的女儿和五个姐妹——似乎并不喜欢她所说的关于罗杰的一些评价，因此传主亲属们的想法成了她写作的一大顾忌。与此同时，对罗杰感情方面的描写也成了一件令她头疼的事情，无论如何她觉得自己都不能在一本冰冷的出版物中描述自己姐姐通奸的事情。她在写给文尼莎的信中写道：“该怎样描述爱情，以便我们都不会感到脸红？”对此，虽然文尼莎勇敢地鼓

① 昆汀·贝尔：《伍尔夫传》，萧易译，南京：江苏教育出版社，2005年版，第395页。

励她道："我希望你不要在乎让我们都脸红，它不会带来任何伤害。"但考虑到弗莱姐妹们的痛苦，她选择了放弃，只有当海伦·安莱帕[①]坚持关于她与罗杰的事情要实话实说时，伍尔夫才得以轻松且率真地讲述了罗杰最后的恋爱。《罗杰·弗莱传》本该是一部休憩之作，但事实上，它却成了对伍尔夫的一种折磨。在1938年7月7日的日记中，伍尔夫疲惫而烦躁地写道：

> 我在这里为这些琐碎的细节而埋头工作着。实在太细碎了，不能加以发挥，一切都已记录在案了。是否该用这种方法来写？要是照这样写下去，别人是否会感兴趣？我认为要是一如既往地写下去，一直到1909年——我遇见他的那一年——然后试着作出虚构。而在此之前，我必须埋头读完这些信。我想在创作中不断地作出对照：我的观点与他的观点——以及其他人的观点。接下来还得看完他的作品。[②]

对此，伦纳德写道："……要想在整本书中处理事实和论点，她只能违心地写作，不断地压制那种对她的特殊才赋来说既自然又必须的东西。"这时，如何处理公共生活与私生活之间的关系，以及如何把握公开的尺度，成了伍尔夫写作中最大的障碍。最终，直到1940年7月25日，《罗杰·弗莱传》才出版问世。或许是伦纳德对罗杰缺乏认同，或许是对罗杰的个性缺乏兴趣，总之他对这部作品的评价并不高，甚至是过于苛刻的、严厉的，他

---

① 自1926年以来，海伦·安莱帕一直作为罗杰·弗莱的妻子与他一起生活，照罗杰的说法，所欠的只是法定形式。

② 弗吉尼亚·伍尔芙：《伍尔芙日记选》，戴红珍、宋炳辉译，天津：百花文艺出版社，2012年，第221页。

认为这部作品只是分析，并不是个人经历，伍尔夫选错了手法，她从一个乏味的角度来看待它，并引用了太多呆板的引文，以至于使这个角度变得更加乏味。但同时，伦纳德也指出，和她以往所有的作品一样，这部作品也有其独有的特色。相对于伦纳德的批判，更多的还是赞美的声音，罗杰的妹妹玛杰里·弗莱激动地写道："这就是他……无限的赞美。"而文尼莎更是高度称赞道："如今你已经把他还给了我——虽然我忍不住哭了，我对你的谢意是表述不尽的。"克莱夫也对这部作品大加赞赏，"称它有其独到之处，和我的其他佳作一样好——它是多年来最好的传记作品——开头与结尾部分一样好，没有不协调之处"[①]。总体而言，《罗杰·弗莱传》是一部伍尔夫对好友爱的回响，是"一位艺术家怀着热爱去写另一位艺术家，以使后者能被人们铭记在心，并且可以受到公正的对待"[②]。

一直以来，作为"布鲁姆斯伯里文化圈"的精神导师和美学核心的罗杰·弗莱与伍尔夫的文学创作有着密切的关系，他生前总是活力四射、热情洋溢地与伍尔夫讨论关于艺术的问题。伍尔夫曾在给他的信中写道："就写作这一点而言，是你……使我一直走在正道上，你的影响超过了其他任何人。"[③]如前所述，

---

① 弗吉尼亚·伍尔芙：《伍尔芙日记选》，戴红珍、宋炳辉译，天津：百花文艺出版社，2012 年，第 236 页。

② S. P. 罗森鲍姆编著：《岁月与海浪：布鲁姆斯伯里文化圈人物群像》，徐冰译，南京：江苏教育出版社 2006 年，第 130 页。

③ Woolf, Virginia. The Letters. Vol. 3: *A Change of Perpective 1923—1928*. Nigel Ni-colson and Joanne Trautmann eds. London: Chatto and Windus, 1977: 385.

弗莱先后于1910年11月和1912年10月在伦敦格拉夫顿美术馆举办的两次后印象派画展，在使他遭到习惯于传统绘画的英国公众的唾骂的同时，也获得了一大批急于突破陈规、呼应欧陆艺术新风的追随者的支持。“后印象主义”(Post-Impressionism)一词由此进入现代艺术批评史，弗莱也一跃成了年轻一代英国艺术家的旗帜和精神领袖。而伍尔夫在《贝内特先生与布朗夫人》(1924年)中提出的“在一九一〇年十二月，或者大约在这个时候，人性起了变化”[①]的著名论断，与此一事件有着莫大的关联；伦纳德·伍尔夫后来也在自传中回忆说：“生活在1911年的伦敦是一件多么令人激动的事”，“因为我们都有一种从维多利亚的迷雾中走出来的轻松感”，还有“塞尚、马蒂斯和毕加索的深刻革命”[②]的感觉。

其时，正是伍尔夫以随笔开始其文学生涯，逐渐摆脱以威尔斯、贝内特和高尔斯华绥等为代表的传统现实主义写作方法，探索内在真实，形成其独特的文学思想的阶段。除了《现代小说》(1919年)、《贝内特先生与布朗夫人》等美学著述外，经历了《美林布罗西娅》和《夜与日》(1919年)中较为传统的现实主义尝试，伍尔夫逐渐在《墙上的斑点》(1917年)、《邱园记事》(1919年)与《雅各的房间》(1922年)等短篇与长篇小说中探索意识流技巧，终至完成了意识流小说的华彩之作、被称为“生命三部曲”的《达

---

① 瞿世镜主编：《伍尔夫研究》，上海：上海文艺出版社，1988年版，第543页。

② Woolf, Leonard. *Beginning Again: An Autobiography of the Year 1911—1918*. London: The Hogarth Press, 1963: 36-37.

洛卫夫人》(1925 年)、《到灯塔去》(1927 年)与《海浪》(1931 年)。伍尔夫对现代主义小说美学的探索,几乎与弗莱的艺术探索同步,并在其美学滋养下发展起来。在《罗杰·弗莱》中,伍尔夫尊其为"现代英国绘画之父",指出"他通过自己的写作改变了身处的那个时代的趣味,以他在后印象派人物当中的领袖地位改变了当下英国的绘画,并用自己一系列的讲座无与伦比地提升了人们对艺术的热爱"①,并称"在我所有的朋友当中,他是最活跃、最富于想象力,因而也最有帮助的一位"②。弗莱高度重视形式(form)与设计(design),认为画家要运用线条、色彩、块面等独特的形式手段赋予画面的整体结构以稳固、和谐、匀称和富于秩序的效果,从而唤起观众的审美情感,而他惊喜地在法国后印象派画家保罗·塞尚的画作中找到了自己艺术追求的现实范本。在他的影响下,伍尔夫的小说也着力追求绘画的结构设计与空间造型性,体现出塞尚画风的明显影响。弗兰克·格罗夫史密斯认为:弗莱"把小说看成'一个完美的有机美学整体',他倾向于把小说也纳入他的有意味的形式的理论之中,这一看法给予伍尔夫以信心,使她将其转化为自己的艺术目标所用。"③

《达洛卫夫人》《到灯塔去》和《海浪》均体现出独到的设计意识与空间造型之美。尤其在构思《到灯塔去》期间,伍尔夫一直

① Woolf, Virginia. *Roger Fry: A Biography*. London: Hogarth Press, 1940: 294.

② 同上,292.

③ Gloersmith, Frank, ed. "Autonomy Theory: Ortega, Roger Fry, Virginia Woolf."The Theory of Reading. Sussex: Barnes&Noble Book-Imports, 1984: 159-160.

与弗莱通信谈论创作进展。而在小说于 1927 年 5 月出版后，弗莱于当月 17 日兴奋地写信给伍尔夫，称赞它超过了《达洛卫夫人》，并肯定她“已不再受到事物共时性的搅扰，可以不时前后穿行，同时保持了每一意识时刻的不同凡响的丰富性”①的成就。针对弗莱对作品中关键意象“灯塔”含义的询问，伍尔夫在 5 月 27 日的复信中解释说：“对于灯塔，我并没有赋予什么含义。在书的中间，你得有一条中心线，以便将设计合为一个整体。”②这一围绕一条“中心线”，“将设计合为一个整体”的理念，正是弗莱一直强调、以塞尚为代表的后印象派绘画艺术的构图原则。“灯塔”因而成为弗莱所概括的塞尚式构图中“方便的知性脚手架”。与此同时，成为“知性脚手架”的，还有《海浪》中的海浪。关于海浪的结构功能，伍尔夫在 1930 年 8 月 20 日的日记中写道：“我认为《海浪》正在消融成一系列戏剧性独白（我已进展到第 100 页了）。问题是，得在海浪的韵律之中将它们组接起来。”③她思考“连贯性”的问题，认为这次写作为自己提供了最棒的一次机会。12 月 12 日的日记中，她提醒自己：“各部分的协调最后需要海浪的介入才能完成。”④在新年前夕，她仍然牵挂着作品的“整体感”(unity)，她在 12 月 30 日的日记中自问：“想想看我能否将

---

① 转引自 Spalding, Frances. Vanessa Bell. *New Heaven and New York*: Ticknor & Fields, 1980: 235.

② Woolf, Virginia. The Letters. Vol. 3: *A Change of Perpective 1923—1928*. Nigel Ni-colson and Joanne Trautmann eds. London: Chatto and Windus, 1977: 385.

③ Woolf, Virginia. *A Writer's Diary*. New York: Mariner Books. 2003: 159.

④ 同上：162.

所有场景都连为一个整体？——主要是通过韵律的控制。……要有一种饱满、丰富的完整性；场景的转换、思绪的变化、人物的更替，一切都要完成得滴水不漏。”[①]在这些密集的思考中，海浪的韵律与节奏，仿佛音乐的主题、画幅上的焦点与诗歌中的主导意象，成为作家完成形式创造的关键，为小说提供了伍尔夫心目中的整一性。而关于这种同时存在于塞尚的画作和伍尔夫小说中的整一性，弗莱的表述是“一种穿透整体结构的造型韵律”[②]。

在弗莱艺术理念的影响下，伍尔夫终其一生都在努力“用文字来表现一种变形的造型感”[③]。弗莱于伍尔夫而言，亦师亦友，他的离去，是伍尔夫生命中“一段可怕的时期”。

1932 年到 1941 年间，伍尔夫身边的挚友、亲人一个个相继离世，她开始感觉自己被亡灵包围。在罗杰去世之前的 4 月底，乔治·达克沃斯去世。虽然乔治曾对伍尔夫造成过难以弥补的伤害，但此时的她已摆脱乔治很多年了，而且毕竟在她童年时，乔治作为哥哥对她还是很友好的，所以，当反叛期早已过去的伍尔夫看到乔治的讣告时，她沉浸在了一种伤感的回忆之中。而 1936 年伊始，斯蒂芬·汤姆林和霍加斯出版社的雇员韦斯特小姐相继离世。这两起死亡事件都对伍尔夫产生了影响，她对他们的死亡感到遗憾和内疚。对于韦斯特小姐，伍尔夫认为她本

---

① Woolf, Virginia. *A Writer's Diary*. New York: Mariner Books. 2003: 164.

② 同上：146.

③ Woolf, Virginia. The Letters. Vol. 2: *The Question of Things Happening 1912—1922*. Nigel Ni-colson and Joanne Trautmann eds. London: Chatto and Windus, 1976: 285.

应该对出版社的工作人员更加友善、随和；而对于汤姆林，由于伍尔夫曾答应做他的模特，让他为其塑一座青铜雕像，但在做了四次短暂的尝试之后，伍尔夫实在无法忍受这份苦差事而就此作罢，这使得汤姆林的这个半身像作品不得不半途而废，因而此时，回想起这一切，尤其是忆及汤姆林的所有美好品质时，伍尔夫倍感自责。

而到了1937年6月时，曾在伍尔夫生命中对她产生过重要影响的珍妮特·卡斯去世了。她曾是伍尔夫的希腊文教师，是她生命中与其有着亲密交往的最忠实的朋友之一。在其病重期间，伍尔夫曾在写给玛格丽特·卢埃林·戴维斯的信中写道："没人(甚至连伦纳德也不)知道我得在多少事上感谢珍妮特。"在珍妮特去世后，伍尔夫为她在《泰晤士报》上写了讣告。1938年时，伍尔夫又经历了4月份奥托琳的去世、5月份凯·考克斯的去世，以及年底时杰克·希尔斯的去世。

身边亲友们的相继离世，使伍尔夫的人生旅途越来越孤寂，她的日记明显也变得越来越消沉，而她的世界似乎也因这些奇异的朋友们的逝去而大大贫瘠了。有时，她甚至感觉自己已经死了，不过，尽管如此，她并没有被压垮，正如邓肯所言："我们已经到了这样一个年龄，这时我们得预料到朋友们的死亡。"与此同时，早年丧亡岁月的悲痛经历早已锤炼出了伍尔夫面对并战胜一切的勇敢乐观的天性。因而，在经历所有这些低落、伤感、悲痛的情绪之后，她仍然选择微笑前行，并在日记中暗暗发誓道："我要继续冒险之旅，改变、开拓自己的思想和视野，拒绝被定型、被僵化。"

二、生命中的变奏:《岁月》

在1931年《海浪》创作完成之后的10月16日的日记中,伍尔夫写道:"我想在五十到六十岁期间,可以写一些非常与众不同的作品,如果那时我还活着的话。"[①]而显然,一年后,她已经找到了主题,并开始了她生命中的最后一次腾跃。

一切事物都在自愿汇入那条溪流,就像《奥兰多》那样。当然,发生的事情是,在放弃现实小说这么多年后——自1919年以来——《夜与日》是过时的——我发现自己对换换口味写点现实感到无限喜悦,也为拥有难以计数的未知因素而感到无限喜悦;虽然有时我觉得那番较量就在眼前,可我拒绝受它的诱惑。我确信,这是真正的路线,《海浪》之后——帕吉特一家自然会导向下一个阶段——散文小说。[②]

《帕吉特家族》的创作几乎是和《弗勒希》同时进行的,但很多时候《帕吉特家族》的创作会将《弗勒希》的创作挤到一边,在1933年1月19日的日记中伍尔夫写道:"必须承认,《帕吉特家族》如同占了巢的布谷鸟——而这巢本属于《弗勒希》的——它只有50页需要修改一下,随后就可以寄给梅布尔了。"[③]而当《弗

① 弗吉尼亚·伍尔芙:《伍尔芙日记选》,戴红珍、宋炳辉译,天津:百花文艺出版社,2012年,第141页。

② 昆汀·贝尔:《伍尔夫传》,萧易译,江苏教育出版社,2005年,第386页。

③ 弗吉尼亚·伍尔芙:《伍尔芙日记选》,戴红珍、宋炳辉译,天津:百花文艺出版社,2012年,第156页。

勒希》的全部创作在1月26日告一段落后，伍尔夫终于可以思绪兴奋、激情澎湃地转向《帕吉特家族》了。

3月份时，伍尔夫接到了曼彻斯特大学将授予她荣誉学位的通知，但由于她一直以来对教育制度的批判态度，她选择了拒绝，而且当时她似乎正有意在下一部作品中对这种制度进行攻击。其实，在此之前的1932年2月，伍尔夫还曾收到过一个极富声望的邀请，即克拉克讲座的邀请，而且相对于这次的荣誉学位，克拉克的讲座对她的诱惑力似乎更大一些，因为1888年，她的父亲莱斯利就曾在这个讲座上发表过演讲，而如果父亲能知道女儿收到了继承他事业的邀请，他本会是多么高兴。但是，为了坚守自我，不与学院制度达成妥协，即使略有遗憾，伍尔夫依然选择了拒绝。同样，1935年她再次拒绝了剑桥大学赠予的荣誉学术会员称号，而1939年3月，她又拒绝了利物浦大学的博士头衔。正如其在1935年4月9日的日记中所言：

圣殿的帘幕——我记不清它们是来自大学的或是大教堂的，是学术性的还是宗教性的——将要被揭开了，她将作为一个例外被允许登堂入室。不过，我们的文明是怎么样的呢？两千年里，我们默默地做了许多事情却没有得到相应的回报。你们现在贿赂不了我。

用一桶垃圾？不行；我在深为欣赏这个荣誉的同时这样说……

由此来看，这一阶段的伍尔夫显然已不愿为外界“一切华丽夺目的度量标准”所累，她希望可以作为“局外人”，发出一种公众之声。尤其在《普通读者》续集和《弗勒希》出版后，她被作为优雅的女性闲话作家而获得的赞美，使她急切地想要与其一刀两断，她不相信自己仅仅是一个上流社会的女空谈家，“起码它不是事实。可是他们都会这样说……不，我必须……创造，艰辛地狂热地创造，因为我现在感到比过去任何时候都更有能力这样做”①。因此，进入20世纪30年代，伍尔夫的思想和写作便开始发生最后剧烈的转变，“她要从个人的记录转向公众的记录，从小说转向编年史，要理解历史的壮观面貌，不忘记夹杂在著名人物的行为之间的微贱无名者的行为”②。正如其在1932年最后一天的日记中所写：

> 是的，这个秋天确实发生过一次巨大的启示。你要明白，所有的阻碍都突然土崩瓦解了。这是一个伟大的解放的季节。每件事物都显得极为清晰，惊人地令心灵激奋。我再也不受任何限制了，因此我能以过去绝未具有的活力与确信来自由地确定自己的态度。③

正是在这一思想转变的影响下，伍尔夫在对《岁月》的构思中尤其突出了社会政治内容。在1932年11月2日的日记中她写道：“……去囊括一切事物、性、教育、生活，等等。像岩羚羊一样以最有力、敏捷的跳跃蹦过悬崖，从1880年来到此时此地。”④

---

① Woolf, Virginia. *The Diary of Virginia Woolf*, Vol. 4: 1931—1935. Anne Olivier Bell ed. New York: Harcourt Brace Jovanovich. 1982: 181.

② 林德尔·戈登：《弗吉尼亚·伍尔夫：一个作家的生命历程》，伍厚恺译，成都：四川人民出版社，2000年，第357页。

③ 伍厚恺：《弗吉尼亚·伍尔夫：存在的瞬间》，成都：四川人民出版社，1999年版，第332页。

④ 昆汀·贝尔：《伍尔夫传》，萧易译，江苏教育出版社，2005年，第386页。

1933年，她继续奋笔疾书，创作《帕吉特家族》，使其稳步而快速地往前推进着。在9月2日时，伍尔夫将其更名为《此时此地》，而后又改为《岁月》。但1934年刚开始，写作中的过度劳累和兴奋却使得伍尔夫不得不因头痛而暂时搁笔休息。在此期间，她结束了与其住家女仆内莉长达18年的雇佣关系。事实上，伍尔夫和内莉的关系和她生活中与任何其他重要女性的关系一样持久、亲密和紧张。早在1916年时，伦纳德雇佣了曾在吉尔福德(Guildford)服侍过罗杰・弗莱的内莉・博克斯奥和她的终生好友洛蒂・霍普做女厨和女佣。当内莉第一次走进霍加斯宅的客厅与伍尔夫夫人面谈的时候，她就被伍尔夫迷人的气质所吸引了，当时弗吉尼亚穿着一件旧晨袍躺在沙发上，内莉觉得她是"如此的和蔼"，以至于她当时就知道自己愿意为她工作。但是令她想不到的是，在接下来的18年中，她和伍尔夫之间的关系变得复杂而微妙，她与伍尔夫生活在一起时总是争吵不断，但是她又离不开伍尔夫，伍尔夫既令她着迷，又常使她气愤。而同时，伍尔夫对内莉那种变幻无常的情绪也是既恼火又感动，既没办法忍耐她，又不能解雇她。内莉和洛蒂不断地上演狼来了的故事，一次次地与伍尔夫在争吵与和解，愠怒与息怒，抱怨与离职等情绪化的起伏中你来我往。因此，在内莉第15次提出辞职而后又祈求留下时，伍尔夫发誓，如果可怜的内莉再威胁要离开，她将永远都不会再相信她了；而内莉也得出了类似的结论，即当伍尔夫威胁要解雇她时，她也不会再相信她了。总之，她们彼此之间饱受折磨，但又离不开对方。关于女仆，正如昆汀・贝尔所说："她们提供了源源不断的戏剧源泉。弗吉尼亚对她们既入迷又恼怒，她们激发了她内心中最好和最坏的东西。”①

1934年2月15日，内莉再次与伍尔夫发生了激烈的争吵，并以拒绝做晚餐的形式表示抗议，而伍尔夫夫妇被逼无奈只得怒气冲冲地去餐馆吃饭。虽然内莉和伍尔夫之间确实怀有一种真实的爱和体谅，但是18年来持续不断的争吵终于使伍尔夫彻底爆发，她发誓事情该到此为止了，她必须快刀斩乱麻地结束这种烦人的关系。因此，3月27日，伍尔夫解雇了内莉，结束了这段漫长且不愉快的相处。虽然如此，但内莉还是像以往一样做了几番努力想要回来，不过这次伍尔夫再没有妥协。此后，在伦敦，内莉被一个日班女佣梅布尔所取代；在乡间，则是另一个日班女佣取代了她。此次解雇内莉的事件或许在一定程度上引起了伍尔夫的反思，她对内莉矛盾的心态也在一定程度上影响了她对《岁月》中的女仆克罗斯比形象的塑造。在作品中，她让忠实的仆人克罗斯比的声音贯穿全书，当埃莉诺辞退克罗斯比，并着手清理她位于地下室的仆人的房间时，房间的阴暗、逼仄又让她感到了一种充满负罪感的恐惧。作为出生于维多利亚时代的女性，女仆在伍尔夫的生命中始终占据着重要的地位。

在这个小插曲之外，伍尔夫的精力仍全部放在了《岁月》的创作上。8月2日，她在日记中写道：“我对最后几章很是担心，是否过于强烈，过于滔滔不绝了？”21日，她又写道：“从《此时此地》的写作中取得的收获是，我可以在一部作品中使用各种不同的形式……这部分中，帕内尔家的表演，或者帕内尔夫人的生

---

① 昆汀·贝尔：《伍尔夫传》，萧易译，南京：江苏教育出版社，2005年版，第262页。

平，需要好好地斟酌一番。"9 月 2 日，她再次激动地写道：

> 我认为自己从没有对哪本书有过更大的兴奋……我昨天像一个——忘了那个词了——那样写作；我的双颊发烫，我的双手颤抖着。我写到佩吉听他们谈话并爆发起来的那个场面，就是这场爆发使我激动成了这样。恐怕是激动了。今天上午，我没法自如地过渡到艾尔维拉的发言中去。①

9 月 30 日，《岁月》的初稿创作终于走向了尾声，伍尔夫在日记中心满意足地写道："那本无名作品的最后几个词在十分钟前已写完。我心中相当平静，它共有 200 页，伦纳德说有 20 万字……不管怎样，要是我明天去死的话，作品已经写出来了。我的状态极佳，明天可以修改结尾部分了……"②但是，大约正是在此时，伍尔夫开始遭受大量充满敌意的批评。米尔斯基亲王③抨击她是资本主义麻醉剂的贩卖者，弗兰克·温斯纳顿④则抨击她是机灵的智性势利鬼，而最令她痛苦的则是温德汉姆·刘易斯⑤的批评。10 月 11 日，刘易斯在《泰晤士报·文学副刊》

---

① 昆汀·贝尔：《伍尔夫传》，萧易译，南京：江苏教育出版社，2005 年版，第 393—394 页。

② 弗吉尼亚·伍尔芙：《伍尔芙日记选》，戴红珍、宋炳辉译，天津：百花文艺出版社，2012 年，第 179-180 页。

③ 米尔斯基亲王(D. S. Mirsky，1890—1939)，俄语文学批评家和历史学家，出身于俄国贵族家庭，因俄国革命而侨居英国，1932 年返回俄国，1939 年死于俄国劳改营。

④ 弗兰克·斯温纳顿(Frank Swinnerton，1884—1982)，英国小说家、批评家。

⑤ 温德汉姆·刘易斯(Wyndham Lewis，1882—1957)，英国小说家、剧作家、画家。

上刊登了《没有艺术的人》，在文中，他列举了艾略特、福克纳、海明威以及弗吉尼亚·伍尔夫等人的作品，其中他对伍尔夫的《贝内特先生和布朗太太》一文进行了一番嘲笑和批判，并称伍尔夫是"一个窥视者而非旁观者"，称其"本质上是一个假正经"等。据称刘易斯是一个满腹牢骚的人，他认为自己过去一直过着一种"逃犯的生活"，有一伙人，确切地说他认为是"布鲁姆斯伯里文化圈"以摧毁他为首要目标。刘易斯和"布鲁姆斯伯里文化圈"的过节其实可以追溯到罗杰·弗莱创办的欧米伽工作室成立期间。刘易斯在欧米伽工作时，曾因不满弗莱对工作室的管理，散发公开信谴责弗莱欺骗、不诚实和处理事情的双重标准。而弗莱本能证明自己的清白，但因意识到刘易斯是想挑起争斗搞破坏而选择了沉默。对此，刘易斯因没有受到迎击而郁闷不已，他甚至认为这种拒绝还击的行为夹杂着一种蔑视的味道，即一种显而易见、不屑一顾的优越感。因此，刘易斯终其一生都认为他受到了"布鲁姆斯伯里文化圈"成员尤其是弗莱的迫害。而事实上，伍尔夫从没在发表过的文章中提到过他，但显然此次刘易斯把她作为"那伙人"的代表了。

从常理来看，刘易斯对伍尔夫的批评本应像知更鸟对犀牛般不能对其造成任何困扰和伤害的，但或许此时正值伍尔夫较为脆弱、敏感的时期，毕竟罗杰刚刚去世，她的新作《岁月》也才刚刚完成，因此这些不友好的批评使她感到烦心。在 10 月 11 日的日记中，她以济慈的话试图努力地宽慰自己：

我在大庭广众之下被批得体无完肤；在牛津、剑桥，以及其他青年人争相传阅刘易斯文章的地方，我什么都不是。我的第一反应是别去碰它，所以好吧，我翻开济慈的书，找到这样一段话："毁或者誉对一个热爱抽象之美的人来说只有暂时的效力，热衷于此将使自己成为自己作品的苛刻批评者。我的自我评论给我带来的痛苦远胜于布莱特沃德，或者评论季刊所能施加于我的痛苦……这只是暂时的，小事一桩而已——我认为我身后能跻身于英国诗人之列，甚至(只是现在说而已)评论季刊想让我身败名裂的努力反而令我在公众中更加瞩目。"

那么，我是否以为自己在身后可以跻身英国小说家之列？我几乎从未想过这个问题。那我为何刻意逃避读刘易斯的文章呢？我为何如此敏感？我想这是虚荣心作祟：一想到被人嘲笑，一想到 A 君、B 君、C 君因为听到伍尔夫被说得一钱不值而满面生辉，我心里就不舒服。同时此文还给更多的批评鼓了劲，或许我对自己的才干没有把握。可那样的话，我应比他们更了解刘易斯。而且不管怎样，我打算继续从事创作。我想做的是，滴水不漏地将他人的谈话与评论中对我的指责收集起来，以便在一年之后，在我的作品正式出版后去读。我一方面面对指责泰然自若，我背靠着墙，说我是为写作而写作等等；但另一方面，心中仍有一种不可思议的感觉，挨了批评反而高兴——高兴自己终于也成了一个人物，成为一个殉道者，等等。①

虽然伍尔夫尽量地使自己轻松面对这一切，试图对此无动于衷，试图从中有所收益，甚至有时还试图提笔反驳，但所有的

---

① 弗吉尼亚·伍尔芙：《伍尔芙日记选》，戴红珍、宋炳辉译，天津：百花文艺出版社，2012 年，第 180—181 页。

努力均以失败而告终，她受到了巨大的影响。14 日她在日记中写道："今天早晨很为刘易斯的批评而伤心……这些刺耳的话钻进我的心头，就像被人咬了一口。"[①]同时，头痛也开始隐隐地发作了，思考也已无法正常地进行，动笔写作就更加成为奢望。15 日，她把自己内心的焦虑和不快分别向伦纳德和埃塞尔·史密斯进行了倾诉，他们也分别给予了她安慰和鼓励，对此，伍尔夫满心感激。16 日时，她不断在心里暗示自己已经痊愈。但是 11 月 2 日，刘易斯写给《旁观者》的一封信又一次引起了她的痛苦。

越来越多不友好批评的出现，使伍尔夫陷入了深深的担忧之中，本就对《岁月》这部作品存有疑虑的她，此时因刘易斯等人的批评而更加心慌意乱了。当 11 月 14 日，《岁月》终于进入修改阶段时，伍尔夫在日记中痛苦地写道："我对作品如此糟糕甚感绝望，想不到我竟弄出这种货色来——还写得如此富有激情。"[②]进入 1935 年，她仍沉浸在艰难而繁杂的修订工作之中。3 月中下旬，恶意的批判再一次向她袭来，对此她坚定地告诉自己："唯一值得做的是坚持到底，固守自己的观点；不采纳任何人的意见，毫不让步。"[③]9 月，她再一次被《岁月》折磨得彻夜不眠，焦躁不安，陷入了无尽的绝望……

1936 年 3 月，随着希特勒违反《凡尔赛条约》有关莱茵兰地区的条款和《洛迦诺公约》，派军队占领了解除武装的莱茵兰地

---

① 弗吉尼亚·伍尔芙：《伍尔芙日记选》，戴红珍、宋炳辉译，天津：百花文艺出版社，2012 年，第 181 页。

② 同上，第 182 页。

③ 同上，第 188 页。

区，国际政治形势出现严重的恶化，这使得伍尔夫突然意识到战争噩梦的临近，而她的忧虑也进一步加重，情绪波动变得剧烈起来。3 月 18 日，她认为《岁月》写得很好，“透着繁华热闹和生机勃勃”；但 19 日，她又觉得它糟糕到了令人绝望的地步，“如此昏黄，如此喋喋不休，看上去似乎正显出了我的衰老”；20 日，她又振作了起来，重新获得了勇气；21 日，她又丧失了它……总之，《岁月》的创作带给了她前所未有的绝望，她时而兴高采烈，时而垂头丧气，上一刻还感觉自己的大脑像“一辆劳斯莱斯的引擎，低吼着以每小时七十英里的速度行进着”，而下一刻却觉得自己写出来的东西都是“站不住脚的废话”。3 月 24 日，当她走在湖滨街上的时候，她意识到自己已经开始大声跟自己说话了，“我肯定已经非常接近疯狂的边缘了。我想我已经深陷此书，以至于都不知道自己在做什么。我发现自己沿着海滩边走边大声说着话。”①不过，尽管如此，她依然设法继续前行。最终，在照例的剧痛和狂喜中，伍尔夫于 1936 年 4 月 8 日从罗德麦尔寄出了最后一批要付印的《岁月》的打印稿。

如前所述，伍尔夫所有的小说在出版前都曾引起过她的焦虑和沮丧，但是相较于其他作品，《岁月》对她的神经造成的伤害似乎完全不亚于其处女作《远航》完成时所产生的影响。《岁月》是唯一一本在伦纳德被邀请阅读之前就直接排好版印刷清样的作品，具体原因并不清楚，但是昆汀·贝尔猜测可能是伍尔夫害怕听到伦纳德的评价，想尽可能地推迟那让人痛苦的一刻。最

① 奈杰尔·尼科尔森：《伍尔夫》，王璐译，北京：生活·读书·新知三联书店，2014 年，第 194 页。

后，当伦纳德开始阅读清样时，伍尔夫出于绝望竟要求伦纳德别读了，她要将书稿烧毁。对此，伦纳德告诉他，或许她对这本书的看法是错的，他要求读完之后，再将自己的想法告诉她。对于伦纳德对这本书的感受，昆汀·贝尔认为“伦纳德既感到失望又感到宽慰。这本书是部失败的作品——不过它没弗吉尼亚想的那么糟。所以说个谎是过得去的，如果告诉她真相，他几乎肯定她会自杀”①。因此，伦纳德才会“认为它写得异乎寻常地好”。其实，伍尔夫也曾存有疑虑，她在 11 月 4 日的日记中写道：“我无法让自己相信他是对的，可能只是我夸大了糟糕的程度，所以他现在发现其实并不那么糟糕，因此对它的优点夸大其词。”②实际上，伦纳德确实有点言不由衷，因为在他的自传性作品《一路下坡》(*Downhill All the Way*)中他坦言：“我知道除非我能给一个完全赞美的评价，否则她就会陷入绝望，完全精神崩溃……那个评价并不完全是我对这本书的看法。如果她的身体状况好些，我不会如此表扬这本书。”③但不管伦纳德对《岁月》的真实态度究竟是什么，无疑他为伍尔夫“带来了无比的宽慰”。

1937 年初，《岁月》出版问世，从出版后各方面的反应来看，《岁月》是一部成功的作品，《泰晤士报·文学副刊》《时间与潮汐》以及《观察家报》等都给予了高度评价和赞许，同时，该作品

---

① 昆汀·贝尔：《伍尔夫传》，萧易译，南京：江苏教育出版社，2005 年版，第 66 页。

② 弗吉尼亚·伍尔芙：《伍尔芙日记选》，戴红珍、宋炳辉译，天津：百花文艺出版社，2012 年，第 201 页。

③ 奈杰尔·尼科尔森：《伍尔夫》，王璐译，北京：生活·读书·新知三联书店，2014 年，第 197 页。

的销量也取得了可喜的成绩，这部被伍尔夫坚定地认为是失败之作的作品，却成了她有生之年中最伟大、最受欢迎的成功之作。在3月12日的日记中，伍尔夫欣慰地写道："的确如此，《时代潮》说我是一个一流作家，还是个伟大的抒情诗人……想想看吧，那书居然不是一堆废话，它确实产生了影响，当然根本不是我说的那种影响，可现在，我的天呀，在经历了所有这些痛苦之后，我完全自由了。我充实了，又有活力了，能全速前进了……"①虽然，也有不利的评论出现，但是显然，它们并不像伍尔夫过去一直担忧的那样糟糕。就该作品而言，虽然它偏离了以往伍尔夫创作的现代主义轨道，似乎恢复到了早期小说的写实风格，但不可否认的是，它是一部佳作，"一部严谨、真实、竭尽全力完成的作品……它包含了更多真实的生活，更加有血有肉"②。

如前所述，时间、生命与存在，尤其是女性的生活、困境与精神发展，是伍尔夫终其一生加以关注，并在小说与随笔创作中始终加以探索的核心主题。1928年10月，她以《妇女与小说》为题，在剑桥大学进行了两次学术演讲，一次在纽厄纳姆学院的艺术爱好者协会，另一次是在格顿学院的艺术爱好者协会。1929年问世的《一间自己的房间》，即是以这两次演讲的内容为基础修订而成的长篇论文，其中梳理了女性文学传统，反思了女性写作困境，讨论了女性作家与小说等文类的关系，同时提出了"双性同体"的著名构想。

---

① 弗吉尼亚·伍尔芙：《伍尔芙日记选》，戴红珍、宋炳辉译，天津：百花文艺出版社，2012年，第206页。

② 同上，第202页。

后来，伍尔夫在英国的妇女参政权运动，以及埃塞尔·史密斯等具有女权意识的朋友的影响下，又产生了写作《一间自己的房间》续集的想法，并有了一个初步的标题叫《妇女的职业》。1931年1月21日，她在伦敦全国妇女事务协会组织的一次聚会上再度发表了演讲。一年之后，她将构想具体到了小说《帕吉特家族》的写作上，并在1932年11月2日的日记中表达了自己将"换换口味写点现实"的愿望，同时将《帕吉特家族》界定为一部"散文(随笔)—小说"(essay-novel)，有意将对帕吉特这一英国中产阶级家族成员具体生活的描写，与《一间自己的房间》式的追溯、反思、质疑与论辩性的散文文体合而为一。

虽然，后来由于各种事务的纷扰，伍尔夫原定的散文(随笔)部分被放弃了，其关于女性的基本观点进入了后来的随笔《三个基尼》，但从保留下来的内容上看，小说与《一间自己的房间》一脉相承，体现出伍尔夫鲜明而又独特的历史观。历史并非仅仅由伟大人物、重大事件断裂式拼接、连缀而成，而是流动的、连续的，由普通人的寻常琐事、家居日常点点滴滴建构而成。芸芸众生的日常生活和他们的所思所想，因而成为历史必不可少的组成部分。与此同时，过往的正统历史叙述仅仅是由"庄园""十字军东征"等政治法律、军事战争以及教会活动等属于男性的生活组成的，占到人口一半的女性及其生活却在其中籍籍无名，扮演了可悲的缺席者。作为在维多利亚时代晚期的伦敦知识分子家庭中成长起来的女作家，童年时代的家居记忆、少女时期作为茶桌边的天使的黯淡生活，以及伍尔夫所熟谙的中产之家下午茶、晚宴、客厅中的闲谈等日常生活场景，因而都将作为历史的见证，在帕吉特家族的编年体生活叙事中栩栩如生地呈现出来。对于痛感女性在历史与现实中遭受的剥夺，体现出越来越清晰的女性意识的伍尔夫来说，帕吉特家族女性成员的生活与命运，尤其会成为她重点加以追踪与表现的内容，成为她的独特历史画幅中最重要的主人公。

《岁月》最早的书名是《帕吉特家族》，后来曾被改为《此时此地》。它由 11 部分构成，每一部分都以提示时光流逝的年代为标题，分别是“1880 年”“1891 年”“1907 年”“1908 年”“1910 年”“1911 年”“1913 年”“1914 年”“1917 年”“1918 年”和“现在”。在无情逝去的流年中，伍尔夫通过对一个英国上流社会的家族帕吉特家族三代人生活的片段式聚焦，象征性地勾勒了自维多利亚时代后期到 20 世纪 30 年代二战前夕半个多世纪的社会生活史。

1880 年。

四月里一个狂风呼啸的下午。这属于英国维多利亚女王统治后期，等级秩序森严，伦敦城内的绅士淑女依然保持着中规中矩的生活方式与仪态。这一部分在篇幅上较长，主要包括帕吉特上校家人聚在一起喝下午茶、用晚餐，晚餐被上校夫人陷入昏迷的危险状况所打断，当晚夫人去世的生活片段；牛津大学的学生宿舍里，帕吉特上校的儿子爱德华与两位同学喝酒聚谈；牛津大学某学院院长马隆夫妇和女儿吉蒂在家中招待与送别宾客，吉蒂小姐第二天先后去上了克拉多克小姐的历史课，到穷朋友罗布森小姐家与她的家人一起喝下午茶，归来后又参加了家中举行的晚宴。马隆太太从爱德华的来信中获知了自己的妹妹罗丝，即上校夫人去世的噩耗；以及家人与亲友前往教堂墓地为帕吉特夫人举行落葬仪式的场景。

小说开局，百无聊赖的埃布尔·帕吉特上校离开军官俱乐部，去他的小情人米拉处待了一小会儿。而在他阿伯康街的家里，卧病的帕吉特夫人正在楼上的卧室中奄奄一息，几个孩子则等着父亲回来一起喝下午茶。擅长描写上流家庭的社交聚会、茶会宴请场景的伍尔夫，细致表现了帕吉特上校的二女儿米莉与三女儿迪莉娅在少女时代的亲密关系，真实再现了伍尔夫在母亲去世前后和姐姐文尼莎·贝尔之间相依为命的精神状态。长女埃莉诺刚刚走贫访苦归来，其家庭天使的气质与美德正是现实生活中伍尔夫同母异父的姐姐斯特拉的真实写照。迪莉娅作为父亲最宠爱的女儿，最理解父亲的心思，亦因母亲长期卧病造成家庭气氛沉闷压抑而对其怀有爱恨交织的复杂情感。

上校回来和家人一起喝茶，客厅里的气氛尴尬而又紧张。晚餐刚端上桌，仆人来报夫人昏过去的消息。刚下班回家的次子、律师助理莫里斯匆匆赶去请医生。当天深夜，夫人去世。幼小的孩子们被唤醒来与母亲作最后的诀别。此处场景中母亲卧房的陈设和气氛，真实复现了少女时代的伍尔夫对母亲去世的诸种印象。

在这一部分里，伍尔夫在纵向的时间轴中截取了数个切面进行了精雕细琢，通过下午茶、晚餐和客厅交谈等生活场景，逼真再现了大家庭中的复杂关系，包括父女间的隔阂、姐妹间的深情、父亲暴躁的性格和小兄妹间的口角等。通过细节、动作、对话与心理描写，伍尔夫让焦点在不同人物之间灵活切换，但更多落笔于三女儿的心理，表现了她与父亲之间的默契，对母亲久病拖累家人、让家庭气氛倍感压抑紧张的怨愤等。

第二个场景同步出现在雨夜的牛津校园。帕吉特上校的长子爱德华在宿舍备考。这位相貌英俊、学习刻苦、热爱古希腊文学的青年才俊，再次表达了伍尔夫对深爱的哥哥托比的思念。小说从他的行为与心理活动展开，表现了他与两位性情大不相同的同学饮酒交谈的场景。

与此同时，在牛津某学院院长的住宅内，马隆夫妇结束了对客人的款待，正在门口送别客人。马隆夫人和帕吉特夫人是亲姐妹。第二天，马隆小姐吉蒂先去克拉多克小姐家上了历史课，受到了她的批评；随后到罗布森小姐家喝了茶。这里，伍尔夫以现实主义的笔法，呈现了贫苦家庭寒酸的家居陈设。也正是由于阶级差异，马隆小姐与罗布森的家人显得格格不入。晚餐后，吉蒂陪母亲刺绣、读报、聊天。这一天以马隆夫人收到妹妹去世的消息而告终。

最后的片段是帕吉特夫人的葬礼，主要从迪莉娅的观察与感受展开。

1891 年。

秋天到了。伍尔夫在想象中先是抒写了英国北方与南方，牛津、伦敦和乡村不同的秋日风景，随后交代了众多人物在八年后的生活改变：吉蒂已出嫁，成为高贵的拉斯韦德夫人，有了可爱的儿子；米莉嫁给了哥哥爱德华爱打猎的同学休·吉布斯，也已经怀孕；暗恋表妹吉蒂的爱德华成了牛津大学的古典学者，沉浸在希腊与拉丁文的世界中；而莫里斯终于实现了当律师的梦想，成功地在伦敦拥有了自己的律师事务所。

随后，伍尔夫将长镜头推近并聚焦于埃莉诺，集中呈现了埃莉诺一天之内的忙碌生活。为了照顾家庭和老父，她放弃了婚姻。以下六个场景，浓缩了她的日常生活状态。

她先是匆匆赶去某个委员会参加会议，然后奔至贫民区的房客那里，约见达弗斯落实房屋的修缮事宜；在赶回家中陪父亲午餐之前，又匆匆奔向附近的商店为堂妹玛吉挑选生日礼物；饭后，她赶往法院旁听弟弟莫里斯参与的一桩案件的审理，路上还忙着读小弟弟马丁从印度寄来的信件；最后，她逃离了冗长沉闷的审案现场，来到滨河大道散步，从报纸上见到了爱尔兰民族独立运动领袖查尔斯·斯图尔特·巴涅尔逝世的消息。

与此同时，帕吉特上校在去弟弟迪格比·帕吉特爵士家做客的路上，也在报纸上读到了巴涅尔逝世的新闻。在弟弟家，他和弟媳欧仁妮相谈甚欢。他嫉妒弟弟一家主妇活泼、孩童绕膝，充满混乱与活力的家庭氛围，为自己失去配偶、孩子们都长大远离，只能孤身一人黯然神伤。

1907 年。

又是 16 年过去了。仲夏时节炎热的夜晚，货车在前往伦敦的道路上轧轧前行，而在伦敦市内，夜生活则刚刚开始。欧仁妮和丈夫迪格比爵士带着成年的女儿玛吉出门参加舞会，并为女儿已长成为一个明艳的淑女而倍感自豪。而玛吉的妹妹萨莉却因邻家花园中传来的舞曲声而读不成书，睡不成觉。百无聊赖之中，她取下了堂兄爱德华送的一本希腊悲剧《安提戈涅》的英文译本读了起来，终于睡着了。

玛吉从舞会回来后来看望妹妹。母亲也来了，母女三人其乐融融。母亲还为两个女儿跳了一段华尔兹舞。后来，母亲被父亲唤走。

1908年。

三月。伍尔夫首先从春天无情肆虐、扫荡一切的狂风起笔。在不到一年的时间里，帕吉特夫人欧仁妮、迪格比爵士先后故去，他们在布朗街的房子也出售了。人去楼空，从印度回来的马丁站在门前倍觉凄凉，遂回到阿伯康街自家的老宅去看望中风的老父和姐姐。

1910年。

喜欢在开篇处遥想各处风景变幻的伍尔夫，再度畅想了春日乡下和伦敦的街景。

搬至一个混乱而喧闹的街区居住的玛吉和萨莉在家中等待堂姐萝丝前来午餐。萝丝来到，三人聚谈。饭后，萨莉跟着萝丝去参加一个争取妇女参政权的会议。视角因而在不同人物的感受和情绪间不断转换。埃莉诺也参加了此次会议，所以心理视角又转向了埃莉诺。拉斯韦德夫人吉蒂也来了，因当晚要去听歌剧，所以穿着不合时宜的亮闪闪的晚礼服。会议结束后，吉蒂用车将埃莉诺带到了地铁口，随后乘车前往考文垂花园的歌剧院，观看歌剧《齐格弗里德》的演出。表兄爱德华也来到了包厢。

当晚，玛吉姐妹在闲谈中，听到了外面大街上传来的国王爱德华七世晏驾的消息。

1911年。

随着爱德华七世驾崩，改朝换代，其子乔治五世即位。盛夏时节，在老父去世后，已是55岁的埃莉诺结束了在希腊、西班牙的旅行，前往弟弟莫里斯和弟媳西莉娅在乡村的庄园度夏，并思考着自己的未来安居之所。

晚宴结束后，埃莉诺和西莉娅，以及弟弟的两个孩子佩吉和诺思在暮色中的平台上喝咖啡，谈及家族成员近况，包括帕吉特上校在阿伯康街的房子即将售出，玛吉即将在巴黎分娩等等。

天黑了，众人返回客厅，陪西莉娅的老母钦纳里老夫人打惠斯特牌。本部分以埃莉诺在床上对自己生活的沉思结束。

1913年。

一月的下雪天。阿伯康街的老宅终于售出，家当都被儿女们分走了，显得空落落的。到了不得不说再见的时刻，为帕吉特家服务了整整四十年的老仆克罗斯比怀抱着奄奄一息的老狗和一些纪念品，泪眼晶莹地离开，带着埃莉诺给的一笔养老金去了里士满的新居养老。下一个场景则是她为心爱的小主人马丁取换洗衣服时和马丁的交谈。

1914年。

开春了，万物复苏。

马丁在圣保罗大教堂的台阶上遇见了堂妹萨莉，于是请她共进午餐。他们谈到了萝丝。萝丝因为在争取妇女选举权的示威游行中砸破了窗玻璃而被捕入狱。午餐后，马丁陪萨莉到圆形池畔与玛吉见面。此时，随着科学技术的不断发展，小汽车已取代了当年的马车，成为城市的主要交通工具。玛吉嫁给了一位法国教授勒内，有了一个孩子。在公园消磨了一段时间后，马丁·帕吉特上尉前往表姐吉蒂、如今已是里格比伯爵夫人的豪宅中参加晚宴。从宴会到咖啡时间，伍尔夫让心理视角在不同人之间自如流转，其间又穿插了对话与动作，显示了作家融外部现实与内在真实、现实主义与现代主义技巧于一炉的娴熟笔法。吉蒂的长子在远方服役，次子在伊顿公学读书。

夜渐渐深了，客人们告辞而去。吉蒂则在仆人帮助下匆匆去赶前往北方乡村的夜行火车。和达洛卫夫人相似，这位贵妇具有游走于豪华世界内外的能力，既是上流社会殷勤周到的女主人，又是对世俗生活抱有自省的立场，体现出一定批判意识的边缘人。她不虚荣，亦不浮夸，在社交场上甚至显得有些笨拙，内心真正喜爱的是乡村、独处的宁静而真实的时光。小说对吉蒂返回乡村后，第二天清晨即去户外漫游、散步，亲近大自然的所见所闻、所思所想的诗意描写，表达了伍尔夫对什么是真实的生命与有意义的存在的深切思考。

她在树林下行走的当儿，似乎起风了。风在树顶歌唱，但在树下却无声无息。枯叶在脚下沙沙；叶间冒出淡淡的春花，一年里最可爱的——蓝花和白花，在软垫似的青苔上战栗。满眼春色令人愁，她想：它能勾起回忆。物换星移，白云苍狗，她想，沿着林荫小径往上爬。这都不是她的；她儿子会继承的；他的妻子将会在这里步她的后尘。她折下一根细枝；她摘下一朵鲜花，贴到唇边。但她正当盛年；她精力充沛。她迈着大步向前走去。地面突然陡立起来；她的厚底鞋踩在地上，她感到肌肉强健灵活。她把花扔掉。她越爬越高，树木变稀了。突然她看见夹在两棵条纹树干中间的天特别的蓝。她出来站在山丘顶上。风停了；周围是一望无际的乡野。①

吉蒂沉醉于自然光色变幻的壮观与静美，以及它们给予人的真正的抚慰之中。就在这一瞬间，她得到了一种新的精神上的领悟。这其中想来也凝聚了伍尔夫本人在乡间寓所的户外漫步时所感受到的美好与纯净："她的身体似乎缩了；她的眼界似乎大了。她扑到地面上，远眺那波涛般起伏的大地，延伸开去，直到远方连接大海。从这个高度望去，无人耕作，无人居住，自给自足地存在着，没有城镇，没有房屋。楔形的黑影，宽阔的光带，并存着。她注视着，光明在移动；黑暗也在移动；光与影掠过了千山万壑。她耳边响起喃喃的歌声——大地自己在向自己唱歌，独一无二的合唱。她躺着听。她心花怒放。时间静止了。"②这种"天人合一"的时刻，正是伍尔夫在其一生和艺术中始终孜孜以求的"存在的瞬间"。

---

① 弗吉尼亚·吴尔夫：《岁月》，蒲隆译，北京：人民文学出版社，2003年，第238页。

② 同上，第239页。

1917年。

此时正值一战期间。德国人空袭了伦敦。伦敦城内实行灯火管制,街道上黑黢黢的。冬夜,埃莉诺前往玛吉夫妇的家,与他们以及萨莉共进晚餐。小说写到了恰逢空袭,主客下到地窖躲避的场景。我们看到,虽然战争惨绝人寰,死伤无数,但是在伍尔夫的小说中,这类重大历史事件往往构成陪衬与背景,而真正烘托出来的主角是岁月和时间,是普通人在岁月流逝中老去的生命,是埃莉诺对自己生活的思考。

1918年。

退休的老仆克罗斯比寄人篱下,老来无依,虽然腿脚不便,依然不得不亲自出门去买食物和用品。警报长鸣、礼炮声大作。一战终于结束了。

叙述随后跳跃到了小说中篇幅最长的"现在"。

夏日夕阳西下的时分。此时已是二战的前夕。

埃莉诺住在公寓套房中,正在送别从非洲农场回来的弟弟莫里斯的儿子诺思。她又去过一趟印度,肤色被晒得黧黑。这时的她,已是七十多岁的老妇了。

诺思告别出门,在伦敦开车。由于长期生活在非洲,他对伦敦的拥挤、繁华与喧闹已很不习惯。他驾车是应约去与堂姑妈萨莉吃饭的。科学技术日新月异,此时电话和淋浴器都已经出现了。

随着电话铃声响起,场景转至打电话来的埃莉诺和佩吉一起吃饭的过程。饭后，两人叫了出租车前往迪莉娅举办的家族晚会。

电话的另一头，萨莉、诺思和玛吉夫妇也准备好前去赴会。这一部分，伍尔夫的心理描写主要集中于家族的第三代知识女性、产科医生佩吉身上。

在迪莉娅家，帕吉特家族的第二、第三代人，还有他们的配偶和朋友们终于相聚了。帕吉特上校的七个子女爱德华、埃莉诺、莫里斯、米莉、迪莉娅、萝丝和马丁都来齐了；他们的表姐妹吉蒂来了；迪格比爵士夫妇的两个女儿玛吉和萨莉也来了。帕吉特家族第三代成员中来的是莫里斯的孩子佩吉和诺思。时光荏苒。吉蒂成了寡妇。爱德华则依然孑然一身。萝丝的耳朵聋了。别的人则或肥胖，或衰老。大家相互交谈、打趣、怀旧，直至天明。家族的第二代人伫立窗边，体现出一组雕像的质感，仿佛成为历史的永恒化身："窗口的那一伙，男的穿着黑白分明的晚礼服，女的有的披红，有的挂金，有的戴银，一时间显露出一种雕像般的神态，仿佛他们是用石头刻成的。她们的衣裙垂下来，形成雕刻一样的僵硬的皱褶。"[①]而在窗外，已是晨曦初露。鸽子在欢啼，微风拂过广场，树叶沙沙作响。小说最后以"太阳已经升起，房屋上方的天空显得格外美丽、单纯、宁静"[②]利落结束。

如前所述，在作品涵盖的半个多世纪的岁月中，涉及了不少在英国，甚至是人类历史上发生的重大事件，比如维多利亚女王

---

① 弗吉尼亚·吴尔夫：《岁月》，蒲隆译，北京：人民文学出版社，2003 年，第 379 页。

② 同上，第 381 页。

的驾崩、爱德华七世的即位和驾崩、乔治五世的即位，大英帝国的海外殖民扩张、轰轰烈烈的妇女争取选举权运动、爱尔兰民族独立运动、一战的爆发与终结、纳粹法西斯势力的抬头、人们普遍的文明危机感等等。但伍尔夫并未使这些重大事件成为叙述的焦点，而使其构成了普通人生活与生命的阶段性背景与陪衬。她真正重视的，是岁月流逝中人的真实的生存状态，红颜易老、韶华易逝反衬出来的人世沧桑和时光无情，是帕吉特家族成员或多或少并潜移默化地所受到的外界现实与历史事件的影响，是这一家族祖孙三代的出生、成长、婚姻、事业、成功、失败与死亡。英国书评家帕梅拉·汉斯福德·约翰逊写道：

> 伍尔夫夫人以她的审慎而流畅的技巧、丰富的想象力和惊人的洞察力所创造出来的，不仅是记忆之中的斑斓岁月，而且也是岁月在进入记忆之时所散发出的馨香。对帕吉特家，虽然只是尖锐、明晰、概略地交代一番，但却从没有脱离故事的背景。不论他们的存在是多么分散或明显，都永远从属于泰坦时代，那些年代身影相随，有时使人的脸庞难以辨认，有时使人焕发出一种老年的、庄严的美。在伍尔夫夫人的所有小说中，这一本可以说是最怀旧、最严肃和最感人的。①

由此意义上说，小说的真正主角其实就是时间。伍尔夫在年轻气盛之时，曾经无情抨击了英国老一辈现实主义小说大师阿诺德·贝内特的“物质主义”。晚年的她修正了青年时代的偏

---

① 帕梅拉·汉斯福德·约翰逊：《评〈岁月〉》，见瞿世镜编选：《伍尔夫研究》，上海文艺出版社，1988年，第288页。

激，作品中的现实主义成分也明显抬头。她的《岁月》从某种意义上有着与贝内特的小说名作《老妇谭》(1908)相近的主题。《老妇谭》以英格兰中部某小镇一家布店老板的两个女儿康斯登司和索菲亚的生活经历谋篇布局，波澜不惊，如同对普通中产阶级妇女的生活实录一般，由此感叹岁月的无情，表明人生只是一个由生入死的衰老过程。小说家 E. M. 福斯特在《小说面面观》中指出："时间是《老妇谭》一书里真正的英雄。"时间同样是《岁月》中真正的主人公。伍厚恺也认为："伍尔夫仍然像过去那样，以时间和大自然来提供宏大深远的背景和一种非人类的视角，映照着人类生活戏剧的演变。"①

除了时光与岁月，伍尔夫在作品中亦表达了丰富的内容，包括女性因缺乏教育和职业训练而变得琐碎狭隘，被迫放弃爱好与梦想，被排斥在公共的社会空间之外，只能成为晚宴与茶桌边外表光鲜、内心肤浅空洞的所谓天使的可悲处境，战争对人们的生活勇气与价值信念的摧残，维多利亚清教主义传统对自由心灵的压迫和窒息，代沟，阶级冲突，对英国殖民事业的批判等等。如小说中落笔最多的人物之一埃莉诺，作为一个为父亲、为家庭、为弟妹而自我牺牲与奉献的女性，在老父故去，自己开始新生活为时已晚的处境下，不断思索生命的意义。她是一个自我失落、自我牺牲的传统女性形象。又如吉蒂，作为上层知识分子家庭出身的女儿，只能放弃自己对农业的兴趣，满足自身所处阶层的要求和父母的期待，成为一名周旋于交际场中的贵妇。在

① 伍厚恺：《弗吉尼亚·伍尔夫：存在的瞬间》，成都：四川人民出版社，1999年，第331页。

创作期间，伍尔夫在1933年4月25日的日记中写道："我想我开始抓住了整体。在此书的结尾，日常的常规生活中的那种压力，将会继续存在。它并不说教，但是，它将包含不可胜数的思想观念——历史、政治、女权运动、艺术、文学——一言以蔽之，它将概括我所知道的、感受的、嘲笑的、鄙视的、喜欢的、赞美的、憎恨的，等等方面。"①著名的传记作家赫麦尔尼·李也认为，《岁月》在某种程度上是对她之前作品主题的重构，是一部集大成之作："《远航》里中产阶级姑娘被压抑了的成长历程；《夜与日》里维多利亚时代传统对下一代的压力（特别是对他们的性选择）；《雅各的房间》和《达洛卫夫人》里战争的毁损和创伤，以及《达洛卫夫人》里那战后残存的不公正的社会结构；《到灯塔去》里家庭生活的专制；《奥兰多》里对帝国历史的讽刺性的壮观展示；《一间自己的房间》里妇女的缄默无声和她们对英格兰所持的局外人观点；《海浪》里六个人物的孤独、阶级压抑和死亡意识；《弗勒希》里摆脱维多利亚式家庭的逃逸；这些先期观念都在《岁月》里寻找到了它们最具颠覆性的、粗厉的和愤怒的表达。"②

从艺术上说，在以"生命三部曲"达到了意识流小说创作的巅峰之后，伍尔夫的创作体现出了一定的向传统现实主义文学致敬与回归的趋向，体现出不断自我挑战与超越的艺术创新活力，这一点在《岁月》和后面创作的《幕间》中都有明显体现。创作《岁月》期间，伍尔夫在1933年4月25日的日记中写道："我希

---

① Virginia Woolf. *A Writer's Diary*. edited by Leonard Woolf. London: The Hogarth Press, 1954: 198.

② 昆汀·贝尔：《伍尔夫传》，萧易译，江苏教育出版社，2005年，第637页。

望能表现当下社会的整体——什么也不遗漏:既有事实,也有视觉。将两者融为一体。我的意思是,使《海浪》与《夜与日》同步进行。”[①]《夜与日》代表的,是早期的现实主义传统;《海浪》则是其意识流探索的高峰。因此,《岁月》体现出现实主义与现代主义技巧的有机交融。意识流小说鼎盛时期的诸多技巧,如深入挖掘与追踪人物心理的幽微变化,多视角叙事的自如流转,以及象征技巧等等,依然在小说中多有保留。小说采用了历时性的编年体叙事框架,其间容纳了11个年份中在某一共同的时间点或时间段上展开,但在不同的空间内发生的生活场景,时间上基本控制在一天之内,呈现了各色人等的生活状态、彼此交往与心理感受。伍尔夫细腻准确地刻画了人物的外貌、服饰、动作与对话,同时又融入了不同人物纷繁的思绪、回忆、印象与感受,勾画了世纪之交的英国中产阶级青年对各自生命形态的选择过程,以及维多利亚价值观和新一代价值观之间的尖锐对立,使得人物的个性化特征与气质跃然纸上。如埃莉诺这位最具自我牺牲精神并作为人际关系黏合剂的女性形象,融合了伍尔夫对母亲茱莉娅、姐姐斯特拉和文尼莎,以及维多利亚时代许许多多家庭天使形象的理解。而感到家族聚会沉闷压抑的年轻人诺思则认为,对自己这代人来说,则需要过“另一种生活,一种截然不同的生活。不是歌舞杂耍场,不是震天响的传声筒;不是成群结伙、穿戴整齐、跟在领导屁股后面亦步亦趋,循规蹈矩。从内心做

---

① Virginia Woolf. *A Writer's Diary*. edited by Leonard Woolf. London: The Hogarth Press, 1954: 198.

起，让外表形式见鬼去吧。”①

同时，从整体上看，《岁月》的描写更为细致、具体，没有《海浪》那般抽象与空灵，但依然保留了《海浪》在各部分的前面都加上一个抒情“引子”的形式特征，即在每一部分的开头都有关于时令、季节与天气的抒情性、想象性描写，随后转入帕吉特家族成员的日常生活。如“1910 年”部分的开头是这样写的：“在乡下，这是极其平常的一天。流年似水，日月如梭，把翠绿变成橙黄，把青草变为收获，这就是悠悠岁月中的一天。这是一个典型的英国春日，不热不冷，但春光明媚，小山后面的一块紫云也许预示着山雨欲来。青草青青，浮漾着阴影，拂荡着阳光。”②“1913 年”部分的开头是：“一月天。在下雪；雪下了一整天。天空延展开来，像一只灰鹅的翅膀，羽毛纷纷扬扬落遍英国。万里长空只有漫天飘落的雪花。阡陌铺平了，洼地填满了；雪壅塞了河流，遮暗了窗子，楔入了门户。空中有种细微的淅沥声，一连串轻轻的爆裂声，仿佛空气本身也要化作飞雪；偶尔有一只羊咳嗽，雪从树枝上扑腾落下，或者从伦敦的一家屋顶上大片崩落下来，除此之外，万籁无声。”③节令、天气、自然风物的不断复现，正象征了岁月的流逝与自然的循环，并与生命的脆弱形成对比。而除了冬去春来，时令的不断循环之外，小说的这一循环模式，还体现为一些相似的事件也在年复一年地发生，如人的出生、成长、

---

① 弗吉尼亚·吴尔夫：《岁月》，蒲隆译，北京：人民文学出版社，2003 年，第 358 页。

② 同上，第 136 页。

③ 同上，第 183 页。

结婚、生子、衰老、死亡，等等，这就使得帕吉特家族成为人类生生不息、绵延不绝的象征，就像历经地狱、炼狱与天堂的但丁成为不断涤除罪恶、追求至善的人类普遍精神的象征一样。

一直以来，弗吉尼亚·伍尔夫都给人一种象牙塔中的“精神贵族”的形象，伦纳德甚至也曾谈道：“弗吉尼亚是自亚里士多德发明那个定义以来最不带政治性的动物。”而伍尔夫本人也常常宣称文学应该是脱离政治的。但事实上，伍尔夫并不是一个彻底与政治绝缘的“住在象牙塔里的人”，对于艺术和政治的关系，她的真实意图是希望艺术不要蜕变为政治的说教和宣传工具，正如她在1936年的《艺术家与政治》一文中所说的那样：艺术家应该“毫不理会当前的政治鼓动”。从20世纪30年代开始，伍尔夫便进入了一种前所未有的活跃期，她曾参加了不少社会政治活动。1935年初，她成了反法西斯展览会的组织成员；之后，在E. M. 福斯特的邀请下，她到巴黎参加了一次反法西斯的知识分子集会；10月，她又和伦纳德一起参加了在布莱顿召开的工党年度会议。此外，在这期间，她还通过朱利安·贝尔结识了大量年轻的反法西斯诗人，如伊舍伍德、斯蒂芬·斯彭德和戴·刘易斯等，并与他们建立起了轻松、愉快且真挚的友好关系。虽然，伍尔夫永远不可能像这些反法西斯诗人般将其文字变为一种传递政治理念的有效媒介，但毫无疑问，她的政治态度是与他们相互投契的。

以上种种皆反映了伍尔夫思想和立场的深刻转变。在几乎毕生为一个小圈子写作个人化的、挽歌式的作品之后，她将寻求一种向全民族听众讲话的公共之声作为自己的目标，将“局外人”的身份作为一种姿态，坚定地从个人走向大众。

三、至暗时刻：伍尔夫与凌叔华的翰墨之缘

《岁月》带来的磨难过去了，伍尔夫再一次充满活力地开始了她新的创作。如前所述，《岁月》原本的构思是要成为一部散文（随笔）—小说，但或许是为了避免说教，伍尔夫最后将原稿中的许多散文随笔部分从小说中抽离了出来，成了她即将创作的那部著名的女权主义和社会政治论著《三个基尼》的内容。

持续的创作往往会使伍尔夫忘却所有的现实烦恼和痛苦，但一旦稍稍从创作中走出来，就会发现所有的事情都变了味。自 1933 年 1 月，阿道夫·希特勒成为德国的统治者后，无论何时何地，收音机里传来的都是阿道夫·希特勒“狂暴的叫嚣”和“野蛮的咆哮”。与此同时，国际局势进一步恶化，日本侵占了中国东三省；第二年，法国出现了法西斯分子的暴乱；1935 年意大利入侵了阿比西尼亚；1936 年西班牙内战爆发；1937 年日本发动全面侵华战争，占领了上海和北京；1938 年纳粹党人先吞并了奥地利，随后又侵吞了捷克的苏台德区。随着反动势力的日益强大，人们很容易回想起 1914 年的 8 月，但不同的是这次人们显然没有了在圣诞节之前结束战争的幻想。这次的感觉全然不同于以往，伍尔夫在 1938 年 8 月 29 日给埃塞尔·史密斯的信中写道：“对于当前的政治，仿佛我们都坐在楼下等某个人慢慢死去。”此时，政治逐渐在伍尔夫的生命中扮演起了越来越重要的角色。

1937年7月，正当伍尔夫在思绪流畅地创作《三个基尼》之际，她接到了她的外甥朱利安·贝尔在战争中去世的消息。朱利安·贝尔是“布鲁姆斯伯里文化圈”的第二代成员、文尼莎·贝尔和克莱夫·贝尔的第一个孩子。他从小成长于布鲁姆斯伯里的客厅名流之间，又和他的前辈们一样毕业于剑桥，因此，朱利安身上与生俱来地带着布鲁姆斯伯里文化圈的风格。不同于“老布鲁姆斯伯里文化圈”的反战主义思想，以朱利安·贝尔为代表的新一代成员将战争本身看作是一种值得欣赏的艺术形式，他们立场坚定地宣告资产阶级文明即将终结，革命势在必行。

1935年，时年26岁的年轻诗人朱利安带着对中国这个神秘东方国度的无限迷恋和向往来到了中国武汉，受聘在武汉大学担任为时两年的英语与英国文学教授。其间，他不仅教授英语作文、讲解莎士比亚，还每周做一次有关英国现代主义的讲座。他写信向母亲求助关于现代主义文学课程方面的内容，将布鲁姆斯伯里处理个人关系的伦理、英国现代主义文学创作与批评观念带到了武汉。通过朱利安·贝尔、I. A. 瑞恰兹、威廉·燕卜逊和其他20世纪30年代来华的学者的教育活动，中国学生开始接触现代英国文学。

当年，在一封写给弗吉尼亚·伍尔夫的信中，朱利安告诉他的姨妈：“这个国家十分可爱，中国人都很有魅力；我在做有关现代的讲座，覆盖了1890—1914、1914—1936两个时间段。我不得不阅读作家们的作品；这是必须要做的事：我们都写得太多啦;我想,我该把《到灯塔去》作为一本指定教材。”①此时,伍尔夫的作品已在中国获得译介,她也作为欧美“心理小说”的代表作家之一而获得了赵景深、叶公超、徐志摩、范存忠、卞之琳等学者与作家的推崇。就在1935—1936年间,朱利安将伍尔夫的传世名作《到灯塔去》的英文本介绍给了他的中国学生。

在将布鲁姆斯伯里文化圈精神与现代主义文学带入武汉大学讲堂的同时,朱利安还成了联结伍尔夫与凌叔华的重要桥梁,促成了之后伍尔夫和凌叔华之间的翰墨之缘。凌叔华也是大家闺秀,有着深厚的古典艺术修养。她21岁时考入燕京大学,主修英文与法文,开始在《晨报》副刊发表小说,并“立定主意作一个将来的女作家”。1923年,她即写信给时任燕京大学教授的周作人先生,恳求周作人对自己的写作加以指导,表达了自己的雄心壮志:“中国女作家也太少了,所以中国女子思想及生活从来没有叫世界知道的,对于人类贡献来说,未免太不负责任了。”②1924年印度诗人泰戈尔访华期间,作为学生代表的凌叔华结识了负责接待泰戈尔、时任北大教授兼英文系主任的批评家陈源(西滢)和诗人徐志摩,后来嫁给了陈源。1925年,她在陈源主持的《现代评论》上发表了成名作《酒后》,很快又发表了《绣枕》。这两篇短篇小说为她赢得了巨大声誉,使之成为与冰心、庐隐、冯沅君、陈衡哲齐名的现代女作家。鲁迅在《中国新文学大系·

① Patricia Laurence, *Lily Briscoe's Chinese Eyes: Bloomsbury, Modernism, and China*. Columbia, South Carolina: University of South Carolina Press, 2003: 44.

② 凌叔华著,陈学勇编撰:《中国儿女——凌叔华佚作·年谱》,第182页。

小说二集导言》中评价了其小说的独特价值，认为“她恰和冯沅君的大胆，敢言不同，大抵很谨慎的，适可而止的描写了旧家庭中的婉顺的女性……世态的一角，高门巨族的精魂”①。

1928 年，凌叔华随夫前往武汉大学任教。陈源于 1930 年出任武汉大学文学院院长。因此，在 1935 年朱利安前往武汉大学任教时，凌叔华与其结识，并开始旁听他讲授的“莎士比亚”和“英国现代文学”课程。朱利安在 10 月 23 日写给母亲的信中，毫不掩饰自己对这位院长夫人的好感：“她，叔华，是非常聪颖敏感的天使……请想象一下那么一个人，毫不造作，非常敏感，极其善良极其美好，生性幽默，生活坚定，她真是令人心爱。”又写道：“如果你能寄张水彩画让我送给叔华，我想她会高兴的。前天她给我看了很多画——很多卷——其中还包括罗杰送给徐(志摩——引者注)的画。在她家的墙上还挂有一张罗杰的装饰画。另外，她还有很多宋代画的复制品。我不知道你会在多大程度上喜欢叔华的作画风格——或许太文学了，尽管她喜欢简洁本色地表现事物，这与过去在欧洲看到的所谓中国艺术风格的装饰画很不一样。”②

陈源和凌叔华夫妇周围那种与“布鲁姆斯伯里文化圈”颇为相近的生活氛围使朱利安倍感亲切，很快喜欢上了中国和武汉。他在 1935 年 9 月写给好友艾迪·普雷菲尔的信中说：“我的邻居陈源一家就像是光明的天使。这里还有‘布鲁姆斯伯里—剑

---

① 鲁迅：《中国新文学大系·小说二集导言》，见《中国新文学大系导言集》，上海：良友图书公司，1935 年，第 129 页。

② 凌叔华著，陈学勇编撰：《中国儿女——凌叔华佚作·年谱》，第 235 页。

桥'的外围文化。陈源是戈迪[①]的朋友，他们二人又都认识徐志摩——对布鲁姆斯伯里意义重大的穿针引线式的人物。整个环境和氛围酷似在家的时候。"[②]他还于 1936 年 3 月 12 日给姨妈写信，以诗人的风格和画家的眼睛描绘出自己印象中的武汉风景："血红色的月亮升起来，从云间穿过。"[③]而在 1936 年 5 月 21 日写给朱利安的信中，伍尔夫一边对她的爱侄初到别国他乡的不适努力加以宽慰，一边表达了对中国这个神秘古老国度的向往之情："事实上我觉得你身上有很多值得羡慕的地方。但愿我在你这个年龄已经在中国待上了三年。"[④]武汉大学图书馆迄今还保留着朱利安和他的学生们在一起，以及学生们举行英语演讲竞赛的合影。这些学生当中便有后来与朱利安发展起了亲密的私人友谊的叶君健。

朱利安秉承了"布鲁姆斯伯里人"反叛维多利亚传统道德的自由精神，不久即热恋上了长他 8 岁的凌叔华。在 1936 年 1 月到 1937 年 3 月回国前写给母亲、姨妈、弟弟昆汀·贝尔和好友艾迪·普雷菲尔的信中，朱利安均如醉如痴地报告了自己对这位优雅的东方才女的恋情。他十分欣赏凌叔华的作品，多次在信中向母亲和姨妈提及。在一封很可能写于 1936 年秋的信中，他告知姨妈："我对院长夫人怀有柏拉图式的爱情，她是中国优

---

① 即英国作家高斯华绥·狄更生。

② Patricia Laurence, *Lily Briscoe's Chinese Eyes: Bloomsbury, Modernism, and China*. p. 40.

③ 同上，p. 229。

④ 同上，p. 59.。

秀的女作家……她热烈地崇拜您的作品。”①1936 年 12 月，伍尔夫亦在回复朱利安的信中写道：“我感觉东方人的血管中流淌着和我们同样的鲜血；他们全都显得那么沉静、含蓄而端庄持重。”②1935 年 12 月 17 日，朱利安在给母亲的信中热切地写道：“我渴望着英国人能读到苏③的作品；她很可能会获得成功。”④他甚至在 1935 年 11 月 1 日给艾迪的信中把凌叔华称为“一个中国的布鲁姆斯伯里人”，称院长的夫人是“我所碰到过的最出色的女性”，“她和弗吉尼亚一样敏感，充满了智慧，比我认识的所有人都要出色，她并不漂亮，但却很吸引我；”⑤并在一年后即 1936 年 12 月 18 日的信中，进一步赞美了凌叔华的作品：“它们好得不同凡响。我不知道，弗吉尼亚是否允许另外存在一位用中文写作的女作家。”⑥热恋中的朱利安在给艾迪·普雷菲尔的信里描述了自己每天上午和凌叔华一起翻译她的短篇小说和中国古诗的情景。他协助凌叔华翻译并加以润色的她本人的早期作品，起码包括《疯了的诗人》《写信》和《无聊》三篇。

根据陈学勇编撰的凌叔华年谱，1928 年 4 月 10 日，小说《疯了的诗人》首发于《新月》杂志第 1 卷第 2 号；1931 年，《写信》首

---

① Patricia Laurence, *Lily Briscoe's Chinese Eyes*: *Bloomsbury*, *Modernism*, *and China*. p. 46.

② 同上，p. 70。

③ 原文为 SUE，与凌叔华名字中“叔”音相近，为朱利安·贝尔、弗吉尼亚·伍尔夫和文尼莎·贝尔在信中对凌叔华的称呼。

④ Patricia Laurence, *Lily Briscoe's Chinese Eyes*: *Bloomsbury*, *Modernism*, *and China*. p. 83.

⑤ 同上，p. 63。

⑥ 同上，p. 83。

发于《大公报》"万期纪念号";1934 年,《无聊》首发于《大公报》"文艺副刊"。朱寿桐认为,"凌叔华的创作对于心理怔忡和心理变态的刻画也颇为热衷。"[①]如在《疯了的诗人》中,即"干净利落地运用了精神分析的现代文学笔法,人物内心深处的病态得到了淋漓尽致的揭示。"[②]应该说,上述作品的创作也是潜在地受到了西方现代心理学与文学的部分影响的。

1936 年,《无聊》由凌叔华与朱利安·贝尔合作,译成 *What's the Point of it?*,发表于温源宁主编、上海出版的英文刊物《天下》月刊第 3 卷第 1 期;1937 年,《疯了的诗人》由凌叔华与朱利安·贝尔合作,译成 *A poet goes Mad*,发表于《天下》第 4 卷第 4 期;同年 12 月,《写信》由凌叔华一人译为 *Writing a Letter*,发表于《天下》第 5 卷第 5 期。[③] 而朱利安·贝尔对凌叔华部分英文表达的调整,则约略可见一位西方文化教养下的读者对中国文化的不理解和有趣误读。[④] 他还尝试以"布鲁姆斯伯里人"的自由主义精神影响凌叔华,建议她在小说中大胆表现女性爱欲的真实。虽然深受中国传统文化濡染、属于"闺阁派"作家,而此时又已把主要兴趣转向宋元古画研究的凌叔华并未采纳他的建议,但朱利安的影响依然在多年后问世的《古韵》中潜在地体现了出来。因此,凌叔华在朱利安推荐和指点下对包括伍尔夫著

---

① 朱寿桐:《新月派的绅士风情》,第 439 页。

② 同上,第 440 页。

③ 凌叔华著,陈学勇编撰:《中国儿女——凌叔华佚作·年谱》,2008 年。

④ 参见附录 A"Selection from Ling Shuhua's Story 'Writing a Letter' with Julian Bell's Annotations", Patricia Laurence, *Lily Briscoe's Chinese Eyes: Bloomsbury, Modernism, and China*: 405-408.

作在内的现代主义文学作品的阅读，她所接受的布鲁姆斯伯里价值观对其创作的潜在影响以及传统文化教养对上述影响的抵制，两人共同参与的文学翻译活动等，均可在西方现代主义初入中国的语境下，被视为一次真正意义上的跨文化对话。而这一对话的珍贵结晶，除了上述文学交流的诸多史实之外，更有日后凌叔华的英文自传体小说《古韵》(*Ancient Melodies*)的写作与出版。

1953 年，已定居伦敦的凌叔华在一封写给伍尔夫的丈夫伦纳德·伍尔夫的信中，曾忆及朱利安当年对她才华的赞赏："朱利安总是对我说，我的故事和风格让他想起了那些俄国小说，那是他自学生时代起就十分喜欢的作品。我脑海中下定决心，要写出一部像托尔斯泰的《战争与和平》那样的著作来。"[①]虽然凌叔华并无托尔斯泰那样的才华，也未能写出堪与《战争与和平》媲美的巨著，但她确实在朱利安离开中国和牺牲在西班牙反法西斯战场上之后，继续在写作之路上走了下去。

其实，作为"布鲁姆斯伯里文化圈"第二代成员，朱利安初来中国之时是怀揣着"中国将发生影响世界的大事"的期许的，为此，他甚至准备好了遗书和毒药。然而，武汉大学为其提供的优越、安逸的生活远远超出了他的想象，因此，他那满腔浓烈的革命热情并没有得到宣泄。1936 年年底，朱利安从中国写信说他春天时要回家了。但此次他回家的目的并不单纯，实际上他是想投身政治，为西班牙共和国的革命事业而战。为此，整个 1937

---

① Patricia Laurence, *Lily Briscoe's Chinese Eyes*: *Bloomsbury*, *Modernism*, *and China*: 84.

年春季，伍尔夫和文尼莎都沉浸在恐慌和不安中，她们曾写信要求朱利安待在中国，但是显然并没起到任何作用。3月份时，朱利安回到了英国，在回国途中他本打算在马赛下船，直接奔赴西班牙战场，不过这一念头并没有被实施。回到英国后的朱利安在伦纳德的建议和规劝下，做一些政治工作。但他始终认为自己应该去西班牙，如果不是作为一个士兵的话，那么至少可以作为一个救护车司机，无论如何，他觉得自己无法眼睁睁看着别人代替自己去打仗。他的这一决定，对于文尼莎来说无疑是最深重的痛苦，他是她的第一个孩子，亦是她最深爱的孩子，而现在作为母亲的她只能眼睁睁地看着自己的儿子奔赴战场却无能为力。弗吉尼亚目睹了这一切，她无法理解朱利安的态度，和文尼莎一样，她似乎也预见如果朱利安真的去了西班牙，那么恐怕他就回不来了。

6月7日，不顾家人的反对，朱利安还是踏上了前往西班牙的征程。7月18日，噩耗传来，他在战场上不幸被流弹炸死。对于外甥朱利安的死亡，伍尔夫感到惊骇和痛心，她无法想象亦无法理解，如此年轻的、还没真正绽放过的生命怎能就这样悄然地凋零了。死去的人已永远地离去了，但活着的人却不得不承受那无尽的痛苦。朱利安的去世对文尼莎的打击可想而知，她那令人震惊的悲痛同时也深深地刺痛着伍尔夫的心。在那段时间里，伍尔夫几乎每天都守在文尼莎的床边，尽可能地安慰她，并想尽一切办法来试图使文尼莎的生活变得可以承受。事后，文尼莎曾和薇塔谈到，“我记得得知朱利安死讯之后的那些日日夜夜，我躺在那里，沉浸在一种不真实的状态中，听见她的声音一直在耳边，推动着生活向前走，要不是她，日子就停下来了。"①

时间是治愈一切伤痛的良药，文尼莎逐渐回到了近似正常的生活，但正如其告诉弗吉尼亚的那样："我还会有高兴的时候，但我将永远不会再感到幸福。"②伍尔夫会尽其可能地每天去查尔斯顿见文尼莎，当她们不能见面时，伍尔夫便会写信给她，这些信往往被文尼莎称为"来自弗吉尼亚的情书"。在文尼莎心中，伍尔夫对她的帮助已经超出了任何语言所能形容的，可是每次当伍尔夫"感情外露时"，文尼莎却"总会退缩"，因此可以说，她们是最亲密的人，也是最疏远的人。这使得文尼莎无法直接向伍尔夫表示自己最诚挚的谢意。于是，文尼莎让薇塔来做这个中间人，她在回复薇塔写给她的吊唁信时写道："过去的这几个星期真是太糟糕了，你完全可以想象到。如果不是弗吉尼亚常常过来帮助我，我真的不知道自己是否能挺过来。可是我又不能和她本人说这些，你能帮我转达我的谢意吗？"③

朱利安的去世，很大程度上激发了伍尔夫对战争的深入思考。在完成一篇关于朱利安和他们最后的聚会的记叙文后，伍尔夫重新沉浸到了《三个基尼》的创作中。但是，此时她发现，《三个基尼》的创作已经在很大程度上成了一种她与朱利安的辩论，或者可以说，是跟她想象中的朱利安的观点的辩论，"在写作

---

① 奈杰尔·尼科尔森：《伍尔夫》，王璐译，北京：生活·读书·新知三联书店，2014年，第210页。

② 昆汀·贝尔：《伍尔夫传》，萧易译，南京：江苏教育出版社，2005年版，第419页。

③ S.P.罗森鲍姆编著：《回荡的沉默：布鲁姆斯伯里文化圈侧影》，杜争鸣、王杨译，南京：江苏教育出版社，2006年，第41页。

的时候，我一直在想着朱利安”。

1938年6月，《三个基尼》最终出版。据伍尔夫3月份的日记显示，“这本书在去年的整个夏天就像是我的脊柱；在上一个8月的恐怖情形中支撑着我，使我像陀螺一样……数英里数英里地转圈。它怎么可能都已经逐渐化成了稀薄的废话？可从精神上来说，它仍旧是一根脊柱；是我想说的事，哪怕没有价值。”昆汀·贝尔认为：“这部作品出自一个非常不寻常的头脑……是一种非常不寻常的精神状态的产物。”[①]伍尔夫忙于创作《三个基尼》之时，正是英国国内反战呼声一浪高过一浪之时，那时人们怀着一种极度焦虑的心情将注意力放在如何阻止战争、如何保卫“文明与自由思想传统”以及自己的家园上。伍尔夫正是在此影响下以怎样阻止战争为主题撰写了《三个基尼》。不过，在这本小册子中，伍尔夫并没有像一般政论文那样或大批法西斯主义或大谈爱国主义，而是以自己敏锐的洞察力对战争的根源进行了精辟的分析，并进一步指出，战争的根源来自男性对权势的渴求和对财富的贪婪，以及对占有、斗争、厮杀等的病态热情。由此，伍尔夫引出女性拥有不同于男性的价值观的论点，呼吁女性用自己不同的价值观来建立一个更加美好的“新世界”。与此同时，伍尔夫还进一步强调了身处男性霸权社会制度下的女性的生存困境，表明了对男权中心主义的批判。

该书问世后，得到了很多女性的热情赞同和支持，其中朗达夫人写信给伍尔夫，盛赞了《三个基尼》，并认为它会很有影响，

---

① 昆汀·贝尔：《伍尔夫传》，萧易译，南京：江苏教育出版社，2005年版，第421页。

使她非常激动。对此，伍尔夫在日记中写道："一个好兆头：这表明有人会被打动，会去思索，会去讨论；不会全然默默无闻。"①与此同时，各期刊、杂志也给出了高度评价，《泰晤士报·文学副刊》称赞伍尔夫是"英国最杰出的小册子作家，这本书只要认真对待，会成为划时代的作品"，《听众》也称赞伍尔夫"很谨慎，也很公正，像清教徒般不让自己逃避"②等等。但是伍尔夫的朋友们这次却或选择保持沉默，或直接持批评态度。薇塔表示自己不喜欢这部作品；梅纳德·凯恩斯直接表示批评，他既生气又轻蔑，并断言这本书是一种愚蠢的辩论，写得很差劲。而昆汀·贝尔则在《伍尔夫传》中表示："这本书看起来的真正缺陷——我这儿说的是我自己当时的反应——是那种企图，她想把关于女性权利的讨论和那个更折磨人也更直接得多的问题联系起来，就是为了对付法西斯主义和战争的日益威胁，我们该做些什么。这两个问题之间的联系似乎是单薄的，那些过于自信的建议根本不够格。"③

对于这本书遭到的一系列批评和攻击，伍尔夫似乎并没有太介意，唯一让其重视的是一位名叫阿格尼斯·史密斯的女性的批评信。她在信中犀利地指出，《三个基尼》中并没有提到工作女性的问题。她认为，当女性为获得制造任何东西的机会而欣喜若狂时，建议女性拒绝制造武器又有什么用？在写这封信

① 弗吉尼亚·伍尔芙：《伍尔芙日记选》，戴红珍、宋炳辉译，天津：百花文艺出版社，2012年，第218页。

② 同上，第220页。

③ 昆汀·贝尔：《伍尔夫传》，萧易译，南京：江苏教育出版社，2005年版，第421页。

时，阿格尼斯正处于失业状态，她谈到自己只能靠每周15先令的失业救济金来生活，当她的小外甥哭着要吃一块蛋糕时，她买给了他，但是这就意味着她自己在接下来的那一天中就没有任何东西可吃。从伍尔夫给阿格尼斯的回信中可知，她认为《三个基尼》明显是写给那些社会地位较高的女性的。事实上这也正体现了伍尔夫的阶级局限性。

尽管如此，《三个基尼》出版后的整体销售情况甚佳。对于这部作品，伍尔夫在1938年6月3日的日记中总结道："无论如何，这是六年挣扎、努力、烦恼和狂喜的结束，将《岁月》与《三个基尼》并列到一部作品中——实际上它们就是一部作品。现在我可以休息了，我渴望休息，独自一人，沉浸在自己的世界里，这该多好呀！"①

此时，《岁月》在美国的热卖已使伍尔夫变得相当富有，但世界局势的动荡和朱利安及亲友们的离世却使她越发觉得"我们有了幸福的物质准备，但没有幸福"②，她时刻处在二战阴云的笼罩之下。而与此同时，远在中国的凌叔华也处在抗战的艰苦岁月之中。在一篇简短的回忆性文字中，凌叔华描述了自己给从未谋面的伍尔夫写信的心理动因："一天，我偶然间获得了弗吉尼亚·伍尔夫的《一间自己的房间》并读了这本书，我深为她的写作所吸引，因此突然地，我决定给她写信，看看她要是处在

---

① 弗吉尼亚·伍尔芙：《伍尔芙日记选》，戴红珍、宋炳辉译，天津：百花文艺出版社，2012年，第220页。

② 昆汀·贝尔：《伍尔夫传》，萧易译，南京：江苏教育出版社，2005年版，第420页。

和我同样的境地会做些什么。”[①]此时的伍尔夫已经出版了她几乎所有最优秀的作品，正在为其老友罗杰·弗莱撰写传记。两位女作家的通信时间大约在1938年3月到1939年7月之间。凌叔华致伍尔夫的信尚有部分在英国与美国保存[②]，而1975—1980年间出齐的6卷本《弗吉尼亚·伍尔夫书信集》第6卷中，亦收录了伍尔夫致凌叔华的6封信。从双方的相关资料与信件内容中我们可以推断，凌叔华是在战争的苦闷中向这位素未谋面却又深感亲近的异国作家寻求安慰和建议的。

1938年11月16日，凌叔华致伍尔夫的信中写道：“在过去的几周内，所有的坏消息一起都来了；我们意外地丢了广州，汉口的军队也不得不撤退，西方人束手无策……我明白，上前线作战是无济于事的，因为我们甚至找不到敌人，我们只会看到机器……我梦想……我看到家里一片狼藉，家具成了碎片，屋外是横七竖八的死尸，没有来得及埋葬的尸体散发出恶臭，我想，你或许愿意了解一点点极度悲惨的感觉，于是我写了这些告诉你。”[③]而同受法西斯战祸侵害，并屡遭丧亲之痛的伍尔夫也深深同情中国人民，力劝凌叔华像自己一样在写作中寻求寄托，忘却苦闷与焦虑。因此，联结痛失爱侄与挚友的两位女作家的桥梁不仅是朱利安，还有她们心爱的艺术。她们作为渴望写作的女性作家，都生活在个人和民族历史困苦的挣扎状态下，又同样

① Patricia Laurence, *Lily Briscoe's Chinese Eyes: Bloomsbury, Modernism, and China*. p. 253.

② 同上。

③ 同上，p. 268.。

出身于上层官宦与知识分子家庭，有着同等的教养，很容易产生心理上的亲近与精神上的共鸣。之前，凌叔华的小说作品如《无聊》等，已经体现出通过妇女之间的相互关系来描写妇女，表现人物内在精神世界和进行形式探索等特征。这也提供了她们沟通的基础。1938 年，伍尔夫刚刚完成了被誉为《一间自己的房间》的姐妹篇的论著《三个基尼》，并将其出版。该作围绕着妇女与战争的关系等核心问题，展开了许多有关妇女社会地位和社会责任问题的探讨。当下的战争危机构成伍尔夫反思战争根源、战争对女性命运的影响等问题的现实情境，而远在东方的凌叔华笔下中华民族惨遭异族涂炭的情景，或许也为伍尔夫的思考与写作提供了一个更为开阔的历史背景。“我们发现，在她们的丈夫们传记的字里行间，无数的妇女在工作着——但我们如何给这些工作定名呢？生九个或十个孩子，操持家务，照顾残废，探望穷人和病人，这儿要照顾老父亲，那儿又要照顾老母亲——这个职业既无名也无利；但我们发现，19 世纪无数绅士们的母亲、姐妹和女儿在从事这一行业，我们不得不把她们的生活暂且堆积在她们丈夫和兄弟的生平故事之后，按下不表，留待那些有时间阅读，有足够想象力分辨的人们从中获取信息。”①伍尔夫呼吁在要求妇女尽一切可能帮助绅士们阻止战争之前，“首先使她们得到教育，其次使她们能够通过从事职业而谋生，否则，她们不会拥有独立而公正的影响力来帮助您阻止战争”，而

① 黄梅编选:《吴尔夫精选集·三枚金币》(即《三个基尼》)，济南:山东文艺出版社，2000 年，第 670 页。

"这些事业是息息相关的"①。

在伍尔夫的鼓励下，凌叔华开始用英文写作《古韵》。她在写作中先后获得了伍尔夫及布鲁姆斯伯里其他重要成员如文尼莎·贝尔、薇塔·萨克维尔-韦斯特和伦纳德·伍尔夫的帮助。尤其是伍尔夫与凌叔华之间的通信，成为中英文学交流史上不可多得的重要事件。伍尔夫的爱侄昆汀·贝尔日后在关于她的著名传记中写道："弗吉尼亚对遭受痛苦的本能反应总是写作，她对疾病或不幸表示实际同情的方式是写信。"②

之前的伍尔夫已然对中国文化有所了解。1913年，她阅读了中国作家蒲松龄的《聊斋志异》，并在随笔中将其与同时期的英国作家亨利·菲尔丁和塞缪尔·理查生的小说进行了比较，谈到了它的"怪诞"特征。③ 在她看来，蒲松龄笔下的小说与文化世界是"颠倒混乱"的，人在读完之后，会产生一种"仿佛在设法走过一座垂柳磁盘里的桥"④的感觉，并深为小说中一系列富于诗意的想象所吸引。这或许也潜在地成为她日后对凌叔华的自传怀有期待的心理背景。

在《弗吉尼亚·伍尔夫书信集》里，注明写于1938年4月5日的信，是现存于世的伍尔夫致凌叔华的第一封信：

---

① 黄梅编选：《吴尔夫精选集·三枚金币》，第676页。

② 昆汀·贝尔：《伍尔夫传》，萧易译，江苏教育出版社，2005年版，第314页。

③ Virginia Woolf, *Collected Essays*, vol. 2, New York: Harcourt Brace Jovanovich, 1967: 7-9.

④ 同上，p. 7。

亲爱的苏·凌：

我希望你已经收到了我对你的第一封信的复函。我收到你的信仅仅几天以后，就给你写了回信，文尼莎刚刚又转来你三月三日的信，但愿我能对你有所帮助。我知道你有充分的理由比我们更不快乐，所以，我想要给你什么劝慰，那是多么愚蠢呵。但我唯一的劝告——这也是对我自己的劝告——就是：工作。所以，让我们来想想看，你是否能全神贯注地去做一件本身值得做的工作。我没有读过你的任何作品，不过，朱利安在信中常常谈起，并且还打算让我看看你的作品。他还说，你的生活非常有趣，确实，我们曾经讨论过(通过书信)，你是否有可能用英文写下你的生活实录。这正是我现在要向你提出的劝告。你的英文相当不错，能给人留下你希望造成的印象，凡是令人费解的地方，可以由我来作些修改。

你是否可以开一个头，把你所能记得起来的任何一件都写下来？由于在英国没人知道你，你的书可以写得比一般的书更自由，那时，我再来看看是否能把它印出来。不过，请考虑到这一点，不是仅仅把它当作一种消遣，而是当作一件对别人也大有裨益的工作来做。我觉得自传比小说要好得多。你问我，我推荐你读哪些书，我想，十八世纪的英语是最合适外国人读的英语。你喜欢读书信吗？有考珀的，华尔浦尔的，都很清晰易懂；司各特的小说(《罗布·罗伊》)；简·奥斯汀的小说；再有就是，盖斯凯尔夫人的《夏洛蒂·勃朗特传》。现在作家中，乔治·穆尔的小说就写得很平易。我可以给你寄一些英文书，可是我不知道这些书你是否有了。不过，从来信中可以看出，你的英文写得很好，你不需要效法他人，只需速读，以便取得新的词汇，我这里不谈政治，你可以从我说过的话里看出，我们英国人是多么深深地同情你们，又爱莫能助。从此间的友人那儿我们得知有关中国的事态，不过，也许现在事情会有所转变，最坏的时候就要过去。

无论如何请记住，如果你来信谈到有关你自己的任何事，或者是有关政治的事，我总是高兴的，能读到你的作品，并加以评论，对我来说将是一大快事。因此，请考虑写你的自传吧，如果你一次只写来几页，我就可以读一读，我们就可以讨论一番，但愿我能做得更多。致以最深切的同情。

你的弗·伍尔夫①

1938年3月24日，凌叔华在致伍尔夫的信中，告知她自己已开始动笔写自己的生活经历。在同年7月7日的信中，她请求伍尔夫允许自己称她为老师（teacher or tutor），并对她解释了这一称呼在中国人心目中的崇高地位。大约是由于文化差异的缘故，伍尔夫在7月27日的回信中请凌叔华称自己为更为亲昵的“弗吉尼亚”而不是“伍尔夫夫人”。在“天空中满是飞机”的伦敦，伍尔夫将凌叔华寄来的礼品置于案头，回赠了《夏洛蒂·勃朗特传》和兰姆散文集，还叮嘱她“怎么想就怎么写”，表示“我将乐于给你任何力所能及的帮助，我将乐于拜读你的作品，并且改正任何错误”。她选择盖斯凯尔夫人的《夏洛蒂·勃朗特传》也

① 杨静远：《弗·伍尔夫致凌叔华的六封信》，见《外国文学研究》，1989年第3期，第9页。

有激励之意，认为它“或许能使你领略到十九世纪英国女作家的生活——她们面临的困难，以及她们如何克服这些困难”①。

在伍尔夫的鼓励下，凌叔华开始写作《古韵》，并逐章寄给她，这中间历时约一年半。伍尔夫高度评价了凌叔华的作品，在1938年10月15日发自苏塞克斯僧侣屋的信中这样写道：“我非常喜欢这一章，我觉得它极富有魅力。自然，对于一个英国人，初读是有些困难的，有些地方不大连贯；那众多的妻妾也叫人摸不着头脑，她们都是些什么人？是哪一个在说话？可是，读着读着，就渐渐地明白了。各不相同的面貌，使我感到有一种魅力，那些明喻已十分奇特而富有诗意。……说实在的，我劝你还是尽可能接近于中国情调，不论是在文风上，还是在意思上。你尽可以随心所欲地，详尽地描写生活、房舍、家具陈设的细节，就像你在为中国读者写一样。”②

这一时期，凌叔华为避日军空袭而带女儿迁至四川乐山，但依然难以躲避战争的喧嚣。在1938年12月12日给伍尔夫的信中，她把写作“视为生活中唯一闪亮的火花，给我温暖与勇气”③，并继续和伍尔夫讨论有关非母语写作的困难问题：“我知道，要我用英文写出一部出色的书来几乎没有可能，因为我无法得心应手地运用我写作的工具。这就好比在烹调时，假如你用外国人的锅或炉子来烧中国菜，一定烧不出原来那种味道。美

① 杨静远《弗·伍尔夫致凌叔华的六封信》，见《外国文学研究》，1989年，第3期，第10页。

② 同上。

③ Patricia Laurence, *Lily Briscoe's Chinese Eyes: Bloomsbury, Modernism, and China*: 271.

味常常会由此而丧失。对于写作来说，我不知道这其中的差别会有多少。每当我读到好的翻译，总是立刻觉得宽慰……亲爱的弗吉尼亚，我希望你能告诉我该怎么办，因为我总是处在一种紧张的状态中。噢，我又是多么希望你能像从前那样，对我说好好努力，不要失望啊。"①

其实，凌叔华的英文基础本来已经相当不错。根据陈学勇编撰的作家年谱我们发现，凌叔华早在燕京大学求学时期即编写过两出英文短剧《月里嫦娥》与《天河配》；1924年先后在《燕大周刊》发表过三篇有关欧洲画家生平的英译汉文字，同年在英文刊物 *Chinese Journal of Art and Science* 上发表了 *The Goddess of the Han*（《中国女皇》）一作；1926年翻译了契诃夫与曼斯菲尔德的短篇小说各一篇；1929年她有过翻译约翰·梅西（John Macy）所著《世界文学故事》（*The Story of the World Literature*）的念头；1932年还翻译过半部奥斯汀的《傲慢与偏见》。更不用说在朱利安·贝尔的帮助下，将自己的作品翻译成英文过程中受到的锻炼。有这样先天的基础，再加之耐心的异国导师伍尔夫的精心指点，凌叔华英文写作的进步十分自然。

伍尔夫试图指出凌叔华在用英语写作时害怕出错的恐惧，并了解在中国，在她书写女性自传时，是几乎没有传统可以借鉴的。她对凌叔华的同情、体谅与她对英国妇女作家历史处境的关注直接相关。在《一间自己的房间》中，伍尔夫写道："不论劝阻和批评对她们的写作有何影响——我相信影响很大——与她

① Patricia Laurence, *Lily Briscoe's Chinese Eyes: Bloomsbury, Modernism, and China*: 273.

们把思想付诸笔墨之时所面临的其他困难相比，就显得微不足道了——所谓其他困难，是指在她们背后缺乏传统支撑，或仅有短暂而局部的传统，无甚裨益。因为如果我们是女人，就会去回想我们的母系前辈们。去求助于伟大的男作家们是无用的。”①

战争的阴霾中，伍尔夫也忍不住向凌叔华描述了自己的处境：“终日里，飞机不断在房上掠过，每天都有不幸的难民上门求援。我正在读乔叟，并且试着为我们的老友罗杰·弗莱作传。”她还说，“我很羡慕你，你生活在一片有着古老文化的、广阔荒凉的大地上。我从你所写的东西里体会到了这一点。……我把劝告自己的话奉送给你，那就是，为了完成一桩非属个人的事业，只顾耕耘，不问收获。”②收于《弗吉尼亚·伍尔夫书信集》中的最后一封信标明写于 1939 年 7 月 16 日。当时的伍尔夫依然在忙于罗杰·弗莱传记资料的选择，并苦苦克制着战争有可能给自己带来的再度精神崩溃。她感谢凌叔华寄赠的红黑两色招贴画，并在信的最后写道：“飞机不断在我们头上盘旋，周围到处是防空掩体，但我仍然相信我们会有和平。”③

根据凌叔华 1953 年致伦纳德信中的回忆，在抗战时期，尤其是 1938—1939 年间，她共向伍尔夫寄发了 8 份或 10 份手稿。而伍尔夫也几乎是逐章阅读了凌叔华的手稿，提出意见并妥为保存。由于战乱及辗转迁徙，凌叔华失落了自己的保存稿。因

---

① 弗吉尼亚·伍尔夫：《论小说与小说家》，瞿世镜译，上海译文出版社，2009 年，第 133 页。

② 杨静远：《弗·伍尔夫至凌叔华的六封信》，见《外国文学研究》，1989 年，第 3 期，第 11 页。

③ 同上，第 7 页。

此，正是诚挚而细心的伍尔夫对凌叔华手稿的尊重和保存，才使日后《古韵》的问世成为可能。

此外，在爱子牺牲两年后，文尼莎也开始了与凌叔华的通信联系。她的爱子念念于心的远在中国的心上人的来信，为她表达和宣泄内心的悲伤提供了一个出口。[①] 1938 年 10 月 16 日，文尼莎在致凌叔华的信中写道："你的来信十分伤感。我很高兴你把自己的感受告诉了我——请一直这样做吧。那样我也可能把自己的真实感受告诉你，我们就会更加亲密了。我想，朱利安的去世对你我之间关系的发展起到了某种促进作用，如果他还在世，很可能情况不会像现在这个样子——所以，亲爱的苏，让我们把这种关系变得更加亲密无间吧。"[②]和她的妹妹一样，文尼莎也始终关注着中国女作家的写作进展。伍尔夫自杀之后，在一封写于 1941 年 5 月 27 日的信件中，文尼莎甚至将妹妹的死与爱子的死联系了起来，向凌叔华描述了自己的孤寂心情。此后，她们保持通信联系长达 16 年之久，直至 1955 年 11 月方才中止。1938 年 7 月 24 日，凌叔华在致文尼莎的信中透露了自己尝试英文自传写作的原因："如果我的书能够向英国读者描摹中国人生活的部分图景，部分和英国人一样普通的经验，以一个东方孩子的眼光来呈现部分中国人生活和性的真相——而这些

---

① 1996 年，伦敦的布鲁姆斯伯里出版社出版了文尼莎·贝尔的书信集，进一步提供了有关文尼莎、朱利安和弗吉尼亚等与凌叔华交往的新材料。

② Patricia Laurence, *Lily Briscoe's Chinese Eyes: Bloomsbury, Modernism, and China*: 237.

你们是绝无可能看到的，我就心满意足了。”[①]而在 1939 年 12 月 5 日的回信中，文尼莎亦对战乱中的凌叔华多有宽慰：“请不管别的，尽可能地开心起来吧——我知道朱利安如果活着，也会对你说同样的话。”[②]因此，可以这样说，是文尼莎和伍尔夫这对姐妹在精神上支持了孤独与痛苦的凌叔华，并见证与激励了她的写作与成长。这是一种跨越不同的地理疆域和文化，甚至超越了生死的联系与对话。

虽然伍尔夫和凌叔华的锦书往还由于战争和伍尔夫的去世而终止，但“布鲁姆斯伯里人”与凌叔华之间的关系并没有结束，后面的巧合甚至更具有戏剧性。抗战胜利后的 1946 年，陈源出任常驻联合国教科文组织代表，凌叔华随行。她 1947 年定居伦敦时，伍尔夫已去世 6 年。在凌叔华到达后，文尼莎提供了力所能及的帮助。她后来还认识了女诗人薇塔·萨克维尔-韦斯特。在定居伦敦后，凌叔华注意到了发表在《观察家》杂志上的、总题为《在你的花园里》的一系列文章，作者正是薇塔。薇塔对中国植物的谈论让凌叔华深深着迷，她便写信给薇塔。薇塔邀请她到自己在西辛赫斯特的城堡去参观那美丽的花园。由于知道凌叔华的文学兴趣，薇塔偶然问起凌叔华是否曾以英文写作过，凌叔华遂提起往事。薇塔惊奇地找出了自己与伍尔夫的合影和伍尔夫送她的书，并建议她要把《古韵》完成并出版。热心的薇塔后来又找到伦纳德·伍尔夫，伦纳德终于在僧侣屋旧居伍尔夫

---

① Patricia Laurence, *Lily Briscoe's Chinese Eyes*: *Bloomsbury*, *Modernism*, *and China*:273.

② 同上，p. 269。

的遗物中发现了《古韵》的文稿。

由于伍尔夫的关系，凌叔华自 1952 年 5 月起，亦开始了与伦纳德之间的通信。他们之间的联系保持到 1969 年 2 月，即伦纳德去世前不久。1952 年 7 月 6 日，在写给伦纳德的信中，凌叔华明确谈及自己的中国观以及对流行的一些误读中国的作品的批评意见："我希望自己能写出一部真实地表达中国和中国人的书。在西方有很多有关中国的书，但它们大多是为满足西方人的好奇心而写的。作者们有时只是出于自己的想象而虚构了一些有关中国人的故事。他们对读者的态度是不诚实的。因此，在西方人的眼中，中国人成了某种半幽灵、半人的生物。"①1952 年 5 月 29 日她在致伦纳德的信中再度写道："我写这部作品的计划开始于(1938 年)写信给弗吉尼亚期间。当时，她是第一个，也是唯一的一个鼓励我不断写作的人。当我听到她的死讯时，我无法再继续把这本书写下去了。正如你所知道的那样，中国当时正处在二战期间，我不得不面对各种困难，承担起作为一名中国人的所有责任。我只能等到战争结束才能恢复写作。"②凌叔华还在伦纳德的陪同下参观了伍尔夫的起居室和心爱的花园，并在 1952 年 8 月 29 日给伦纳德的信中感慨道："她一定有一颗伟大的心灵；她甚至竭力去帮助一个远在千里之外、过着和她完全不同的生活的人。"③后来，在《回忆录》中，她又写道："在

---

① Patricia Laurence, *Lily Briscoe's Chinese Eyes: Bloomsbury, Modernism, and China*: 274.

② 同上，p. 287。

③ 同上，p. 287。

过去的二十年中，人们常常提及弗吉尼亚·伍尔夫。人们知道她是一位杰出的作家。但却很少有人认识到，她古道热肠，乐于助人。”①

就这样，自 1937 年起，由于朱利安的关系，凌叔华和布鲁姆斯伯里文化圈成员的友情像滚动的雪球一样越来越深厚饱满，终于在他们的倾力帮助下，在 1952 年修订完成《古韵》，于次年交由伍尔夫夫妇创办的著名的霍加斯出版社出版。在战争的至暗时刻，伍尔夫和凌叔华穿越个人、语言、文化和民族的障碍，相互通信与相互激励。这在整个人类的文化与文学交往史上，都是不多见的一桩个案。

四、巨星陨落：自沉欧斯河

随着战争的不断逼近，伍尔夫沉浸于艺术的象牙塔中的梦想也面临着被摧毁的威胁，她感觉到周围的文明正在崩塌。但是，作为一位笔耕不辍的作家，她还是坚定地选择以写作来对抗这一切。和以往一样，她需要同时创作多部作品，因为这种穿插交替于她来说正是一种休息，就像她自己曾说的那样“给庄稼翻个面儿”。因此，在《三个基尼》临近完成的 4 月份，《波因茨邸宅》便悄然浮现在她的脑海之中了。

为什么不把它叫作《波因茨邸宅》(后更名为《幕间》)呢？有

① Patricia Laurence, *Lily Briscoe's Chinese Eyes: Bloomsbury, Modernism, and China*: 287.

一个中心，把所有的文学与真实、琐碎、不和谐生活中的幽默结合在一起来讨论；还有我想到的任何东西；但是要把"我"排除掉，代之以"我们"，最后它是否该向我们"召唤"？"我们"，那个由许多不同因素组成的整体……"我们"是所有生命，所有艺术，所有为社会抛弃的个人——一个闲散的，变幻不定的，然而又是统一的整体——即我的大脑此刻正在考虑的？英国的乡村，景致很好的老房子，女佣走过的梯田——穿行的人们——从强烈的情感到散文、事实——笔记——那永恒的不同与变幻！①

秋天时，男人们在开挖壕沟、堆筑工事，空袭警报员在大量发送防毒面具，伦敦图书馆和艺术馆等公共场所在做转移工作……战争似乎已经开始变得不可避免了，这时伍尔夫夫妇离开伦敦回到了罗德麦尔居住。9月28日，他们都预期政府会宣战，但第二天却听到张伯伦在慕尼黑与德国达成"和解"的消息。《慕尼黑协定》的签订为人们带来了一段短暂却充满负罪感的和平局势，而这段"可耻的和平"中的每一天都给人一种世界末日的感觉。正如希特勒入侵奥地利时，伍尔夫在日记中所写："当那只老虎……消化完了他的午餐，他会再次发动突袭。"战争的阴影无时无刻不笼罩在人们生活的上空。不过对于伍尔夫来说，暂时缓解的感觉还是美妙的，毕竟她又能有一段安静的时间来工作了。

在创作《罗杰·弗莱传》之余，《波因茨宅邸》这时成了伍尔

---

① 弗吉尼亚·伍尔芙：《伍尔芙日记选》，戴红珍、宋炳辉译，天津：百花文艺出版社，2012年，第216页。

夫消遣的主要对象。《波因茨宅邸》后来更名《幕间》，它讲述的是1939年6月在一座古老的宅邸前上演的一场露天历史剧。和《达洛卫夫人》一样，伍尔夫把时间浓缩在一天之内，但不同的是，《幕间》中故事发生的场地是乡间的丘陵地，而非繁华喧嚣的伦敦。而这样的设置，很大程度上与伍尔夫当时的生活环境有关。自1938年秋季，伍尔夫夫妇搬回罗德麦尔的僧侣屋后，他们大部分时间都待在乡间，只有偶尔才会回伦敦。1939年他们甚至进一步扩建了僧侣屋，使其更加舒适宜居，与此同时，塔维斯托克广场52号由于重新开发，要被推倒重建，因此，他们在梅克伦堡广场找到一处合适的房子作为在伦敦的居所。但与伦敦的人心惶惶相比，罗德麦尔空旷的原野、湛蓝的天空、略带粉色的云朵等怡人的乡间风景使伍尔夫获得了前所未有的安宁与平静。逐渐融入乡间生活的伍尔夫夫妇更是开始深入参与村庄的相关事务：伍尔夫被选举为妇女协会的司库；伦纳德参加了国民自卫军，还将自己的炖锅捐献出来制造飞机；他们还参加了教区组织的急救演习；为了灯火管制，伍尔夫还曾和一名警察发生过冲突……

随着比利时、荷兰、法国等的相继沦陷，战争在不断逼近，有可能被击败的阴云越来越弥漫在整个英国的上空，从敦刻尔克撤退回来的士兵们带回来了一个个有关恐慌、士气低沉、打劫和政府军事无能的故事。此时，生活似乎变得越来越不真实，一切都是那么荒诞，那么不协调。置身于这样的噩梦中，人们似乎根本看不到未来。这时，伍尔夫和伦纳德已经开始讨论如何赴死了，因为一旦德国入侵，那么一位犹太知识分子和他的小说家妻子无疑会遭到纳粹极其恐怖的迫害。伦纳德曾在其自传的最后一卷里描述了法西斯的威胁对犹太人或者说对他意味着什么。

在城里的街道上，犹太人到处都被公开穷追不舍，直到逮到为止，还遭到痛打和羞辱。我看到一张照片，在柏林的一条主要街道上，一个犹太人被冲锋队员们从店里拖出来。这人裤子上的纽扣被扯开，显示他被割过包皮，因而是一个犹太人。这人的脸上流露着可怕的表情，是一种茫然的痛苦和绝望，自人类历史肇始以来，人们就已经在荆棘冠下遭到他们迫害和侮辱的受害人脸上看到这种表情了。在这张照片上，更可怕的是那些可敬的男女们脸上的神态，他们站在人行道上，嘲笑着那个受害人。①

鉴于此，伍尔夫夫妇冷静地计划了自杀的方法。他们打算用车子排放的烟雾来自行了断，因此伦纳德在车库里准备了足够的汽油。后来，艾德里安又为他们弄到了致命剂量的吗啡。从伍尔夫的日记来看，1940 年的 5 月到 6 月整整两个月，她都在思考他们应该在什么时候，使用什么方法自杀。对于战争，她似乎坚定认为它会输，"我想象不出还能活到 1941 年 6 月 27 日"②。

三个月后，当伍尔夫还在僧侣屋创作《幕间》时，不列颠之战已经在苏塞克斯的上空打响，划破天空的子弹声、炸弹的呼啸声、飞机的坠落声、加农炮火的嘭嘭声以及空袭警报的刺耳尖鸣

① 昆汀·贝尔：《伍尔夫传》，萧易译，南京：江苏教育出版社，2005 年版，第 433 页。

② 弗吉尼亚·伍尔芙：《伍尔芙日记选》，戴红珍、宋炳辉译，天津：百花文艺出版社，2012 年，第 233 页。

声此起彼伏。战争第一次近距离地、真实地出现在了伍尔夫的面前。7月份时，她在日记中写道："我听见德军飞机的声音，便打开窗户，看见草原上空升起探照灯宽阔的光束，那是在搜索飞机的踪影。"而8月份的日记中，她更是详细地描述了自己在战争中经历的令人惊恐、害怕的空袭场面。

他们飞得非常近。我们匍匐在树下，那声音像是某个人就在我们头顶锯东西。我们脸朝下平躺着，双手搁在脑后。别合上牙齿，伦纳德说。他们似乎在锯某个固定的东西。炸弹震动了我小屋的窗户。它会落下吗？我问，如果那样的话，我们会一起成为碎片的。我什么也没想到，什么也没想——无精打采，我的心情是无精打采的。我猜想自己有点害怕。我们应该带梅布尔去车库吗？穿越花园太冒险了，伦纳德说。然后又一架从纽黑文那边飞来。轰隆声、锯子声和嗡鸣声围绕着我们。一匹马在沼泽里嘶叫。非常闷热。那是打雷声吗？我问。不是，是枪声，伦纳德说，从赖因穆尔(Ringmer)，从查尔斯顿那边传来。接着声音慢慢减弱了。厨房里的梅布尔说窗户震动了。空袭仍在持续：远处的飞机……5点到7点是警报解除期间，昨晚击落了144架飞机。①

在英国保卫战逐渐达到高潮的过程中，伍尔夫的心境也随之不断变化。起初，挥之不去的精神紧张始终困扰着她，她发现

① Virginia Woolf. *A Writer's Dairy: Being Extracts from the Diary of Virginia Woolf*. ed. Leonard Woolf, New York: Harcourt Brace Jovanovich, 1953: 329-330.

双手会不由自主地颤抖，阅读量也随之加大。但是真正置身战火的那一刻，她的情绪似乎又从一种担忧转变为安静的沉着。8月28日的夜晚，当飞机的轰隆声渐渐远去时，她突然想到，“在如此凉爽、晴朗、美好的8月夜晚，倘若在露台上打保龄球时被飞机的子弹击中，这样的死亡想必也是一种安详、平淡的死法。”①

随着战争不断向内陆推进，伦敦成了轰炸的首要目标。秋天，伍尔夫夫妇前往伦敦打探消息。在9月10日的日记中，伍尔夫详细地描述了作为英格兰艺术文化中心的伦敦城被德国炸弹野蛮蹂躏后的惨景。

> 在伦敦待了半天后回来了——也许这次最怪。我们到时，葛文大街上仍有交通改道栅栏，没有遭到破坏的迹象。可是我们赶到道提街时，那儿却挤了许多人。随后看到珀金斯小姐出现在窗前。麦肯贝广场用绳子拦了起来。沃尔顿一家就住在那儿。不允许人们走过去。早晨1点钟时，离我家三十码远的那幢房子被一颗炸弹击中，彻底毁了。广场上还有一颗炸弹未爆。我们在后面走了走，在珍妮·哈里逊家的房子边站住了。房子冒着烟，只剩下一大堆瓦砾了。到下面去躲一躲的人被埋在了下面。——一块块布头挂在没有炸倒的光秃秃的墙头上。估计那是面镜子在晃动着，像颗打掉的牙齿——齐根断了。我们的房子没遭到破坏，窗玻璃尚未打碎——或许现在已被炸弹所震

① 哈里斯：《伍尔夫传》，高正哲，田慧译，长春：时代文艺出版社，2016年，第183页。

碎。我们看到贝纳尔臂上扎着绷带跳上砖堆,那儿曾是谁住的?我想是那些我可以从窗口看到的举止随便的年轻姑娘和小伙子们。这些房客以前种过盆花,常常在阳台上坐着,而现在全被炸成了碎片。人群后面有个汽车修理工,他目光呆滞,说话很冲。他告诉我们炸弹把他从床上震到了地上,只能到教室里去躲一躲,"座位又冷又硬,有个小男孩躺在我手里。我听到警报解除的信号时,欢呼了起来,浑身疼得厉害。"他说一连三天德国人每晚都来,企图炸掉皇家十字架①。他们将阿尔及尔大街炸掉了半边。还有格雷斯旅馆大街两旁的商店也遭了厄运。随后,普利查德先生不急不慢地走了过来,他将坏消息当成笑话听。"他们竟然恬不知耻,说什么这样会迫使我们媾和,"他说他在房子的平顶上注意是否有空袭。睡起来像猪一样熟。我们和珀金斯小姐和杰克逊夫人说了会儿话。她俩都镇静得很。珀金斯小姐晚上在防空洞里的行军床上过的夜。我们继续走到格雷斯旅馆。我们下了车,看到霍尔伯恩街口有个大洞,仍在冒烟,一家名店全炸毁了。对面的旅馆看上去像一个弹壳。有家小酒店连窗户都没有了,人们站在桌子旁边——我想那儿仍在供应酒。巷子里的地上有大堆大堆的蓝玻璃。男人们正在敲掉窗框上的碎玻璃,玻璃片直往下掉。然后我们折进了林肯旅馆,走向那间办公室。窗玻璃全碎了,只有房子没有损伤。我们走了过去,全无人影。走廊里潮湿得很。楼梯上都是玻璃,门上锁着。我们回到车上,碰到交通堵塞,图索夫人家后面的电影院的门被炸掉

① 该处原文为 Kings Cross,应指 Kings Cross Railway Station,国王十字火车站,伦敦最古老的的火车站之一。

了，看得见舞台，有个装饰物在晃动着。摄政公园附近的房子窗玻璃全震碎了，只是房子没遭破坏。而数英里长的普通街巷以前曾秩序井然。贝斯沃特街与塞萨克斯广场仍是老样子。街道上空空的，行人表情木然，眼光呆滞。我在恰舍雷巷看到一个男人推着一车的音乐书籍。我那打字员的办公室也给毁了，接着在温布尔顿听到了空袭警报：人们开始跑起来，我们尽快开车驶过几乎空无一人的街道。人们将马从马库里牵出来。车子都停了下来。然后是警报解除的声音。现在浮现在我脑海中的是那些肮脏不堪的房客。例如希斯柯特大街上的那些人，他们还得忍受一个夜晚。可怜的老妇站在门边，脏兮兮的，惨戚得很。嗯，娜莎在电话里说过，很快就会打到这儿的。我以前曾认为自己是个懦夫，不该说不在37号住两天。因此，当珀金斯小姐打电话来建议我们别住在那儿，伦纳德也表示同意时，我如释重负。①

伦敦那个曾令伍尔夫魂牵梦绕的精神家园；那个曾不断地吸引着她，刺激着她，为她提供一出好戏、一个故事，或者一首诗的地方，那个曾是她笔下不厌其烦描述的文明世界的中心，如今却满目疮痍、焦土累累。所有这些令伍尔夫的内心备受煎熬和折磨，她始终无法理解，在战争面前，人们一直以来所标榜的理性与文明竟是如此的不堪一击。伍尔夫在1940年给埃塞尔·史密斯的信中痛彻心扉地写道："我生命中的激情，那就是伦敦

① 弗吉尼亚·伍尔芙：《伍尔芙日记选》，戴红珍、宋炳辉译，天津：百花文艺出版社，2012年，第241—242页。

城——眼看着被炸得满目疮痍的伦敦，这太刺痛我的心了。”

随着持续不断的空袭，梅克伦堡广场也遭到了轰炸，损失惨重，房子里满是“垃圾、玻璃、柔软的黑色尘土和石膏粉末”，屋子已彻底不能住人。与此同时，文尼莎的画室也被彻底炸毁。随后，塔维斯托克广场 52 号也被夷为平地，仅剩下工作室的一小段断壁残垣还矗立在废墟之中。当看到自己曾经完成那么多小说的地方现已沦为废墟时，伍尔夫反而生出了一种怪异的、无法解释的兴奋，或者说是一种奇怪的解脱感。在她眼里，那种无处可逃的厄运似乎终于降临了，所有的一切全部被破坏了，毁去了。在 1941 年 1 月 15 日的日记中，伍尔夫再一次满怀哀伤地写下了自己回到伦敦时所看到的荒芜景象。

星期一我到了伦敦桥，我望着河面；烟雾迷蒙；有几个地方在冒烟，或许是从燃烧的房屋飘出来的；星期六这里发生了大火。然后我看见一堵断垣残壁，一处角落已经风蚀，另一处角落碎成了齑粉……我坐地铁到了圣殿教堂，在那些古老广场的荒凉废墟中徘徊：开裂了；夷平了；古老的红砖全成了白色粉末，就像一片建筑商的材料堆置场。灰白的垃圾和破碎的窗户……整个的完美都被破坏无遗。①

在内心饱受战争摧残的同时，伍尔夫仍忙于在多部作品的创作中切换。此时，由于受战争的影响，斯蒂芬家旧日那种经济

---

① Virginia Woolf. *A Writer's Dairy: Being Extracts from the Diary of Virginia Woolf*. ed. Leonard Woolf, New York: Harcourt Brace Jovanovich, 1953: 349.

危机感在伍尔夫内心深处被唤醒，因此，她觉得自己快要破产了，她需要挣钱，需要有读者阅读她的作品。在这段时期，《罗杰·弗莱传》已经出版发行了，《幕间》也已进入了修改阶段，同时伍尔夫还接受了多篇散文随笔和短篇小说的约稿。此外，伍尔夫还开始了两个新的大型项目，一个是为她自己的回忆录做准备；另一个是《阿侬》。

早在为罗杰·弗莱创作传记之时，文尼莎就曾提醒过伍尔夫，此时如果再不开始为自己的回忆录做准备就太迟了。因此，在姐姐的建议下，伍尔夫开始为自己的回忆录做笔记。对于回忆录的创作，伍尔夫显然完全不缺乏素材，因为她已经记下了二十卷包含了她最精致且复杂人生的日记。在 1926 年 2 月 8 日的日记中，她就曾写下过她的这一宏大目标："我在 60 岁时要坐下来写出我的一生。"而这部日记就将是"那部杰作"的"原材料"。于是，借助日记，她再一次回到了她最执着的记忆——1890 年在圣埃夫斯度过的那个夏季，夜晚海浪的声音和孩子们在花园里奔跑时的欢笑吵闹。书写过去显然带给了伍尔夫一种深刻的重复过去生活轨迹的感觉，使她在 1939 年到 1940 年烦躁、压抑的生活变得更加充实，更加丰盈。这部回忆录名为《往事札记》(*A Sketch of the Past*)，书写了多年以来伍尔夫保存完整的生动的回忆，并想象了在其未出生之前父母的生活，她躺在婴儿床上时大人们之间的对话等。在这里，伍尔夫试图将其视线从眼下这片饱受战争蹂躏的荒芜废墟中转向圣埃夫斯迷人、浪漫、充满童趣的夏天，或是转向自己曾无数次穿行过的海德公园门的那些房间，或是回想自己在充满野趣的肯辛顿公园度过的每一个美妙的午后……不过，令人遗憾的是，该回忆录并没有最终完成。1985 年珍妮·舒尔坎德（Jeanne Schulkind）将其与她早期的回忆录《前尘往事》（*Reminiscences*）以及其在 1920 年到 1936 年间为“记忆俱乐部”创作的作品《“记忆俱乐部”文献》（*The Memoir Club Contributions*）一起结集成册，收录在了《存在的瞬间》（*Moments of Being*）之中。

当《幕间》接近尾声时，伍尔夫的另一部新作《阿侬》便如《幕间》中拉特鲁布小姐的另一出新戏一般随之“浮出水面”。《阿侬》被设想为一部文学史，主要是为了写给邓肯，向其讲述英国文学是怎么一回事的。事实上，这部作品的构思和准备工作在 1938 年底就开始了，它由“阿侬”和“读者”两章组成，由一位站在林中聆听鸟鸣的男人引出全文，通过横向的扩展和线性时间上的历史回溯，力图揭示存在于民众之中的生命力，即未受体制化玷污的、真正的文学生命源泉。这部作品，从某种程度上讲，是伍尔夫对文学的一种赞颂，她“希望展示英国风景对英国文学创作和欣赏的不断影响和改变，探讨英国作家和他们的‘创作背景’——他们在创作时从面前那扇窗户里看到的风景”①。当伍尔夫写到莎士比亚的时候，她感到她的书可能会非常厚，她告诉埃塞尔：“等到我开始写莎士比亚时，轰炸应该已经开始了，我已经为自己安排好了一个非常美妙的结局：读着莎士比亚，忘了毒气面具，我将远远隐没，让我忘掉……”最终，《阿侬》仅写完了两章，成了伍尔夫令人遗憾的未竟之作。

① 哈里斯：《伍尔夫传》，高正哲，田慧译，长春：时代文艺出版社，2016 年，第 186 页。

1940 年 11 月 23 日,《幕间》终于完成收尾工作,安静地等待着下一步的出版。这段时期,写作一直为伍尔夫带来了无限的喜悦,但同时,黑暗也在不知不觉中悄然降临,以往那深不见底的绝望再一次向她袭来。在 1941 年 1 月的日记中,伍尔夫承认她与疯魔的艰难抗争再次开始了,但是她发誓自己将不会被绝望吞噬,因此,僧侣屋内仍充满着欢声笑语。作家伊丽莎白·鲍恩在回忆 2 月份在伍尔夫家同住的夜晚时,写道:“我记得她跪坐在地板上——我们正在用粗针缝补房间里一幅被撕坏的西班牙窗帘——她踮坐在脚后跟上,头向后仰,探进一抹阳光中,早春的阳光。然后,她高兴地大笑起来,笑到哽咽,发出猫头鹰一般的声音。”但其实那时平静的表象下已经隐藏着抑郁的迹象了。2 月 25 日,当伍尔夫完成《幕间》的校订工作,将其交给伦纳德后,她的健康状况开始急转直下。3 月 18 日,伦纳德在回家途中的花园里发现了被雨水淋得全身湿透的伍尔夫,这令他大惊失色。在当天的日记中他担忧地写道:“V. n. w.”(弗吉尼亚身体不适)。六天后的 3 月 24 日,伍尔夫写信给约翰·莱曼说她不想出版《幕间》了,“它太愚蠢而且微不足道”,这时,伦纳德便更加确定,伍尔夫的状况已经十分危急了。他试图让伍尔夫像以前那样进行彻底休息,但是这次却没有奏效。

随后,伦纳德急忙与布莱顿的奥克塔韦娅·威尔伯福斯医生联系。奥克塔韦娅医生是伍尔夫夫妇的朋友,她一直很喜欢弗吉尼亚,为她的魅力所倾倒,在物资短缺的战时,她总是会从她的私人农场中为僧侣屋送来黄油和奶酪等礼物,而伍尔夫还曾声称要为奥克塔韦娅写一篇人物写照呢。3 月 27 日,伦纳德说服伍尔夫去看望奥克塔韦娅，既当她是朋友，又当她是医生。那次会面所产生的治疗效果似乎并不明显，最初，伍尔夫像以往那样声称自己没有精神疾病，因此没有任何必要对她进行会诊。但奥克塔韦娅告诉她“你得做的一切就是让伦纳德安下心来”，随后在其劝慰下，伍尔夫才略带抗拒性地坦白了自己的顾虑和绝望，她担心过去的事情会重现；害怕她将再也不能写作；感到自己已经丧失了对语言的所有掌控能力；她不知道如果她再也不能敏锐地感知周遭世界的轮廓，那么活着还有什么意义……最终，奥克塔韦娅不得不拉着她的手安慰道：“如果你肯合作的话，我知道我能帮助你，在英国我没有更愿意帮助的人了。”虽然，奥克塔韦娅尽了自己最大的努力去帮助和安慰伍尔夫，但此时的伍尔夫事实上已经十分虚弱、焦躁、紧张且神思恍惚，仿佛处于梦游状态。第二天晚上，奥克塔韦娅又给伍尔夫写了一封温暖、平和、安慰人心的短信，希望可以尽可能地帮助她，但是已经太迟了。

3 月 28 日，一个晴朗、明净、寒冷的早晨，伍尔夫在花园的工作室里写了两封信，分别给她最爱的两个人——伦纳德和文尼莎。在给伦纳德的绝笔信中，她写道：

最亲爱的：

我肯定自己就要再次发疯了。我觉得我们没法再经历一次那些可怕的时期。而且这一次我不会康复了。我开始听到幻音，没法集中精神。所以我将选择看来似乎是最好的办法。你已经给了我可能的最大的幸福。已经没人能像你这样了，从任何方面来说都是这样。我想，两个人不可能更开心了，直到这可怕的疾病降临。我没法再搏斗下去了。我知道我正在毁掉你的生活,没有我你能工作。你会的,我知道。你看我甚至不能妥帖地写这话。我不能阅读。我想说的就是,我生命中所有的幸福都归功于你。你一直对我十分耐心,难以置信的好。我想说——所有人都知道这一点。如果有人原本能救我,那就是你了。所有的一切都已经离开了我,除了你确定无疑的仁慈。我不能再继续毁掉你的生活。

我想,两个人不可能比我们一向以来更开心了。

弗吉尼亚

当写完最后的信件,大约十一点半时,她穿上及膝长靴和毛皮外套,带上手杖,穿过花园,走向了附近的欧斯河。她把手杖留在岸边,在外套的口袋里塞进了一块大石头,然后投入了冰冷湍急的河流中,终止了自己的生命。伦纳德在发现字条后,第一时间搜寻了岸边,但是却只发现了漂浮在水面上的手杖……在伍尔夫失踪三个星期后,她的遗体才在罗德麦尔下游附近的阿谢姆码头被一群郊游野餐的人发现。得知伍尔夫的死讯后,一时上百封来自朋友和仰慕者的吊唁函纷纷涌向了僧侣屋。之后,伦纳德在处理完必要的验尸程序后,独自一人参加了遗体的火化仪式。最终,伍尔夫的遗骨被安葬在了僧侣屋花园里的两棵树下,这两棵树分别叫"伦纳德"和"弗吉尼亚"。伍尔夫和伦纳德夫妇一生彼此相伴,伉俪情深,因此,伍尔夫的死亡为伦纳德带来了无法慰藉的深重痛苦,他一度陷入深深的自责中无法自拔,曾满怀内疚和自责地写道:

我必须在个人的十字架上被处以酷刑。我明白弗吉尼亚再不会从小屋那边穿过花园走过来了，可是我仍然朝那个方向寻找着她。我知道她已经被淹死了，可是我仍然反复地翻阅着它。我的愚蠢和自私真是没有限度。

在没有伍尔夫陪伴的余生中，伦纳德致力于整理出版伍尔夫相关日记、随笔、书信等作品，使伍尔夫永远活在他心中，亦永远活在了世人心中。

回顾伍尔夫的一生，她曾经历过那么多次深重的痛苦、焦虑和困惑时刻，曾有过那么多次坠入疯狂和接近死亡的经历，但她从未屈服，一直坚忍地与所有磨难抗争到底，即使是在这战争的至暗时刻，她依然没有放弃努力。但是，当她意识到自己的承受能力已经达到极限时，似乎勉强的苟活已经对她没有任何意义了，压死骆驼的最后一根稻草终于压垮了她。在最后一封写给文尼莎的信中，她对姐姐说道："我曾经反抗过，但我再也坚持不下去了。"因此，这一次，她平静而勇敢地选择了死亡。然而，于伍尔夫而言，死亡并不代表着逃避、软弱和屈服，事实上它是另一种形式的抗争，正像伦纳德将《海浪》中的一句话作为她的墓志铭所写的那样：

哦，死亡啊，我要一直向你猛扑过去，永不服输，永不投降！

弗吉尼亚·伍尔夫生平大事记

1846 年，茱莉娅·杰克逊出生。

1867 年，茱莉娅与赫伯特·达克沃斯结婚。

1868 年，乔治·达克沃斯出生。

1869 年，斯特拉·达克沃斯出生。

1870 年，赫伯特·达克沃斯去世。

1870 年，遗腹子杰拉尔德·达克沃斯出生。

1875 年，莱斯利第一位妻子明妮去世。

1878 年，莱斯利·斯蒂芬和茱莉娅·杰克逊结婚。

1879 年，文尼莎·斯蒂芬出生。

1880 年，托比·斯蒂芬出生。

1882 年，弗吉尼亚·斯蒂芬出生；11 月，莱斯利·斯蒂芬开始编写《英国人名传记词典》。

1883 年，艾德里安·斯蒂芬出生。

1890 年，弗吉尼亚·伍尔夫跟随克莱拉·佩特学习希腊文，后改随珍妮特·卡斯学习。

1891年,2月,斯蒂芬家的孩子们开始创办家庭周刊《海德公园门新闻》。

1895年,茱莉娅·斯蒂芬去世;夏季,弗吉尼亚第一次出现精神崩溃症状。

1897年,斯特拉·达克沃斯与杰克·希尔斯结婚;7月19日,斯特拉去世。

1899年,托比·斯蒂芬入剑桥大学三一学院就读。

1901年,文尼莎·斯蒂芬入皇家艺术学院接受绘画教育。

1902年,莱斯利·斯蒂芬获封爵士,艾德里安入剑桥大学三一学院就读。

1904年,2月22日,莱斯利·斯蒂芬去世;5月10日,弗吉尼亚第二次精神崩溃,并几度试图自杀;8月,斯蒂芬家的孩子们迁居布鲁姆斯伯里区戈登广场46号;11月,伦纳德离开剑桥大学,前往锡兰;12月14日,弗吉尼亚在《卫报》上第一次公开发表书评。

1905年,托比·斯蒂芬开始在戈登广场为朋友们举办每周四的定期聚会,即"布鲁姆斯伯里文化圈"的雏形;文尼莎·斯蒂芬组建以艺术为主题的"星期五俱乐部";弗吉尼亚继续为《卫报》写评论,并开始在《泰晤士报·文学副刊》上发表文章。

1906年,夏季,弗吉尼亚创作《琼·马丁太太的日记》;11月,斯蒂芬兄妹去希腊旅行;11月20日,托比·斯蒂芬因伤寒去世。

1907年,2月7日,克莱夫·贝尔与文尼莎·斯蒂芬结婚;3月,弗吉尼亚和艾德里安迁居至菲茨罗伊广场29号;10月,弗吉尼亚开始写作《远航》第一稿。

1908年，克莱夫·贝尔和文尼莎·贝尔的长子朱利安·贝尔出生。

1909年，2月17日，利顿·斯特雷奇向弗吉尼亚求婚，弗吉尼亚接受后不久又解除婚约；4月17日，弗吉尼亚的姑妈卡罗琳·艾米莉娅·斯蒂芬去世；5月，弗吉尼亚与艾德里安和萨克逊到拜罗伊特参加瓦格纳音乐节。

1910年，2月10日，弗吉尼亚和艾德里安以及朋友们乔装成阿比西尼亚亲王，愚弄无畏号战舰的英国皇家海军；夏季，弗吉尼亚因疯病而被送往特威肯哈姆看护所接受治疗；8月19日，文尼莎和克莱夫的次子昆汀·贝尔出生；11月，罗杰·弗莱在伦敦格拉夫顿美术馆举办第一届"后印象派画展"。

1911年，7月，伦纳德·伍尔夫从锡兰回国度假；11月20日，弗吉尼亚和艾德里安、凯恩斯以及邓肯·格兰特一起迁居至布朗斯威克广场38号；12月，伦纳德搬入此处。

1912年，1月11日，伦纳德向弗吉尼亚求婚；2月，弗吉尼亚精神病发作，进行静养；8月10日，弗吉尼亚和伦纳德结婚，并前往法国、西班牙和意大利度蜜月；10月，罗杰·弗莱主持的第二届"后印象派画展"在格拉夫顿美术馆开展，伦纳德·伍尔夫担任秘书；年底，弗吉尼亚再一次精神崩溃。

1913年，3月，弗吉尼亚完成处女作《远航》的创作；4月12日，杰拉尔德·达克沃斯的出版社接受《远航》；7月，弗吉尼亚精神病发作并前往特威肯哈姆接受治疗；9月9日，弗吉尼亚服用大量安眠药，企图自杀。

1914年,弗吉尼亚因精神疾病先后在苏塞克斯的达林瑞吉豪宅和阿希姆静养;后迁居至里士满的格林街17号。

1915年,伍尔夫夫妇迁居至里士满的霍加斯宅;2月底,弗吉尼亚再次精神崩溃;3月25日,《远航》由达克沃斯出版社出版。

1916年,文尼莎·贝尔和邓肯·格兰特搬往查尔斯顿农庄居住、作画;弗吉尼亚在里士满的"妇女合作公会"发表演讲。

1917年,伍尔夫夫妇创办霍加斯出版社;7月,《一号出版品:两个短篇小说》(收入伍尔夫的《墙上的斑点》和伦纳德的《三个犹太人》)由霍加斯出版社出版。

1918年,7月,霍加斯出版社出版凯瑟琳·曼斯菲尔德的《序曲》;11月,弗吉尼亚完成第二部长篇小说《夜与日》的创作。

1919年,4月10日,《现代小说》发表;5月12日,霍加斯出版社出版《邱园记事》;5月29日,出版T. S. 艾略特的《诗集》;7月,伍尔夫夫妇买下苏塞克斯郡罗德麦尔的"僧侣屋";9月1日,正式迁居"僧侣屋";10月20日,《夜与日》由达克沃斯出版社出版。

1920年,"记忆俱乐部"(Memoir Club)成立并举办第一次聚会。

1921年,弗吉尼亚·伍尔夫的短篇小说《星期一或星期二》出版。

1922年,10月27日,弗吉尼亚·伍尔夫的第三部长篇小说《雅各的房间》出版;12月,弗吉尼亚结识薇塔·萨克维尔-韦斯特。

1923 年，弗吉尼亚·伍尔夫开始创作《达洛卫夫人》第一稿；9 月，霍加斯出版社出版 T. S. 艾略特的《荒原》；11 月，《贝内特先生和布朗太太》印行。

1924 年，3 月，伍尔夫夫妇和霍加斯出版社迁入塔维斯托克广场 52 号；10 月 17 日，《达洛卫夫人》第一稿创作完成。

1925 年，4 月 23 日，随笔集《普通读者》出版；5 月 14 日，第四部小说《达洛卫夫人》出版。

1927 年，5 月 5 日，第五部小说《到灯塔去》出版。

1928 年，5 与 2 日，弗吉尼亚·伍尔夫获得"妇女幸福生活(Femina Vie Heureuse)奖"；10 月 20 日，在剑桥大学宣读论文《妇女与小说》，后以此为基础写成《一间自己的房间》；11 月 11 日，第六部小说《奥兰多》出版。

1929 年，10 月 24 日，《一间自己的房间》出版。

1930 年，2 月 20 日，弗吉尼亚·伍尔夫会见埃塞尔·史密斯；4 月 29 日，完成《海浪》第一稿。

1931 年，1 月 21 日，弗吉尼亚向"全国妇女服务协会"发表演讲；10 月 18 日，第七部小说《海浪》出版。

1932 年，1 月 21 日，利顿·斯特雷奇去世；2 月，弗吉尼亚拒绝了剑桥大学克拉克讲座的邀请；7 月，完成并发表《给一位青年诗人的信》；10 月 13 日，《普通读者》第二集出版。

1933 年，3 月，弗吉尼亚拒绝曼彻斯特大学授予的荣誉文学博士学位；10 月 5 日，第八部小说《弗勒希》出版。

1934 年，4 月，乔治·达克沃斯去世；9 月 9 日，罗杰·弗莱去世。

1935 年,3 月,开始创作《岁月》。

1936 年,继续《岁月》的创作,5 月,到康沃尔旅行。

1937 年,3 月 11 日,第九部小说《岁月》出版;7 月 18 日,朱利安·贝尔死于西班牙内战;10 月 12 日,《三个基尼》第一稿创作完成。

1938 年,2 月 23 日,弗吉尼亚将她在霍加斯出版社的股份转让给经理约翰·莱曼;6 月 2 日,《三个基尼》出版。

1939 年,1 月 28 日,弗吉尼亚在汉普斯特德拜访弗洛伊德;3 月 3 日,拒绝利物浦大学授予的博士头衔;4 月 18 日,开始写回忆录《往事札记》;8 月,迁居梅克伦堡广场 37 号;9 月 3 日,英国对德宣战。

1940 年,4 月 27 日,弗吉尼亚在英国工人教育协会发表演讲,后整理为《倾斜的塔》发表;7 月 25 日,《罗杰·弗莱传》出版。

1941 年,2 月 26 日,完成第十部小说《幕间》的创作;3 月,弗吉尼亚出现精神崩溃的症状;3 月 28 日,在苏塞克斯的欧斯河投河自尽。

1969 年,伦纳德·伍尔夫去世。

弗吉尼亚·伍尔夫著作年表

1915 年，长篇小说《远航》(*The Voyage Out*)，由达克沃斯出版社出版。

1919 年，长篇小说《夜与日》(*Night and Day*)，由达克沃斯出版社出版。

1921 年，短篇小说《星期一或星期二》(*Monday or Tuesday*)，由霍加斯出版社出版。

1922 年，长篇小说《雅各的房间》(*Jacob's Room*)，由霍加斯出版社出版。

1923 年，《贝内特先生和布朗太太》(*Mr. Bennett and Mrs. Brown*)印行。

1925 年，随笔集《普通读者》(*The Common Reader*)和长篇小说《达洛卫夫人》(*Mrs. Dalloway*)，由霍加斯出版社出版。

1927 年，长篇小说《到灯塔去》(*To the Lighthouse*)，由霍加斯出版社出版。

1928 年，长篇小说《奥兰多》(*Orlando: a Biography*)，由霍

加斯出版社出版。

1929 年，随笔《一间自己的房间》(*A Room of One's Own*)，由霍加斯出版社出版。

1931 年，长篇小说《海浪》(*The Waves*)，由霍加斯出版社出版。

1932 年，随笔集《普通读者》第二集(*The Second Common Reader*)，由霍加斯出版社出版。

1933 年，小说《弗勒希》(*Flush: A Biography*)，由霍加斯出版社出版。

1934 年，《沃尔特·西克特》(*Walter Sickert*)印行。

1937 年，长篇小说《岁月》(*The Years*)，由霍加斯出版社出版。

1938 年，随笔《三个基尼》(*Three Guineas*)，由霍加斯出版社出版。

1940 年，《罗杰·弗莱传》(*Roger Fry: A Biography*)，由霍加斯出版社出版。

1941 年，小说《幕间》(*Between the Acts*)，由霍加斯出版社出版。

1942 年，随笔集《飞蛾之死及其他随笔》(*The Death of the Moth and Other Essays*)出版。

1943 年，短篇小说集《闹鬼的房子及其他短篇小说》(*The Haunted House and Others*)出版。

1944 年，随笔集《瞬间集》(*The Moment and Other Essays*)出版。

1950 年，随笔集《船长弥留之际及其他随笔》(*The Captain's Deathbed and other Essays*)出版。

1953 年，伦纳德·伍尔夫编选的弗吉尼亚·伍尔夫日记以《一位作家的日记》(*A Writer's Dairy*)为题出版。

1958 年，随笔集《花岗岩与彩虹》(*Granite and Rainbow*)出版。

1965 年，评论集《论当代作家》出版。

1975 年，《弗吉尼亚·伍尔夫书信集》(*Letters of Virginia Woolf*)开始出版，至 1980 年出齐，共六卷。

1976 年，回忆录《存在的瞬间》(*Moments of Being*)出版。

1977 年，《弗吉尼亚·伍尔夫日记》(*The Dairy of Virginia Woolf*)开始出版，至 1984 年出齐，共五卷。

随笔集《书和画像》(*Books and Portraits*)出版。

1985 年，《短篇小说全集》(*Complete Shorter Fiction of Virginia Woolf*)出版。

1986 年，《弗吉尼亚·伍尔夫散文集》(*The Collected Essays of Virginia Woolf*)开始出版(至今共出六卷)。

后记

作为“女性天才：生命、思想与言词”系列丛书之一的《弗吉尼亚·伍尔夫：永恒的英伦百合》即将面世了。作为本书的作者，自有一种孩子即将呱呱坠地的期待与欢欣。本套丛书进入编校期间，正值新冠疫情突然爆发，全国人民众志成城、奋力抗疫。华中科技大学出版社地处英雄的城市武汉。编辑们在新冠疫情的阴霾中和艰难的封城状态下坚持工作，终于等来了云开雾散的自由时刻和丛书在难忘的2020年的推出。因此，诸多因素均使这套丛书的出版有了特殊的见证意义与精神价值。

于我而言，伍尔夫传记的撰写，从某种意义上是我与这位才情横溢、清丽脱俗的英国现代主义文学大师的精神之缘的总结与纪念，因为在我的学术前行之路上，伍尔夫的身影可说无处不在。

对伍尔夫的关注，已不能明确开始于何时，大约是作为外国文学教学与研究者，又身为女性的一种自然的好感与选择。二十年前做博士论文，在集中考察英、法、美等国的女权运动与女性主义文化-文学批评的来龙去脉时，即常常需要提及伍尔夫的大名，她对女性历史与文学的关注，对女性教育问题的思考，以及对女性拥有“一间自己的房间”的吁求等等；之后在做梳理、探究西方女性主义文化与文学观念、思潮在中国的传播、影响与变异的博士后课题时，又不断从20世纪众多中国作家如徐志摩、林徽因、凌叔华、汪曾祺、徐坤、陈染等的作品和言说中亲近着这个名字，感受着她的思想与评说在中国大地上激起的长久共鸣与悠远回响。

为了全面梳理与系统考察伍尔夫的中国之旅，以及她作为意识流小说大师、现代小说理论的倡导者、女性主义文化与文学研究先驱和出色的散文随笔作家等多元身份与20世纪中国文化-文学的关联，我先是完成了有关伍尔夫在中国的教育部人文社科规划项目，2010年夏又应“剑桥伍尔夫文学指南”的主编苏珊·塞勒斯教授之邀，前往苏格兰的圣安德鲁斯大学访学。在这座明媚清幽的滨海小城，我完成了苏珊关于伍尔夫和她的姐姐文尼莎·贝尔的姊妹亲情，以及“布鲁姆斯伯里团体”成员生活的第一部长篇小说《文尼莎与弗吉尼亚》的中译。圣安德鲁斯大学图书馆丰富的藏书亦使我得以更加深入地理解伍尔夫的成长背景，以及她的思想与美学追求与以罗杰·弗莱、克莱夫·贝尔、文尼莎·贝尔、邓肯·格兰特等“布鲁姆斯伯里人”为核心的英国现代主义视觉艺术的密切关联，意识到以罗杰·弗莱、克莱夫·贝尔等为代表的形式主义美学家，以文尼莎·贝尔和邓肯·格兰特等为代表的现代主义画家的视觉艺术观念与实践对于伍尔夫开启其现代主义小说探索的关键意义。

带着苏珊等伍尔夫同道的美好情谊和从高尔夫小城圣安德鲁斯带回的沉甸甸的收获，我完成了国家社科基金项目“弗吉尼亚·伍尔夫小说美学与视觉艺术”；而通过深入探索以绘画为代表的先锋派视觉艺术对伍尔夫美学观念与文学实验的影响，我又将视野拓展到整个英国现代主义文学艺术群落“布鲁姆斯伯里团体”，进入了这个星光熠耀、大师云集的世界，进而发现了团体重要成员与中国文化艺术的深厚渊源，以及 20 世纪初这一奇异的跨文化因缘对于他们探索、形成并发展现代主义文学、艺术观念的深刻影响。随着视野的打开，我从 20 世纪初的这一东西方文化-文学交流个案中，再度深刻地感受到了历史上东西方文化、艺术交流的双向互动特质，意识到了将东方文化、中国古典文学艺术在现代主义文学艺术观念中发挥的潜在影响与助推作用呈现出来的重要历史与现实意义，发现了现代主义作为一种国际性的文学艺术思潮与运动在不同的国家与地区呈现出的丰富形态，以及正直独立的知识分子超越于帝国主义政治与意识形态疆域之上的世界主义立场和拥抱全人类优秀文化的人文主义情怀。在此基础上，我成功申报并顺利完成了关于英国“布鲁姆斯伯里团体”现代主义运动与中国文化元素的又一国家社科基金项目，将对伍尔夫与中国文化-文学元素之关联的挖掘拓展至整个 20 世纪上半叶的英国现代主义群体。

因此，回望我个人的向学之路，伍尔夫似乎都在我学术兴趣的中心位置。我前往英国访学是源于翻译有关伍尔夫的小说，与苏珊·塞勒斯的结缘与友情是源于伍尔夫，在伦敦的日子里寻访位于布鲁姆斯伯里的戈登广场、罗素广场、塔维斯托克广场，还有伍尔夫常去的大英博物馆，在剑桥的日子里前往“布鲁姆斯伯里团体”核心成员就读与工作的国王学院和三一学院，探访伍尔夫发表著名演讲的格顿女子学院等，常常是我最为喜悦、激动的时刻；还有一个细节可以提及，圣安德鲁斯大学英文学院为我安排的办公室的墙上，挂着的也是一幅伍尔夫的肖像画，1912年出自她姐姐文尼莎之手的《弗吉尼亚·伍尔夫在阿希汉姆》。我并不知道这是巧合呢，还是东道主的精心安排。十年前的我曾每天出入这间办公室，在以蓝色为背景、斜倚在长椅上的伍尔夫的注视下翻译着《文尼莎与弗吉尼亚》，沉浸在“布鲁姆斯伯里团体”成员复杂的精神世界中。这是怎样的一种独特而又责无旁贷的感受啊。

还有一件需要提及的事，是中国伍尔夫翻译与研究最具影响力的前辈学者瞿世镜先生对我研究工作的关爱与指点。瞿先生不仅多次亲笔写信对我加以鼓励与指导，还将自己多年来节衣缩食从国外购得和国外友人馈赠的珍贵的伍尔夫研究资料等慷慨地馈赠于我，表达了对后辈学人的拳拳期待。瞿先生在为拙著所撰写的“代序”中曾提示我考虑“将布鲁姆斯伯里团体的美学观与中国绘画理论作一点比较研究”。这也是我后来申报并完成有关“布鲁姆斯伯里团体”现代主义运动与中国文化之关联，研究中国传统视觉艺术的形式之美对弗莱、贝尔等的形式主义美学的启示意义的国家社科基金项目的重要动力。

因此，当华中科技大学出版社的编辑向我约这部伍尔夫传的文稿时，我的感觉同样是责无旁贷。如同瞿世镜先生将他沉甸甸的期望寄托在我们这一辈人的身上一样，我同样也欣喜地看到了年青一代伍尔夫学人的迅速成长。我的博士生焦红乐，文笔清丽，才思敏捷。曾跟着我前往沪上拜望瞿老先生的她，很高兴地接受了与我合作完成这部伍尔夫传的邀请，并在逐渐深入伍尔夫的生活与精神世界的过程中也爱上了这位作家，决定以她为题撰写博士论文。不久前，她以《"生命写作"：弗吉尼亚·伍尔夫记忆书写研究》为题的学位论文顺利通过答辩，并被评为优秀博士论文。在中国学术界，一代代的伍尔夫研究学者新人辈出，作为中国伍尔夫翻译与研究第一人的瞿世镜先生，还有其他的学界前辈，一定是会倍感欣慰的。

这部传记，如果说与之前中国学者撰写，或翻译出版的国外传记有所不同，首先或许在于定位于更为广大的文学艺术爱好者，也即伍尔夫本人格外重视的"普通读者"，而并不刻意追求曲高和寡，有大量诘屈聱牙的考据与注释。我们希望读者能够通过这部小传亲近伍尔夫，步入伍尔夫的文学世界，理解并喜爱她的作品，了解她既是英国现代主义文学高贵的女祭司，又是一个引发读者思想共鸣，为大众尤其为女性发声的作家，而非一个高冷的、不食人间烟火的人；其次，这部文学家传记对于伍尔夫的重要作品的分析、解读与鉴赏占较大比重，在此意义上更为接近于评传的意味，因为我们希望这些解读能起到一定的作品导读的功能，成为读者进入伍尔夫美丽的文学世界的小小入口，吸引他们进一步去阅读作品本身。

当然本书也存有不少遗憾。最主要的，是由于丛书体例与篇幅的统一要求，我们无法做到进一步的深入与展开。伍尔夫的人生中有那么多的故事，作品有着丰富的阐释空间。而作为一部中国学人撰写的文学传记，本也应引入更鲜明的中国视角，关注其人其作与中国文学艺术元素的互动关联。但这些我们暂时都只能舍弃了。好在国内外学界有着众多伍尔夫研究的志同道合者，他们撰著了大量出色的研究成果，有兴趣的读者可以进一步关注。同时，由于时间、精力和水平的限制，本书一定有不少疏漏之处，我们期待着方家和读者的批评、指正。

杨莉馨
2020 年 6 月 18 日